政治学大纲

（外二种）

张慰慈◎著

安徽师范大学出版社
·芜湖·

图书在版编目(CIP)数据

政治学大纲:外二种/张慰慈著.—芜湖:
安徽师范大学出版社,2017.6(2018.3重印)
ISBN 978-7-5676-2858-8

Ⅰ.①政… Ⅱ.①张… Ⅲ.①政治学-研究 Ⅳ.①D0

中国版本图书馆CIP数据核字(2017)第107012号

政治学大纲(外二种) 张慰慈◎著
ZHENGZHIXUE DAGANG WAIERZHONG

特约策划:李宗楼
郭敬东
责任编辑:陈 艳
装帧设计:张培树
出版发行:安徽师范大学出版社
芜湖市九华南路189号安徽师范大学花津校区
网 址:http://www.ahnupress.com/
发 行 部:0553-3883578 5910327 5910310(传真)
印 刷:江苏凤凰数码印务有限公司
版 次:2017年6月第1版
印 次:2018年3月第2次印刷
规 格:700 mm×1000 mm 1/16
印 张:28.5
字 数:419千字
书 号:ISBN 978-7-5676-2858-8
定 价:138.00元

张慰慈

出版说明

安徽师范大学前身是1928年创建于安庆市的安徽省立安徽大学，1946年更名为国立安徽大学，1949年12月成建制迁至芜湖。后几经更名，1972年，经国务院批准，正式定名现校名。在90年的办学历程中，一大批知名的专家学者、社会贤达先后汇聚在菱湖之畔、镜湖之滨，著书立说，弘文励教。其中，五四时期重要的思想家、中国现代政治学研究的开拓者——张慰慈先生，于1930—1931年受聘省立安徽大学法学院政治学教授，兼任校务会议委员、校图书馆馆长[①]。

张慰慈（1891—1976），曾于1912—1917年留学美国，获爱荷华大学博士学位，回国后受聘北京大学最早的政治学教授。在《新青年》《每周评论》《努力周报》《东方杂志》等五四时期重要刊物上发表了大量时政文章和研究论文，出版了《英国选举制度史》《政治学大纲》《政治概论》《市政制度》等著作。受聘省立安徽大学时，重新修改出版了《政治学大纲》（商务印书馆，1930年第8版），同时出版《宪法》（商务印书馆，1930年）和《政治制度浅说》（神州国光社，1930年），用于法学院政治系授课。

《政治学大纲》在构建中国现代政治学研究的基本框架，奠定中国政治学的科学化、体系化方面具有开创性，是研究现代政治学理论的重要专著，也是中国政治学建设的奠基性著作，在中国政治学史上具有重要的学术地位，成为1920—1930年国内主要大学政治学系使用的

①参见《安徽省立安徽大学一览》（民国十九年九月）第1、15页，安徽师范大学档案馆（1930-XZ-1）档案。

主要教材之一。《宪法》从体系的层面论述了宪法的性质、种类、产生、内容及修改等问题，篇幅不大，但特色鲜明，架构紧凑，系统地表达了作者在宪法学方面的研究主张。《政治制度浅说》以叙述欧美各国政治制度为主，并将政治学理论及相关原理与西方政治制度的实际紧密结合，开辟了政治制度研究的新方向。

为弘扬前辈学术之精神，昭示他们辛勤耕耘之品质，激发后学继承与光大，推动政治学研究之发展，借90年校庆之际，出版张慰慈的《政治学大纲》《宪法》《政治制度浅说》，以利我们重新阅读。在大力推进哲学社会科学繁荣发展的今天，发掘张慰慈政治学研究的闪光之处，不仅是理解中国政治学人的一扇窗户，同时也不乏现实政治中的借鉴意义。

安徽师范大学出版社

2017年5月

目　录

政治学大纲

第一章　政治学的性质

第一节　什么是政治学

大凡研究一种学问，非晓得这种学问的确实性质，便很难下手。所以大半的教科书往往在起首的第一章第一节就下一个各该科学的定义。但是定义也不是一定可靠的，如非我们已经把一种科学的全部详细研究过，完全懂得，定义是没有什么大道理。这里边很有几层理由：（一）因为凡成一种科学，其内容必包括许多事实，至于定义便只是由这许多事实中找出来的通例。并且研究这种科学的人或加入一些主观的见解，独立自成一派，故往往同说一种科学，范围广狭，彼此各有不同。想拿简单几句话，把这种科学的内容完全表示出来，那是不容易做到的事。（二）因为初学的人把这不完全不赅括的定义囫囵吞下，单记几个笼统的通则，忘却许多具体的地方，拿这种空洞洞的学说去应付事实，如同医生记些汤头歌诀一样，那能够切实应用呢？（三）因为科学的定律，都是人的假设，社会是进化的，学理也是时时刻刻变迁的。科学的内容不能定，单把其抽象的意义弄定了，岂不是离开具体的问题，空谈抽象的名词吗？

孙中山先生在他的《民权主义》第一讲里边说："许多人以为政治是很奥妙很艰深的东西，是通常人不容易明白的。所以中国的军人常常说，'我们是军人，不懂得政治。'为什么不懂得政治呢？就是因为他们把政治看作是很奥妙很艰深的。殊不知道政治是很浅显很明了的。……'政治'两个字的意思，浅而言之，政就是众人的事，治就是管理。管理众人的事便是政治。"

这简单的几句话说的非常透切。只是因为我们平常人的眼光看不远，放不大，一天到晚只晓得照顾自己的私事，既没有余闲又没有能力去计及其他事务。"各人自扫门前雪，不问他人瓦上霜，"是人人奉为天经地义的一句格言，其结果就使众人的事变为无人的事，政治变为很奥妙很艰深的东西。

政治既是管理众人的事，那末，"政治"两个字中所包含的事实是人群的现象，是人与人在社会上所发生的关系中的一种。所以政治学是社会科学的一种。我们在学校书本子里所读的功课可以概括分成两大类：自然科学与社会科学。自然科学就是天文学、地质学、物理、化学等类，其所研究的对象均是自然界中各种有形的物体，很容易使我们了解各该科学的性质及其范围。比方说植物所研究的是花草树木之类，就是一个小孩子，一听到植物这名词，他心中也许会想起包括在一类中许多同样的极熟悉的物体。又如说动物学是研究飞禽走兽的科学，地质学史研究地球的科学，我们看见这种名词就可以想起其中所包括的许多物体。所以我们对于这种自然科学的意义，不觉其奥妙艰深，只觉其浅显明了。

但我们对于社会科学的态度与自然科学完全相反，我们只觉其奥妙艰深，不觉其浅显明了。这种错误的态度是发生于这两大类科学性质的不相同。社会科学是研究人群社会中一切的现象与事实。人民因群聚在一处而发生的现象与事实，及人民对于这种现象与事实所发生的观念与解说，均是社会科学所研究的资料。这许多现象大都不是具体的事物，而各人对于所发生的观念，又各不相同，各有各的主观的偏见，所以往往使人觉得奥妙艰深，非若各种自然科学，其所研究的均是各种有形的物体，毫没有研究者主观的偏见参杂其间，所以很容易使我们懂得明白。

但仔细想起来，这许多社会现象非但是浅显明了，并且又时时刻刻离不我们的心目中，可惜我们平时不大十分注意罢了。比方我们早晨拿起一张报纸来，就看见其中所载的均是关于社会上各方面的事实；我们走出了自己家里的大门，就到处看见各种各样的社会状况；我们做错了事，或侵犯了人家的权利，说得要捉将官里去，受政府的干涉和支配。在从前生活简单时候，人民也许可以各人过各人的生活，和别人不发生什么往来，也许可以一生一世不闻世事，和社会不发生多大的关系。不过在此刻复杂的社会里边，这种孤独的生活是万万做不到了。无论何人，只要在这世界上生活，就得随时随地与旁的人接触，发生种种的关系。社会上的秩序，须由有政治组织的团体来维持，我们各人的权利，也须由同样的团体势力来保护。这许多事实，这许多现象，通同是社会科学的材料，也许是因为太平常了，天天看惯了，我们就不去注意其中所包含的重要意义。

社会现象是根据人类的天性而发生的。我们常听人说："人是政治的或社会的动物。"这就是说没有一个人是可以过单独的生活。自有历史以来，无论在什么时候，无论在什么地方，人民总是群居在一处，互相扶助，过共同的生活。就是在最初的时候，人民就已聚族而居了，无论什么人总是有一个家族的。在一个家族之中，所有人自然有一种特别的感情，一种特别的利害关系。在人类以外，有许多动物也有这家族一类的团体；不过人类的家族团结力稍为强些，组织比较完善些。此外还有一个大特点：就是人类在家族以外，另有几个范围较大的团体。人群团体的种类繁多，名目不一，不过概括说起来，可以笼统的叫做"社会"。

"社会学"这名词可以算是研究社会现象的科学，是各种社会科学的总名词。这样说起来，那几种专门的各别的社会科学，如经济、法律、政治等类均包括在社会学的范围之内了。各种专门的各别的社会科学所研究的资料大半是相同的，他们的区别只在于研究时候的观点不同而已。比方说犯罪行为这一种现象，是经济学者、法律家、政治学者大家所注意的，所研究的。但他们研究这种现象的宗旨却是大不相同的。经济学者所注意的在于犯罪行为的结果与原因，其结果究竟使社会上受到多少经济方面的损失，其原因究竟是否在于社会上经济的状况。法律家所注意的在于扰乱治安与违法一方面，研究怎样可以用法律的手续，阻止或责罚这种行为。在政治学者的眼光中看起来，犯罪行为是反抗政治权力的举动，与国家的存在，也许会发生危险的影响。

但社会学与别种专门的社会科学均有确定的范围。社会学是研究社会的普通状况，凡一切人类社会，不问有无政府，不论古今中外，均在社会学范围之内；政治学所研究的单是那种有政治组织的人类社会。政治团体与普通的人民团体是很有区别的，普通人民团体再加上政治组织，就成为一个政治团体。凡是社会为达到其所需要的目的而有一种组织，并且其中还有一种权势，能执行一切权力，我们就可说这个社会已经成为一个政治形式的社会，叫做国家。

既有了这个国家，关于这国家的客观方面，就有种种事实与历史：第一，国家的起源与发展，在历史上所经过的状况及其形式。第二，国际间的各种关系，他们所打的仗，所订的条约，及各种吞并联合等事。第三，国家对于各个人所发生的影响，就是我们所谓的“文化”。这种种事实与历史都是政治学所研究的资料。政治学的题目是国家——人群的一种组织，同经济学的题目是财产、生物学的题目是生命、代数学的题目是数目一样的。政治学的目的就是研究人与人在这种有政治组织的社会中的一切动作。所谓“政治的”是指一切与国家有关系的种种事实、势力、与现状而言。所以政治学就是科学的国家智识，是一种公民的常识。

换一句简单的话说，就是孙中山先生所谓“管理众人的事便是政治”。人类的历史是没有一个时期没有国家的，无论何人都不能逃出国家的范围而能安稳度日，如同鸟兽不能飞出空气的范围而能生存。国家既包含所有一切的人民，所以国家的事就是众人的事。我们从落地时候起，直到老死，差不多可以说没有一时一刻能够直接的或间接的脱离国家影响。同时人民自己又是政治的中心，是造成政治的原料，有怎样的人民，才有怎样的政治。一国政治的良否，全在于人民自己；有了好人民，才有好政治，没有好人民，永远不能有好政治。人民有了公民的常识，有辨别各种制度或政策的能力，并且没有自私自利的心理，对于一切事务全以社会幸福为目的，对于执政人物能继续不断的监督其行动，公公平平的批评其政策，使全体人民能够明白其中一切实在情形，使政治方面各种事务能完全公开，那末，所有人民就能把政治看作很明显的很浅近的，同时政治上的一切改革也就易于举行了。

我们如果把政治学的内容仔细分析起来，就有下列的四大部份：

（甲）说明国家性质是怎样的，组织是怎样的，——叙述的政治学。

（乙）历叙国家如何发生，如何进化，——历史的政治学。

（丙）研究政治中普通的根本观念，和原理原则，——纯理的政治学。

（丁）讨论现在的国家应该怎样组织，怎样管理，——实用的政治学。

所以政治学是研究国家如何发生，如何进化，找出因果变迁的公例（历史的政治学）；并观察现在国家的性质及组织，和所处的环境，所发生的变端（叙述的政治学）；更从这种性质、组织、环境、变端之中，找出根本观念和具体的原理原则（纯理的政治学）；拿来做怎样应付现在政治环境，解决现在政治问题，创造新政治局势的工具（实用的政治学）；这就是政治学的涵义。

第二节　政治学是不是科学

有许多人说：政治学不是科学，因为政治现象的特质是不确定的，变化无穷的，没有一定的秩序及连续的关系，所以很难用严格的科学方法来研究。法国学者孔德（Comte）否认政治学为科学，他有三个理由：

第一，关于政治学的方法、原则、和结论，政治学者没有共同的意见。

第二，政治现象是不能有无间断的发展。

第三，政治现象是万不能预先察觉的。

我们讨论这个问题，必须先说明究竟什么是科学，什么是科学的性质，然后再看政治学是不是在科学的范围之内。这样才能解决这个问题。

科学的定义本来是很难说的，简单讲起来，凡是精密的有系统的知识总体，都可叫做科学。无论那一样科学，都不是凭空结撰的，总要有个对象。这个对象，就是宇宙间万事万物的现象。宇宙间万事万物既然有个现象，必定有个所以成这个现象的理由。科学就是用人类的知觉，把现象的原因结果的道理，抽将出来，作成有系统的解说，拿来做人生应付事事物物的工具。做学问资料的宇宙现象，就是由人类知觉所认识的宇宙现象。不经人类知识研究过的，不是有系统的解释，都不能叫做科学。譬如蒙昧野蛮民族，虽然也在宇宙之中生活，却不懂得宇宙现象的道理，所以蒙野的时代没有什么科学可说。就是偶有一知半解，不是偶然碰着，便是一种迷信，也不能叫做科学，照这样看来，科学只是知识的写真，只是文明的产物。

凡用正当的方法，去研究宇宙的现象，都可得到知识，知识是从研究宇宙现象得来的，科学是从知识发生出来的。现象的范围就是知识的范围，知识的范围就是科学的范围；所以现象的范围，也就是科学的范围。科学范围怎样大，就是科学资料怎样多。

科学有三种性质：

第一，科学是假定的真理。

第二，科学是进步的东西。

第三，科学是现在用的工具。

我们可以先把这三种性质说个大概。

宇宙现象好像一个谜，人类的知识好像解谜的钥匙。这个谜本是无穷无尽的，同数学中不尽数一样，除得一个单位，还有无穷的单位。宇宙现象既然是一个无穷无尽的谜，猜到一层，还有一层，我们所猜到的，当然是一个不完全的解释，是一个暂时假定的解释。现在科学家求科学律例，至少要用三层工夫：第一层在搜集事实。搜集的方法有二：一，考察事物的自然现象和自然变迁，这叫做观察。二，设定方法，使物变化，看看结果如何，这叫做试验。对于天象历史，用观察的方法；对于理化医药，用试验的方法。但这种事实是杂乱无章的，既不能用之解释物理，又不能用之据往推来，不过古语所说的“知其然”罢了。第二层在暂定假设。把所见的事实联贯起来，假设一理，是真是错，不能预定，不过据此而后可以推论罢了。第三层在实地实验。多求事实，考查他们的结果，看能不能合乎预想的假设；如果处处和预想的假设相合，才可叫做科学律例。照这样看来，科学不过是证明过的假设，不过把这个假设认为现在适用的，认为现在解释各种现象顶方便的法子罢了。

我们如果承认科学是人造的假设，我们应该承认这种假设是随人类知识变迁的，不是天经地义永久不变的。所以科学的方法虽然在考求往事，科学的目的却在发明新理。往事是我们发明新理的工具，并不是多识前言往行，把古人由经验得来的老法子记熟就算了事。真正的学者，应该把宇宙看做一篇未做完的文稿，天天在这里修正，把学问看做航空的飞艇，时时刻刻在这里进行。宇宙间也许有一种永久不变的真理。但只能认定我们的解释天天朝真理上走，不能说我们的解释就是真理。天地间无论那种学问，初发生的时候，总掺杂许多迷信的解释和错误的见解在内，到了后来，越发进步，才达到知识的解释和比较正当的解释的地步。归总一句话，总是后来的解释，比从前的解释越发精密，越发适用，越发近乎真理。所以科学是一种渐渐进步的东西，不是往复循环，毫无长进的东西。

科学原来是人造的，是为人造的，是人造出来供人用的，所以科学的目的，就在指导人类的行为。判断科学的功用，全看他在人生实际上有什么效果，对于人生行为发生什么影响。譬如我们跑进深山密树之中，迷失路途，不知从那条道走去才是正路。在这个时候，我们不是找出人行的足迹，顺着足迹走去；便是爬上树梢，看看方向，朝着有人烟的地方走去；再不然，只有顺着河流走去，走出山口，再找正路。这三个方法中，那一个方法能引导我们逃出迷途，便是那个方法的功用。顺着足迹走，爬上树梢看，顺着河流跑，是方法。找到正路，就是方法在人生实际上发生的效果，就是方法对于人生行为上发生的影响。若是在这个时候，没有足迹可寻，或没有高树可上，没有河流可见，这些方法便是无用的废物了。要想使那种科学在那个时候发生那种功效，必定要看这种科学能不能应付当时的环境，是不是适合当时的需要。周鼎商彝，是周朝商朝应用的东西，天堂地狱中的苦乐，不是身在天堂地狱外的人应该研究的。我们生在今日，不是生在周朝商朝，要这些周鼎商彝何用？我们生在地球上，并不生在天堂或生在地狱里面，说那些神话鬼话干什么呢？所以我们应该把科学看做现在应用的工具，拿来应付环境，解决事实，并做引导人生行为的指南针。

所以科学的范围非常广大，宇宙间所有一切的现象和事物，均是科学的材料。政治学的题目是国家——人群的一种组织，政治学的目的就是研究人与人在这种有组织的社会中之动作。我们已经说过，所谓“政治的”是指一切与国家有关系的种种事实、势力、和现象而言；所谓政治学就是科学的国家知识，所以政治学当然是包括在科学的范围之内。政治学的原理原则是人造的假说，拿来解说政治社会中万事万物现象的。这种原理原则都是应付环境的一种工具。环境在那里时时刻刻变迁，旧的原理原则不适用了，必定要有新的来代替他。原理原则更改后，政治组织又须因之而改革。所以每一种原理，每一种组织，只能应付某时某地的环境，并不是包医百病的“百效膏”“万应锭”。譬如欧洲中世纪，本是个战争不息四分五裂的时代，所以那时的政治学，都想把国家主权法律秩序等观念，造得格外的尊严。当时的政治组织，就受了这种观念的影响。到了十八世纪以后，人民看见国家法律的干涉太严，且当蒸汽发明以后，机器发达，生产增加，人人都想自由向海外发展，所以那时的政治学骨子里都是个人主义放任主义。这种主义发生后，政治组织又因之渐渐改革。到了十九世纪下半期，因为自由竞争的结果，资本家占了便宜，把一般无钱无势的劳动家，都压到第四层社会下去了。所以现在的政治学骨子里总带点社会主义的臭味，想拿国家权力来调剂经济上的不平。此刻的欧美各国，又在那边讨论改革政治组织的方法。可见得政治学里面的原理原则，都是从某时某地某种情形中找出来的，做救济某种环境的工具。照这样看起来，政治学的性质，又合于上边所说的科学的三种性质，我们那能不把政治当做科学看待呢？

第三节　政治学与别种科学的关系

政治学在科学上的地位　科学本可分为两种：一是研究天然现象的，如天文学、地理学、物理学等；一是研究社会现象或人事现象的，如社会学、政治学、经济学等是。前者叫做自然的科学（natural science），后者叫做社会的科学（social science）。政治学就是社会的科学中的一种，同社会学（sociology）差不多没有很大的区别。不过一个范围广些，一个范围狭些，一个和国家有直接的关系，一个和国家没有直接的关系罢了。社会学所研究的是人类社会，不问有无政府，不问古今中西；政治学所研究的，单是有国家和政府的人类社会。单是人类社会中总有许多经济的活动，艺术的活动，伦理宗教的活动，不直接受国家支配的，所以社会学的范围却比政治学的范围大。政治学在科学上的地位，可以从下表说明之：

- 科学
  - 社会的科学
    - 研究人与人的关系
      - 研究人与人在社会上的关系……………………社会学
      - 研究人与人在社会上经济方面的关系……………经济学
      - 研究人与人在政治组织的社会中的关系…………政治学
    - 研究个人的动作和智识——心理学伦理学等类
    - （以上）哲学
  - 自然的科学
    - 研究各种自然的现象，人亦自然现象之一种，所以人的自然现象，也是自然科学的研究资料

政治学与社会学的关系　社会学是一切社会科学的基础，其所研究的是社会组织的势力、形式、与发达的情形。政治的组织，就是建筑在社会组织里面，和社会的现象有绝大关系的。因为有这种种的关系，所以这两种科学没有自然的界限可分。不过笼统说起来，社会学所研究的是一切人类所组织的社会，换句话说：就是研究人类社会组织的科学。政治学所研究的是人类所组织的特别社会，换一句话说：就是研究人类政治组织的科学。照这层意思说起来，政治学的范围只研究人类政治的组织，和社会学相比较，范围狭一点。社会学解释的单位是个人，说明人类相互的作用，和相互影响的动作；政治学所研究的单位是国家，这种国家是和国民种族家庭个人不同的，是社会中特别的一部份，所以范围比较狭小一些。

政治学与历史的关系　历史的职务是叙述接续不断的往事，研究各种制度怎样发生，怎样变迁，怎样进化，寻个趋势，找个法则出来，做现在或将来做事的指导。政治学的职务不只是说明现在的制度就算完事，必要研究现在的制度所以发达的原因，和所以进步的道理，寻个趋势，找个法则出来，做现在或将来政治进行的指导。这是历史和政治学目的相同的地方。历史家想下判断，必定要拿往事作材

料，比较其长短，找出公例。政治学家想下判断，也必要拿往日政治制度作材料，比较其好歹，找出原理。福礼门（Freeman）说："历史是过去的政治，政治是现在的历史。"这两句话固然有点偏重政治现象，把历史的范围看得太狭，但是由此可以知道历史确实是政治学的中心，确实是研究政治学的材料。我们如果要驳福礼门的话，固然可说有许多历史，如美术史、科学史、宗教史、工业史……等都不是研究政治学的材料，然而总不能说政治的研究，不以历史作中心、作基础。我们也固然可说有许多纯粹政治哲学政治理论不是历史，然总不能说纯粹政治哲学政治理论绝不必拿历史作研究资料，绝不是从历史中找出来的。不过历史的研究限于过去的现象，要知道从前的现象"已经怎么样"，政治学的目的是创造现在或将来的现象，要知道现在或将来的现象，"应该怎么样"。但是"应该怎么样"是从"已经怎么样"中试验出来的结果，并不是全凭空想出来的。所以柏哲士（Burgess）说："历史而无政治，虽然不是个死尸，也是个跛子。政治而无历史，好像是闭着眼睛，在暗中摸索的人。"这就是历史和政治学的关系。

政治学与经济学的关系　从前的经济学，如亚里士多德所说的，不过是现在的财政学。到了中世纪以后，经济学才从国家的方面，趋向到国民的社会的方面，变成了为人类社会谋幸福的工具。自从社会主义的经济学发生以后，政治的组织，大概都趋重于经济的方面，国家好像又成了谋经济发展的工具。国家的制度，由经济情形决定，国家的政权，由经济活动的人民管理，所以近代的政治学几乎和经济学打成一片。各国社会主义派所组织的政府，就把国家当做调剂经济发达的唯一机关。近来最重要的问题，就是国家对于为经济元素的土地劳力资本应该怎样支配？对于生产分配消费应该怎样管理？这些经济学的根本问题，现在都变成政治学的根本问题了。经济是人类生活的基础，政治就是建筑这种基础的事业。所以现在的政治学万不能离开经济学去讲的。这就是经济学和政治学的关系。

政治学与伦理学的关系　伦理学是研究人生在世应该怎样行为的科学。古代社会的生活，大概多以种族宗教做根据，习惯就是法律，道德的观念就是政治的观念。后来文化渐进，习惯道德和法律政治渐渐分开，个人或社会所承认的是非，和国家所承认的权利义务，也有了区别。但是道德和法律仍然不能说是毫无关系的。现在社会上的伦理观念，也有许多可以作政治上的政治观念。伦理学是叫人应该怎样行为的工具，政治学也是叫人应该怎么样行为的工具。人生的天职在谋人类最大的幸福和公共的安宁，国家的职务也是在谋人类最大的幸福和公共的安宁。伦理学讲研究人生应该怎样行为的，国家是帮助人生应该怎样行为的，政治学是指导国家应该怎样帮助人生怎样行为的。这就是政治学与伦理学的关系。

第二章　研究政治学的方法

我们既已承认社会科学是与自然科学不同的，研究的方法当然也不能不有点差异。自然现象的变迁因果，差不多都有一定的律例，不能拿人力改变的；社会现象的变迁因果，一半由于天然的趋势，一半由于人为的趋势造成的，不像自然现象有一定不变的因果公例。譬如炭素的原子，石炭酸的分子，总是相同的。至于社会的单位，往往这个和那个大不相同，并且其一切的现象也没有普通不变的死律例，可以管得着的。所以要想拿科学的方法来研究政治的现象，在科学方法不完备的时代，是很不容易做到的。这就是从前政治学所以不能成为科学的原因。到了十八世纪以后，自然科学的方法大大进步，社会科学也受到这种影响，有许多人对于社会的现象，就拿研究物理化学等自然科学的方法来研究。所以十九世纪欧洲各国，竟成了一个创造社会科学的时代。我们姑且把几种较为通用的方法的长短，约略下一个简单的说明。

第一节　社会有机体说或生物学的方法

什么叫做社会有机体说的方法呢？就是说国家也同社会的有机体一样，其组织单位就是个人，其性质就是那组织单位的人民的性质。

所以断定国家生命的进化是与个人生长的进化完全相同的。和社会有机体说相近的，就是生物学的方法，把国家生活进化看作和生物的生活进化一般。往往拿解剖学的术语来说明国家的组织，拿生物学上所有的方法名词，来分析国家的机能，解释国家的生命。孔德研究社会，特用“社会的物理学”（social physics）、“社会的生理学”（social physiology）等名词。斯宾塞也说社会有“保持的官能”（sustaining system）、“分泌的官能”（distributing system）、“和管理与使用的官能”（regulating and expending system）。这派学者大概都讲究分析，注重个体，说全体进化都是由于个体进化造成的。

社会是人类精神的结合，并不是一种有机体。社会有机体说和生物学的方法，都把社会的生长进化看作和生物的生长进化一样。但我们应当晓得一个社会所以能够组织起来的主因却是人类的精神。我们虽然可说社会的构造长进有些像有机体，却不可直说社会就是有机体。这种方法是把国家的分子看作无目的、无独立的生命、无自由的意志，好像人民是为国家而生的，不是国家为人民而设的一样。这种观念，在国家工具说大盛的时代，当然没有价值了。

第二节　比较的方法

比较的方法就是研究现在的各种制度，或从前的各种制度，拿这些制度做材料，用研究人的判断力，来比较这些制度的长短优劣。这种研究的方法，很有几层好处：（一）不受一国一时政治现象拘束，（二）可得许多政治的新模范、新方法、与新观念。但是同时也有许多缺点，因为无论那种制度，都有所以造成的特别原因。比较的研究，必定要先明白这种特别原因。然而要想在现代的国家之中，找出两个国家有共同的历史基础，有共同的政治社会制度，进化的经过又恰到了同等的地步，大概是绝不会有的。这是什么缘故呢？因为政治制度没有不是应付特别环境的。环境不一样，制度的精神当然也不一样了。从这种人民的性质不同、经济的情况不同、社会的境遇不同、法律的标准不同、政治的经验不同、历史的习惯不同的国家之中，找出一个通则，想拿这个通则去对付异时异地的国家，那能不生出许多错误呢？比较的方法仅能找出普通的趋势，很不容易找出具体的和医治环境的药方。若比较的方法不同历史的方法并用，把特别环境看得太轻，把现有制度看作无根之果，确是一桩很危险的事。

第三节 实验的方法

社会虽然是人造的东西，但是很不像下等动物，可以做试验的材料。也不像物理化学，可以随意取得材料，供人随时试验，来证明预想的结果。社会不是一种东西，可以拿在手中，用解剖的方法，把其中各部份分析出来，试验那所有的原子分子是什么，也不能用火烧法，用融化法，来试验其变化是怎样的。试验自然科学，可以取旁观的态度，听其自然变化；试验社会科学，就不能这样办了。比方我们想试验“布尔札维主义”，看这一种主义能否实行，绝不能指定一个国家，做我们随意试验的试验室。就是假定可以指定一个国家来做实验室，然这种国家之内，必定有历史、有人民、有风俗、有习惯、有制度，绝不能与发生“布尔札维主义”的国家的内容相同。换一句话说：就是既不能造成绝对相同的国家，就不能试验那同样的主义。勉强试验，原因既然不同，结果亦当然大异。炭素的原子，石炭酸的分析，凡是炭素，凡是石灰酸，都是一样的；社会的分子原子，既不是这样简单，当然也不能完全相同了。想拿不同的材料，试验出相同的结果，是决不会有的事体。

但是政治虽然不能用试验物理化学的方法来试验，也不是绝对不能实行试验的。政治试验并不用故意造出试验品，只要把历史上曾经实验过的方法，拿来做现在新试验的工具。凡国家公布一种新法律，发明一种新制度，或决定一种新政策，无一日不在随时试用，随时修正之中。要想判断一切制度、法律或政策的利弊，必定要看试验的结果如何。因为政治学是人生对付政治环境的工具，所以其价值全由效果决定的。凡试验不出什么效果的东西，必定不能影响于政治环境；既然不能影响于政治环境，我们就可以简直说是没有价值的东西。詹姆士（William James）说："凡真理都是我们能消化受用的，能考验的，能用旁证证明的，能稽核查实的，如果不能如此，便是假设的。"我们也可以说凡是有真价值的政治学原理原则，都是能试验出其效果的；如果试验不出效果，便是没有价值的。世界上主张改革的政治家，就是天天在试验室中求生活。今天发明一种政制，如果到了明天不适用，马上就丢弃了，再找出一种新政制来试验。如今各处通行的代议政治、平民政治，所以能收效果，那一件不是从多年试验得来的。由此看来，实验的方法很有几层好处：（一）把政治原理都认作假定的，使有随时修正的机会；（二）认定政治原理的价值，是由其自身效果决定的，凡没有效果的东西，都可认为没有价值。这就是实验方法的用处。

第四节　历史的方法

自从进化论发生之后，社会科学也受了极大的影响，无论是哲学家、政治学家，都有一个共同的趋向，叫做历史的态度。凡研究一种学术，或一种制度，必定要远远的追究其怎样发生的，怎样变化到现在在的样子。譬如研究现在的社会问题，就该问为什么发生这种问题？研究十九世纪经济上的放任主义，就该问何以那时候的人要主张放任？先明白历史上所以发生社会问题的原因，然后才可以找出解决的方法；先知道古人曾拿过放任主义医治过经济上的什么病症，然后对于现在经济上的病症，才可以知道下药的方法。所以我们无论研究那种制度，必定要先明白三种情形：（一）这种制度是怎样发生的？（二）是怎样变到现在的样子？（三）设下这种制度的人到底是什么用意？制度本身到底有什么用处？这都是历史的方法中所研究的事件。

英国人常说："英国的宪法是生长的，不是创造的。"这句话可以证明无论何种制度，虽然离不掉人工的制造，但是这种人工的制造，并不是凭空无着，突然而有的；是随时改造，一步一步变到现在情形的。所以从历史上看来，各种制度似乎是一点一点生长起来的，不是制造出来的。我们对于无论什么政治制度，要想明白其现在的情状和将来的变迁，必定要对这种政治制度从前情状和这样变成现在的情状的种种原因，有个精密的观察，有系统的研究；万不可学那"断章取义""断代为史"的办法。譬如研究中国的田赋，必定要把三代时候的井田制度，秦始皇以后田土私有制度，商鞅制阡陌，杨炎废租庸，作两税，魏孝文、唐太宗均田等法制，一一拿来研究，考察所以变制的原因，和历代沿革的线索，然后对于现行的田赋制度，才能说出病症，和怎样救济改正的方法。由此看来，我们要想研究政治制度，应该观察从前的政治运动和现在民族的政治生活，考求那些政治思想怎样发生，和发生后怎样影响于实际的制度。从这些情形之中找出一个进化的原由，和进化的路线，做现在或将来政治改革的指南针。这就是历史方法的用处。

第五节　心理学的方法

近来政治学的方法有一个很重要的趋向：就是从客观的政治论，变到主观的政治论。从前的政治学家，多用生物学的或社会有机体说的方法，去解释社会现象，把社会看做自然会生长会发达的物事。就是用历史方法的，也有把历史看做客观的解释，说一切制度是自然生长发达的。直到近来，政治学者才趋到人的方面，说社会是人类精神造成的团体，历史是人类活动经过的陈迹。所以有许多人才拿心理学的方法来说明社会现象和社会制度。说政治是人造的，是为人造的。国家退到客体的地位，人进到主体的地位。由国家为人生目的说，变到国家为人生工具说。这也可算是政治哲学上一大革命。

这种趋势，从政治学方面说，虽然是政治学上的革命，但是从心理学方面说，也是心理学上的革命。从前只有“构造的心理学”（structural psychology），现在方才有“作动的心理学”（behavioristic psychology）。从前专注重个人的心理，现在才趋重于社会的心理。构造派心理学研究的方法，只注重分析一方面，研究构造心理的细碎的元素，说明心理与血的流行，呼吸的缓急，有什么关系，由心理发现出来的行为有什么法则。作动派的研究方法便不同了。他们是意识与作动并重，研究心理的生活与生理的生活，和意识与人的作动有什么关系。所以作动派的心理学大家詹姆士心理学的基本观念是：“凡认定未来的目标，而选择方法和工具以求达到这个目标，这种行动，就是心的作用表示。”照这个观念推论出来，人类的知识思想，都是心的作用，由这种知识思想认定人类生活未来的目标，选择一种制度，一种社会，做达到这个目标的方法和工具，都是心的作用表示。这心的作用表示，就是国家和社会所以成立的原因。由此可以知道人类生活现象都是心理作用的结果，人类的历史都是心理作用过去的陈迹，国家社会里面一切的制度都是心理作用的产儿，都是用来做达到人生目的的桥梁。所以用心理学的方法解释政治现象和政治制度，就是证明国家是为人类达到目的的工具，人是国家的主体，国家是为人而设的。这就是心理学方法的用处。

第六节　结　论

把以上说过的各种方法合笼起来，除了生物学的社会有机体说的方法以外，如比较的、实验的、历史的、心理学的各方法，都是我们认为正当的方法。我以为应用的政治学，应该把人看作国家的主体，把一切政治看作人类心理作用的表征，用历史的研究法，把政治现象变迁进步的因果探求出来，抽出进化的原因，找到进化的路线，更把各国各时各种制度各种学说，用比较的方法研究其长短优劣，拿来做我们现在的人研究现在政治现象的政治制度的工具，做指导现在的人应付现在环境的方针。这是一个最难的题目，并不是一两个人所能做得到的，不过想大家知道这种趋向的大势，好向这个方向去研究罢了。

第三章　国家的性质

第一节　名词确定的重要

凡研究一种学问，第一步的入手方法是确定这种科学内所有重要名词的意义，初学的人必须十分注意这一层。大概一种科学的原理原则差不多都是包括在各该科学内重要名词之中的。例如研究经济学者，非先把“价值”“价格”等类的概念预先确定，实在很难免发生自相矛盾的结论。在同一个时候，同一个地方研究经济学的人，为什么有许多人研究的结果，变成极端的守旧派，有许多人又主张社会主义、无政府主义、及种种急激的学说？这些人所研究的材料是完全相同的，为什么结果差得这样远呢？照我看起来，其主要原因就在各派的人是从完全不相同的“价值”概念入手，所以他们所得到的原理原则就大不相同了。政治学也是这样的，所以各种的政治学说、政治学理，也是完全发源于不相同的“国家”的概念。但是在政治学中，确定名词这一层却是更加困难，因此便更加重要。这是因为下边的几种理由：

（一）我们平常说话所用的言语，有许多字的意义是很宽泛的，往往一个字可作两义或数义的解说。人民讨论政治问题的时候，就用这种普通的名词来表示他们的意见。所有日常用的普通名词因之就逐渐混入政治学之内。所以政治学上的名词很难确定。

（二）演说或写报纸文章的时候，因为文辞的关系，或别的作用，有许多人往往故意用了许多很好听的政治名词，把真正的意义设法藏起来，加入他们自己不确当的并且有作用的意义。例如“共和”“民治主义”“中央集权”“自由”“地方自治”等种种名词，均能用来表示很好的或很不好的主义与制度，全看用这种名词的人的作用究竟是什么样。

（三）在法律上、外交上、行政上，政治名词有一定不变的意义。所以同样一个名词，平常用起来，有很宽泛的意义，在法律上、外交上、行政上，又有十分严密的意义，在政治学上用起来，其意义不能十分严密，又不能十分宽泛。

（四）因为政治制度与政治事实，时常变迁，所以政治名词万不能有十分确定的永远不变的意义。例如国家这一个名词，在希腊时代的意义与此刻的意义就完全不同。

因有这种种原因，所以研究政治学更要格外注意各种名词的意义。虽则定义——因为不能包括各种名词所含蓄的意义——是很靠不住的，各人有各人的定义，各时代有各时代的定义；但是为我们初学的人设想，定义实在是一种入门方法。

第二节 什么是国家

无论什么人，一定有一个名字，这名字就是各人在社会中的特别记号；每一个人除了他自己单独用的名字之外，还有一个姓，这个姓是各人与同一家族的人共同用的，是各家族在社会上的特别记号。如果我们于名姓之外再找什么区别，那末，我们就可以看出每一大群人民有种种不同的地方，有体格与肤色方面的不同，也有精神上与别方面的不同。这种种特别情形又可以把大群人民分为几个大类，各有各的特别记号。

世界人类都是有色人种，所以最显而易见的区别是人类的肤色，我们可以依照人类身体上颜色的不同，把全世界人民分做四大种族：（一）黑种，（二）黄种或蒙古种，（三）红种或亚美利加种，（四）白种或高加索种。种族的基础原来建设在环境与血统之上。但交通发达之后，人民往往从这一洲迁移那一洲，又从那一洲迁移这一洲，同时又往往与异种人民结婚，打破原来的旧血统，另外造成一种新血统。所以现今世界人民并不是被天然的界限分做四个大种族，却是被别的势力连成几十个较小的种类，叫做民族。民族是由种族中分出来的。孙中山先生在他的《民族主义》第一讲里边说："我们研究许多不相同的人种，所以能结合成种种相同民族的道理，自然不能不归功于血统、生活、语言、宗教、和风俗习惯这五种力。这五种力是天然进化而成的，不是用武力征服得来的。"

世界人民除了由这种天然力造成的种族民族之外，另外又由别种势力组织几十个团体，叫做国家。国家是政治学的中心问题，同时又是政治学中最难解答而最不能不解答的问题。国家究竟是什么？这一个问题，历代学者都各有各人的极不相同的答案。有人说，国家是自然的生长物；有人说，是一个阶级压迫其他阶级的组织；又有人说，是社会契约的结果。宗教家说是神造的，法理学家又说是法律创造的。有人说是道德生活的团体，又有人说是盗贼的团体。有人说是人类最高的目的，又有人说是达到目的的一个方法。有人说是人类的福音，又有人说是人类的仇敌。有人说是人类必不可缺的东西，又有人说是绝对不必要的东西。从这几个例，我们就可以看出学者们对于这国家的观念的错乱。国家在历史上所发生的种种变化及现今各国状况的复杂，当然很容易使学者们无所适从，没有方法确定国家的根本性质，同时又加上他们自己思想的观念，无怪在政治学史上，我们可以找出各种各样的国家学说。

我们现在讨论国家的性质，最好的方法是丢开从前一切的旧观念，不要把国家抬得太高，也不要把国家看得太轻，专从社会方面立脚，说明社会的国家观。从社会方面立脚来观察国家的性质，自然可以看出国家既不是自然的生长物，也不是法律的创造品；既不是天公生成的，也不是个人手造的。因为在现在的世界上，绝对没有纯粹孤立的个人，只有做社会之一员的个人。个人所以有个人的能力与特性，都是社会养成的。个人并不是有机体的一个官能，也不为无机体的一个机械。换句话说，他并不是全体的一部份，却是一个缩小形状的全体。人与人的群集生活，并不像堆积许多鹅卵石在一块，却像丝丝相连的一个细网子，这条线牵连那条线，没有一条线不与别条线发生关系。

凡人类因为有一种需要与一定的目的而组织的团体，均可以叫做社会。如因血统关系而组织的社会，叫做家族；因宗教关系而组织的团体，叫做教会；因生计关系而组织的社会，叫做组合，或叫做城市。国家也是人类社会中的一种，是由政治关系而组织的。这几种社会在历史上常常互相冲突，各争各的势力。有时候家族社会得势，把宗教政治经济等社会压在家族势力之下，便成了古代宗法的国家。有时候宗教社会得势，把家族政治经济等社会压在宗教势力之下，便成了宗教的国家。有时候经济社会得势，就是国家也常被其所操纵，人民只知有经济势力，不知有政治的势力，欧美各国的经济社会差不多就有这种情形。这许多社会同时并立，往往生出许多冲突，一方得势，一方失势，久而久之，必生出偏枯不平的气象，人民间往往因之而大起纷扰。国家的目的，就想维持全体人民的和平秩序，裁判各社会间的争议，使各社会皆有平等发展的机会。国家是应人群需要而生的，人群天天发达，家族的能力有许多事办不了，宗教的迷信有许多事维持不住，经济的分配有时候不得平均，所以国家的权力才因之扩大。近来国家权力，可以支配一切社会，这种权力并不是无意得来的，确是因为适应人类需要而逐渐扩充的。这就是人类所以需要国家，国家所以建立在各种社会之上的原因。

照普通的观念，国家与别种社会不同的地方，就是国家有一种特别权力，为别种社会所没有的。从有历史以来，人民总是在一种权力之下的。这种权力的性质虽时时更变，并且因时代情形的不同，时时显出各种各样的状况，但在这性质不同形式各异的权力之中，我们可以找出一个共同的作用，为各时期各种国家所公有的。我们一定要除去所有不紧要的要素及因时因地情形不同而发生的变化，国家的真正意义才能发现，国家与别种团体不同之处才能显露。这样分析起来国家的要素就有四种：（一）有为公共目的而活动的一群人民，（二）占定地球上一定的土地，（三）有表示与执行公共意志的机关，（四）只受一个最高统治权的支配。简单说起来，就是人民、土地、组织与主权。

如果没有一定的土地，虽然有一群人民存在，像犹太人一样，散处在各国，自己没有一定组织，一定的国土，便不能算是一个国家。至于无人民的一块空地不能成为国家，那就更不用说了。如果有人民又有土地，却没有表示与执行公共意志的机关，如一群无结合的人民，散在荒岛中间，那是自然世界，也不能算做国家。假使单有人民、有土地、有组织，但没有一种最高的统治权，只可以算是别国的属地，或一个国家中的地方政府，也不能算做国家。所以凡是国家都得要有这四种必不可少的要素。

古代“国”字的观念与现在很有些不同地方。在古时，国与邦有大小的分别，《周礼注》说：“大曰邦，小曰国。”小国虽然受大国的支配，做大国的属国，但仍把他当做国看待。又西域人民有“筑城为守者，”便叫“城郭国，”有“不立城以马上为国”者，叫做“行国。”前者以地为国，后者以人为国。古代希腊时候的生活都在城市之中，所以他们的政治也只就是城市政治，他们的国家就是城市国家。罗马初期也是这样的。那时候所谓罗马国，就是单说罗马城，意大利其他的省份都不包括在内。欧洲直到中世纪时候，这国家观念才扩张起来，从城市国家观念，变到全土的国家观念。意大利政治文学中首先用“国家”这名词来表示凡在城市统治权以下所有的属地。后来到了十六与十七世纪之间，英法德文字中通用的“国家”这个字，才包含现在通行的意义。

但“国家”这名词的意义，不但古代与现在不同，就在现今的时候，这名词也常常含有许多特别的意义。比方我们说德国法国英国，便含有邦土的意义；把国家与教会对说，便含有组织的意思；把个人与国家对举，便含着单独个人与总合群体相对的意思。又如说国立学校、国有铁路，便含有特别机关的意思。并且国家这名词又时常与政府民族社会等名词相混。我们且把这些名词的区别略为说一说，更可以表现国家的性质。

第三节 国家与社会的区别

国家是人类为满足需要兴趣而组织的团体，社会也是人类为满足需要兴趣而组织的团体，目的大概相同。但是社会只有人与人的关系，和人所在的土地无关。所以社会成立不限定要占据一定的疆土。人民如果没有一定的疆土，便不能成为国家。例如华侨的商会，可以设在外国，犹太人民虽然遍于世界，却不能称为国家，就是这个道理。再社会中的社员，没有国籍的限制，国家中的国民却限定属于本国国籍的人民。照这样看来，社会的范围以世界为限，国家的范围以国界为限。社会是人类的团体，国家只是民族的团体。例如学校和公司可由中外人员共同组织，国家的机关却不能和外国人共同组织，就是这层意思。再国家单是政治的组织，社会却不限于政治的一方面。所以研究社会，是包括研究宗教、实业、教育、技艺……等在内。国家无论对内对外，必有最高无上的权力，没有最高无上的权力，便不能称为国家。社会对内虽然有支配的权力，但总要在国家权力支配之下。若认为有必要干涉的时候，无论那种社会都要受国家指挥命令的。这就是国家和社会的区别。

第四节　国家与民族的区别

民族不是国家，上边已经约略提及，关于这一层，孙中山先生在他的《民族主义》第一讲里边说得很透切，他说："民族和国家，是有一定界限的。我们要把他来分别清楚，有什么方法呢？最适当的方法，是民族和国家根本上是用什么力造成的？简单的分别，民族是由于天然力造成的，国家是用武力造成的。用中国的政治历史来证明，中国人说王道是顺乎自然，换句话说，自然力便是王道，用王道造成的团体，便是民族；武力就是霸道，用霸道造成的团体，便是国家。"

孙中山先生又说："主义是一种思想、一种信仰和一种力量。"所以民族主义也就"是一种思想一种信仰和一种力量"，假使把民族与国家从人民一方面相对照起来，我们就可以说，民族如同宗教一样，是主观的，国家是客观的。民族是心理的，国家是政治的，民族是心理上的一种态度，国家是法律上的一种状况。民族是一种精神上的产业，国家是一种可以执行的义务。民族是感想生活方面的一种方法，国家是与现今生活方法分不开的一个要件。以上所举是民族与国家的主要区别。

第五节　国家与政府的区别

国家与政府这两个名词也不能混杂的。一个国家总得要有一个政府的，一群没有政府的人民只能算是暴民，不能成为国家。政府是国家的机关，是行使国家主权的工具。国家是抽象的名词，政府是具体的组织。政府虽是国家最重要的要素，但我们不能说政府就是国家。比方说脑筋是人身最重要的一部份，但我们总不能说脑筋就算是人身。在从前专制时代，人家往往把君主当做国家，所以把法国路易第十四"我就是国家"的话，时常引来作政府就是国家的证据。如果政府与国家没有分别，那末，朝代更换，国家也就要更变了。但在事实上，政府的组织更改，与国家的存在毫不相干；国家有永久的性质，政府并不是不朽的，——时时因革命，或因朝代断绝，或用别的法律手续而更变，但国家并不同时因之而灭亡或受别的影响。

国家是包括一个政治社会所有的人民，政府只包括一部份的人民——中央，地方，与殖民政府机关中的立法、行政、与司法人员。不过“立法”“行政”“司法”这几个名词，须要用广义的解说才对。例如选民团，选举官吏的时候，就是行使行政的职权，用创制权（initiative）、复决权（referendum）的时候。就是行使立法权，做陪审官（jury）的时候，就变成司法的一部份。各级的行政官吏上至大总统，下至马路上站岗的巡警，均是政府的一部份。除了这种常设的机关，有许多国家还有一种特别机关行使一种特别职权，如制定或修改宪法的会义，这种特别机关，也是政府的一部份。

第四章　国家的物质基础
——环境与土地

第一节　国家的物质要素

人民与土地是国家的物质要素。一群漂泊无定的游民，不能成为一个国家。上古时代的游行部落，也不能算是国家。虽则在这种人民之中，也有一个领袖他的命令，也为一般人所服从，但是只有到了人民有一定的居住地方，他们才有真正的政治组织，才能算是一个国家。比方我们说起“法国”这个名词，我们心目中就想起占据欧洲大陆一部份地方的一群人民。一个国家的土地与人民自然不是永久不变的，土地也许增加，也许减少；人民有死的，也有生育出来的，有迁移到外国去的，也有从外国迁入的。但大概说起来，国家的物质基础确有一种永久的性质。比如一条河，河中的水虽不息的流，但这条河总是这条河，并不因水流而更改其性质。

如果我们问（一）国家为什么发生在一定的地方和一定的时候？（二）国家的界限与人民为什么是这样的？（三）国家为什么有一种特别的组织？（四）国家发展的程序为什么是这样的？我们非先明白国家

的物质基础的确实性质，恐怕是不能圆满答覆的。从经济的历史观学说发生后，大多数的学者总是承认自然界的状况对于人民的经济的、政治的种种生活，有极大的影响。社会上的种种现象大半是人与自然界互相影响所发生的结果。所以我们研究国家的性质，也不得不注意到国家的物质基础。

我们晓得世界上各处的人民性质不同、习俗不同、言语不同、文化不同，所以他们所组织的国家也有种种不同的地方。有许多国家，文化已经达到很高的地位，有许多国家，文化还是在极幼稚的时代。这种种国家所以不同的原因，全是他们的环境使他们这样的。欧洲人有一句话，“人民是环境的出产品，”这一句话的意义就是有什么样的环境，就有什么样的人民，有什么样的人民，才能发生什么样的国家。环境这个名词意义很广，包括人民所居住地方四周围所有的事物和思想。我们在此地所要讨论的，是国家的物质基础，所以我们只须限于物质的环境，物质的环境就是自然的环境。但社会环境是完全发源于自然环境，所以自然环境是国家的主要基础。

第二节　自然环境的要素

自然环境是包括外界的各种势力，能影响于人民的或人群的生活，其要素是（一）地球的外形，（二）气候，（三）物产。

人民的性情和生活，及社会上各种制度，是根据于这几种要素而发生的，在上古时代，人民智识未开，不能用他的智识去更变自然界的状况，他所吃的是天然的果品，他所住的地方是天然的山穴，并完全靠天然的物品为生。到了人民智识发达后，才能以人力战胜天然的阻力，弥补天然的缺陷。如果没有天然的果品吸，人民就能以耕种为生，如果没有山穴住，人民就能造屋居住。在从前的时候，人民是自然界的奴隶，现在却变成了自然界的主人。可是近来科学虽发达，人民能以人力战胜自然环境的地方虽多，但是国家受自然环境的影响究竟还大，人民究竟还不能完全制胜自然力。

柏克尔（Buckle）曾经说过："人的样子与社会的形式均受自然环境的影响。"有许多地方，人的周围完全是极可怕的天然状况，如地震、火山、大河、大风、大山、沙漠等，在这种地方，人民对于自然界是非常害怕的，他们不敢考究，不敢试验，他们自己相信不过自己，他们的宗教是迷信的，他们的艺技是稀奇的，他们的组织是专制的。印度与秘鲁皆属于这一类。还有一种地方，人的周围是极平静的天然状况，没有可怕的现象使人恐怖，人力战胜天力，进行非常之快。在这种地方，个人主义与理性，就能发展，艺技是美观的，宗教是合理的，国家是民治的。这就是古代的希腊与现在的欧洲的情形。

第三节　地球的外形

地球的外形是指海陆的位置，山河的大小与地位，各部份土地的范围与高低而言。地球是天然的分做几部份，大小不一，内部的形状也不同，他们的界限，或者是大海，或者是大山。这种天然的界限，有时候是很完善的，如西班牙、意大利与英国海岛，有时候是很不完善的，如俄国的平原。我们可以把国家所受地球的天然状态之影响列举于下：

国之大小　一国的面积，大概总为天然的界限所限。住在这界限以内的人民，为高山或大河所阻，不能与界外的人民通往来，他们的言语风俗性情，就渐渐与别部份的人民不同，他们自己就渐渐发生出一种共同利益，一种共同习俗，这就是国家的基础。所以尼罗（Nile）河优夫拉底（Euphrates）河流域、俄国平原、中国的长江黄河流域，皆是此刻很广大的国家之地盘；至于希腊瑞士及欧洲其余的部份只能容极少数的民族居住。

国与国的关系　国与国有什么关系，全看他们交界地方的地球形状。莱因河界限（Rhine Boundary）因为是德法边境上最弱的地方，所以变了他们两国相争之点，及欧洲的战场。希腊利用他极好的海口与海岛，来发展其商务。西班牙与英国因为被天然界限所阻，能专心注意于内政，不为旁人所干涉，政治制度完备后，他们有余力来发展商务、海军、与殖民地。

天然界限固然是一国的保障，不过有时候也可以养成一国人民偏狭的自大的心理，阻止一国文化的进步。如果这天然界限是大海，那么，非靠海军，不能维持一国的权势。西班牙的失败，完全是因为人民偏狭的心理，与海军的衰弱。英国就得了一个教训，极力设法维持海军的势力。爱尔兰与英国这样的不相容，就因为他们是被大洋分开，素来没有什么交接，风俗宗教完全不同。

国家在商务上所占的地位，全靠海陆地的位置。当尼罗河与优夫拉底河流域为极广大的极有势力的国家之地盘的时候，因为非尼兴（Phoenicia）地位居中，又与地中海相对，所以就在商务上占了很重要的位置。以后文化环地中海而西移，希腊与罗马的地位，就重要了。发现新大陆后，商务中心点从地中海移到大西洋，所以西班牙、荷兰、英国的地位就重要了。近今太平洋开通后，美国因为在大西洋与太平洋的中间，所以也占了一个极好的地位。

对外发展的方向　无论社会的或自然的活动，总是从最容易的地方入手，所以山川海陆的地位就能决定移民或行动的方向。比方古时的希腊国，西边有山，东边有海湾及无数的岛屿，在交通方面，希腊人的出路自然是向东边一方面走，所以与他们接触最早的人就是东方民族。罗马的地位与希腊恰相反，所以罗马人最先遇见的，是西方的一般野蛮民族，只有到了后来，才同希腊人民接触。那时的东方民族，文化已经很发达了，希腊人与他们一比较，实在比较不上，所以非极力防御，非极力发展他们自己的能力不可，结果希腊人能达到极高的文化，极坚实的小团体。罗马人最初遇见的是下等民族，所以很容易被罗马并吞，结果罗马就变成一个世界帝国。所以文化战争等事均向天然阻力最少，交通最方便的地方发展。在上古时代，天然状况决定野蛮人民行动的方向；就是此刻城市的位置、交通的道路、商务的发展，也均是由地理上的特别状况决定的。

第四节 气候

地球上只有一部份的地方是可以居住的。在这可以居住的地方，气候又是极重要的。看一块地方的气候是怎样的，就可以决定在这块地方居住的人民是怎样的，他们的政治生活是怎样的。近赤道极热的地方，近寒带极冷的地方，人民万不能有极高的文化，万不能有高等的政治组织。历史上所有的大国家，大概是发源于近温带气候温和的地方。因为寒带的地方，气候寒冷，食物稀少，人民欲得到他日用所必需的物品，已经很困难了，他们那有时候，那有力量去发展文化呢？在极热的地方，物产丰富，人民不费心力，就可以得到他们所需的物品，所以他们在文化上边，也不去用他们的心力。加以这种极热的天气使得人民懒惰不堪，所以他们一点事也不能做。历史上有一层很可注意的事：凡是在高地居住的人民，大概总能征服别种人民，推广他们的势力范围，组织一个大国家。因为他们受干燥稀薄的空气的影响，能发展他们的肺脏和体力，所以他们的勇气非常之足。气候又能影响于人民的生育率及长成的时期，这又与国家有间接的关系。

人民犯罪的种类，也因天气的不同而异。在天气热的地方，杀人、殴打、强奸等罪非常之多，在寒冷的地方，最普通的罪是盗窃赌博等类。这是因为在暖热地方，人口众多，人民互相接触的地方，自然也是很多，所以人民所犯的罪，大半是人事罪；在寒冷的地方，人民稀少，互相接触之处，自然是很少，加以生产困难，人民为衣食起见，往往不得已而去做盗做贼，所以人民所犯的罪，大半是物事罪。因有这种原因，各处人民的道德观念就因气候变迁，国家的组织和法律也受了极大的影响。

英国人的个人主义也是气候的出产品。英国的土地，因受潮湿天气的影响，非常肥饶，人民不用费多大力气，就能足衣足食，过很舒服的日子，他们的思想，自然以个人为重。但是英国人离开了英国，到很荒野的澳大利亚洲去，那边河流也没有，一个人要单独过他的生活，差不多是做不到的，所以主张个人主义的英国人，就不能不立刻变成社会的一员，他的思想总是趋向于社会主义一方面。所以澳大利亚有国有铁路、国有轮船公司、国有保险公司，和国有的种种工业。

第五节　物　产

矿产　矿产与国家发展的关系很大，所以有很多人就拿“石器时代”“铜器时代”“铁器时代”的名词来表示古时文化发展的时期。从政治生活观念上设想，用铁的或铜的武器的人民，自然能战胜用木的或用石的武器的人民。战败的人民，必须合并起来重新组织，被征服者与征服者的关系，必须有几条法律来规定，这就是政府与法律发生的大原动力了。到了后来用金银的时代，这两种矿产就变了很有价值的东西，为抢劫金银而发生战争，历史上不知见过多少次。在现今工业时代，煤铁非常重要，国家有了这两种矿产，就有很大的利益。

植物　最初的国家发生在植物最丰富的地方。在这种地方，人口渐渐繁盛了。人与人接近后，就发生了文化，并有政治的权力管理他们。所有的大帝国如埃及、中国、印度、墨西哥、秘鲁等，均发生在有天然仓廪的地方。

动物　动物也是国家发展的一个重要原动力。人民团结力的强弱，有些地方却靠动物的驯野。所以动物的驯野对于社会的组织也有间接的影响。

第六节　土　地

在古代游牧时期，人民是没有一定居住的地方，他们只晓得向食物多的，并且能够跑得过去的地方跑。所以西域人民有“不立城以马上为国”者。但到了后来，文化逐渐发达，人民就有一定的居住地方，他们的生活全靠这块地方的生产。有许多地方的人民，是以耕种为生的；有许多地方的人民，是以捕鱼航海为生的；此外还有以畜牧为生，或以采矿为生的。这种不同的生活，就能产生出组织不同的社会与性质各别的国家。

大概以农立国的国家多数是专制国。因为在这种地方，土地是一种天然的专利品，有土地的人同时就能有钱有势。如果有一群移民，占据了一块适宜于农业的土地，他们也尽可以组织一个民治的国家。不过到了人口增加以后，所有的土地就不敷全体人民之用，有土地的人又要增加他们的土地，无产阶级永没有得土地的机会，他们就是不变成奴隶，也只能做一个平常的劳工。以商业立国的国家大概是趋向于民治主义一方面的。这有两层原因：第一，凡以商业立国的国家，大部份的人民总是很富有的，非若在农业国里边，只有一小部份人是有财产的，其余的均是穷极无聊的农工。第二，在商业国里边，人民在社会上往往没有什么确定的阶级，一个小贩也能变成一个富商，极大的商人一旦破产后，就是一个穷人。在农业国里边，产业是很不容易得到的，但也很不容易失去，所以社会上的阶级制度，也有一种永久的性质。有财产的地主，总觉得他们是特殊阶级，与农民完全不相同的，他们是天生的富家子弟，有吃的，有穿的，还有势力，可以安安稳稳享他们的福，过他们的快乐日子。在农民一方面，他们自己也觉得万万不能与他们的地主相比。无怪他们自己也看不起自己，心灰意沮，只承认自己是下贱的人民，过他们的奴隶生活。由此可见一国土地的性质，影响于一国的政治组织，政治发展的趋向，非常之大，假使我们要研究一国政治制度发生的原因及其发展的历史，我们非先注意于这国土地的性质不可。

“土地”这名词的意义有广义与狭义的区别。在广义一方面，一国的土地是指自然界所有的状况，能影响于一国历史的种种势力而言。其中最重要的是土地的大小及其位置，（大陆的或岛屿的，沿海的或内地的；）土地的界限，（或以大洋为界，或以大海，或以山，或以沙漠，或以河流为界；）及在这块土地内所有的山林与平原；地方上的气候；及出产的各种植物、动物与矿产。总而言之，广义的土地就包括各种自然环境的要素。在狭义一方面，一国的土地就是指一国在地球上所占据的地方，为这一国权力所管得到的，其界限也许是天然的，也许是人为的，天然的界限是山川、森林、沙漠、河流之类。人为的界限是经纬线、测量员的记录、碑牌之类。

一国土地的所有权并不属于国家，也不属于国王，“普天之下，莫非王土”的观念此刻万不能存在。现代的国王，万不能像欧洲中世纪的国王一样，可把他们的国土卖给人家，或典押，或送给人家。现今国家对于界内的土地只有一种管理权，并不是所有权。土地是人民的私产，但为公共事业起见，国家可以收买人民的土地。可是这个私有土地制度现在已经变为政治与经济问题中的主要问题了。这是因为从私有地产制度所发生的弊病实在是太多，其中最重要的是养成一般不劳而获的地皮投机家，断绝其余一般人民的生计。关于这个问题，欧美各国虽有各种各样的提议，但还没有确实的解决方法。孙中山先生在他的《民生主义》第二讲里边，提出一个详细的办法。

孙中山先生的办法就是政府照地价收税和照地价收买。地价是由地主自己决定，报告政府。假使地主以多报少，政府就可以照价收买，地主吃地价的亏；假使以少报多，政府又可以照价抽税，地主吃重税的亏。计较这两方面的利害，地主一定不愿意多报，也不愿意少报，一定要折中一个价值，把实在的市价报告政府。政府依照地主的报价把土地照价收买或照价抽税是解决私有土地问题的第一步手续。孙中山先生的第二步手续是要把地价规定以后涨高的价格完全归为公有。这是“因为地价涨高，是由于社会改良，和工商业进步。中国的工商业，几千年都没有大进步，所以土地价值常常经过许多年代，都没有大改变。如果一有进步，一经改良，像现在的新都市一样，日日有变动，那种地价便要增加几千倍，或者是几万倍了。推到这种进步和改良的功劳，还是由众人的力量经营而来的，所以由这种改良和进步之后，所涨高的地价，应该归之大众，不应该归之私人所有。”孙中山先生也承认这是一种共产，不过“是共将来不是共现在”罢了。

从国际方面着想，一国土地的情形也是很重要的。一国的土地，有的完全接连在一块的，如中国、苏俄、瑞典等；也有是分散在各处，不能接连起来的，如英国、法国等；也有完全包含于别国土地的界限之内，如圣梅理拿共和国（Republic of San Marino）包围在意大利国之内。历史上有许多的国际战争都是为夺土地而发生的，国际问题种种纠纷大都也是与国土问题有关系的。亚非利加洲差不多完全被欧洲的几个大国瓜分尽了。就是美国向来的政策是不干涉美洲以外的事，近来也在海外占据很多的土地，如菲律宾、檀香山等处。国土的大小本来是没有一定的，世界上有极小的国家，如古代的城市国家；又有极大的国家，如现今的几个大国。就是现在，一方面有几个小共和国，只有几百万方英里的土地，又一方面有英国、美国、中国，与苏俄，各有好几百万方英里的土地。在世界历史上，极小的君主国或共和国是很多的，他们的邻国虽则是土地广大，势力强盛，他们居然可以维持极久长的时期。在中世纪时候，欧洲的国家大半是很小的，所以那时候国家的数目是很多的。现今的法国、德国、意大利，与西班牙在那时候，均是分成好几十个小国。但从十六世纪以后，这许多小国逐渐并合起来，并成此刻的几个大国。现今世界政治的趋势一方面是偏向于民族的统一与地理的统一，又一方面是偏向于帝国主义，将来国家土地是否扩大或缩小，要看这两种趋势那一种战胜。

第五章　人　民

第一节　人民的重要

“国以民为本”是中国几千年前的一句旧话，这就是说，人民是国家的根本，没有人民就不能有国家。一块无人居住的土地是万不能单独发生历史的结果，人民才是历史的原动力。但人民却时时受物质环境的影响，同时亦能改变环境的情形。人民与环境互相为因，互相为果，然后才发生国家的种种现象。但在人民与环境互相关系这个问题之中，有许多极难解决的疑问，今列举于下：

种族性与国民性，那些是本来生成的，那些是受环境的影响而成的？这是一个最难答覆的问题。亚里士多德曾经说过：“在欧洲北方天气寒冷地方生长的人民，极有勇气，但是智识浅薄，没有能力。他们虽然很自由，但是没有政治组织，不能统治别的民族。亚洲人民智识充足，能力宏大，并且富于发明的力量，但是因为没有勇气，所以时常被人制服，为人奴隶。至于希腊民族，因其地位介于上述的两种民族之间——又有勇气，又有智识，所以希腊人民能接续保守他们的自由权，并且有最良的政治制度。”

犹太、希腊、罗马国民的特性——第一种是宗教的，第二种是哲学的与文学的，第三种是实用的与法律的，是历史上最有价值的及最重要的原动力。研究这种原动力，须先研究发生他们特性的主因，及由这种特性发生出来的结果。

分析一时代的精神，——说明这种精神是什么？怎样来的？为什么消灭的？——是一件极困难的事。时代精神有很大的势力，是无疑的。历史上的大事不是随便可以发生的，必须俟时期成熟然后才可以成功。时代精神就是制造时代特性的原动力。历史上有许多事实，只能发现一次，而不能重复发现的。例如十字军东征，中世纪的教会，在现今的时代，是万万不能再发生的。时代精神不是偶然发生的，必须有种种原因连络起来，才能制造一时代的特别精神。一种理想、一种主义的失败与成功，完全看这时候的情形是否能够容纳这种理想与这种主义，至于倡议人的本领与才能什么样，他的理由什么样，并不十分紧要。

个人才能是原于历史的，历史上作大事的伟人究竟是因还是果？对于这个问题有两种的答案：

嘉来尔（Carlyle）的答案　嘉来尔在他的“英雄与崇拜英雄”书中极力提倡他的“伟人学说”（the great man theory）。照他的意思，历史完全是伟人做成的，所以一部世界历史不过是几个伟人的传记罢了。

柏克尔（Buckle）的答案　柏克尔与嘉来尔是极端发对的。照他的意思，历史上的事迹是有一定的程序，非人力所能更改的。

他们两个的答案，未免太偏一些。历史上的事实，是由人力与天然互相做成的，例如十字军东征、宗教革新、法国革命等事，如果没有彼得（Peter the Hermit）、路得（Luther）、拿破仑（Napoleon）等人出来作众人的领袖，历史上恐怕不能发生这等重大事情。但是当时的时势必须能容纳这几个人的思想，然后才能发生效果，如时势不成熟，这几个伟人也万不能做出惊天动地的事来。

第二节 人口的增加与分配

人口的增加全靠生育超过死亡，所以生育或死亡有所增加或减少，人口就因之而增加或减少。在未开化时代，人民生育非常繁殖，但因为同时死亡亦多，所以人口并不能增加。疾病、凶荒、战争等，均是减少人民的原因。世界文明愈进化，人口生育因之而减少，其缘故有二：（一）生物学上的理由——动物生活愈繁杂，生殖力愈薄弱。（二）社会学上的理由——世界愈文明，预防生育的法子愈多。

但是文化愈开，人民死亡的数目愈因之而减少。讲究卫生可以免去种种的疾病；完善的经济组织可以免去凶荒；时世平定，可以免去战争；所以虽则人民的生育减少，世界人口反而增加。

人口增加与国家发展有极大的关系。在最初时代，人口增加后，人与人的交接就多了，所以必须有一种组织与权力以管理之，以后人民愈生愈多，食物势必至于缺少，因之就发生迁移战争等事。现今的时候，人民的多寡，更于一国工业上军事上的发展大有关系。

人口在地球上各部份的分配，全看天然的环境如何，才能决定。有许多地方，因为特别的状形，如天气温和、物产丰富等，能养活极多人民。但是人民怎样利用这块土地，也是人口分配的一个要素。同样的一块土地，在渔牧时代，只能养极少数的人民，在农业时代，就能养活许多人，到了现在商业时代，能养活的人民更多了。在较便利的地方，人口非常繁殖，其原因有二：（一）由于生育超过死亡的数非常之大。（二）因为地利太好，所以从外边迁入的人民，又非常之多。

人民迁移，有极大的影响：（一）不同种人民的互相结婚，与新环境的影响，最易发生种族上的变形；（二）人民迁移，与国家政府法律的起源及发展，有极密切的关系。原来的人民有时候被迁入的人民灭绝或奴隶了，有时候或被驱逐到比较不大便利的地方上去了。古代民族的迁移，发现新土地后的殖民时代和现今的移民运动，均是人民在地球上各部份分配的例证。

第三节　人口编制法

人民既是国家的根本，国家欲为人口谋安全与幸福，不能不晓得国内人口的多寡及其状况。因此，现在各国都有人口编查的方法。人口编查，中国古代就有的。周制："小司寇登民数，自生齿以上，登于天府。司民掌万民之数，书于版，辨其国中，与其都鄙，及其郊野，异其男女，岁登下其死生，及三年大比，以万民之数诏司寇。司寇及孟冬祠司民之日，献之于王，王拜受之，登于天府。"从秦汉以来，中国历代皆有户口调查，但法制不精，编查疏忽，所以所有的统计均是靠不住的。欧美各国人口编法，可以分做两种：就是定期统计与常年注册。

定期统计就是在一定年限内，统计全国人口一次。欧美学者均谓此法起源于美国（美国第一次人口统计是在一千七百九十年举行的，）实则周朝的"三年大比，"与前清会典上所称"现行例五年编查直省人丁一次，"均是定期统计。在英国与美国，每十年统计一次，在法国与德国，每五年统计一次。定期统计的用处甚广：藉此可以晓得民数的多寡，增加的缓急，与国内各区域人口的疏密；可以晓得人民的生死存亡，与国势的盛衰消长；可以帮助立法者分配行政区划，与选举区域；可以晓得有多少服兵年龄的男丁，有多少入学年龄的子弟；末了，又可以帮助政府均派赋役，与办公众卫生，慈幼养老，振穷恤贫，救灾赈饥，宽疾安富，与振兴其他的庶政。

常年注册就是全国各行政区域，设立永久的注册机关，专管人民生死婚姻注册的事务。欧美各国差不多都有这种机关。凡人民间有生死婚嫁，必须报告本地方注册长注册。这样一来，人民间的生育率死亡率与婚姻率的真相，才能得知。国家要保护人权，增进人民的公共幸福，万不能听他们自生自养。所以必须注册，必须有了统计，方能晓得人民生育的数目，与死亡的缘故，方能制定各种必需要的法律，禁止不合法的婚姻，与保障公共卫生。这是国家最重要的职务。

常年注册与定期统计又有连带的关系，是分不开的。有了定期统计，我们可以晓得一国人口的总数，各行政区域人口的实数，各年级人口的实数，与逐年增加的数目。有了常年注册，我们才可以晓得全国人民每年生死婚姻的总数，与各行政区域每年生死婚姻的实数。我们再把人口总数与生死婚姻各总数互相比较，我们就可以得到人口的生育率死亡率与婚姻率。

我们中国人口号称四万万，差不多占全世界人口的四分之一，可是中国现在究竟有多少人口，谁也不能有一种确实的答覆。各统计家各有各的计算，各人所定的数目相差又非常之大。有人说，中国十八省范围以内的人口是四万一千一百万，又有人说，是三万一千六百万，相差有九千五百万之多。这两种计算相差的数目等于前几年全美国人口的数目。近来欧美的统计家都觉得我们中国的人口问题是一个不能解决的问题。像这样一个大问题，私人当然没有解决的方法，必须由政府主动，设立大规模的调查机关，方能有解决的办法。中国学者对于这人口问题的重要，曾经说过几句很透切的话。例如杜氏《通典》上边说："古之为理，在周知人数。乃均其事役，则庶功以兴，国富家足，教从化被，风齐俗一；夫然故灾沴不生，悖乱不起。"还有魏徐干《中论》也说过："民数者庶事之所自出也，莫不取正焉：以分田里，以令贡赋，以造器用，以制禄食，以起田役，以作军旅。国以建典，家以立度，五礼用修，九刑用措者，其惟审民数乎。"民数与国家行政方面的关系既如是之重且大，凡是政府，那能不注意及此？特别是在中国现今军政刚结束训政将开始时期，人口数目问题更不能预先调查清楚，否则一切建设的计划，一切政策的方针都等于纸上空谈，事实上不能发生任何的结果。

第四节　中国人口的大概情形

前清调查户口只以征收丁税为目的，所以人民往往不肯据实报告。康熙五十一年有一条上谕说："朕鉴各省督抚奏编审人丁数目，并未将增加至数尽行开报。今海内承平已久，户口日繁。人丁虽增，地亩并未加广。……自后所生人丁，不必征收钱粮。编审时止将增出实数查明，另造册题报。朕凡巡幸地方，所至询问。一户或有五六人，止一人交纳钱粮。或有九丁十丁，亦止一二人交纳钱粮。……由此观之，民之生齿日繁。朕故欲知人丁之实数，不在加征粮也。"这条上谕虽则申言编查人口的宗旨，在于周知民数，不仅为征收钱粮，但一时也没有任何效果。并且当时所谓"丁"者，专指"十六岁以上至六十岁之男子而言，""老弱及妇女皆不在内。"所以康熙一朝之人丁最高数目仅二千七百三十五万余人，大约只等于实数的四五分之一。雍正年间复将丁银摊入地亩，从此以后，户口编查更为废弛。直到乾隆六年以后，才利用保甲编查户口，并谕令将老弱男女一并编入户籍，所以人口骤增。按照乾隆六年第一次保甲编查，全国遂有人口一万四千三百四十一万余人。但自咸丰到清末，国家多故，保甲废弛，户口编查遂亦完全中止。民国以来，政府亦尚未举办定期户口调查，间有一二次户口调查，亦不过聊胜于无而耳。陈长蘅先生在他的《中国近百八十余年来人口增加之徐速及今后之调剂方法》（《东方杂志》第二十四卷第十八号）一篇文章中，参合各种官书记载，把乾隆六年至民国十二年共百八十二年间之人口总数列表如下：

年　度	人口数目
乾隆六年	一四三、四一〇、五九九
乾隆十四年	一七七、四九五、〇三九
乾隆二十二年	一九〇、三四八、三二八
乾隆二十四年	一九四、七九一、八五九

续表

年度	人口数目
乾隆二十七年	二〇〇、四七二、四六一
乾隆二十九年	二〇五、五九一、〇一七
乾隆三十二年	二〇九、八三九、五四六
乾隆三十六年	二一四、六〇〇、三五六
乾隆四十一年	二六八、二三八、一八一
乾隆四十五年	二七七、五四四、四三一
乾隆四十六年	二七九、八一六、〇七〇
乾隆四十八年	二八三、〇九四、〇〇〇
乾隆五十年	二八八、八六三、九七四
乾隆五十三年	二九四、八五二、〇八九
乾隆五十五年	三〇一、四八七、一一五
乾隆五十八年	三一三、二八一、七九五
乾隆六十年	二九六、九六八、九六八
嘉庆元年	二七五、六六二、〇四四
嘉庆三年	二九〇、九八二、九八〇
嘉庆四年	二九三、二八三、一七九
嘉庆五年	二九五、二三七、三一一
嘉庆八年	三〇二、二五〇、六七三
嘉庆十年	三三二、一八一、四〇三
嘉庆十三年	三五〇、二九一、七二四
嘉庆十六年	三五八、六一〇、〇三九
嘉庆十七年	三六一、六九〇、七九一
嘉庆十九年	三一六、五七四、八九五
嘉庆二十二年	三三一、三四〇、四三三
嘉庆二十四年	三〇一、二六〇、五四五
道光元年	三五五、五四〇、二五八
道光二年	三七二、四五七、五三九
道光三年	三七五、一五三、一二二
道光五年	三七九、八八五、三四〇
道光七年	三八三、六九九、〇九五

续　表

年　度	人口数目
道光八年	三八六、五三一、五一三
道光九年	三九五、〇〇〇、六五〇
道光十年	三九四、七八四、六八一
道光十二年	三九七、一三二、六五九
道光十三年	三九八、九四二、〇三六
道光十五年	四〇一、七六七、〇五三
道光十六年	四〇四、九〇一、四四八
道光十七年	四〇五、九二三、一七四
道光十八年	四〇九、〇三九、九九九
道光十九年	四一八、一五〇、六三九
道光二十年	四一二、八一四、八二八
道光二十一年	四一三、四五七、三一一
道光二十二年	四一三、〇二一、四五三
道光二十三年	四一七、二三九、九一七
道光二十四年	四一九、四四一、三三六
道光二十五年	四二一、三四二、七三〇
道光二十六年	四二一、一二一、一二九
道光二十七年	四二四、九三八、九〇〇
道光二十八年	四二六、七三七、〇一六
道光二十九年	四一二、九八六、六四九
道光三十年	无调查
咸丰元年至十一年	无调查
同治元年至十三年	无调查
光绪元年至十一年	无调查
光绪十一年	三七七、六三六、〇〇〇（十八省）
光绪二十年	四二一、〇〇〇、〇〇〇（十八省）
光绪二十八年	四三九、九四七、二七一（全国）
光绪三十二年	四三八、二一四、〇〇〇（全国）
宣统二年	四三八、四二五、〇〇〇（十八省）
民国十二年	四三八、三七三、六八〇（二十二省）
民国十二年	四四三、三七三、六八〇（全国）

陈长蘅先生又用几何的人口增加之公式将各期人口增加之平均速率分别算出如下：

时　期	年　数	每年每千人中之平均增加速率
乾隆六年至五十八年	五二	一五·一四
乾隆六年至道光二十九年	一〇八	九·六三
乾隆五十八年至道光二十九年	五六	四·九五
嘉庆五年至民国十二年	一二三	三·二二
道光十五年至民国十二年	八八	·九九
道光二十九年至民国十二年	七四	·八一
光绪十一年至民国十二年	三八	二·四二
乾隆六年至民国十二年	一八二	六·一五

由此可见中国近代各时期人口增加的数量相差实非常之大。从乾隆六年至五十八年是人口增加特别迅速时期；到了嘉庆道光两朝，人口增加的速度就逐渐迟慢了；自从咸丰同治直到现在，人口增加的速度更形迂缓了。陈长蘅先生对于这三个时期人口增加的徐速说得很明白，他说：

第一期“人口增加特别迅速之原因，乃由于当时承平未久，本部人口尚不甚稠密，而乾隆一朝复为前清鼎盛时期。文治武功，皆称极盛，海内清平，物阜民康，疆域之广，几占亚洲之半，如伊犁、回疆及大小金川之平定，如安南、台湾之征服，如廓尔喀之归降，如暹罗、缅甸、阿富汗及中亚细亚诸国之入贡，乃其武功之最著者也。此时代所以能开疆拓土，征服异族，藩部之外更有属国七八，皆为国富民殷，内力充实之确证。足见内地人口实有最速之增加，不五十年而一倍。惟乾隆六年初次由保甲编造之人口报告，或不甚完备，遂使随后各年之人口增加似格外迅速，亦未可知。但全期每年平均增加速率为千分之一五，在健全环境之下亦不能视为过高。……

“乾隆时代虽有极盛之武功，而所得领土大都不善经营，不谋奖励殖民。对于藩属仅藉区区宗教能力，分封制度，贵族联婚，与派兵驻防数者以资驾驭，而携眷屯戍之兵又必数年更代，不能久居。边境居民太少，一旦内政腐败，兵备废弛，强邻窥伺，遂使广大领土一再沦墟。内地人民既不享移殖之利，人口增加自不能如前此之迅速，此一因也。乾隆末年，政治逐渐腐败，如和珅之宠用、吏治之败坏、帝室之奢侈、国帑之虚耗、民财之剥削，皆使国计民生，日感困难，致召嘉庆初年川、楚、陕、豫直等省教匪之变乱，及湖南、贵州苗民之背叛。人口消灭，此又一因也。又嘉庆年间河工腐败，河患频仍，人民死于水灾者亦颇不少。道光初政，似有可观，无如材智昏庸，权佞用事，国势日颓，清运日衰。且是时内地已人满为患，在道光十五年人口即已超过四万万，是以生计日困，民俗日坏，卒之内酿太平天国之大乱，外开鸦片战争之奇辱。此虽由于政治不良，措置乖谬，而士风不竞，民智劣陋，亦为其最大之一原因焉。

咸同以来本部人口增加更形迂缓之第一最大原因，乃由于内地愈患人满，政府复劣若无能，不能激发人民向外发展，遂致生计日穷，财力日竭。是以天灾人祸愈演愈烈，其最著者如咸同年间太平天国与捻匪及回教徒之乱，蹂躏及十七八省，用兵至二十余年。未几光绪四年山、陕、直、豫等省复有饥馑。光绪二十六年山、陕、甘肃亦有灾荒。故前后损失人口不下数千万焉。至此期人口增加更形迂缓之第二最大原因则为外患。盖自道光鸦片之役以后，外人鉴于我国政府之昏瞶腐败，与国民之昧弱不竞，遂肆行其侵略政策，而咸、同、光、宣各朝之外患遂如水愈深，如火愈烈。我国屡战屡败，属国尽失，藩篱尽撤。内地亦受各种不平等条约之束缚，而渐致我国之死命。中国既无可以对外之海陆军以巩固国防，复无关税自主权以保护本国工商业，而民智民力民德又异常薄弱，遂使强邻得以次第完成其政治侵略与经济侵略。国家疆土日削，人民生计日艰，故生育虽未减少，而死亡则逐年增多。此又我国近七十余年来人口增加更形迂缓之一大原因。至于民国以来之年年纷争扰攘，兵连祸结，生灵涂炭，无解倒悬，人民生计日穷，死亡愈多，人口增加亦不得不更形迂缓。凡此皆彰明较著者也。”

所以从我们所知道的人口统计着想，这几十年来中国人口增加的速率实在太慢了。假使我们把世界别种人民的增加速率比较起来，更可以看出我们中国人口增加的迂缓。据澳大利亚统计院一九一六的估计，全世界各种族人口总数及其增加速率大概如下：

种　族	现有人数	每年每千人中之增加速率	每年增加之总数	人口加倍年数
白种 发源欧洲者	六万五千万	一二·〇人	七百八十万	五八年
白种 非发源欧洲者	六千万	八·〇人	四十八万	八七年
黄　种	五万一千万	三·〇人	一百五十三万	二三二年
棕　种	四万二千万	二·五人	一百零五万	二七八年
黑　种	一万一千万	五·〇人	五十五万	一三九年
总　计	十七万五千万		一千一百四十一万	

现今世界每年增加之人口有三分之二以上是白种人民，即每年约增八百二十八万人。黄种人民每年仅增加一百五十三万人，仅占总数的七分之一。发源于欧洲的白种人民仅需要五十八年就能增加一倍，黄种人民需要二百三十二年始能加倍。并据陈长蘅先生的计算，以嘉庆五年至民国十二年百二十三年间中国人口之平均增加速率为标准，中国人口需二百十六年始能加倍；若以道光二十九年至民国十二年共七十四年间之平均速率为标准，则需八百五十九年始能加倍。所以今日中国的人口问题并不在于数量过多，却在于分配的太不均匀，在于边省的太不发达。新近美国使馆的商务参赞安立德先生制成三张图表，题目是“中国问题里的几个根本问题，”其中有一张是表示中国人口的情形。今将其统计节录如下：

省 名	人 数	面 积	每方哩内之人口
江 苏	三三、七八六、〇六四	三八、六一〇 方哩	八七五
浙 江	二二、〇四三、三〇〇	三六、六八〇	六〇一
山 东	三〇、八〇三、二四五	五五、九八四	五五二
河 南	三〇、八三一、九〇九	六七、九五四	四五四
湖 北	二七、一六七、二四四	七一、四二八	三八〇
广 东	三七、一六七、七〇一	一〇〇、〇〇〇	三七二
安 徽	一九、八三二、六六五	五四、八二六	三六二
江 西	二四、四六六、八〇〇	六九、四九八	三五二
湖 南	二八、四四三、二七九	八三、三九八	三四一
直 隶	三四、一八六、七一一	一一五、八三〇	二九五
福 建	一三、一五七、七九一	四六、三三二	二八四
四 川	四九、七八二、八一〇	二八、五三三	二二八
贵 州	一一、一一四、九五一	六七、一八二	一六七
广 西	一二、二五八、三三五	七七、二三〇	一五九
山 西	一一、〇八〇、八二八	八一、八五三	一三四
陕 西	九、四六五、五五八	七五、二九〇	一二五
云 南	九、八三九、一八〇	一四六、七一四	六七
甘 肃	五、九二七、九九七	一二五、四八三	四七
满 洲	二二、〇八三、四三四	三六四、〇〇〇	六一
新 疆	六、五〇〇、〇〇〇	四〇、〇〇〇	六
西 藏	二、四九一、〇〇〇	八五〇、〇〇〇	四
蒙 古	二、〇〇〇、〇〇〇	一、三七〇、〇〇〇	二

中国人口问题确是一个很复杂的问题。从面积方面说，本部十八省只占全国面积的三分之一，边疆区域反而占了三分之二；但从人口方面说，在三分之一的十八省区域内居住者竟占全国人口的百分之九十有余，在三分之二的边疆区域者还不到百分之十。中国本部人口的

密度无论怎样高，边疆区域有的是无人居住的空地。所以解决现今中国人口问题的根本办法是实行移民于东三省、蒙古、新疆、西藏等处。使各处人口的分配较为平均。这是一个最重要的社会问题，也是一个最重要的政治问题。

第五节　种族与民族

世界各处人民的种种状况有许多相同的地方，也有许多不相同的地方。各个人有各个人的特质，各人群也有各人群的特点，如肤色的不同、如体格的不同等类。根据于各人群的特点，我们可以把世界人类分成几个大部份，叫做种族。

人民分成种族的原因有二：（一）有由于天然的，（二）有由于人力的。天然的原因又有二种：（一）天气，（二）食料。人力的原因也有两种：（一）体格的理想（phygical ideal），（二）男女的选择（sexual preference）。

天气　天气包括温度、湿度、空气、瘴气等，凡此种种均与人民身体的各部份，如心、肺、皮、肾等之发展有极大的关系。故人民的体格与肤色之不同，多半由于天气的不同。

食料　人类体格上的特质，又大半因食料不同而发生的。体格上的发展，全看食料中滋养分之多寡与性质。因为人的体格不能完全发展，因为各地的人民，发展他们的体格有迟有早，所以世界上才有人种。

体格的理想　人民最初的形状，不知不觉受了许多天然环境的影响。但是人民有了智识以后，就想把这种由天然原因变成的形式，作为他们体格的理想，极力设想使之继续存在。无论那一种族必定有一个男女美貌的理想观念，总要使之发展到极点，例如非洲黑人憎恶欧洲人的白皮肤，在古时代的墨西哥，如有小孩皮肤生得太白一些，即以为不祥，致之死地。

男女的选择　凡父母血统关系愈近，小孩受父母的特性愈显，并且这种特性能继续存在，永远不灭。在未有历史以前的人类，大概是同下等动物一样，时有血统关系最近的人民通婚事情，所以他们所生下来的孩子，自然遗传父母所有的特异性质。

种族和国家起源有极大的关系。关于这一层，我们以后还须详说，不过在此地只须把种族关于国家起源的动机和种族关于国家起源的程序这两层约略说一说：

关于国家起源的动机　有血统关系的人民，自然能发生出一种同情的感觉，这种感觉，就是组织政治团体的原动力。种族观念是最有势力的并且时常存在的一种社会现象。在上古时代，往往把异族人看得和仇人一样，只有对于同族的人民，才能发生道德上的义务。

关于国家起源的程序　血统是家系的基础，家系扩张后又变成族系。国家不过是族系的扩大罢了。所以在最初的时期，种族的情势就把政治组织的雏形在实际上已预备好了。

世界人类因体格上的不同或精神上的特性，分为四大种族：（一）黑种（Ethiopain [Homo Ethiopicus]），（二）蒙古种（Mongolian [Homo Mongolicus]），（三）棕种或亚美利加种（American [Homo Americanus]），（四）高加索种（Cancasian [Homo Cancasicus]）。

种族的基础原来建设在环境与血统之上。不过近来因交通便利，人民易于迁移，易于与异族人结婚，这种天然的界限渐渐失了从前的重要地位。现今的国家没有一个是同原来的种族相合的。人民不是被天然的界限分做几个种族，却是被别的势力连成几十个较小的种类，叫做民族。民族是由种族中分出来的，其基础是共同精神、共同习惯、共同利益的观念。现今的民族国家就是根据于民族的观念而发生的。

近来国家的趋势，是在于聚集同一民族的人，组织在一个政治团体之内，所以各民族的政治心理大有研究的价值。在世界政治舞台上活动的几个民族，每一个民族有一种特别的政治能力。我们中国人因为向来与世界大民族隔绝，没有什么机会显出我们的特别政治能力。

日本也不过近来才出来活动，他们的特别能力究竟如何，此刻也很难下断语。在政治史上活动稍微久长一些，还是欧洲的几个民族。

希伯来民族（Hebrew people）　希伯来民族对于世界文明的贡献，是在宗教的一方面，犹太教，耶稣教，回回教，完全是他们创造的，不过他们永没有创造一个大国家。他们的民族团结力虽则是很大，他们对于奉仰主义虽则是很热心很勇敢，他们的智识虽则是很锐敏，但他们还没表示独立的能力，永没有统一过。

希腊与斯拉夫民族　这两种民族的能力，在于组织小团体，如乡村社会，与城市国家。在小团体之中，他们的政治能力是很大的，但他们没有组成很大的团体。他们因为不能统一，自相冲突，所以对外的力量非常薄弱，这就是他们失败的原因。希腊半岛直到被马基顿（Macedonia）与罗马征服后，才能统一，前几年又在土耳其与条顿民族的势力之下。俄国的斯拉夫民族是被异族皇帝统治了数百年，直至前几年革命后才算是独立。但是他们新设立的“苏维埃政府”（Soviet Government）又是以一种小组织为基础的。

介路多民族（Celts）　介路多民族的组织完全是族系的组织。他们只晓得服从几个领袖。自相争斗是常有的事，政治的腐败达于极点。所以与较有组织的民族相遇，他们立即失败。

罗马民族　罗马民族的政治能力早经显著，以后国界推广，政制与法律即随之而发展。其结果就是世界帝国——土地广大，中央集权，法律统一。他们贡献于政治学的就是主权观念与政府组织。但这种制度的流弊，也是很大的。中央集权就牺牲个人自由与地方自治。所以罗马就渐渐不能振作，以至灭亡。

条顿民族　罗马灭亡，条顿民族继起。条顿民族的组织是根据于罗马的制度，再加上个人自由、人民议会、官吏选举、地方自治等观念。他们与罗马民族相遇，就证明他们所缺少的，是统一的观念与组织，所以他们极力设想，融合自由与权力观念，地方自治与统一，民治主义与极大的地域，发展一种新制度。条顿民族所贡献于政治学的，就是代议制制度与民族国家。民族国家是根据于地理的与民族的统一，这种制度就是融合希腊城市国家的地方自治，罗马世界帝国的统一，及极小社会的民治主义与极大国家的主权几种制度的精神造成功的。

现今政治发展的趋向，很注重于民族统一和地理统一。所以国家最大的职务就是对土地一方面，把在同一地理单位的地方合并起来；对于人民一方面，把属于同一民族的人联合起来。如果在同一地理单位的土地之内，有好几个国家，居住在那边的人民又属于各别的民族，那么，最好的政策是用联邦的方法，或归并的手续，把这许多国家连合起来；如果一个国家占据好几个地理单位的土地，而内边居住的人民又属于不同的民旅，这是很危险的。

我们万不能因人民体格的特质，就说他们精神上也有特性。种族或民族所有体格上的或精神上的特质或特性，并不是永久的，并不要经过多少年代环境的压力，才能更改。假如普通教育、普通知识、与环境，有显著的改变，则一代或两代之后，体格与精神的特质就有重大的变化。我们万不能说种族或民族在一个时代的形状就是这种族或民族生成的或遗传的特性。民族分离的种种原因，完全是由于当时社会情形不同发生出来的，并不是因为民族生成的特性。所以我们的宗旨须设法把这种不同的情形除去，万不能把这种情形当做永久的。现今民族与民族间种种误会，就是大家误认此刻民族的特性是确定的、永久的。所以我们对于民族的特性，一定要存一种动的，不是静的观念。优胜民族的思想，是从那种不开明的自尊自大心理，与不注意动的观念发生出来的。此刻尚没有的确的证据，可以证明这民族的生成特性，较胜于他民族。各民族此刻所达到的文化时期，与他们特别生成的体质特性没有相干。特质特性不过是被当时环境所影响而发生的。每一民族可以从研究别种民族的风俗文化，以改良他们自己的风俗，增进他们自己的文化。

第六章　国家的起源

第一节　从前的国家起源论

前边已经说过，国家是人类精神结合的社会，是为满足人类需要兴趣而存在的工具。换句话说，就是国家是人类的意志创造的，并不是一种有机体，可以自然生长的。因为人类需要国家，没有国家便不能安稳享受完全的幸福，甚至于不能保全性命。所以在从前的时候，人民的推测，总以国家是从有人类以来就有的。至于国家是怎么样发生的，他们并不十分注意。有人说国家是上帝创造的，也有人说国家是一种自然现象，发源于人民天然生存的政治性质。他们的重要问题，只是政治权力是怎样发生的？有什么理由可以使人民承认这种权力？君主与人民须有什么一种关系？政府与个人自由须怎样支配？这是从前政治学中最难解决的重要问题。对于这种种问题，学者就分成两派；一方面有许多人极力为执政者想法，造出一种政治学说，证明君主的神圣不可侵犯之地位，并强迫人民去服从，欧洲十七世纪的神权说，就属于这一类；又一方面有许多理论极力反抗当时的权力，想造成革命与改革的基础。君主与人民的冲突原是政治进化史上的大特色，大半的政治学理均从这种冲突发生出来的。

在这样发生的政治学理之中，有许多理论是关于国家的起原，但其宗旨只想证明当时的政权是什么样一种性质，并不是说国家在历史上怎样起原的。人民到了有思想的时期，自然而然要想到为什么到处都有一种强制的社会组织，强制执行一种规则，限制人民的自由权。他们对于这种现象假定了许多的解释，解释的结果，就成了各种国家起原的理论。这种理论自然是根源于当时的情形和人民智识的观念，但完全是主观的和偏狭的见解。

第二节　现今的国家起源论

近几十年来，政治学受了历史学和社会学的影响，大家才知道研究国家的起源，并不能拿现在的理想和事实上的方便做基础，必定要拿历史的社会的事实做基础。单从主观一方面推测，是没有用的，必定要从客观的和事实的方面研究，才能晓得国家真正的起原。所以现在研究国家起原最须注意的，是（一）历史上各种社会的实在情形，（二）和国家起原有关系的各种势力，（三）人群进化的程序，（四）社会制度和政治制度的关系。从前的国家起原说，不是纯粹主观的，便是偏重这一方面，忘却了他方面。要知道国家起原的原因，是非常复杂，有的是由于血统而起的，有的是由于宗教而起的，有的是由于战争而起的，有的是由于经济而起的，专偏重这方面，漠视那方面，都是不完全的研究。现今的学者大概都承认下列的几种势力，对于国家起原，实有极大的影响：

（一）血统。

（二）宗教。

（三）战争。

（四）经济。

第三节 血统与国家的起源

未开化人民最重要的社会团结力量就是血统，差不多社会上秩序、社会的组织，大都均是由人民的血统观念决定的。虽则关于最初的家族制度、家族进化的程序，和家族与政治生活起原的关系，学者的意见尚不能一致。但从几种已经决定的重要事实方面着想，我们很可以明白血统和国家起原的关系。

血统的制度是根据于两种原则：（一）遗传——母和子女的关系；（二）婚姻，——夫和妻的关系。第一种的关系是永久不变的，第二种的关系是常更变的。母与子女的关系是自然的，无论在什么时候，无论在什么样的社会，总是这样的。不过夫和妇、父和子的地位时有更变，因之就发生两种家族：

母系的血统　如夫妇的契约，不是永久的，那么夫仍旧为其所属的族系之份子，所生的子女为母族的份子。这种统系，在上古的时代是很通行的。遗传是以母系为正统的，女儿的丈夫是从别的种族寻来的。所生的孩子属于母系的族类。所以子女与父族的关系很小，与母族的关系很大。

父亲的血统　如夫妇的契约，是永久的，那么父母子女组成一家族。在这种家族之中，父的权力非常之大，母不过是父族中的一份子。每一个新家族，又变成大家族的一部份，遗传是以父系为正统的，这就叫做父系的家族（Patriarchal family）。

婚姻的血统 无论在父系或母系的家族，有血统关系的人万不能成婚。上古时候的婚姻规则，非常严厉，非但同族的人不能互相结婚，并且每族人民必须与特别指定族系的人结婚。所以血统的范围因之推广。

以上是说血统的种类，至于家族和国家起原的关系可以约略叙述如下：

据近世政治史家的考察，太古之初只是一种图腾（totem）社会。聚几十个几百人在一块，叫做一个图腾，用虫鱼鸟兽百物的形状做他们的旗帜，表示这一图腾和那一图腾的差别。同一个图腾的人，不能够互相结婚。蛇不得同蛇结婚，鹧鸪不得同鹧鸪结婚。凡是蛇的男都可娶鹧鸪的女。在这种社会之中，没有亲亲可说。血统的流传皆以女为主，不以男为主。后来渐渐才有婚制，渐渐才变到以男子为主的家族。家族成立之后，人口渐渐增多，食物渐渐难得，又把野兽渐渐养成家畜，便成了游牧的家族。但是这一家族和那一家族想得到同一的有水草的地方，彼此便不免战斗起来。在这个时代，女子已经是家族中很重要的分子，仆人也是很不可少的。所以除了结婚之外，或是因为打仗捉来的女人便做妻子，捉来的男子便做仆人。这样的社会总以男家长为主，所以建设起来，成为一种父系的家族。父系的家族之中所包涵的分子，便是父和他的妻、女、子、媳。这许多人，统共是一个祖宗传下来的。凡关于生命财产的权利，都属于最长的男子。他的权力是无限制的，其余的人都是他的附属品，要给他们权利才有权利。以后由游牧时代变到农业时代，这种家族便在一定的地方组织一个家庭。最长的男人便做一家的家主，叫做家长，有统治家属的大权，好像专制的皇帝一样。他所统治的，不但是关于生计上职业上的事体，就是信奉宗教往来应酬，都归家长一个人统治。当初不过一家，后来人口渐渐多了，便分为小宗大宗，大宗待遇小宗，也同家长待遇家人一样。这个时期已由家族变成宗族，族中统治的大权，都在族长手中。一族的宗教祭祀，都有仪式成例，以为联合的标准。族长便以他的地位发布命令。后来宗族繁盛，便变成部落，遂有酋长的制度。凡各部落的政权都在酋长手中。由部落结合而组织成的政治团体，便是国家。这个时代的国家，不过是家长族长酋长的权柄放大一点，皇帝便是一族的首领。皇帝的职务也同家长族长酋长的职务一样。皇帝的分位也同家长族长酋长为人父母的分位一样。皇帝的权力便是家长族长酋长的宗教和司法的权力。一族的纪律便是国家的纪律；一族的习惯风俗和家长族长酋长判断的法则，便渐渐变成国法。

照这样看起来，国家虽然不能说便是家族，但是血统的关系，实在是所以团结政治团体的一种很大的势力。因为血统的关系，人民在主观一方面，自然发生一种团结的心理，有了这种心理便自然发生国家的观念；在客观的方面，人民觉得须有一种具体的组织，这种组织便是政府成立的基础。

古时犹太国，便是由杰考布（Jacob）家长之后十二族组织起来的。中国古代的国家，如《五帝本纪》所载的，都是黄帝同姓子孙的“家天下。”便是到了周朝，所谓天子、诸侯、大夫、士大概都是一家一族独占的。又如罗马的家族法便是罗马一切权力的基础。这种法律便是家族中做父亲的管理一切事物、宗教、和各儿子间关系的规则。照这几个例看起来，国家的起源和家族很有许多关系。虽然不能说世界上所有的国家都是由家族进化的，然总有几个国家的权力与组织，是从家族的模型发生出来的。近代国家的组织、职务、目的等，虽然和家族不同，然总不能说不是由于进化变迁到现在这个地步，而说是自古就像这样的。知道这层道理，便可明白血统和家族与国家起原的关系。

第四节　宗教与国家的起源

宗教的发生。是因为上古人民，智识有限，常把他所看见的种种现象当做一个不可思议的神异的动作，最不可思议的就是人的自身与外界的现象。种种心理学上的问题如睡眠、幻梦、癫狂、死亡；天然现象如暴风、暴雨、雷电、雷、电、日、月、星、河、海；以及时节的更变，和植物的生灭，自上古人民看起来，都以为是神异动作的表示。由此种种奇异的现象，就生出恐怖的心理，由此种恐怖的心理，就生出种种的迷信。上古人民的宗教不过是一种迷信罢了。

各种宗教可以因性质的不同，分成下列三种：（一）崇拜自然，（二）崇拜祖宗，（三）实用道德宗教。

崇拜自然（nature worship）　上古人民多崇拜有形的物象，或物体，如奇异的禽兽、石类、及自然的现象，把这种种现象与物象认做有权力的神怪，有祸福人类的势力，许多神话与迷信的习惯都由此发生。所以上古的城市国家，不过是宗教的社会罢了。人民的举动与宗教的礼式，有密切的关系。君主就是教皇，执政者就是教主。所谓法律，亦不过宗教的信条，以神力实行的。只有同教的人才有法律上的权利。

崇拜祖宗（ancestor worship） 崇拜祖宗与血统，只是一件事的两方面。崇拜祖宗，不过表示血统的形体。崇拜祖宗的结果，使家族的团结力更加坚固。以后由家系推广到族系，由族系到部落，由部落到国家，这种势力是时时存在的。

实用道德的宗教（religious of practical morals） 科学发达后，所有自然界的现象，可以拿科学智识来解说，崇拜自然的迷信就不能存在。国家扩张后，从前的血统关系就失了势力，所以崇拜祖宗也不能不淘汰。后来发生的宗教多属于精神的方面，多趋向于实用道德的方面。犹太人对于耶和华（Jehovah）的观念，希腊罗马哲学的理想，大道德家如孔子、释迦、耶稣、谟赫麦德的教言，全是这一种宗教的代表。这种宗教可以坚固人与人在社会上的团结力，与政治发展和国家起原有极大的关系。古时的犹太国起源于犹太人对于耶和华的观念；谟赫麦德帝国由于谟赫麦德教统一的精神发生的，现今欧洲各国，当其起源的时候，没有一国不受耶稣教势力的帮助。

现今科学发达，人民智识加高，多数人民都不信宗教，宗教的势力逐渐减少。但是我们都不能不承认宗教在历史上的价值。在政治发展最初的最困难的时期，只有宗教可以束缚那人民不受管束的野蛮性质，教训他们怎样服从，怎样尊敬权势。政府的基础是纪律与服从；不过这种性质须经过几千年的时间，才能造就，而创造这种性质的最初的方法便是神政（theocracies）与专制。宗教的影响并不限于最初的政治发生时代，就是欧洲中世纪最通行的神权学说，也是由宗教发生出来的。

第五节　经济与国家的起源

人民的经济生活非常复杂，很难把其进化的程序清清楚楚找出来。但是各时期人民经济生活的情形，经过许多学者的研究，我们此刻约略可以晓得一些。经济生活和政治制度有密切的关系，是大家承认的，差不多所有的政治制度大半是根据于当时人民经济生活的特别情形而发生的。所以我们要晓得国家的起源，不能不知道最初人民的经济生活。现今的经济学者把经济进化的程序分做五个时期：

（一）最初时期。

（二）渔猎时期。

（三）游牧时期。

（四）农业时期。

（五）工业时期。

在最初的时期，人民是没有组织的，生活非常简单，完全靠天然的果品来过日子，但是有鱼的地方，他们也能捕鱼，有野兽的地方，他们也能打猎，增加他们的食料。看这个时期的生活，我们可以知道人民已经学得怎样去制造器具和怎样利用如五金之类的天然物品了。

这种人民大半是到处游行的，除了个人日常用的物品之外，没有财产的观念。在这种经济生活之下，人民自然不能聚集在一个地方，分工制度自然不能发生，阶级制度也是不会有的。他们的团体很小，就是有些组织，这种组织也是很简单的。如果人口增加，食料减少，他们就分开，散成几个团体，每个团体是独立的。

在近河流或湖边的地方，或在相近海口的地方，人民自然是靠捕鱼过生活。但是在大洋捕鱼，一个人单独去做是做不到的，必须有几个人或一群人互相帮助，共同去做，才能成功。所以在这种地方，人民渐渐有了永久的组织。

有许多地方，没有什么野兽，人民为生活起见，不得不把各种动物畜牧起来。动物增加后，才能增加他们的食料。有了这种畜牧的生活，私有财产制度就发生了，个人的贫富也不均了，阶级制度也有了，所以人民的组织就万不可少了。在畜牧时代，人民和土地的关系，逐渐增加。每一个畜牧的部落都有一定的一块土地，完全在他们的势力范围之下，不让别的部落来侵占。到了后来，人口增加，畜牧的生产不能维持他们的食料，他们便不能不改变他们的经济生活。在天气适合的地方，他们就从畜牧的生活，变到农业的生活。这是经济史上的大革命，与社会的组织有绝大的影响。这种新式的经济生活自然能增加食料，自然能增加人口，所以人民在社会上的各种关系和职务，自然因之变更。这种农事村庄，在最初的时候是孤立的，不过到了后来，有了分工制度，有了剩余的物品，他们就要想法子与别的村庄交换，所以发生贸易卖买等事。以后各种工业、商务、城市生活，也就因而发生。机械发明后，又有此刻工业的和资本的社会组织。所以人民的经济生活与国家起原有几种极大的关系：

（一）人民在生产方面，渐渐知道合作、分工、和组织的紧要。社会的组织由家系变成族系，由族系而部落，由部落而国家，也不过是因生产上的关系，不得不改组。经过几次进化的结果，统一的精神渐渐显明，职权的范围亦渐渐扩张，并有一定的界限。有了这种情形，国家便自然而然的发生出来。

（二）经济生活的结果，与财产的存在，也是发生国家的重大原因。人民有了财产的关系，势必有所争执，这种争执须有公正人判断，各人的财产也须有公共的权力保护。所以因为财产的缘故，国家不得不发生。从前的风俗与现今的法律大半是关于财产的，国家的职务大半也是决定人民的财产权利，历史上许多战争也是为争夺物质的产业而发生的。

（三）人民有了财产，自然有贫富不均的现象，有了这种现象，便发生社会上的阶级问题。这种阶级与政治制度也有绝大的关系。从主仆的关系、贫富的关系上发生出来的权力与服从的性质，就是君主与贵族政制的基础。所以经济发展的结果，发生一种特别的组织，国家是再由这种组织发生出来的。财产不均的结果，便使人民分做治者与被治者的二种阶级，政治活动的原动力也是由此发生的。

第六节　战争与国家的起源

在人类历史上，所有的战争大都是因为经济上的需要而发生的。因为初民不懂得征服自然，生活资料不能同人口一样的增加，结果便把夺取新地皮成为种族生存上必不可缺的事件。夺取新地皮，自然便是战争开始了。所以一种民族，常常因为经济的必要，侵占别的民族的土地。因此，便把自己的民族依军事的方法组织起来，组织完备，便具国家的雏形。后来更因战争的结果，强胜的民族便征服微弱的民族，合成一个大国家。所以古代的国家常常依军事制度的方针组织，军民两政完全不分。这就是因经济而战争，因战争而成国家的明证。

又有许多部落或因地势的关系，或因被别种强有力种族围住，不能推广地域，就想用人力的法则来增加食料。如在旷野的地方有野兽可以驯养的，游牧生活就因而发生。再因为保护畜牧场和畜兽等的需要，便把所有的人民一齐结合起来。这种人民因有活动的性质，与团结的性质，常易于战胜他族，组织极大的国家。蒙古人征服亚欧两洲，日尔曼人征服罗马，便是历史上的实例。

战争与农事生活也有很大的关系。如地势不宜于畜牧，则人民必须耕种。游牧人民有时为人口增加所迫，亦往往变成农民。到了这个时期，战争又变成经济上的需要。因为耕种的方法不完备，食料时常不能供给全族的需要，所以一方面须抢夺他族的食料以供急需，一方面又须保护自己的粮食，不致为人所夺。在这种时期，人民必须有极坚固的团结力，极完善的组织，才能与他族抵抗。

所以战争是最初人民的天然趋向，财产名誉的唯一本源，组织政治制度的最大势力。从战争方面着想，可以看出下列的结果：（一）人口增加，所以必须增加食料；（二）财产增加，所以必须设法保护；

（三）兵器的改良，因利用五金的缘故；（四）特别的军人阶级制度因之发现。

由战争而发生的国家，大概可分为两种：有时候一个部落的领袖在他自己的部落势力巩固后，就扩张他的势力，并吞邻居的部落，直至他做成国王为止。英法两国是这样组织成的。有时候国家是由一群武士组织成的。例如中世纪在西班牙的（Visigothic）国家，便是这一类。

第七节　国家的发现

国家起原的原因复杂，已经详述。在世界文明史上，我们万不能指定一个时期说这是国家起原的时候。凡社会上各种制度的起源，一半是因为天然的缘故，一半也是由于人力的。在最初的时期，人民并不晓得要有社会，要有国家，不过因为当时的种种情形，不得不要有一种组织。以后人民有了智识，渐渐明白这种组织的利益，就极力设法来改变这种组织，使之适合于当时的情形，或增加其用处。国家的起源也是这样的。国家不是上帝创造的，也不是几个强有力的人压服别的人而组织成的，又不是人民用契约的方法造成的。在最初的时候，因为血统、宗教、生产、战争上的种种关系，人民自然而然的有一种组织。这种组织，就变成国家的基础。国家与家族部落的界限，是很难分得清楚的。没有人可以说在这进化程序之中，什么时候是家族与部落的末日，什么时候是国家的生日。不过国家发现时候的大概状况，可以分别出来如下：

（一）政治观念与别的观念渐渐分开了。

（二）政治的组织渐渐增加权力了。

（三）政权和别的权限也分开了。

（四）风俗变成法律，并且由政府强制执行。

（五）政治的觉悟心与爱国心也发现了，所以有一种统一的精神。

如有上述的种种情形，我们就可以说国家是已经发现了。

第七章　国家的进化

第一节　政治进化的大概

“进化”这两个词，并不限于人类一方面的，在这宇宙之中，无论是动物，或植物，有形的物体，或无形的组织，均是由渐渐的进化而变成现在的情形。所以有宇宙的进化，有生命的进化，有社会的进化，有国家的进化等名词。凡物的动作，必须变成适合于当时的环境，才能生存在这宇宙之中，否则必在淘汰之列。但是关于政治制度的环境，范围却非常广大，包括（一）天然的环境，（二）社会的环境，如各种制度和思想，于人民的共同生活有直接的关系者，（三）人民改变这种天然的和社会的环境，与指导个人的和社会的进化之能力。所以国家的进化必受种种的影响：

（一）天然的环境，如地理上的特质、气候、物产等。

（二）人民的原动力，有时是不知不觉的，有时是故意的。

（三）各种社会制度的更变，如家族、教会、工业的与军事的团体等。

（四）国与国的关系。

我们考求国家的进化，必须指出进化的种种原因和种种关系，及政治进化的原理与定律。

在科学上，“定律”这两个字包括事实与事实间的一定的关系，有一定的情形，必然生出一定的结果。至于社会的发展，我们所能确定的，不过是一种大概的趋向，这种趋向，就叫做政治变迁的定律。追求政治发展的趋向，和搜找政治变迁的原因，都是政治学上很重要的问题。这两种问题均是最难解决的。因为国家的发展，并不是从一方面来的，是从各方面来的；发展的原因，并不是单独的，是极复杂而又不易分析的。

政治进化的各种要素，就是有机体进化（organic evolution）的要素，今列举之如下：（一）生殖，——人民是同别的动物一样的，由生育而更繁殖。（二）遗传，——遗传性保全人民模样的继续存在。（三）变形，——因环境的改变，父母遗传下来的特质，就受了影响，所以新生的人的形状往往有些改变。（四）自然的选择，——因生存竞争的缘故，不适宜于环境的人民，往往被自然力淘汰去了，只有适合于环境的人民，才能生存：这就叫做自然的选择。（五）竞争，——在下级人民之中，为衣食住而竞争，在上级人民之中，为地位与势力而竞争，这种竞争的结果往往把不适宜者淘汰。这几种有机体进化的要素，在政治初发生的时候，有很大的影响，不过到了后来，又有别的要素加入。（六）心的进化。（七）知识的进步，——有伶俐的智慧，能看出危险的地方，知道怎样去逃避；并有改变环境的能力，使之适合于自己的生活，或有改变自己的能力，使之适合于环境。（八）互助，——这是联合的结果，由互助才发生出博爱的感情。人群有最好的组织，有最忠义的精神，一定有顶好的结果。

在这种种要素之中，竞争与互助要算是最重要的。竞争与互助在社会生活的各方面，有互相的关系。就是在一群之中，人与人总须有些竞争心，否则这一群必不能有完备的组织，其结果势必至于被淘汰。可是社会的生活并不是一个人所能维持得住的，必须要彼此互相帮助。所以从这一方面看起来，社会是一个竞争的社会，但从那一方面看起来，社会却又是一个互助的社会。由竞争与互助发生出来的性情，在政治进化史上是极有价值的。刚勇、强力、自恃心，在竞争方面是很有用的，不过很容易变成自私心与孤立性。所以须有纪律与组织，把他引进互助的一条路上去，才能免去此种流弊。在政治进化的初期所最需要的：就是能服从社会组织的驯良心，与有抵抗强暴的刚勇和强力。这两种性质也就是现今最奏功效的国家之国民特性。

在政治发展中，往往因情形的更变，方法与目的时常不能适合。因欲使方法与目的适合，就发生了许多的问题。国家发展的初期，大半由于天然的趋势，当时人民还没有政治生活的知觉，还没有改变政治制度的能力。他们对于已经发生的问题，随便用一种简单方法，对付过去罢了。到了后来，人民有了政治的知觉，知道他们有促进或改变政治发展的能力，因此，便想设方法来解决关于政治的组织、政治的职权种种问题。有几个问题，从有国家以来就发生了，各时期的人民曾经想了种种的法子来对付，不过到了此刻，仍旧是不能完全解决。这就是下列的几种难题：（一）国家须由什么人组织？（二）国家须有多少人民，多少土地？（三）如果一国的土地广大，中央与地方的权力须怎样分配？（四）什么人民可以管理国家？（五）他们的权力须以什么为根基？（六）分配权力于政府的各机关，须以什么为根基？（七）国家的职务，国家的作用，究竟是什么？

解决这种困难的问题须用一种调和的方法。国家的性质就是包括调和其本身的权力与个人自由之结果。国家的主权完全可以变成专制制度；个人的自由完全可以变成无政府状况。在历史上，不知试用了多少方法来解决这些困难的问题。往往因情形的变迁，旧的方法不适用了，不能不费了世界上许多最著名的思想家的脑力，最有势力的实行家的能力，造出一个新的方法来。把他们的成绩记录起来，就成为政治进化的历史。近来虽然已经解决了许多政治的问题，但是仍有许多新问题继续不断的发生。这些新问题就是近来许多革命与战争的原因。我们须知国家是进化的，万不能想出一个永久的根本解决的方法。要使每时期的人民能够用一种最适宜的调和方法，适用于当时的情势；同时又注意于情势的改变，再改变他们的方法，才能保持住继续不断的进化。

第二节　政治观念的变迁

国家性质的观念　在政治进化史上，国家性质的观念曾经经过一个极大的变迁。在最初的时候，政治生活是与家族生活宗教生活完全不分的。在组织方面，在职务方面，国家、家族、和教会，没有区别。因血统的关系，因宗教的关系，人民才能团结在一个团体之中，所以最初社会上的权势是在家长或教主手里。到了国家发展以后，政权与神权或家长的职权才逐渐分开；国家、家族、和教会的组织和职务才逐渐有些区别。同时因为人民的经济生活更变，所以人民对于国家的态度，也大改变。在此刻极复杂的社会中，有许多事物是不能由人民单独去做的。也许因为这种事物非个人能力所能做的，也许因为这种事务，万不能听人民单独随便去做，以致全社会受害。所以近来政治学者都已承认国家有管理这样性质的事物之权。人民自由权利的范围，近数十年来，虽则推广了许多，但是国家职务的范围同时也推广许多。有许多事物，从前完全当做人民的私事，近来却放在国家职务的范围之内。因为社会上各样情形，一天复杂似一天，人与人的各种关系，也一天密切似一天，所以国家的职务不得不增加，国家的观念不得不改变。

法律的观念　法律的观念，也经过一个极大的变迁。古代的法律多起原于风俗，以无可考据的习惯和宗教信仰为根据。到了后来，人民把法律当做自然的原理，须由人民自己去找出来应用。直到最近时候，几个最开化的民族，才把法律看做国家的意志，须由政府机关发表出来，并用强制的方法执行。所以国家在最初的时候，只是风俗习惯的执行者，如果人民有争执，就出来替他们判断。到了此刻，国家却变成法律的唯一本原，凡非经国家所承认者，一概不得叫做法律。

法律的作用，也有同样的更变。最初法律的性质完全是消极的，其宗旨不过是禁制人民不要妨害别人利益，扰乱社会秩序罢了。现今法律的目的是积极的，是社会的。只有一极小部份的法律是禁止暴乱人民的举动，其余大部份的法律均变成维持公道及增进人民公共幸福的一种工具。我们无论翻开那一国的旧法律（如《大清律例》等，）里边所规定的，不过是杀人盗窃等事，犯者须受一种相当的刑罚。此刻的法律是为全体人民谋公共的幸福，使他们不做杀人盗窃等事，例如劳动法律、教育法律等，均是积极的为人民增进幸福的法律。

政权基础的观念　社会上情形的变迁又把政权基础的观念完全更改了。最初的时候，君王是人民的君王，与土地没有什么相关。因为当时的国家只是一群人民，有时候并没有一定的居住地方，所以权力和服从完全是人民与他们的领袖间的关系。人民服从他们的领袖，也许因为他是家族里边或部落里边最长的人，也许因为宗教方面的关系。但是社会生活安定后，农业商业等事均使人民不得不有一定居住的地方。欧洲的封建制度使政权和土地所有权发生连属的关系后，土地就变成非常重要，土地的主权观念就渐渐发生，君王变成一块土地的君王，并不是一群人民的君王，——是英国的君王，是法国的君王，并不是英国人的君王，或法国人的君王。国籍比血统和宗教还要重要。此刻一国的权力全以土地为基础，国家的管辖权须以一国的土地为范围，在这范围之内，无论什么人须在这一国的法权之下，不在这范围之内，就是本国人，本国政府也管不到。至于所谓治外法权，乃是一种例外，是由个人政权基础上遗留下来的习惯。

社会团结力的观念　社会团结力的观念，也发生同样的变迁。在政治发展的各时期之中，我们可以找出社会团结力的各种要素。

第一时期　血统

第二时期　权势

第三时期　国籍

最下等的社会是根据于血统观念。人民总以为他们是从一个祖宗遗传下来的，所以非团结起来不可。这是人民的天性。再加以崇拜祖宗的宗教，人人时常可以不忘他们的来源，因之他们血统观念的团结力可以更加坚固。社会发展后，里边各部份的关系时时增加，所以非有强有力的权势，不足以维持社会上的秩序。在这个时候，战争是不能免的，因为战争，所以几个领袖的权力可以无限制的增加，人民为保护自己起见，不得不服从。渐渐的有一种根据于权势的新式的社会发生，所以社会团结力的观念就和从前不同了。所有的专制君主国及欧洲封建时代的贵族，均是这样来的。

只有文化最发达的民族，才进化到了第三个时期，以国籍为社会的团结力。在这个时期，人民和政府的关系完全倒转过来，人民是国家的主体，政府不过是国家的工具。人民觉得他们对于别人，对于国家，均有一种交换的义务；欲谋大家的幸福，非得各人尽各人的义务不可。政府和人民实际上的生活，也有了极密切的关系，法律就是人民共同意志的表示。

国际关系的观念　在国际关系一方面，也有极大的变迁。在上古时代，国与国没有什么大关系，即使有些关系，也只是一种没有规则的战争罢了。对于不同种族的人民，没有所谓权利和义务。希腊人民规定一种极简单的商法，罗马人民在他们的“普通法”（jus gentium）之中，似乎找出几条为各种人民所共有的普通法律，至于现在所谓国际关系，那时候还没有发生。罗马帝国成立后，差不多把欧洲所有的地方完全包括在内，所谓国际关系，自然不能成立。罗马灭亡后，欧洲人民总有一个世界帝国的观念，所以过了许多时候，势均力敌的独立国家总不能发生。到了中世纪末期，欧洲才发现几个同等的民族国家，在平时，在战时，他们的种种关系，必须有个制裁，因之才发生国际关系问题，因之才发现国际公法。世界交通方便后，地球上所有的国家没有一国不与外国发生种种关系。加以欧美各国在国外设立了许多殖民地、保护国、势力范围等；还有种种学理如势力均等、门罗主义、海牙和平会所拟的各种条约，和最近设立的国际联盟等。这是国际关系间的一个新时期。至于这种趋向的结果什么样，我们此刻还不能预料。

国家与个人关系的观念　国家与个人关系的变迁，可以从两方面看出：一方面国家权力逐渐推广，逐渐增加；但是同时个人的自由范围也逐渐显著，在这范围之内，人民有极端的自由，政府和个人均不得侵犯。一方面人民的参政权又逐渐推广，普通一般人有了政治的自觉心，他们影响于政府的势力，自然能逐渐增加。到了此刻，在实行民治主义的国家，政府的一切政策均以人民的共同意志为标准。国家的主权和人民的自由，得到适度的调和。社会自由和政治自由就是不受外界干涉，及参与政府的权利。这两种自由权确定后，国家就可以算为自治的国家。还有一层：地方自治制度和待议制度，调剂得中，国家的组织，一方面能统一所有的公共事务，一方面又不牺牲个人自由，故民治主义很能够适用于土地广大的国家。所以从前的时候，人民把国家的权力看得非常可怕，以为权力是出于专制皇帝个人的私意；但此刻人民却又非常欢迎国家权力的扩张，因为人民都知道国家的法律就是人民公共的意志。

第八章　国家的历史基础

第一节　政治进化史上所发现的各种国家

我们可以用种种的方法把国家分成种类，顶普通的方法是根据于政府的组织，把国家分为君主国、贵族国，或民主国。这种分类的方法是现今政府的分类。我们此刻且研究国家在历史上的基础，把历史上所发现的政治制度，分成种类。从历史上看来，政治的单位有时候是一群很固定的人民，数目极少，藉血统或宗教团结起来，他们占据的土地，面积也很小，所以他们有一种很亲近的感情。这种国家可以叫做团体国家（community state）。还有时候发现一种地方很大人民很多的国家，所有的土地是从战争得到的，人民是由别处迁移来的，所以分子非常复杂，其势力在当时是无敌于天下的。这种国家可以叫做世界帝国（world empire）。在这两种国家之间，还有一种叫做民族国家（national state），特别注重天然的界限，和地理、人种、言语与文化的统一。近数十年来，这种民族国家极力扩张其势力到文化未开的地方，设立了许多殖民帝国，所以又发生了一种国家，叫做民族帝国，包含民族国家与世界帝国的两种特质。

第二节　团体国家

团体国家有好几种：如部落的、乡村的、城市的，其特质是在很小而且很固定的土地上，住着很接近而且极联络的人民。这种国家可以代表一种最初的而且未开化的经济和政治生活，不过在许多地方，如雅典（Athens）、罗马（Rome）、威尼斯（Venice）的城市国家，文化却是很进步的。

父系的部落也是团体国家的一种。这种部落一定是很小的，因为食粮缺少，人民很难繁殖，加以家族与宗教的限制，又不能使部落与部落合并在一块。又因为商务与交通不发达，所以不能扩张范围。游牧的部落早在淘汰之列，他们在世界历史上，虽则能征服别的部落，能传达世界文化，能创造宗教，然总不能与经济状况较高的民族，和乡村，或城市的政治制度争胜。

团体国家的第二种就是农业的乡村。农业的乡村是因人民增加而发生的，其组织仍旧是一种家族的制度。后来因文化发展，许多乡村或自然而然的归并起来，组织一个较大的国家，例如古代东方帝国和现今的国家之类；或每个乡村扩张起来，组织一个城市，例如古代希腊和中世纪欧洲的城市国家之类。

中世纪贵族的庄地，（medieval manor）就是农业乡村最显明的例证。当条顿民族侵入罗马帝国的时候，政府的势力薄弱，不能保护人民的生命财产，所有的田地都被条顿人民分割殆尽。条顿人民向来是以农业为生活的，到了罗马，他们因不惯过城市的生活，所以西欧的城市，就渐渐消灭。商务衰败后，财产也没有了，所以田地就变了社会的基础，政权就移入大地主的手里。当此扰乱的时候，不能自卫的人，就依附强暴的地主，藉他们的势力来保护自己的生命财产。同时又把他所有的田地，报效地主，不过仍得自由耕种。其余被征服的人民都作为田地的附属品，须世世为人耕种，永久不得离开所指定的田地。这般地主，差不多就是小皇帝，在他们的庄地里边，也有法庭、军政、财政等机关。有这种种的情形，才能发生出一种特别社会的、经济的、政治的组织，叫做封建制度。

城市国家是团体国家的第三种，大概是因商务的发达而发生的。所以其地点多在海岸，或商务的中心点。在城市里边，因经济组织的完备，人民能聚集在一个最小的地方；因贫富不均，就有阶级社会，就有闲居无事，非常安逸的人。这一般人，因为可以不事生产，所以能有闲暇的时间来研究学术与思想，渐渐儿就做了人民的领袖，有左右当时时局的能力。当时城市与城市的竞争，非常剧烈，一方面须预防别的城市或蛮族人民的侵犯；一方面又想侵入不相容的城市，或征服邻居的民族，所以每一个城市的军事与政治组织，不得不完备，所以欧洲古时的政治势力，完全集中于城市一方面。

城市发达虽则是十九世纪的特别现状，不过城市并不是现今时代的出产品。从有历史以来，各处就有城市的。在上古时代，凡适宜于商务的地方，便成了人民与财产集中之点，因而就变成城市。所以在最初的时期，就发现强有力的城市，如巴比伦（Babylon）、尼尼微（Nineveh）、孟菲斯（Memphis）、大马色（Damascus）、第伯斯（Thebes）等。这种城市的政权大概是在暴虐的君主，有钱财的贵族，和有势力的教士手里。这一般人有兵士保护，有奴隶为他们工作，所以他们能够过很奢华的日子。当时的文化，面子上很有可观，宫室庙宇，非常华丽，道路也修得非常的好。对外一方面，战争是常有的事，他们的奴隶与食料大概是在战争时候得来的战利品。如果这种城市是在平原或在大河流域的地方，那么推广界限的机会便很多了。因为并没有什么多大天然的阻力，所以很容易渐渐推广出来，变成极大帝国的中心点。巴比伦亚、埃及、非尼与波斯，或由几个城市并合起来而成立的，或由一个强有力的城市征服别的城市后而成立的。

希腊这个地方，因为一面是高山，三面临大海，所以异族人民不得侵入；又因为近海，所以商务容易发达。并且因为由血统与宗教结合之父系的家族，在这种地方发达很久，所以就变成很固定的团体，聚在容易防御的山下，组织他们的小村庄。有了一定居住的地方，人民血统关系的观念就渐渐看轻了，所以许多村庄能合并起来组成一个较大的团体——这就是希腊的城市国家。人民有政治统一的精神，与恋爱土地的感想，这就是希腊城市国家的特质。斯巴达（Sparte）与雅典（Athens）是其中最著名的两个城市国家。斯巴达是由武力组织成的，其特点为阶级制度与贵族的军事组织。雅典是由和平手段合并他族而成的，其特点为文化的发展与民治制度。

希腊城市国家的政府是一种直接民治制度。凡一切最高的权力均属于公民全体。全体人民的会议就是国会，也就是政府，合立法行政司法机关而为一。公民会议做许多行政方面的事务，他们用投票决定当时各项重要的问题。他们非但选举将军及他项行政官吏，并且又指挥军务，接待别国的公使，宣战及讲和，批准条约，管理内务上及宗教上的公共礼典，收受公共账目。他们也是立法机关，通过永久的法律。每次会议时候又发表命令，规定国家的行政方针，征收税赋或他种款项。公民会议或公民会议的一部份又是司法机关。公民全体组成一个巨大的法庭，受理并裁判一切民刑案件。

那时候所有政权完全在公民手里。不过我们要晓得希腊共和国的面积狭小，通常限于城市四周的数方英里以内，所谓公民，通常也不满一万人，大群的奴隶连普通的自由权都没有，不要说政权了。可是所谓直接民治制度只能在这样状况与这样的小范围以内试行。希腊城市国家对于政治学说与政治制度方面的贡献确是很大。在现代的各共和国未经成立以前，学者如欲研究民治政体，非从古人的著作中搜求材料不可。欧洲古代的政治著作中，见解最广，势力最大者，只有两人。直至十八世纪，现代各共和国成立以后，历来欧洲政治学者所持的见解，都是他们二人所造成的。这两人就是柏拉图与亚里士多德。后世的一切学说，凡批评各种政体的优劣者，寻其本源，差不多皆出于这二人。他们的著作，大部份是讨论希腊城市国家的政治状况，至今已成为政治学本体的一部份了。

非尼兴与希腊城市在外边设立了许多属地，有时是为商务屯场而设的，有时候是为人民迁居而设的。这许多属地也是一种城市，与非尼兴或希腊城市有一点政治的关系，不过大多数的属地往往变成独立的政治团体。就是亚历山大的希腊东方帝国（Graeco-Oriental Empire of Alexander）也是根据于独立的希腊城市成立的。亚历山大曾经在亚洲方面设立七十个城市，在耶稣纪元前三百年，希腊世界共有二百个城市，最著名的是亚历山大利亚（Alexandria）与安地纳克（Antioch）。

意大利境内也发生许多村庄，但以后渐渐被罗马吞并了。罗马所以能够称雄于当时，有几个缘故：（一）罗马居意大利之中；（二）罗马居意大利半岛中最紧要的河流之上；（三）罗马外界有凶暴的强邻，内部有天然的保障，所以必需有军事的能力与强固的组织；（四）罗马是由几个民族合并而成的，所以能免受风俗习惯的限制，人民可以大放眼光，来发展他们的能力。罗马所以能创造一种完善的法律，能扩张其的势力，组成一个大帝国，一半是由于地势，一半是由于当时的种种情形。罗马最初的时候，也不过是一个城市罢了，以后发展，完全靠在别处设立城市与征服别的城市，所以我们对罗马的城市制度不得不约略述一述。

罗马得到邻居的意大利城市后，把他们当做同盟者看待，在罗马的政治与军事制度之上，他们很有地方自治权利。就是希腊与非尼兴城市为罗马势力所征服，也能从条约上得到许多权利，有几处居然能免去纳税的义务。至于罗马兵士在外边所设立的城市，虽则时时受中央政府的节制，可是还得享受范围很广的地方自治权利。不过到了罗马帝国时代，各种城市的区别渐渐消灭，到了第三世纪，所有的城市，都一律看待，城市在法律上的地位，同现今各国的城市差不多相等。古时的意大利与高而（Gaul）各有一千二百个城市，西班牙有三百六十个，亚洲西部有五百个，就是非洲也有三百个。在第一世纪时候亚历山大利亚有人口五十万，罗马从百万到两百万。以后过了许多的时候，城市的人民仍然不能达到这个数目。到了第十七世纪，伦敦与巴黎才有人口五十万。从罗马灭亡直到第十八世纪，城市人口才有百万的数目。

古代城市国家衰败的理由有两层：（一）内因，（二）外因。今约述如下：

内因　古代城市国家衰败的内因，就是因为阶级竞争。在城市中生活，人民方面势必要发生出利害冲突，和贫富不均的弊病，其结果便酿成种种的阶级争斗。这种弊病在希腊的时候已经觉得非常利害，所以亚里士多德在他的“政治学”里边讨论这个问题非常详细，照他的意思，救济的方法，只有公平的分配财产。罗马也是受了阶级与内部战争的害处。

外因　从对外一方面说，古代城市最危险的弊病就是扩张范围。范围扩张后，城市里边，食料必不能充足，所以必须仰给于殖民地或属地。这就是古代城市国家制度衰亡的最大关键。人民增加，土地推广，一定要有一种中央集权的组织，才能保护人民的生命财产。一个城市的势力推广到了极大的限度，一定有许多新的职任与义务，因此便渐渐的失了原来的性质。至于被征服的城市，是一定不能完全自治的，所以就不能叫做独立城市。罗马从城市国家变成帝国，就经过这种变迁。古代的城市有时候因欲免去这种危险，所以就联络起来，组成一个联邦，组织一个中央政府。但要得到联邦的利益，每个城市必须牺牲其独立性质。可是在事实上，那强盛的城市，只为自己私利着想，用尽种种方法来制服柔弱的城市。所以雅典斯巴达等均是从联邦中的领袖变成帝国，联邦中原来的分子，遂完全失了他们独立的与城市国家的性质。如果联邦中各分子势均力敌，不相上下，没有一邦能有特殊的势力，那么，势必至于发生内部的争执，联邦全部的势力因之薄弱，其结果就非常容易被外族制服。所以希腊的城市，因互相争执而失了他们的强力，竟被马其顿（Macedon）与罗马征服。

日耳曼民族侵入罗马之后，城市日见衰败，因为日耳曼人民向来靠农业为生，不惯城市的生活，到了罗马以后，他们觉得城市生活非常的讨厌，所以古代城市日见衰败。日耳曼人民并没有设立一个城市。当这个扰乱时代，商务也因之不振，城市向来是依商务为生的，今商业不振，城市就没有机会得到一切所需的原料，没有机会卖出一切的出产品。虽则东方的城市没有受多大的影响，虽则意大利、西班牙、高而的南方，还有几个城市能保守他们罗马时代的习惯，但在这个时候，城市生活的范围早已缩小，城市的事物早为教会所管理，关于城市的行政完全到了教主的手里。

从十一世纪以后，欧洲情形，日见平安，商务也日见发达。这就是十字军东征，东西人民得以接触的结果。因为商务发达，所以城市也就能渐渐恢复其原状。在这个时候，意大利算是欧洲最文明的地方，占了当时商务的中心点，这区域内的城市如皮萨（Pisa）、真拿阿（Genoa）、威尼斯（Venice）发展得最早。城市的人民也增加了，城市的财产也增加了。经济状况的变迁就影响到政治制度上去，城市渐渐能脱离封建制度的羁绊，得了自治权利。在意大利与德意志没有民族统一与强固的中央权力，这种情状更加利害，因为当时时局不安稳，每一个城市必须有坚固的城墙以保护城市内的治安。所以在城市里边，人民可以过平安的日子，并且能发生出一种市民的精神。在当时的政治方面，更可以见得城市是一种特别的政治单位，因为城市是由教主管理的，乡村的行政权是在封建官吏的手里。还有一层，当国王、贵族、和教会互相争权的时候，正是城市的绝好机会，无论那一方面，如欲得到城市的帮助，必以种种的权利相许，当封主有困难事情的时候，城市就可以为所欲为，并可强迫封主承认他们的要求。

城市所以极力想得到独立权，就是因为封建时代的法律，不适宜于商务和工业的社会。商务的发达全靠商法的适宜与否。所以中世纪的城市不得不极力争夺立法权和司法权。在每城之中，由工团与商会组成的自治机关，用团体名义与封主教主办理种种交涉，要求自治权利与商务自由权利。所以在意大利和德意志，有许多的城市，差不多变成独立的政治团体。但是因为商务战争的结果，有几个意大利城市就被别的城市制服了，所以又因而组织较大的国家，城市又变到了附属的地位。米兰（Milan）及佛连色（Florence）就是这一类的代表。威尼斯（Venice）真拿阿（Genoa）虽则征服了邻居的土地，设立了许多属地，但仍旧保守他们城市国家的性质。至于德国的城市，因为封建主专横，所以不得不与之战争，又因为孤立难支，所以几个城市结合起来，组织一个团体，抵抗封主，最著名的团体，就是汉色同盟（Hanscatic League）。

法国也受了商业复兴的影响，在南部也发生了许多城市，一切组织完全是模仿意大利的城市国家。在北方，许多城市（commune）从封主那边得到他们的自治权利。但在法国，君主权力最先发展，因为君权集中，城市万难有独立的机会，所以法国城市最早就变成国家的行政区域。

英国的城市永没有发展的机会，就是因为下列种种的缘故：（一）实行中央集权；（二）习惯法成立；（三）商务和工业的不发达；（四）实行代议制度。

虽则在中世纪的时候，意大利、德意志、法国因商务复兴而发生了许多城市，有独立国家的种种性质，但是除了几个之外，他们并不能算做城市国家。古代城市国家最重要的根据是宗教，不过宗教并非中世纪城市组织的基础。这种城市虽则争得了许多自由权利，但他们并不想与君主完全脱离关系。还有一层，中世纪城市所最注重者，不过是商务自由，并不是政治独立。所以当时国王把政府组织与法律修改，使之适宜于工业与商务，城市就自然而然的失了他们政治上的重要地位。以后经济与社会的利益范围推广，城市的种种事情，从前只与各地方有关系者，现在就变了与全国有关系，所以独立的城市就没有存在的理由。罗马法的复兴与可以供给第十六与第十七世纪商务的需要；宗教战争把德意志城市的商务完全消灭；土耳其绝断了东方商务的要道，意大利城市的重要地位就完全失去：有此种种的原因，其余存在的城市，其易被新发生的民族国家所兼并。

第三节　民族国家

城市国家因为范围太狭小，不能有广大的政治组织，等到其势力扩充出来，其性质势必至于改变，如欧洲古代罗马从城市国家变为世界帝国的例。可是世界帝国又因为范围太广大，不能使那性质不同情形各异的各部份互相容纳，等到有利害关系问题发生，或与别处更强的民族接触，这样的大组织便没有方法可以支持得下的，如罗马帝国遇到了北方日耳曼民族，就即四分五裂，至于灭亡。

欧洲在第五世纪与第十二世纪的中间，各种各样的政治组织都曾试验过，如封建式的贵族政体，城市的民治政体，理想的世界帝国，但没有一种能试验出好结果，可以支持得下去。到了中世纪末叶，欧洲的时局总算安定了，人民居住的地方也算定妥了，因而种种公共利益的观念也就发生。所以那时候的新国家就注重于民族与地理两方面。因民族、语言、宗教的种种关系，再加上天然的地理界限，所有封建时代余传下来的零星碎片就合并起来，组成永久的结合。西班牙、葡萄牙、法兰西与英格兰四个民族国家首先于第十五世纪末了发现出来。

什么是民族国家？这个问题绝不是简单几句话可以答覆的。我们要答覆这几个问题非得再进一步说明，什么叫做民族？什么叫做民族主义？

孙中山先生说：“主义是一种思想一种信仰和一种力量。”把这个定义应用到“民族主义”上，我们就可以说民族主义是人民对于民族方面的“一种思想一种信仰和一种力量”。这就可见得所谓民族只是人民心理上一种主观的态度，不是一种具体的事实。一个民族所包含的人民是非常广泛，无论是一个平民或一个贵族，都是一种民族中的一份子。民族这名词并不像国民这名词那样是国家所给予人民的一种权利。比方说，“我是中国的国民，”这句话说包含的意义就是“中国国家已经承认我是一个国民，承认我能够享受国民的种种权利。”假使说，“我是中国民族的一份子，”这句话所包含的意思只是“我是天生的一个中国人，无论我的地位阶级智识与能力是怎样，我总觉得我是属于中国民族之中的。”所以这样说起来，民族观念很像上古时代的血统观念，能使一群人民自然而然的发生一种团结的自觉心，但民族观念比较血统观念的范围更广大，其势力亦更伟大。在一个民族之中，各种各样状况的人都有，并且他们又是出于至诚，没有人为势力的逼迫或允许，自己觉得成为人种方面的一个单位。因此，在欧洲中世纪末了，社会上的趋势一方面是反抗封建式的阶级统治，又一方面反抗思想与行为方面的束缚，民族观念的精神就日渐发达。

欧洲民族主义的根基是中世纪下半期时候就已打好了。那时候表示于宗教、言语、生活间的共同文化已推广到范围极大的区域。因为当时的扰乱状况，人民的势力还不够在这区域之内组织一个政治的团体，推翻各种各样已成的势力。但那时候的欧洲已经分为好几个大区域，叫做国，其界限是由种种方法划定的，或根据于地理上的天然界限，或以历史上的偶然事故，或因地理与历史方面所发生的不同言语，在这类区域内的人民就自然而然的发生出一种团结的新观念。在每一个区域之内，各人民又自然而然的发生一种恋爱土地的观念，把他们这块地方叫做祖国。

所以民族并不是一种言语的，也不是政治的，又不是生理的，却是一种精神的团结力。可是民族的特质却很不容易找出来的。凡所有人类的种种特性，无论是语言，或特别的风俗，或宗教，或政治生活的习惯，没有一种可以作为民族的特质。差不多没有两种民族所根据的具体要素是相同的。瑞士民族是没有共同语言的，犹太民族是没有共同土地的，至于说共同种族，那是更不能成立了。世界上无论那一国的民族都是聚集无数种族不同的人民合并而成的。比方在我们中国民族之中，有几百万的蒙古人，百多万的满洲人，几百万西藏人，百几十万的回教突厥人。并且在历史上，中国民族不晓得归并了无数的南蛮北狄，成为一个民族。可是我们中国民族的人种无论怎样的不同，我们四万万人民经过了这许多年的共同生活，我们自然而然的有一种团体的自觉心，自以为成为一个民族。

民族是人民心理上的一种态度，是一种精神的团结力，但人民间精神团结的种类繁多，民族只是其中的一种。为什么民族的精神团结力在现代历史上的势力与影响，都不是别种精神团结力所能比的？为什么中国各种各样人民的精神团结力能够发生重大的历史结果，而各国同宗教的或劳工阶级虽然也有一种精神团结力，但其重要万不能与民族的团结力相比？为什么思想、生活、与经济利益绝对不相同的人民，只因为他们是属于一个民族的，到了国家发生危急时候，就能同心同力，一致对外，把他们私人不相同的利害关系完全忘却？

我们可以说，各民族的人民间，自然有种种不相同的地方，使我们能区别他们属于这一民族或那一民族。在西方白种人民，一个英国人是与一个法国人不同的，俄国人与意大利人也不同的。在东方，一个中国人与一个日本人自然不相同的，可是日本人与中国人的区别，还没有一个江浙人与东三省人，或东三省人与新疆或西藏人的区别那样显著。一个广东人与山东人的区别，比之广东人与台湾人的区别还要显著。这就是可以见得人民外表的相同并不是民族精神的根源。民族精神之所以能有绝大的势力可以算是两种势力造成的。第一，国家，第二，国家在历史上发生时候的社会状况。

国家本身原来也是一种极大的势力，凡国内人民没有一个不受其影响。国家成立后第一步工作就即把人民的利益与别处人民的利益分别界限。比方现今欧洲那几个国家成立以后，就把那种种表示于宗教、学问、法律与风俗的中世纪文化逐渐民族化了。国家的法律与行政都是在一定界限以内执行的，所以凡在同一个国家界限以内居住的人民久而久之就会发生一种同情心，使他们与那些在别国法律与行政统治下的人民分离。各国种种状况的发展又是各别的，所以更使人民发生一种异同的观念。末了，当各国交战时候，人民为了生死关系，往往不得不同力合作一致与别国同样组织的人民抵抗，他们自己团结的精神也就因之而大增加了。

讲到那第二种造成民族的势力，就是国家在历史上发生时候的社会状况，我们必须要约略叙述最初时代的历史。古代人民是以部落为单位。各部落往往因人口增加，食料不够，侵入别处地方，与别处部落人民交战或合并。历史上各时代各种蛮族的名称时时更变，就是各部落合并后另改新名称的证据。中国历史上汉朝时候许多蛮族的名称到了唐宋时候就没有了，同时又发现新的蛮族名称，这就可以见得古代各部落的地位是很不稳固的，旧的消灭，新的发现，是常有的事。可是古代人民的迁移与现今帝国主义国家的殖民政策大不相同。现代的殖民帝国占据了一块殖民地后，往往可把原来的土人灭绝，自己做这地方的主人翁。从前匈奴人、蒙古人、土耳其人侵入别处国家，虽甚野蛮，但绝没有这样的结果。那时所有的财产都是土地的出产品，所以战胜者为他们自己的利益起见，一定要保养那被征服区域的佃奴，使之耕种田地。还有被征服区域的年轻妇女也是极好的战利品，但上帝却给了她们一种最好的报仇方法，使她们能于无形之中改变或同化那战胜者的精神与血统。这就是新民族的起源。

从我们中国民族着想，我们可以说，新疆西藏人与中国人成为一个民族完全是因为清朝统治了二百多年时候，以法律与行政把这几处地方的人民混合了，使他们有一种团结的自觉心，这就是上述第一种造成民族的势力。蒙古满州人与中国成为一个民族是靠上述第二种造成民族的势力。我们在光复时候或光复以前无论怎样仇恨满人，现在满人改了一个汉姓以后，我们就不觉得有什么区别地方。现在无论汉人或满人都觉得同是中国人，同是属于中国民族。

以上所述是民族成立的大概情形。民族国家的根基也就是这样成立的民族。欧洲在中世纪的扰乱时代，社会上阶级无论怎样多，人民却早已觉得他们是英国人，或法国人，或波兰人，或俄罗斯人。他们所想望的团结是民族的团结。所以他们就帮助国王，扩充其权力，把贵族教会与一切社会阶级打倒，或者捧出一个势力最大的贵族，打倒其他的小贵族。这种运动的结果就产生现代的民族国家。

民族国家把社会上种种阶级合并起，组织成一个强有力的政治团体，同时又扩充君权，一方面结合封建时代遗传下来的势力，把权力集中，行政统一；又一方面攻击教会的权力，把政教分开。内部冲突的乱源，就从此免除；巩固的政治组织，就从此成立。所以民族国家成立后第一个时期是君主专政的时期。民权运动还得再等二百年来才发现。到了民智开通，工业革命后，各国人民才把君主神权说的学理基础打破，实现民治主义。这是民族国家的第二个时期。

但在欧洲范围以外，欧洲各国在近几百年来设立了许多殖民地，组织了殖民帝国，差不多把民族国家的民族基础与地理基础根本推翻。欧洲的政治家说："十九世纪是民族主义时代，二十世纪是民族帝国主义时代。"所谓民族帝国主义，就是以本国民族做根据，把势力扩充到世界上任何地方，用欧战以前德国人说的话，"是在太阳底下抢一席地。"这是等于说，民族主义只适用于本国，不适用于别处，对于别处须采用帝国主义。

第四节　世界帝国

"帝国主义"这名词现在是听惯了。所谓帝国主义就是一种侵略的政策；凡一个国家，无论是君主国、民治国或共和国，一心一意想把其势力扩充出来，占据其国界范围以外的土地，这类的国家都可以叫做帝国主义的国家。可是这样的观念在几千年前的历史早已发现过无数次数，并且那种包括极广大土地，极复杂人民的大帝国也屡次发现于东方与西方的古代历史。古代的大帝国又叫做"世界帝国"，因为他们都有征服世界的雄心，想把他们所知道的区域都并吞在其国界范围以内，种种地理上的界限、人种的不同、语言与宗教的不同均不能为他们进行的障碍。所以现代的帝国主义就是古代世界帝国观念所遗传下来一种扩充国家势力的方法，一种侵略别国的政策。在讨论现代的帝国主义之前，我们必须约略叙述古代"世界帝国"的大概情形。

古代的大帝国都是以武力造成的。这是因为古代种种状况与一切观念均不能使一个国家以和平的方法扩充其势力，与邻近国家联盟或合并，组织一个较大的国家。古代社会的团结力是血统观念，但血统观念是范围很狭小的一种观念。古代的交通又绝对不能使一个大区域的人民在政治上同力合作。此外，还有人民间的嫉妒心，独立观念，个人权力的虚荣心，这是古今相同的，也是那种以和平方法扩充国家的阻力。所以在古代，只有权力战胜了其他一切的势力后，大帝国才能成立。

古代人民的生活大都是很苦的，只有在那天气温暖土地肥润的大河流区域，如黄河、尼罗河之类，人民才能吃得饱、穿得暖，并且还能有多余，财产的观念因之就逐渐发生了。这类地方太富有了，别处人民移入的或侵入的也非常之多。人口众多后，就有所谓城市发现，因为城市是动产的记号，也是动产的中心。城市的存在又能证明当时已有一部份人民可以不必工作，能食他人劳动力的出产。城市是财产的集中点，因为是财产的集中点，所以又是权力的集中点。城市的设立是造成古代大帝国的第一步。古代帝国如中国、波斯、埃及等都是由过惯城市生活的人所造成的。在最初时候，这类城市就是国家。以后许多城市就互相接触，可是各城市间却又互相嫉妒，互相争斗，直到最后一步就是其中最有势力的一个城把其余的城都征服了，变为大帝国的中心点。

在城市以内，权力组织的完备绝非是游牧人或农业人民所能达到的。那般依靠土地为生的农业人民，每天只知勤于农事，要算在所有人民之中最没有能力利用他们的财源，争夺权力。游牧人的团结力是较胜于农民，并且为防御或侵略起见，也很能于极短时期内联合起来，他们又能将所有财物向任何方向搬运。他们的马或骆驼是一种很好的运输工具，他们的牛羊是赶在前面，他们的车辆装运所有的器具与孩儿妇女。假设游牧人与农业人接近了，农业人民总是抵抗不住的，如从前黄河流域间中国农民遇着北方来的以游牧为生的匈奴或蒙古人，我们中国人就没有办法。但这类游牧人的文化是不够造成永久的大帝国。他们的团体是不十分稳固的，他们的行动是来去无常的，他们是没有执行帝国职务的忍耐性。可是他们如果有了一个异常的领袖，如从前的蒙古人、土耳其人、阿拉伯人，他们也能推翻一个已成立的大帝国，但他们除非丢弃旧时一切习惯与生活，恢复他们自己所毁灭的制度，他们是维持不下去的。所以只有过惯城市生活的，有能力维持秩序与执行权力的人民才懂得组织大帝国的秘密。

中国历史上够得上称为大帝国的时期就是秦汉唐宋元明清这七个朝代。在秦以前，中国永未曾统一过，不能算是帝国。春秋战国时代的列国大都只能算是城市，不能算是国家，就是要称国家，也只能算是城市国家。以后战争了数百年才有秦始皇出来，统一中国，建立东亚第一次的大帝国。秦始皇在东方历史上的地位如同亚历山大在西方历史上的地位，他们都是以统一世界，建立世界帝国为目的。可是秦始皇死后，中国还有人能继续维持那一统的中国，亚历山大死后，他的帝国也就分崩瓦解。这是东西两个最早帝国的不同地方。

古代西方欧洲最重要最完备并且最近于理想的世界帝国是罗马帝国。罗马帝国也是起源于城市国家，由于几个拉丁民族合并而成立的。罗马内部的历史，在起初时期，也与希腊城市相仿佛。但到了后来，意大利的政治发展就改变方向，渐渐显露出东方帝国的性质。希腊与罗马政治趋向的不同，大半由于地势不相同。意大利比希腊容易统一，里边各部份的界限分得清楚，无论是平原或山地皆适宜于耕种，只因没有海口与海岛，所以不大宜于商业。因此，意大利文化虽发展得迟，但直到罗马统一全岛后，其元气完全保藏在国内。以后罗马与东方民族接近，发生战争的时候，其势力已经非常之大，其制度已经非常完备，其地位又是居中，所以能集中其一切势力，把其余的民族，一个一个的征服。在那时候的西方文化世界，除了罗马以外，没有一个国家有保护海洋，与保护文化世界边疆的能力，所以罗马不得不担负这个责任，不得东征西伐，成为古代西方的领袖，把地中海相近的民族统共合并起来，组织一个大帝国，共有三千英里长，一千英里阔的土地，与一万万的人口。

罗马的势力推广后，土地扩充后，不得不有一种新的政治组织来统治这许多地方和人民。强固的团体制度，万不能通行于广大的土地；城市国家的自治制度，只能适用于范围很小的城市，种族相同的人民，也万不能适宜于复杂的或没有政治经验的人民。罗马为维持秩序起见，为保守统一起见，必须有一种官僚的政治组织，把全权集中在一个领袖的手里。罗马所以能把多数不同的民族统一起来，能得各民族的人心悦诚服，有种种的原因：（一）推广公民和法律上的权利，（二）有统一的法律，（三）交通方便。所以罗马的统一并不是完全外观的统一，是一种有机体的。所有行省均是罗马帝国万不能缺的部份，他们的精神和文化是完全罗马的。罗马制度在西方能维持五百年，在东方一千五百年，就可以见得这种制度的完善。耶教教会的组织是完全根据于罗马的制度。罗马法，罗马的殖民政策，罗马的市政，均是现今各国制度的基础，政治学中的主权与公民二部份，是罗马的贡献。罗马的同化能力，把多数异种人民集合在一个政治团体的法则之下，至今尚没有别种民族能比得上。

罗马政治制度同时也有种种缺点：因欲稳固政权，往往牺牲个人自由，因近几人民的腐败，边疆上军事的危险，各行省政治的腐败，所以必须有强有力的与能负责任的领袖。不过集权的和官僚的政制发生后，地方自治与人民权利就渐渐失去了。罗马为世界的领袖，是在他没有学到怎样去管理世界之前，罗马的宪法虽则在自由城市或同盟的意大利，是觉得很完善的，不过万不能适宜于全世界。罗马既已走上世界帝国这一条路，便是回不掉头的。但屡次征服异族人民的结果，影响于罗马自己一方面，是很不好的。罗马的道德也堕落了，道德堕落，就是罗马政治的与经济的衰败之大原因。在罗马的制度之下，政治教育是不能有的，所以制度愈完善，愈易于衰败。在政治进化史上，罗马所贡献的，是统一主义，与中央集权的组织，但罗马没有能力调和主权与自由，没有能力把自治推广到极大的地方，没有能力同时维持国家的和个人的利益，这种种能力须等别的民族在别的时期显露出来。

罗马帝国衰败的预兆在第三世纪的时候，已经显露。从生育的停顿与瘟疫之时常发现两件事来看，可以见得罗马人种的生活力逐渐消灭。到了后来罗马不能再行进攻，他就把全力来保守，并且就觉得渐难维持他的边疆。当时政权完全在武人手里，有兵权就有政权。我们读罗马历史，大约可以记得皇位拍卖这一桩事，这就可以显出当时政局腐败的情形。极重的税，极多的奴隶，就把中等阶级的人民灭绝，虽则以后经狄奥克利（Diocletian）与君士但丁（Constantine）的励精图治，把旧有的腐败，扫除了许多，罗马国势因之重新振作起来，罗马帝国生命因之再延长二百余年，但狄奥克利与君士但丁的改革方法，是完全把所有的权力集中到中央的专制政府手里，所以到了后来，衰败更易，灭亡更快。因为内部腐败，罗马就不能保护他的边疆，就不能抵抗条顿民族。许多的条顿人民，渐渐移入罗马界内，并且有许多异族人民还加入了罗马的兵营。在第五世纪的时候，民族界限就不清楚了，兵士大半是条顿人民，罗马帝国的西部就土崩瓦解，被几个条顿民族瓜分殆尽。

罗马灭亡以后，世界帝国的观念还是继续存在。从上古时代传到欧洲中世纪的两个重要理想，就是世界帝国与世界宗教。在那扰乱时期，有许多理想家，许多政治学者，为对付封建式的无政府趋势，为维持秩序安宁起见，往往想到这世界帝国的组织。还有一个耶稣教会极力用他的势力来扶植帝国主义，做到西欧半一统的地位。沙耳门帝国，与神圣罗马帝国，就是这样的出产品。

以后到了十九世纪起头时候，欧洲又发现一个拿破仑，雄心勃勃，想征服欧洲各国，又想把势力推广到欧洲以外的地方，组织一个世界帝国。他利用那时候革命的潮流，挂起“自由、平等、博爱”三种主义的旗号，想把罗马几百年做成的事业，在一个时代做成功。可是他却没有想到那民族主义在欧洲政治生活方面所有的绝大势力，所占的重要地位。拿破仑的兵力无论怎样雄厚，他总打不倒那团结力坚固的民族。他一失败于西班牙，再失败于英国，三失败于俄罗斯，从此以后就不能有所振作了。

欧洲自从中世纪以来，那野心家的世界帝国梦想永未实现，强有力的统一全欧政治组织永未曾发生过，许多独立小国家能长期的维持其地位，完全是靠民族主义的力量。并且这次欧战的结果又把那三个民族复杂的帝国，如俄德奥，根本解散，分出几个较为合于民族主义的国家。这就可见得世界帝国是决不能存在于现今的政治状况之下了。但那现代的帝国主义者还是执迷不悟，还用了侵略政策压制各处弱小民族哩。

第五节　帝国主义

孙中山先生在他的《民族主义》第四讲里边说："欧战之前，欧洲民族都受了帝国主义的毒，甚么是帝国主义呢？就是用政治力去侵略别国的主义即中国所谓勤远略。这种侵略政策，现在名为帝国主义。欧洲各民族都染了这种主义，所以常常发生战争，几几乎每十年中必有一小战，每百年中必有一大战，其中最大的战争，就是前几年的欧战。"他又说："欧洲数年大战的结果，还是不能消灭帝国主义。因为当时的战争，是一国的帝国主义和别国的帝国主义相冲突的战争，不是野蛮和文明的战争，不是强权和公理的战争。所以战争的结果，仍是一个帝国主义打倒别国帝国主义，留下来的还是帝国主义。"所以帝国主义是现代世界中最重要最重大的问题，国际间的关系，各国的内政，没有不受其极大的影响。假使我们要明白现代政治的状况，我们不能不先明白那关于帝国主义的种种事实。

第一，我们应当先明白帝国主义现在已成的势力，及其所包含的范围。现今十个帝国主义的国家所有的殖民地与保护国，占全球面积的一半，比欧洲全洲面积大七倍。全世界六万万人口，计全体人类的三分之一，是直接在帝国主义国家治权管理之下。此外，还有中国、波斯、土耳其、阿比西、阿富汗，与几个南美国家，也曾受到帝国主义的毒，假使我们把这许多国家都包括在内，那末，全世界三分之二的面积，与十万万人口，都受欧洲的、美国的，或日本的帝国主义的支配。假使我们拿各帝国主义国家的土地或人口及其殖民地比较起来，我国就有以下的统计。英国每一个人民，无论男女或小孩，各有十个黑的、粽色的，或黄的殖民地人民。法国每一亩地各有二十亩殖民地土地。意大利只有其殖民地的六分之一大，葡萄牙二十三分之一大，比利时八十分之一大。西欧各国与其殖民地区域比较起来，只等于巨大人物旁边站的矮人而已。法兰西共和国抢夺土地的功绩胜过中古代沙耳门皇帝的战功。哥伦布所发现的新大陆土地还比不上现代帝国主义所征服的区域。英国帝国的区域比之罗马帝国最盛时代还要大得多。一个英国人 Cecil Rhodes 所夺到的土地比之拿破仑所征服的还要大。

近世欧洲政治史只可以算是帝国主义侵略史。法国政治家屡次宣言，那殖民地的征服非但是应当的，并且从法国方面着想，又是急需的，自从第三次共和国成立以后，法国差不多已得到了将近五百万英方里的属地。意大利的爱国志士总说殖民地的扩充是意大利的神圣职务，意大利近来虽没有好机会，虽有种种的阻碍，但也抢到将近一百万英方里的土地。英国人更进一步，甚而至于说管理世界上杂色人种是“白人的负担”，凡是文明的民族绝不敢放弃这种责任；所以在这五十年之内，大英帝国范围之内又加入了四百万英方里的土地，其他那种种尚未正式并吞的保护国与势力范围区域还没有计算在内。德国在毕士麦当权时代一心一意的注意内政，并没有在非洲或亚洲设立殖民帝国；但到了后来，德国也就不得不投入世界政治的漩涡，惟因是时间太晚了，只抢到了非洲与东印度群岛中将近一百万英方里土地，把持了土耳其的亚细亚帝国，末了在一九一四年时候，更孤注一掷，激动全世界战争，其结果尽其所有输给其他帝国主义的国家。奥匈是德国联盟，也想靠了德国的帮助，把持巴尔干半岛。还有俄皇，既有了欧洲与西比利亚这样大的区域，还不能满意，将他的势力范围侵入中亚、波斯、满洲与蒙古，更虎视眈眈，对于土耳其、西藏与阿富汗等处不肯放松。日本也就学得欧洲帝国主义国家的方法，抢得台湾、高丽、满州一部份，太平洋德国的海岛，更于欧战期内，对于中国提出二十一条件，想把中国变做其保护国。在十九世纪期内，各大国除美国外，均用了全副精力，在海外各处设立极大的殖民帝国。就是美国，也不能免去这种潮流的影响，也在太平洋内与中美海洋内夺得小小的几块土地。

还有许多小国也同大国一样的有帝国主义的行动。比利时在中非洲有绝大的财产。葡萄牙的殖民地比战前德皇的还大得多。西班牙还有摩洛哥的一部份，与从前余剩下来的零碎殖民地。荷兰有了东印度群岛的伟大帝国，与各强国并驾齐驱，希望从世界政治的把戏中，得到种种的彩品。

下列二表就是现今十个帝国主义国家在世界各处所有土地与人民。

表一　帝国主义范围以内的区域(以千英里为单位)

	非　洲	亚　洲	太平洋	美　洲	总　数
英　国	四、二〇三	二、一二六	三、二七九	四、〇〇八	一三、六一六
俄　国		六、四〇〇			六、四〇〇
法　国	三、七七三	三一七	一〇	三六	四、一三六
葡萄牙	九二七	七	一•六		九三六
比利时	九三一				九三一
美　国	三七		一二二	七五二	九一一
荷　兰			七三四	五五	七八九
意大利	七八〇				七八〇
西班牙	一二九				一二九
日　本		八六	二八		一一四
总　数					二八、七四二

表二　帝国主义范围以内的人民(以百万为单位,凡不满百万者,以×为记号)

	非　洲	亚　洲	太平洋	美　洲	总　数
英　国	六五	三三三	八	一一	四一七
法　国	三五	二三	×	×	五九
荷　兰			五〇	×	五〇
俄　国		三五			三五
日　本		一九	四		二三
美　国	一・五		一一・四	九	二二
比利时	一一・五				一一・五
葡萄牙	八		×	×	九
意大利	一・九				二
西班牙	一				一
总　数					六三〇

帝国主义的势力已经影响到全世界的区域。有了帝国主义，那包含全世界各种各样区域的大帝国才能产出；有了帝国主义，那与全世界有关系的外交也就发生。英国已经不是欧洲的民族国家，却是一个普遍于全世界势力的中心点。欧洲的外交家占据了全地球的大舞台，随心所欲的试演种种国际关系的戏剧。往往在欧洲一个国都内办理的一件外交事务能影响到地球上四方无数人民的命运。比方一千九百零四年的英法条约与美洲的纽芬兰是有关系的。与大洋洲的几个群岛是有关系的，与亚洲的暹罗是有关系的，再与非洲的摩洛哥、埃及及其他殖民地是有关系的。这就是所谓世界政治。帝国主义确是世界政治的基础。

从这观点着想，最近国际关系历史上的种种联盟与战争都有了一种新意义，差不多没有一个例外，都是帝国主义潮流在表面上所显露出来的一些形迹。在一千八百九十三年，英法两国为了非洲几块地方，将近发生战争，其原因就是帝国主义的竞斗。假使美国对于古巴没有帝国主义的野心，一千八百九十八年美国与西班牙的战争是决不会发生的。假使英国帝国主义的势力没有达到南非洲，历史上决不会有一千八百九十九年英国与南非洲共和国的战争。中日战争完全是发源于日本帝国主义的野心。日俄战争又是帝国主义者争夺高丽与满州所造成的。一千九百十四年欧洲大战最大的原因也是帝国主义。现在也许还有人相信那次的战争是德皇一个人的野心所造成的，可是一切的证据都与这种信仰完全相反的。欧洲各大国缔结联盟的标准，也就是帝国主义的利害关系，并不是人种、政治或文化的相同。德国奥匈与土耳其因近东问题的关系，结成一个联盟。共和的法国与君主的英国又结成一个联盟。甚而至于政体绝对相反的国家，如自由的英国与专制的俄国，也能结成一个联盟。

这类的例近代历史上是非常之多。在一千九百十四年欧战开始时候，德国政府宣布保全比利时与法国的土地，英国外交部长就急于提出一个问题：责问德国是否要抢夺法国殖民地。在战争期内，当法国战场上最紧急时期，协约国还抽出军队，占据德国的殖民地与土耳其的区域。德国政府将战争目的秘密通告美国总统威尔逊，其中最重要的部份是关于殖民地的处置。各协约国虽表面上说得光明正大，为保护条约的神圣而战争，为保全小国的领土而战争，但暗中早已互相秘密订立了许多条约，瓜分德国的殖民地与土耳其。在巴黎和会时候，各协约国又根本打消威尔逊的民族自决主义，随意支配战败国土地；只为顾全面子起见，另外又想出一种换名不换实的新制度，叫做委托治理制度。这就是把从前德国的殖民地与近东的几处区域作为国际的领土，再由国际联盟把这种土地委托各国治理。可是国际联盟分配这类委托治理区域，还是依照各协约国间从前所订立的秘密条约。

欧战的结果打倒了一个德国的帝国主义，可是别国帝国主义的势力反而增加许多。战后各帝国主义国家竞争的剧烈是从前历史所未曾有过的。现今的时期又是国际经济竞争最利害的时期，那种可以作为殖民地的未开化区域又是早已瓜分殆尽。除了南北极区域之外，现今地球上面已经没有无人占领的广大区域，可以作为各大国的殖民地了。

同时那种被帝国主义国家所压迫的民族现今就渐渐儿觉悟起来了。在最近的几年之内，各被压迫民族之间充满了民族自决的反抗精神，并且在这最短时期之内已有可观的成绩。土耳其的民族已经可以抵抗得住欧洲的侵略；埃及的民族已经达到独立的目的，印度的民族主义也已有很大的势力，波斯与阿富汗的民族也能把英国的势力推翻，解脱所有一切的束缚，菲律宾人民也更严厉与更激烈地要求他们的独立。世界被压迫的民族的抵抗力充分养成时，便是帝国主义末日了。

第九章　国家的学理基础

第一节　政治学理的重要

政治学的材料，是从历史方面积聚起来的。有两种历史，与政治学的关系更加密切：一种是政治制度史，一种是政治学说史。国家的进化就是从这两方面——一方面是客观的政治制度，一方面是人民对于国家发表的主观理想——发展的。这种主观理想就是政治学说。政治学说并不是人民凭空臆造出来的，是根据于当时客观的政治情形和政治制度所表示的理论。所以政治制度与政治学说有极密切的关系：有什么样的政治制度，才能发生什么样的政治学说。上古时代有上古时代的政治学说，中世纪有中世纪的政治学说，现今时代有现今时代的政治学说。政治学说可以表明各种政治制度的确实意义，又可以说明各时期的政治情形为什么是这样的。所以政治学说就是一时期的精神与情形的指示表。比方我们考究从前英国的清教运动（Puritan Movement），如果我们不先明白当时的政治理想，万不能懂得这种运动的真正意义；又如我们考究欧洲中世纪的历史，如果我们不先晓得当时人民对于教会与国家的关系所发表的种种理论，就万不能详细明白那时候的实在情形。

政治学说非但是由当时的政治情形发生的，并且又能影响以后的政治发展。所以政治学说是政治制度的结果，同时又是发生政治制度的原因。政治制度变更了，政治学说也因之变更，同时那新变更的政治学说又能改变旧的政治制度。理想离不了实在的情形，实在的情形又离不了理想，所以我们研究政治学，必须从两方面入手：一方面须观察各种政治制度是怎样来的，怎样变更的，又一方面须明晰人民对于各种制度所发表的各种理论，与这种理论对于政治发展的影响。政治学说是国家学理的基础（theoretical basis of the state），这种学说有三种作用：（一）说明国家的起源，（二）说明国家的实用，（三）提倡一种理想的国家。

第二节　神权说

这派学说本来没有科学的价值，但在古代政治学史上却很占一个重要的位置，有许多制度，都是受这种学说影响的，所以不能不叙一叙。这派学说，不是说国家是神建设的，就是说由神的命令建设的，因为是神的命令，所以不得不绝对服从，欧洲自中古以前，政治上大概都受这种学说的影响。因为政教不分，所以那时候必定把国家的权力看做上帝的命令。东方如土耳其诸国，都把这宗教的经典当做国家的法律。希伯来人直说国家是上帝手造的。希腊人虽然承认国家是根据于人类天性自然发生的，但他们却把天性看作神界的东西，所以由人性建设的国家，便是上帝间接建设的国家。到了罗马，人民才更进一步，实际上把政权和神权分开，说法律是国家创造的，其最终的权力是属于罗马的人民，这是古代国家观念的一大进步。

教会本来迷信上帝，所以基督教为其教理设想，不能不说国家是上帝创造的。当初基督教会不过单管精神上的事务，后来竟想不分僧俗等事，使一切政权都归他们掌管；后来又乘中古乱世，把教会的势力扩张来，连人民的俗事，社会的安宁，诸侯的纷争，都要由他们管理裁判；末了更藉政治的权力，实行支配人民的道德信仰，因而发生一千多年的政教冲突。政权教权，两不相下，教会中人把罗马教皇比作日球，把国王比作月球，说月球的光明都是由日球的光明印出来的。他们这个比喻，想证明国王权力是由教皇权力方面得来的。换句话说，就是主张教皇神权说。到了中世纪的末期，教皇的权力虽然渐渐衰弱，但神权说的迷信仍未消灭。有许多人又说帝王的主权是由上帝方面直接得来的，并不是由教皇方面转来的。十六世纪宗教改革的结果，神权同政权更分不开，所以又发生一种君权神授说。宗教改革家如路得（Luther）等皆主张国家神权说，但同时那反对宗教改革的旧教派，反说国家是人为的，不是神造的。第十七世纪前半期，英王詹姆司一世，和查理士一世，法王路易十四世，都想拿君权神授说来保持国家的安宁。詹姆司一世说：如有人说上帝有那件事不能做，便是无神，便是不敬；如有人说君主那件事能做，那件事不能做，便是大逆不道。路易十四世说：我辈帝王都是全圣全能的上帝所生的映像。到了这个时代，政治上的争点已经不在教皇与皇帝，不在国家与教会，转在治者与被治者之间了。所争的问题，并不是政权从何而来的问题，乃是政权应该归于何人，应该用什么方法使用的问题。从十三世纪以后，已经有一种民约说，或说政治的主权是绝对让与的，或说是委任的，有时并可以撤回。民约说的势力渐渐大了，欧洲各国的君主反藉教会的帮助，宣告弑君废君的叛逆罪。法国与别国忠诚的教士，都一律反对民约说与自然法。就在近古，还有非尔莫（Filmer）与鲍秀（Bossuet）两个人出来著书极力主张君权神授说。但自法国革命以后，神权说大受打击，普通人民心理上虽然还有这种迷信，但在政治哲学上再没有人公然主张神权说了。

神权说本有两个目的：（一）承认国家一切权力是正当的，（二）把事实上统治的人看作上帝委任的，使大家都承认他所行使的政权是正当的。不过自科学家的眼光看起来，只承认这种迷信的学说在历史上占很大的势力，有统一政权的效果，绝不能承认这种学说就是国家真正的起原。大概无神论家没有不把神权说与自然法看作一样的。如果说一切权力是从上帝得来的，那么，个人的权力当然同国家的权力一样，也是从上帝得来的了。就是圣书中所说的“神的法则,”有许多地方也必定要由人类的经验判断而定。就是说国家终极的基础是在上帝罢，然政权的运用全在人类手中，到底政权应该归于那个人，绝没有标准可以指定。所以英王查理士第一说，他是适合上帝意旨的，同时清教徒也说，他们是适合上帝意旨的，所以敢把查理士杀了，建设一个共和制度。照这样说来，你有你的神意，我有我的神意，是一场打不明白的官司。如果想解决这种问题，必定要借重势力；一借重势力，那个势力大，政权就归于那个，结果便把神权说的根本推翻了。如果把国家都看作适合神意的，无论国家要做何事，都是正当的，结果便没有人为的余地，善政恶政只有听天由命罢了，如想改造国家便是逆天。这便是神权说最大的毛病。所以神权说是国家的起源，不但事实上没有这一回事，便是想拿神道设教，藉此巩固政权，也没有多大的效果。所以神权说在现在科学的政治学上，可算一点位置也没有了。

第三节　强权说

把国家的基础放在宗教上，便是神权说；把国家的基础放在势力上，便是强权说。神权说以盲从神意为个人服从国家的理由；强权说以盲从武力为个人服从国家的理由。主张强权说的人以为一切古代的法律都是给强者支配弱者的利器，以弱者服从强者为天然的法则，为当然的义务。强权说的目的只想承认国家权力为正当，并不是说明国家的起源。古代的国家虽然有一两国是单由强力统一成功的，但这是一两国特别的情形，并不是普通的原则；因为强权和正义相反，是非善恶的标准，都由强权的程度决定。一方面强迫人家服从强者的命令，不使人家有自由意志，所以政治不能进步；一方面因为谁有强力谁可得势，所以容易发生革命的危险强权之下无义务。个人的服从是势所不得不然的，不是理所当然的。治者和被治者之间，没有道德的关系，只要他有力量可以推翻治者，便可以推翻。结果便不能不承认革命为正当，卢梭说："强力是物质的势力，其作用决不能成为道德的势力。屈从强力是不得不然的行为，不是愿意的行为，又有什么义务的意思呢？……"照这样看来，权力的根据专在强力，倘若又有一个强力可以把原有的强力打倒，立刻便可继承其权力。所以从强权说的政府，只是有实力的政府，并不是正当的政府。谁有实力，谁便有对于政府革命的权利，必定使政府不能安固。强权说的本意原想把国家基础造得稳固些，结果反不啻把国家稳固的基础完全取消了。所以强权说不但不是国家的起源，也并不能保持国家的基础。

第四节　民约说

神权说是把国家的基础放在神意上，强权说是把国家的基础放在权力上，都不是使国家根本安固的法子。民约说便不是这样，把国家的基础放在人民的意志上，这便是国家起原说的一层进步。这种学说，当十八世纪在英法意德各国政治思想上与政治制度上，发生很大的影响，所以不得不略为详细一说。

民约说本分两种：（一）政府契约说，（二）社会契约说。政府契约说，是说治者与被治者定下合同，把政权托付于特别的人手里。社会契约说是说社会中各个人彼此相互定下合同，组成一个政治团体，把政权委托或让给特别的人所有。政府契约是全体社会同被治者订立的，社会契约是社会中的各个人彼此互相订定的。政府契约是在已成立的政治社会之中建设一个特别政府，社会契约是从自然世界之中建设一个政治社会。一个代表特别政府制度的学说，一个代表国家起原的学说。就时候说，社会契约在先，政府契约在后。以学说说，政府契约说在先，社会契约说在后。中古时代的契约说，大概都是政府契约说，到了十六世纪宗教改革以后，社会契约说才大大的发达。

政府契约说　这种学说发生很早，希腊的柏拉图（Plato）书中便用这种理论，《旧约》（Old Testament）书中也有很多神同人约的纪事。大卫（David，King of Israel）曾在神前同国内长老定约。中世纪阿来刚（Aragon）国王被选之后，对于国内贵族行宣誓礼，都是君臣定约的意思。罗马契约法的原理，就含有这种契约说的观念。罗马帝国的法律家多把皇帝同人民的关系看做契约的，说皇帝的大权，当初是由共和时代的人民绝对让给他的。就是中古的封建制度，大家也说是以君臣的契约做基础，君主同诸侯的关系，全靠契约维持。大概中世纪是契约说势力很大的时代，但是这种契约说都不是说政治社会的起源，单说人民同执政官的关系。在十六七世纪无论赞成绝对主权论的人，反对绝对主权论的人，都说主权的本源在人民，君主的主权是由人民定下契约让给他的。当时所争论的，单是这种契约的性质和范围，有一派人说君主的主权是人民委托的，必定要合乎委任的目的才能行使，如果滥用主权便可把他撤将回来。苏来次（Suarez）便是主张前说的人。他把国家的起源，看作同小儿的产生一样。他说人生出之后，对于自己身体便有绝对的自由权，国家也是这样，做父亲的只能生儿子的身体。至于自由、理性、能力，都是上帝赋与的。要生儿子，或不要生儿子，都听他自便，但是既生之后，便不能不承认儿子有完全的权力，完全的自由。社会要造国家，或不要造国家，也都听其自便，但是既已造成了，便不能不受国家的管束。苏来次的结论，主张国家有绝对的性质，可以抛弃他的主权。或把主权让给别人。格老秀斯（Grotius）又引被征服的人民为赎回生命，而做政治的奴隶为例，说人民可以无条件的把主权让给别人。同这一派人反对的，都说主权是依契约委托于君主之手的。委托的时候，有一定的目的，如果不依委托的目的滥用主权，可以撤收回来。人民主权是不能让人的。便能让人，也必定拿社会公共的福祉为条件，定下行使主权的范围。人民对于无正当名义的暴君，无论在自然权利上，或政治权利上都可以反抗的。对于有正当名义的暴君，有的主张只有集合的团体有反抗的权利，在个人只能服从；有的主张无论如何都要服从。这便是政府契约说的派别。

社会契约　政府契约说是说在已经成立的政治社会之中，建设一个特别政府。说到这个地方自然有个先决的问题，就是未定政府契约以前政治社会到底是怎样组织起来的。上古时代，神权之说最盛，有许多人都说社会是上帝直接创造的。普通的人如亚里士多德之类，又说社会是人类天性的产物，天性又是上帝的产物，所以说社会是上帝间接创造的。直到十六世纪以后，欧洲大陆才有奥色斯（Althusius），英国才有浩克尔（Hooker）著书，讲到社会契约说。从这种学说中演绎出来，更进步更详细的便是英国的浩布思（Hobbes　1588—1679）、洛克（Locke　1623—1704）、法国卢梭（Rousseau　1712—1778）三家的社会契约说。

浩布思的自然世界观　浩布斯于西历一千六百五十一年著《巨灵》（Leviathan）一书，主张社会契约说。他说在自然世界之中，人的才能、智识、身体，都是平等的，而且个个人都永远不断的希望有大权大力。因才识平等，所以才互相仇视，因为互相仇视，所以才常起战争，那时的战争并不是有组织的战争，不过是各人同各人乱战罢了。自然世界之中，没有实业，没有技艺，没有文字，没有社会，常有生命的危险。人的生活是孤独的、可怜的、污秽的，好像畜生一样的，朝生暮死，毫没有人生的兴趣。没有社会，所以没有公共的势力；没有公共的势力，所以没有法律；没有法律，所以没有善恶是非。那时的人类大概有三种情形：（一）为满足个人的嗜欲，彼此战争，（二）彼此都恐怕有人得到势力，高居他们之上，（三）彼此都想自己得到势力，高居他人之上。生在这个世界之中的人，大概都有一种不能忍受的痛苦，这种不能忍受的痛苦，便是订立社会契约的原因。

洛克的自然世界观　洛克理想中的自然世界，和浩布斯大不相同。他说自然世界是个完全自由的世界，自己要怎么做，便怎么做，只受自然法的限制，并不要别人的帮助。在这世界中的人，一切平等，一切自由，但并不是放纵自恣毫无管束的。因为自然世界是有自然法管理的，有理性指挥人类的行为，并不是一个兽欲横行的世界。所以没有人可以妨害别人的生命、身体、自由、和财产。因为没有公共的机关执行自然法，所以人人自己有执行自然法的权利。自然法并不是限制人性自由的，是跟随人性自由而来的。人人对于自己的财产生命，都有绝对的自由权，都想行使绝对的自由权，所以不免侵犯他人自由的事件，人人要做自己的法庭，人人要做自己的警察。因为有种种不便当不安稳的情形发生，又因为自己判决自己的案子，总要掺杂感情在内，所以才订立社会契约。

卢梭的自然世界观　卢梭理想中的自然世界，也是个极平等自由的极乐国。他说人类是生而自由的。自然界之中，什么都是公共的，如果不得别人许可，便不能占为自己所有。人生在这个境界之中，要怎样便怎样，一点不受人为的法律约束，一受人为的法律约束，不能完全自由。所以就是相约而成国家，人民也定要保持得住他们天然自由权。

浩布思的契约说　浩布思既说自然世界是个不安不幸的痛苦世界，人类既觉得这种无法律的世界不好，必定要想造一个有法律的世界。所以那时的人，彼此互定契约，把自己的主权让给一个人或一个团体。由这种一致结合而成立的政治团体，便是国家，受这种主权的人，便是君主。契约未成立之先主权本是各个人所有的，到了既成契约之后，主权便绝对为君主所有。人民的天然权利，早已永远消灭了。主权既为君主所有，如果不得君主许可，便不得不废除君主制度，或再同别人定约，把主权转让别人。因为君主是在契约之上的，契约是人民同人民合定的，不是人民同君主合定的，所以君主的行为不受契约的拘束。无论做什么事，不能说是违法契约，因为君主的权力不是由契约得来的，所以毫无限制，人民的服从，也不是由契约规定的，所以也没有一定的限度。这就是因为契约是人民同人民合定的，不是同君主合定的原故。

洛克的契约说　洛克以为自然世界是很平等，很自由的，不过没有公共的权力，单靠个人自己裁判，管理各人的事体。因为各人的观察，个人的利益不同，必定免不掉自私自利，所以总想设立一个公共的权力，洛克虽然也说社会的契约是政府成立的本源，但他只说是个人随意定约，单把几种权力和权利通给政府，不是把一切的权力和权利通同让给政府的。除了几种权力和权利以外，所有剩下来的自由和权利仍为个人所有。国家是为保存已有的权利而设的。就是定下契约之后，这些权利仍然为个人所有，和在自然世界中一样。换句话，就是统治者的权力，并不是绝对的独立于个人和个人权利之外的，是受个人自然权利限制的。统治者的权力是委托的，如果用之不得当，可由委托的人收将回来的。依洛克的见解，国家是由个人以契约组织起来的。契约的目的就是国家权力的范围。倘若执政的人破坏契约的目的，人民当然有反抗的权利。因为国家是为保护人民生命财产自由而设的，国家能尽这种任务，便是正当的，不能尽这种任务，或干涉任务以外的事体，便是越权。个人对于这种越权的事情，不但可以反抗，就是发起改造政府的革命也是当然的权力，因为洛克把政府的组织看作委托的行为，无论立法权行政权司法权都受国家的目的和个人的权利限制。政府存在的时候，立法权是最高权，行政权与司法权都附属在其底下。但是政府一旦解散，国家的最高权则在人民手中。总归一句话，浩布思把国家同政府看作一样，都是绝对无限制的，洛克却反对主权无限制说，一国中无论那种权力，都是有限制的，就是革命时候的人民权利也要受自然法的限制。

卢梭的契约说　卢梭的契约说，在近代政治史上占了很大的势力。法国的大革命便是他鼓吹的功劳，他把人民主权的原理发挥到了极点，把国家的主权看作同人民的权力一样。政府只是执行国家意志的仆役，人民要怎样要求便要怎样做。国家是个人同个人定下契约组织起来的。当未定契约之先，人民在自然世界之中，各有自由自主的权力，到了组织国家的时候，乃把一部份自然的自主权力抛弃。但是所谓抛弃，并不是绝对的让弃，不过使个人的自由意志服从社会的公共意志罢了。公共意志以公共利益为目的，由人民的直接议会发表。公共的权力可以委托于政府，公共意志不可委托于政府，只能常常在于人民手中。人民公共意志便是法律，便是国家的主权。真正的政治上主权者便是公民的全体。政府是什么呢？是为人民与主权者互相交通而设的中介团体，是委托他保护法律上的权利和法律上政治上的自由权。不但政府的权力受这样限制，并且无论何时都可以由人民收回。人民集会之后，组织了主权的团体，政府的所有管辖权便马上消灭。政府是由个人同个人契约的结果而生的，是执行人民意志的仆役，人民可以随意限制变更或剥夺其的权力。因为人民的自由和自主权在既有契约以后和未有契约以前同是一样。人民服从现在的政府是他自己愿意的，如果不愿意，便不必服从。公共意志要由人民直接集会发表，代议政体不能发表真正的公共意志。例如英国人虽然自信是很自由的，但事实上只是选举议员的时候才有自由权。一旦选举过了，便仍然回到他们奴隶的地位。卢梭所说的公共意志，也并不是全体一致的，只是多数的。在议会中提出法律案，并不是叫人民赞成或反对，是看看这种法律到底适合人民的公共意志，或不合人民的公共意志。各人对于这类法律案，发表自己的意志，用人数表决来表明公共意志，如果同我相反的意志占多数，这只是证明我的意志错了。我所假定为公共意志的，不是公共意志罢了。个人对于公共意志应该服从的，如果不服从，便可以强迫他服从。所谓强迫，并不是剥夺个人的自由，乃是强迫他使他得到自由。在个人之上的强制权，只有这种公共意志。

以上所说的三家——浩布思、洛克、卢梭，——契约说，都是以契约为政治社会的起源。但是他们的结论各不相同，我们且把他们各人的异同拿来比较比较。

浩布思、洛克、卢梭都说政治社会的起源，是由于契约，但是浩布思的契约是各人同个人定约，不是人民同君主定约，君主是不受契约拘束的。洛克、卢梭则只认主权者的权力是委任的，是要受契约限制的。浩布思、卢梭都主张主权是绝对无限的。但是浩布思说主权当初虽然是人民所有的，一经定约让与之后，便归一人或一团体所有，人民永远没有收回的权利。卢梭却说主权永远在于人民，政府的权力只是受人民委托的，人民要何时收回便何时收回。浩布思把国家与政府，合二为一，说事实上的政府便是正当的政府，人民无论何时不能同他抵抗。卢梭却把国家同政府分得明明白白的。洛克虽然把国家的起原和政府的建设分开，但是他说国家的权利不受自然法的限制，便受社会目的的限制，似乎是主张国权限制说的。他以为国家的基础在契约，不得人民应允，不得征收租税。立法行政之权，不得委托同一个人或同一团体手中，这便是近世立宪政治的根本原则。洛克主张政府权力是有限的，卢梭也主张政府权力是有限的。洛克主张决定政权应该归何人行使，是人民的权利。卢梭也是主张如此。这是两人相同的。但是洛克只承认革命时候人民有最高的主权，到了平时，最高权在立法部而不在人民。卢梭却主张主权无论何时都在人民。如果实际上不在人民，便不是正当的国家。所以他承认改造政府是人民的正当权利。这又是他两人不同的地方。浩布思又有和洛克不同的地方，浩布思说：政府的变迁必定解散政治社会，归到无政府的境况。洛克说：这种变迁与政治社会没有关系，不过人民行使他们选任公仆的主权罢了。

契约说在政治史上的功绩，真算得顶大。近代国家的组织，和法律的观念，几几乎没有不受契约说影响的。国家法律承认人格的价值，自由权利的观念，就是契约说的效果。欧洲各国受这种学说的影响，就把旧国家变为新国家。美洲各邦受这种学说影响，便把殖民地变作自由独立的国家，法国革命是契约说鼓吹出来的，是更显而易见的事实。美国的独立宣言与各州宪法中的权利法典，都是以契约说做根据的。独立宣言中明明说人生有与生俱来不可割让的权利。新韩朴霞（New Hampshire）的宪法说："一切都是生而自由平等的。一切政府的权利都由人民给予的，由人民允许而得到的，为公共福祉建设的。"马沙诸些（Massa chusetts）宪法序文中也说："政治团体是由各人各自顺意结合的，这是一种社会契约。各个公民同全体人民，全体人民同各个公民用这种契约商定为公共幸福起见，通同要受某种法律管束。"北加罗尼纳（North Carolina）的宪法中也有"一切政权只在人民，只是由人民发生出来的”的话。可见得美国当独立的时候，普通的政治思想都以为人民生而自由平等的，政治团体是人民互相情愿自行结合的，法律只是人民允诺的结果，法律上的权利只是承认人类固有的自然权利。当时政治家如笛肯生（Dickinson）、甲富生（Jefferson）、曼狄生（Madison）等都主张社会契约说。笛肯生说：“我们的自由不是从宪章上来的，因为宪章单是宣布已有的权力。”甲富生说：一时代有一时代的主张，这个时代不能拘束那个时代，以人生平均年限做基础计算，各种宪法各种法律到三十四年之后自然便会消灭。后来他更缩短到十九年。所以人家批评他，说照他的见解，国家的生命比马的生命还要短些。曼狄生虽然不像甲富生持极端的议论，但是他也说宪法和法律的效力是由于人民承认的。这就是美国思想家受契约说影响的结果。至于德国当卢梭之后，思想上也有许多受契约说的感化。康德（Kant）、斐希特（Fichte）等虽然不承认契约说是合于历史上的事实，但是却承认为很好的假设。康德说契约说是试验法律正当不正当的标准，必须得人民的允诺，才是正当的法律，不然便是不正当的。斐希特早年的著作把个人的权利扩张起来，比卢梭的个人权利范围还大，说无论何时人民都可以脱离国家。到了以后的著作，几几乎变成一个社会共产主义家，把国家的权限扩张很大。但是他总以契约说为理论的基础，惟在这个基础之上才可以把公道建筑起来。这是德国思想界受契约说的影响。

契约说在十七十八两世纪中，诚然占了很大的势力，但在十九世纪，历史学社会学渐渐发达，人人都从历史事实上追求国家的起源，把理想的契约说几几乎根本推翻了。当时几个学者如梅因（Sir Henry Maine）、边沁（Jeremy Bentham）、格林（T.H.Green）、白克尔（E. Burke）、伯伦智理（Bluntschli）……等都下了许多不满意的批评。大概契约说的第一个错误处，就是不合乎历史的事实，古来的国家不但没有由契约设立的证据，并且事实上有许多不由契约设立的证据，可以考求出来的。古代社会不是受团体的拘束，便是受习惯的拘束。各个人那能够发展个人性，那能够自由独立去互定契约呢？梅因说古代社会是一个受习惯拘束的社会，近代社会才是自由契约的社会。由此看来，契约说但可说是共和国家的起源，万不是原始国家的起源。古代人民当然是未开化的，未开化的社会只知服从习惯，断不会在他们祖宗他们团体所遗留下来的习惯之外，能新定条件，自由自主去表示意志。十七十八两世纪是一个梦想自由平等的时代，一二思想家不知不觉便把预先想好的自由平等的境界，推思到没有国家的原始社会上去，假定这是自然世界的情状，所以他们的结论才有契约说出现。我们现在研究契约说，只能承认这种理想有感动人类心理的效果，能拿玄想的世界为实在的世界开辟一个新境界，不能承认这种理想真是历史上实在有的事情才好。

契约说的第二个错处在误认法理的概念。契约说家多说在自然世界之中，人民皆受自然法的支配。所谓自然法大概有三个意义：（一）说自然法不过是原因结果的关系，（二）说自然法是生物的自然性，就是保持生存满足自然欲望的本能，（三）说自然法是由神或天的假定的命令，用以指导人类行为的。这几种的意义虽略有不同，然大致总说自然法是自然而然的，不要人力制定的。把自然法看得尊严，如老子庄子之类，必定看不起人类的文化，说文明的生活是不自然的。究竟自然法的解释全靠着人类的知识，实际拘束力全靠个人的良心。所以自然法只算得理想的法律，并不是实现的法律。这种道德法，在自然世界之中，既没有执行的机关，也没有公共势力可以帮助执行。各人用自己的势力去执行，结果必定归到优胜劣败的原则上去了。只有实力没有权利，便不啻把自然法根本推翻了。法律的效力是由人类公同认定的，人类没有公同结合以前，便没有法律的观念存在。自由是由法律维持起来的，在积极的方面，自己有自由行为的权利，在消极的方面，不妨害人家自由行为的权利。这样的自由，并不是没有执行法律的机关，没有公共承认的法律之自然社会所能实现的。如果崇尚不假人为的自然法，结果便不啻把法理的效力根本取消。这是契约说的法理概念不正当的缘故。

照这样看起来，契约说不是说明国家起原的，单是说明国家和个人权力的性质，讨论国家权力和个人的自由，怎样调和，怎样才能各不相害罢了。

第五节　有机体说

契约说把人类看作完全合理的动物，但人类也有许多地方仍然是过自然的本能的生活。把国家看作人类自然的本能的生活之结果，便是这种有机体说。

国家有机体说本是很早的理论。希腊的柏拉图把共和国比作一个大人，说最有纪律的共和国，其组织几几乎要同个人一样才好。个人的全身无论何处有痛苦自己都会觉得。社会分子如果要受伤害，社会全体也受影响。十八世纪的政治学者多受生物学的影响，所以国家有机体说，在这个时代非常时髦。到了法国革命的时代，契约说势力很大，一般学者都把国家看作人造的东西，有机体说便大受打击。但到了十九世纪中期，因为法国革命的反动，又有许多人主张有机体说。极端主张有机体说的便是伯伦智理。他说国家便是“人类有机体的偶像”。因为人类的天性除了人的差别之外，还有协同一致的倾向。这种倾向渐渐发达，人民自然觉得是同一的民族，因而便发生同一民族的组织，发生协同生活的社会倾向。这种社会的倾向最初便是本能的无意识的发动。斯宾塞（Herbert Spencer）拿生物来比国家，把国家的全体看作同动物的有机体一样。把社会的生产看得和同动物的营养一样，说是“保持的官能”。把社会的交通机关看得同人身的循环机关一样，说是“分泌的官能”。把国家的政府军队看得同动物的脑筋一样，说是“管理的官能”。总而言之，这派学说把国家看得同生物一样，说国家是自然生长的，是自然发达的。

这派学说也有几层好处：（一）把国家看作互相结合团体，可以巩固社会的团结力。（二）各部份各尽各的职务，可使社会达到分功合作的境步。但是同时也有几层坏处：（一）把人民看作为社会方便而生的，离了团体，便没有独立的价值，其结果就是说个人无自己的目的。（二）各分子既然离了全体没有独立的价值，所以各分子毫没有自由独立的人格，因而也没有自由独立的意思，单变作全体的机械。自人格的观念发生以后，人人心中都起了一个疑问，“为什么有自由独立人格的人类，便要服从那不由自己意志而成的国家？”有机体说实在不能解决这个问题。我们如果因为下列几层道理：（一）社会不是漠不相关的机械体，乃是互相结合的生活体；（二）社会必定各尽各的职务才能够互相帮助，互相依靠；（三）社会全部发达，全靠各部份能够各做各的事；固然可说社会有些像有机体，但是不能说社会便是有机体。因为有机体的构成分子，离了全体便没有独立的生命，国家社会的构成分子，就是离开了全体，也可以独立生活的。有机体的构成分子自己没有目的，所以不能运动迁移，不能有自己独立的意识，国家社会的构成分子自己有自己的目的，所以能够运动迁移，能够有自己独立的意识。有机体的生长变迁是自然的，没有意识的，国家社会的生长变迁，全是人为的，是受意识支配的。国家社会单是人类精神的心理的结合，并不是物质的生理结合。有机体说不但根本错误，而且用自然的本能的几个字轻轻的把国家起原问题遮掩过去，只可算是“不解释的解释”罢了。

第六节　实利说（The Utilititarian Theory）

一直到十八世纪的末期，说国家发原的人不主张神权说，便主张契约说；不主张契约说，便主张神权说，只有英国的哲学的历史家侯模（Hume）既不信神权说，也不信契约说。他很指出这两种学说的许多错误，在这两种学说之外，大唱实利主义的政治学。他在卢梭的《民约论》出版（一七六二年）的十年前（一七五二年）就著论文，说实利主义的政治学为合理，不取法神权说与契约说的两种极端的主张。他以为如果照神权说者的主张，说万物都是神造的，一切势力都是从神而来的，那么上自帝王下至警察官都是上帝委任的，都有不可侵夺的权利。这样一来，事事藉口神权，把政府的权力，看作神圣不可侵犯的势力，无论怎样专制的政府，人民都不能过问，如果过问，便是大逆不道。侯模对于这种极端的神权说是很不以为然的。

侯模对于契约说也只相信其有点理由，并不赞成那种极端的契约说。他以为如果人类当没有受过教育养成特异性质之先，内体和精神的能力都大致平等，那么就是说最初人类互相同意，定下合同，服从一定的权力，似乎也很有理。这就是说在太古野蛮人中，只有人民是一切权利的来源，他们要得到平和秩序，愿意抛弃各个人的自然权利，从同辈中举出一位元首，听从他的命令。总而言之，一个人的权力有限，不能够使多数人服从，必得要有多数人的同意，必得有了和平秩序的利益，然后治者和被治者关系才可以成立。古代的政府很不容易建成稳固的基础。就是在战时，用武力去征服人，总不如深得人心的酋长用言语去劝谕人民的好。如果酋长单用强力压制，那么，不做到征服反抗者和强暴者的地步，政府还不能算是成立。当这个时候，野蛮人的知识决不能够公然的缔结契约。只由酋长的威权，随时应付，等到大家都知道有公利公益了，然后才可以渐渐的发生随意服从的习惯。这就是契约说中的真理。但是主张契约的人，总持极端的议论，不但说最初的政府，是根据人民同意成立的，并说就在十分文明的今日，政府的基础也是不能出乎契约之外的。他们以为人类就是在今日，如果遇到不由契约而来的君主或政府，便没有服从的义务。契约的条件，是要君主或政府施行善政，保障人民的权利。但是事实上究竟怎么样呢？一方面有一种君主，臣妾人民，不问他们应允不应允；一方面又有些人民盲从君主的势力，如同儿子服从父亲一般。这都是世间上普通的事实。相沿既久，又有谁知道君民之间还有契约存在呢？无论是历史上有记载的国家，或现在世界上存在的国家，差不多没有不是由于篡夺或征服而成立的。无论是由小国扩张变成大帝国，或是由大帝国分裂变成小王国，或因为植民移居等事，使世界的形势常常的变迁，但是他们的实现，只是由于实力，并没有一国的变迁是由人民互相同意自由结合的。就是实行选举制度的地方，所谓选举也没有什么效果。操选举胜败之权的，不是少数强有力的人，便是多数暴乱的人，都不能算是合法的。

凡新政府成立，无论用什么方法是都可以的，但同时那些忿懑不平的人民所以肯服从，只是由于怕惧，并不是由于同意。因为这样，所以君主也生猜疑心，时时刻刻的警备。如果人民方面微露出反叛的情形，便马上就用势力镇压，一点都不假借。可是经过几年，人民的忿懑不平之气渐渐的和缓，便养成服从的习惯。如果以为这种服从是人民互相定约自由允许的，便是大错。因为人民除掉服从现在的政府之外，再没有别的方法，所以他们的服从全是不得已的，并不是愿意的。他们个个人天天以劳动力谋生，没有转入别的政府的自由，又没有移居别的土地的资力。还有什么契约？还有什么同意？只有不得已而服从一个法子。所以契约为政府的基础和人民服从的理由，事实上决没有这一回事体。

大概道德上的行为有两种：（一）是由人类本能而来的，是先于义务的观念或公私的利益的。例如对于儿子的爱情，对于恩人的感激，对于可怜的人的同情，都属于这一类；（二）是不由人类本能而来，由义务的观念而生的。这种义务的观念是由人类社会的必要上发生的。如果不这样，社会便不能存立。例如尊重他人财产的正义，和遵守誓约的信义，都属于这一类，对于国家的义务观念也是这样。没有政府，社会便不能成立。政府没有人民的服从，也不能够支持。由此看来，政府的利益便是服从的义务成立的原因。所以政府的基础是建筑在实利上，并不是建筑在空架的契约上。我们为什么要遵守契约呢？答语便是："不服从契约，社会全不能成立。"所以人民服从政府，是由社会的实利实益的基础上来的。

由此看来，侯模是以实在的利益为国家成立的理由。换句话说，就是国家是为实利而发生的，实利便是国家所以发生和存在的原因。后来边沁（Bentham）的立法论，和奥斯庭（John Austin）的法理学，都是由侯模哲学上发源而来的。边沁说："人类固然要服从权力，或不得不服从权力；但是所以要服从，或不得不服从，并不是契约明示暗许的结果，乃是服从比较不服从利益多些。社会所以有服从，并不是遵守契约，乃是想达到最大幸福的方法。”这一派的学说，在前世纪占有很大的势力，但是我们对于实利说的批评，也同侯模自己对于契约说的批评一样。就是半开化或野蛮的人民，既没有互相定约建设国家的能力，又怎么能够知道国家的利益，自己觉得有服从的义务呢？这样智虑识见，又岂是野蛮人所能做到的吗？所以侯模的学说，也和契约说一样，不合乎历史上国家发生的事实。所以这派学说只可表明国家所以存在的理由，并不能作为国家发生的理论。

第十章　主权与民权

第一节　国家的权力——主权

宗教家想教人家信仰上帝，所以把上帝说得活真活现的，认为有实在的本体，有实在的势力。从前的政治学者想教人家信仰国家，所以也把国家说得活真活现的，认为有实在的本体，有实在的最高权力。国家的最高权力叫做主权。他们想把国家看作高出于一切社会之上的唯一社会，所以也把国家的权力——主权——看作高出于一切社会权力之上的唯一权力。国家所以站在一切人类社会之上，就是由这种主权论抬高的。

在政治学史上，第一个人用这“主权”名词是法国的布丹（Jean Bodin）。他在一千五百七十六年所著的《共和篇》（De la Republique），才第一次把这名词介绍到政治学中。自从布丹以后，所有的学者都把主权看作政治学中最重要的一部份，并且主权的学说又在近代各国宪法与政治上发生极重大的影响。

主权这名词的定义也同国家的定义一样，几乎人各不同。第一个用这名词的布丹说：“主权是在公民与臣民之上的最高权，不受法律的限制。”依照布丹，主权有三种特别性质：（一）最高性，（二）永久性，（三）唯一不可分性。以后学者有把这意义充量发挥者，有略为修改者，到了最近时代，才有极力攻击者，把主权论看作完全是玄想的学说，根本上不承认其存在。关于这种种学理上的争论，我们可以不必讨论，我们只想从历史的事实上说明这主权论为什么发生的，以后又怎样变更的。

无论那种思想与学说，都是针对当时环境发生的，环境一旦改变，那种环境而来的思想学说，都没有存在的余地，也得跟了改变。所以思想学说本身的变迁进化，正和生物的变迁进化一样，也逃不出“适者生存”的公例。思想学说并没有绝对的好不好问题，只有适宜与不适宜当时环境的需要问题。这就是孙中山先生所说“大凡一种思想，不能说是好不好，只看他是合我们用不合我们用，如果合我们用便是好，不合我们用，便是不好，合乎全世界的用途便是好，不合全世界的用途便是不好”。

主权论的学说当然也逃不出这个公例。布丹破天荒的主权论所以发生在第十六世纪的欧洲大陆上，自然有历史上特别原因。欧洲大陆在中古时代是封建制度盛行的时期。那时候旧血统的观念已经失去效力，新的民族统一观念正在萌芽时代。封建制度下的封主与臣仆的关系完全是人与人的关系，就是受恩深重的臣仆，以忠义心回敬封主的关系。在这个时代，罗马帝王只有一个普遍的帝王名称，封建诸侯各有各的封土，各有各的臣民，各国的国王只虚有其名位而已。

在十字军东征的时候，封建贵族死亡不计其数，就是侥幸不死，也伤失了许多财产与兵士，所以他们万不能恢复从前的跋扈地位。还有许多贵族又在国内互相嫉妒，自相争斗，结果也是两败俱伤。又因为十字军东征以后，欧亚两方面的交通就灵便起来了，商务渐渐发达，城市又跟着商务日兴月盛起来。社会上有了商务，有了城市，财产便不能为贵族所专有。帮助贵族专横的两种武器——财产与武术——一因商务发达，商业阶级发生，一因火器发明，战术进步，都完全失掉效力。各国国王就利用这种时机，与人民联络起来，把封建贵族一个一个打倒，把国内土地渐渐儿统一起来，其结果就是一种新式的民族国家出现。

这种新政局乃是那时候的天然出产品。因为贵族与平民相争，贵族与贵族相争，国王与贵族相争，教王又与国王相争，社会上扰乱的程度已经达到极点，人民的生命财产完全没有保障。在这种无政府状况之下过生活的人民，怎能够不希望有一个统一的君主出现；苦心救世的学问家又怎能够不把“国家”“法律”“秩序”……等观念说得格外的尊严，看得格外的神圣，好来救济这扰乱不堪的无政府状况呢！所以国王权力的扩张，实在是当时时势的需要。专制君主政体最先发现于法国，所以说明这种制度所根据的新学理，也最先发现于法国。其中最重要的新学说就是布丹所鼓吹的主权论。他的主权论在当时确实是适宜于环境的一种很好的学说，并且又发生很好的结果：一方面可以打破罗马帝国普遍国家的旧观念，推翻中古教会一尊的旧思想；又一方面可以使封建贵族不能够在他们管辖区域之内行使那种与国家同等的最高权力。依照当时的状况说起来，这主权论真可以算是诊察当时政治情形，明白当时政治趋向，对症下药的神方。这就是主权论所以风行数年，成为政治学正统派思想中心的原因。

所以这主权论是君主专制时代的出产品。证明君主应当专权的学说。到了后来民权发达，各国政体从君主的改为民治的以后，这主权论的学说似乎是不能适用于新的政治组织，似乎是应当与神权说等同样的归入政治学说的古董堆里，不应当再占现代政治学中重要的地位。但事实上却不然。就在提倡民治主义的政治学，与各民治国的宪法中，我们还常看见“主权”这名词占了极重要的地位。

这是因为主权论自从布丹提倡以后，所有学者均奉之天经地义的真义，极力鼓吹，人民心目中就有一种根深蒂固的印象，以为君王的主权是神圣不可侵犯的。到了民治运动发生，一切政治状况改变后，他们心目中的印象还是存在。所以在英国革命与法国革命时代，欧洲方面确实有几个人听得了查理第一与路易第十六被人民所杀，就即吓死。主权论的学说确有一种玄妙的不可思议的势力。可是政治学者看见了君主制度推翻，君王被杀的事实，他们虽不至于吓死，但要他们从根本上推翻主权论的观念，也是不可能的事。他们还是保留那有神妙势力的"主权"这名词，再依照改变的政治状况，改变这名词的意义及其观念。在从前君主专制时代，主权是在君王手里，是大家所看得见的一种具体事实。在新发生的民治国家，君王是没有了，就是有君王的民治国，其权力也只等于从前大权的一个影子，所以政治学者就把这玄妙的主权归到一个玄妙的抽象的国家身上，说主权是国家所有的。这样一改变，政治学者就把从前抬高君王地位的方法来抬高国家的地位。

凡政治上的真确事实往往很容易被几个名词遮盖住。我们心目中对于政治事实也往往为语言所蒙蔽。比方我们说起"日本"，我们就想到日本是一个单位，是一个总体。为避免重复起见，我们又往往用一个代名词"他"来代替一个国家。比方我们又说"日本已经派他的军队到山东来了"，我们非但觉得日本是一个总体，并且又有一个人性。所以在上次欧战的大战场上，从各国的兵士眼光看起来，他们是为法国英国或德国而战争的，法国英国德国并不是抽象的名词，完全是一种真实的人性。假使我们没有这类国家的专门名词，假使我们不说日本，说在东亚占据二十六万英方里区域海岛内居住的六千一百多万的男女与小孩；假使我们不说法国，说在中欧占据二十一万八千英方里区域内的三千八百男女与小孩，那末，我们对于政治上的各种事实，就可以不必注意到那空洞的抽象的观念，立刻能使我们想到那有血有肉的无数男女；我们可以不必讨论那玄妙的国家主权，我们只须研究那事实上的人民权力，普通叫做民权。

第二节　人民的权力——民权

关于民权这两个字的意义，我们可以引用孙中山先生的话来解释。中山先生说："什么是民？大凡有团体有组织的众人就叫做民。什么是权呢？权就是力量，就是威势。……把民同权合拢起来说，民权就是人民的政治力量。……有管理众人之事的力量便是政权。今以人民管理政事，便叫民权。”

从历史上着想，民权运动是经过极长的极困难的时期，才发生出来的。孙中山先生把这一段长期历史分做四个时期：“第一个时期，是人同兽争，不是用权，是用气力；第二个时期，是人同天争，是用神权；第三个时期，是人同人争，国同国争，这个民族同那个民族争，是用君权；到了现在的第四个时期，国内相争，人民同君主相争，公理同强权争。到这个时代，民权渐渐发达，所以叫做民权时代。”

神权君权民权都是时代的出产品，只因政治上各时代的情形不同，所用的管理政治方法，也各不相同，“从前人类的智识未开，赖有圣君贤相去引导，在那个，君权是很有用的。君权没有发生以前，圣人以神道设教，去维持社会，在那个时候，神权也是很有用的。现在神权君权都是过去的陈迹。到了民权时代，就道理上讲起来，究竟为什么反对君主，一定要用民权呢？因为近来文明很进步，人类的智识很发达，发生了大觉悟，好比我们在做小孩子时候，便要父母提携，但是到了成人谋生的时候，便不能依靠父母，必要自己去独立。”

孙中山的民权观念完全是事实上人民积极管理政治的权力。从历史上着想，民权主义发达的原因大概不外乎两种。有时候人民因为实际上受到种种痛苦的压迫，所以不得不极力奋斗，把政治权力从少数人手里夺到多数人手里。有时候因为有一种抽象主义的思想的鼓吹，人民就有了理想上的信仰，以为一切政治权力是应当属于全体人民的，所以也就向这一种理想的目的极力进行，使之变成事实。

近代欧美各国民权运动史上有两个极重要的宣言，第一个是一千七百七十六年的美国独立宣言，第二种是一千七百九十一年法国的人权宣言。独立宣言说：

“我们看下列诸条真理是不待证而自明的；一切人都是生而平等的；上帝给个人几种不能割离的权利；那些权利中有生命、自由、与幸福的营求；政府是为保障那些权利而建设的，其正当的权力是从被治者的同意得到的。”

人权宣言说：

“人从出生以后，关于权利处都是平等的。

“政治社会的目的是保存人类自然的，不可侵犯的权利。这些权利是自由、财产、安全、抵抗压制。

“一切主权的根源在于国民。没有一个团体，没有一个人，能够使用那不是由主权明白授与的权力。

“一切公民都有亲身参与，或由代表参与制定法律的权利。在法律上，人人都是平等的，都能同等授与一切荣典，一切职位，一切公共位置。

“无论何人不当因思想而被拘束，就是关于宗教的思想也不当被拘束。”

这两种民权运动宣言在欧美历史上是很重要的。美国革命与法国革命的原因一部份是因为实际痛苦的压迫，一部份是因为种种抽象主义的鼓吹，如“自然权利”之类。人民受到了实际痛苦的压迫，对于少数统治阶级才发生抵抗，才想把民众的实力当做一种铲除具体痛苦的利器，增加具体利益的工具。同时另外有一班思想家从人类实际的经验里抽出种种抽象的观念可以供给民权运动在理论方面的立足基础。这种抽象的观念就是上述两种宣言中所表示的，就是那种十八世纪“天赋人权”“自然权利”等类学说。

“天赋人权”与“自然权利”等学说是不可证实，亦不可反驳，信仰者要怎样解说就可怎样解说，要怎样应用就可怎样应用。所以现今的学者都不讲“天赋人权”，不讲“自然权利”了。可是这一种抽象的学说在历史上与事实上鼓吹民权发达的功绩实在不小，因为这类观念既简单又直接，很容易使普通人民懂得，很容易激动人民的感情。并且其意义的含糊，人类身份抬高，自由与平等作为人民应当有的权利，更使那“天赋人权”说，“自然权利”说有一种神渺的法力。所以人民受了实际痛苦的压迫，与少数统治者奋斗时候，他们心目中就把这种种抽象的观念作为他们理想的目的。美国独立宣言，法国人权宣言就是很好的例。总结以上所述，我们可以说近代民权运动的原动力一部份在于事实，一部份在于理想。

民权主义在实施方面还有一个重大问题，就是怎样可以使人民执行这种权力，怎样可以使人民有管理政治的能力。民权最大的保障是法律，所谓民权运动也只是要求法律承认人民在新环境之下所需要的一切权力。法律上的平等待遇，依法执行职权是法治精神的原则。从这种法治的原则，我们又可以推论出两种根本原则。第一种是司法的独立。法官执行职务，只有凭他们自己的天良。行政院方面不能因不赞成他们的判决，把他们更换；更不能因他们的判决得罪了任何人民，把他们出差。只有在这样状况之下，司法才能独立。保障民权最重要的条件就是保障那保护民权的法官。从法治精神推论出来的第二种原则就是分权的政治制度，特别是司法与行政的分立。假使执行法律的人就是解释法律的人，民权就失去保障。在历史上，凡执行与解释法律的权到了一个人或一个机关手里，其结果总是专制的。中国历史上那种专制政府也就是那不分权的政府。所以欧洲自从十八世纪民权运动发生，第一步的办法就是规定一种三权分立制度，使政府职权分配于行政立法司法三个机关，再使各个机关互相钳制，得到一种平衡的趋势。第二步是抬高法官的地位，把司法一部份事物划出政治潮流，使法官能无所顾虑，公平正直的执行其职务。这是欧美各国保障民权的办法。

孙中山先生的民权主义也是一种分权的办法，可是比欧美各国的制度分得格外精密，格外完备。中山先生把“国家的政治大权，分开成两个：一个是政权，要把这个大权，完全交到人民的手内，要人民有充分的政权，可以直接去管理国事，这种政权，便是民权；一个是治权，要把这个大权，完全交到政府的机关之内，要政府有很大的力量治理全国事务，这个治权，便是政府权。”

中山先生的第二步办法是把政权与治权再行分拆开来，把欧洲式的三权制扩充到五权，人民的选举权扩充到四权。他说：“在人民一方面的大权是要有四个权：这四个权是选举权、罢免权、创制权、复决权。在政府一方面的，是要有五个权。这五个权是行政权、立法权、司法权、考试权、监察权。用人民的四个政权，来管理政府的五个治权，那才算是一个完全的民权政治机关。有了这样的政治机关，人民和政府的力量，才可以彼此平衡。”

第十一章 宪法及其产生的方法

第一节 什么是宪法

一个国家的根本法律，是叫做宪法，其作用是规定政府的组织与职权，各级政府或一级政府中各机关的分权方法，人民与政府的关系等类的政治根本问题。

现今欧美各国的宪法也许是一种成文的或确定的文件，是在某时代由某人或人民团体或人民代表机关制定的；也许是由历史上各时期的风俗，习惯法的原则，立法机关的法规，行政机关的命令，或法庭的判决积聚而成的。换句话说，宪法有成文的与不成文的区别。成文宪法就是正式制定的宪法，大部份的条文多由制宪者协定以后，规定在成文的文件之内。这是一种人为的，不是自然生长的宪法；并且还有一种最高的效力，与别种普通法律的性质完全不同，成立的与修改的手续也与普通法律不同。不成文宪法是出源于各时代的风俗与习惯，法庭的判断等类，是照社会的情形自然发生出来的，并不是人民在一定的时期制定的。这种宪法的起源很不能确定，修改的手续也是很方便的，随时可以因风俗习惯而改变而更改，又随时可以用普通的立法手续来改订。英国宪法是不成文宪法最好的例，美国是成文宪法最好的例。

可是成文与不成文宪法的区别只是一种表面上的区别。成文宪法不必完全是成文的，不成文宪法也不必完全是不成文的。成文与不成文的区别，只有程度的不同，没有性质上的差异。凡成文宪法经过了长久的时期，自然而然会有种种不成文的份子，如法庭的判断，与风俗习惯等类加入其中。美国的成文宪法虽在形式上没有多大更改，但在事实上早已大改而特改，早已和当初制宪时候的精神大不相同了。

至于那种不成文宪法，也往往有许多成文的规定。凡风俗或习惯固定以后，往往就得记录下来，规定在法律条文之内，这是古今立法相同的趋势。大多数的法律或是风俗与习惯的结晶，或是根据于当时社会上的需要而发生的。风俗与习惯是很不确定的，差不多各人有各人的解释，虽免不因之而发生种种误会，种种冲突；所以必需要记录下来，才能有确定的性质，人民方面才不致于因见解不同而发生争执。各时期的社会需要也得由法律正式规定正式承认，正式规定出来，方能免去人民与政府间的一切冲突，方能维持国家的治安。不成文的英国宪法之中，早已有成文的部份，最重要的如一二一五年的大宪章，一六二八年的民权请愿书，一六八九年的民权条例，此外还有国会所制定的行政机关的组织法，文官考试法，一六八九年的民权条例，此外还有国会所制定的行政机关的组织法，文官考试法，选举法及其他种种重要的法律。

现今世界各国宪法，除了英国之外，大都均是成文的。这是因为成文宪法总有一种确实的根据，非若不成文宪法，各人有各人的解说，各种的冲突就易于发生。所以无论那一国在改革政治的时候，总是首先注意到宪法一方面：制定一种成文宪法巩固新政府的根基。在确定的宪法范围以内，人民一方面可以自由行动，不受政府的干涉，又一方面能依照法定的手续，直接监督政府的行动。种种政治方面的冲突可以依照法定手续和平解决，不必再行采用革命方式，推翻旧政府，另行设立新政府。所以在宪政之下，选举票就有能力代替枪弹，解决一切的政争。

可是宪法也不是一种包医百病的万应灵药。并不是宪法制定后，一个国家的一切困难问题就可以立即解决，人民的痛苦就可以立即销灭。假使有人存了宪法万能的观念，那就是大错而特错了。在制宪之前，制宪者必须仔细研究那宪法的内容应当这样，其目的总要使之能应付社会上的与经济上的需要，总要使之能适合于历史习惯与其余的一切的状况。他们还得要研究人民的政治能力究竟是怎样一种程度，究竟能够使用什么样一种宪法。他们万不能专去注重理论一方面，把事实一方面的情形丢弃不顾，制出一种理想中的宪法。他们应当根据于一国历史上与社会上的种种情形，再从别国现行制度方面选择那种较为适用并且已经试验有成绩的制度，参杂其间，制定一种能够适用于他们国家现今状况的宪法。制宪的目的在于适用，并不在于理想上的完备。理想中极完备的宪法往往在事实上未必能适用。

此外，还有一个根本的要件，这就是人民对于宪法的态度。人民必须有信仰法律的心理，尊重法律的态度，良好的成文宪法方能发生良好的结果。假使人民存了轻视法律的态度，对于法庭的解释，法庭的判断，不知遵守，时时刻刻只知顾全自己目前的私利，而不计社会全体的幸福，那末，无论怎样完备的宪法只是等于废纸，毫不能发生什么效果。

第二节　宪法的产生

从历史上着想，现今各国宪法产生的方法可以概括的分为四种：(一）由君主制定的，(二）由人民协议制定的，(三）由于逐渐发展而成立的，(四）由于革命而成立的。第一种宪法是钦定的宪法。君主也许为顺从民意起见，也许为保全他自己的地位起见，愿意将他自己的权力，与政府各机关的组织及职权详细规定出来，将政府的性质从人治的变为法治的。现今日本的宪法与欧战以前的普鲁士宪法均是钦定宪法的例。

第二种宪法叫做协定的宪法，就是人民组织新国家时候，或组织新国家以后，商议制定的宪法。欧战完结后，欧洲大陆上发现了许多新国家如波兰、芬兰、捷克等，他们的新宪法均是完全由协议而成立的。

第三种宪法是由于逐渐发展而成立的。大凡一国的政体由专制的变成民治的，其宪法均是属于这一类。在最初的时候，这类国家的政权完全在君主一人手里，以后被统治的阶级的权力大起来，国家的政权在事实上就从君主手里转移到人民代表手里。人民代表的权力最初只有事实上的，没有法律上的根据。可是到了后来，在事实上，在法律上，全国人民均默认人民代表的实权，就是君主自己也不得不因时势的潮流，放弃他法律上的权力，承认人民代表在事实上的权力。英国宪法就是这类宪法最好的例。在形式上，在法律上，英国政府至今还是一个君主政体，但在事实上，英国早已有一个很完备的民治政府。英国政府确是完全于不知不觉之中，经过了好几百年的历史，才变成现在的情形，所以英国宪法中大部份至今还是不成文的。

第四种宪法是由革命而成立的。凡专制国家的人民，因为不满意于他们的政治状况，推翻了他们的专制政府，组织了一个根据于民治主义的政府，其宪法均是属于这一类。这类成立的政府有北美合众国、法兰西共和国、俄罗斯苏维埃共和国。

现今只有日本的宪法是钦定的；由于逐渐发展而成立的宪法也只有英国的宪法；协定的宪法在历史上的例本来是很少，只有这几年来欧洲大陆上所发现的新国家是这样制定他们的宪法的。其余多数的宪法大都是因革命而成立的。

革命是一种极慢性的社会现象，其发生的时候至少须经过数十百年的酝酿，革命成功后又须经过长期的扰乱局面，才能恢复常态。所以凡经革命后而成立的宪法一定有一段困难万状的历史。

法国自从一七八九年革命以后所经过的扰乱情形，是读过欧洲历史的人所共知的。理想中的自由、平等、博爱三大主义的目的没有达到，一切政权却反被一个拿破仑所把持去了。法国人民在拿破仑的军事专制之下，绝对没有反抗的能力，他们只有容忍十四年拿破仑的威权。拿破仑被欧洲联盟各国打倒后，法国还得要经过一次的复辟（一八一五年，）两次的革命（一八三〇年与一八四八年，）一次的战败（一八七〇年被普鲁士打败，）才于一八七五年制定了那现行的宪法，恢复了民治的政府。美国革命也经过了十三年的极危险时期（从一七七六年到一七八九年，）确定的联邦宪法才算成立，政治的状况才走上正轨。总而言之，凡发生革命以后，无论那一国非得经过几年极扰乱的危险时代，政治才能恢复常态，人民才能过安稳的日子。

我国辛亥那年的革命只是种族的革命。满清政府推翻后，种族革命的目的总算达到，但政治改革的运动却大大的失败。自民国元年至十六年政治上腐败的情形，国内扰乱的状况，人民所受到的种种痛苦，总算达到极点。在前清时代，国内只有一个专制皇帝，在民国的十六年期内，各省的大军阀小军阀，腐化恶化的官僚与政客都变为专制皇帝了，他们虽没有皇帝的名位，没有皇帝的形式，但他们的权力确是无限制的，是与从前皇帝相等，处处可以压迫人民，处处可以剥夺人民的权利。种族革命的目标是很简单的，是确实的，普通人民很容易明白其中的意义；政治革命的标题是很复杂的，很宽泛的，普通人很难了解这标题所含蓄的意义。一个有形的异族的专制皇帝是很容易打倒的，无形的同种的专制皇帝是很不容易推翻的。从袁世凯到张作霖的十六年民国历史中，被打倒的军阀人数也算是不少了，可是一个打倒后，第二个立即就跟了起来，甚而至于打倒一个，随即发现二个或三个。他们的势力一天大似一天，他们的地盘一天扩充一天，他们的军队也一天多似一天。十六年的民国历史可以算是各军阀争地盘的历史，是我们中国历史上一个黑暗时期。

我们希望从此以后，一帆风顺，早早由军政变为训政时代，再由训政变为宪政时代，于最短期内制定我们国民想望了十七年的根本宪法。

第三节 革 命

所谓革命就是取消一种向来存在的制度，另行设立一种新的制度。普通人民总以为革命是忽然而来的，不能预料的，进行很速的。这是错误的见解。革命却是一种最慢性的社会运动。人类历史上所有重要的革命都是酝酿了百数十年，才发生的。在欧洲历史上，英国革命，美国独立，法国革命，以及最近的俄国革命都不是偶然暴发的事情，追溯每一次革命的原因，至少有一百来年的历史。我们辛亥革命的原因可以算有最长期的历史。自从满清入关以后，他们用了种种的残忍方法威迫我们服从，如扬州十日，嘉定三屠等，我们对于满清朝庭，那有一天是心悦诚服过，驱逐他们出去的观念时时在多数人民的心目中。可是在这样情形之下，也得要酝酿二百年来，才有太平天国洪秀全等出来推翻清朝一部份的势力，洪杨失败以后，还得要过六十来年才能达到光复的目的。假定我们要把辛亥革命的原因源源本本写出来，我们差不多就要写二百多年的清朝历史。

在革命的酝酿时期内，社会上自然有种种特别情形，可以使我们看革命朕兆。最早发现的一种朕兆就是人民间有一种不安稳的普通状况，种种不满意的态度于不知不觉之中表露于他们的语言与行动。这是因为人民天性方面几种最重要的欲望被社会环境的势力压迫下去，没有方法可以得到一种最低限度满足的希望。同时社会上一切旧制度不能应付现象，使人民间种种被遏止的欲望另寻出路。政府又柔弱无能，既不能改革一切状况，使人民的欲望能有满足的希望，又没有胆量用一种高压手段，把人民压到，失其抵抗能力。在现今的国家，那一国没有一部份人民的欲望不能有满足的希望，只因一切制度能应付现象，政府有强有力的势力，所以不致于发生扰乱情形。并且历史上还有大群人民的欲望遏止到极点，其结果也并没有发生革命，只有一部份人民死亡，或降到奴隶的地位。这就是因为有强有力的政治权力存在。凡战败国家的情形也是这样的，如一九一四年至一九一八年德国所占据的比利时与法国的一部份，一九二三年法国与比利时所占据的罗尔区域，一九二一年布尔塞维克党专政时代的俄国，各该处人民的欲望无论怎样遏止，占据者却有余力维持秩序，阻止一切革命行为的发生。

但在革命发生以前的国家，政府是完全失去能力，那般当权的特殊阶级又是腐败得不堪；他们甚而至于连政府的例行事务都办不了，不要说抵抗社会上革命行为的趋势。凡革命以前的政府都像犯了血亏的病症，麻木不仁，失去其行动的能力。在法国革命发生时候，那般贵族早已不能像他们老祖宗那样能为国家打仗，能为国家执行一切职务，但他们却还保留从前的种种特权。路易第十六是一个好好先生，但他是没有决断力的，意志不定的。他的政府也许是很廉洁的，但绝不是能够对付危急局面的政府。还有他的王后与重要的官吏，都是很文雅的人，并且对于那时候文人的著作也都读过，可是都没有决心。没有能力，对于时局的趋势，更莫名其妙，所以到了革命将近发生时候，他们就手足无措了。

所以革命的发生，一定要有这两种原因同时存在，一方面是人民天性方面最重要的欲望被遏止了，又一方面是政府失去其维持社会秩序，应付社会现象的能力。

但近代物质文明的进步，与种种的新发明，人民的生产力自然而然的也能增加。财产与智识增加了，他们的观念与信仰也都更改了。他们对于生活状况，从前还受得了，现在却忍受不住了；他们对于从前所崇拜的一切风俗习惯与制度，现在就看出其不公平不道德的情形了；他们对于所信仰的人生观，现在就觉得可笑了。法国革命时候路易第十六的政府无论如何总比从前路易第九的政府要好得多，可是路易第十六是在断头台上送命，路易第九是在圣人的名单之内。一七八九年火烧大地主的法国农民是欧洲大陆上最富足最有智识的农民，同时波兰与匈牙利的农民真被压迫到极点，真穷，真没有智识，但他们却想不到“革命”这两个字。总而言之，凡没有饭吃的人是不会革命的，只有有了饭吃又想吃大鱼大肉的人才会革命。社会上被压迫阶级的财产，智识与势力的增加是最靠得住的革命朕兆。

社会上的阶级大概可分为压迫与被压迫两种阶级，中间还有一种中立的智识阶级。假使智识阶级与被压迫的人民站在一条战线上，那末，革命是一定要发生的。智识阶级能在消极方面使被压迫阶级把他们的攻击集中在几点，提出几个很显明的标题，如辛亥革命是驱逐满清政府，十六年的国民革命是打倒军阀，打倒帝国主义。再在积极方面又提出几个目标，使革命的人民都向这条路上跑，如法国革命时候的“自由、平等、与博爱，”国民革命的“民族、民权、与民生。”这类的目标都是理想的观念，革命以后能否达到目的是另一个问题，可是在革命发生时候及革命时期确有极神秘的势力，能激动人民的革命精神。比方像俄国革命领袖列宁，托落斯基等并不是普通的政治家，他们是传布圣马克思学说的传道者。共产主义是他们的新宗教。马克思《资本论》是他们的圣经。因此，他们那种没有军事训练的军械不充足的赤色军队能战胜英美法各国有训练有军械的联军。他们的胜利是完全因为精神上的原因。

革命是社会的改组，并不是社会的分裂。革命时期并不是无政府时期，却是极专制的时期。克劳威尔与列宁并不是无政府主义者，却是极端的专制者。在革命时期，政府的势力非但没有减少，反而增加得多了。法律的数量也增加了，并且这类法律以极严格的方法执行。革命当然不是依“法”的，但革命却是一种“太上法律，”能制定一切法律，也能毁灭一切法律。现今世界上所有政府及其法律都是根据于革命而来的。

凡革命的朕兆，及革命发生后初期的状况，大都是各处相同的。但过了初期以后的发展，各国革命就有各种不相同的情形。这是因为革命份子的人物不能有一致的观念，他们也分成和平、守旧、与激烈三派。大概在革命初期，和平派总是占胜利的；但以后他们也许能维持其地位，也许被守旧派打倒，也许被激烈派打倒。欧战后德国、奥国捷克的革命是属于第一种，就是和平派始终能保持其地位。一八四八年的匈牙利与普鲁士的革命，是和平派被守旧派打倒的革命。一九一七年的俄国革命是和平派被急烈派打倒的革命。守旧派得势就要恢复革命以前的状况，革命的大牺牲是白牺牲的。急烈派得势就要把社会根本翻身，将来的结果是好是坏又是一个问题，可是普通一般人目前都免不了社会翻身的大牺牲。

孙中山先生规定革命建设程序为军政训政与宪政三个时期，确是防止守旧与急烈两派得势的一种方法。依照他的《建国大纲》的程序，我们或者能于最短期限内进入宪政时期，制定将来的宪法，可是现在的训政时期确是一个最危险时代。这是从前各国革命都有这样的危险时代。因为在军政时期，人民都有相当的热忱，极大的牺牲都受得了，极苦的工作都愿意做，他们总一心一意希望军事平定了，就能达到理想的目的，过他们理想的生活。可是军事平定以后，未解决的问题还是非常之多，一切情形绝不是他们在军事时期所想望的。人民有极高的热度帮助革命政府的军事政策，人民却很难有热忱帮助新政府的一切建设计划。到了军事平定以后，一切有形的危险都扫除了，人民的团结力量也就消灭，当权的革命份子又自分党派，发生争权夺利的怪现象。在革命时候诚实可靠的人物现在也不免为利欲所引诱，做出种种自私自利的行动。他们甚而至于还觉得他们是有功的人，所以应当享受种种特别权利。他们的亲戚朋友都把持了各处的优差美缺，这都是各国革命史上常见的现象。

旧政客官僚的影子是打倒了，但他们的正身却都混入新政府去，为新政府服务了。此外还有一般投机份子也都加入新政府的官吏之内了。所谓投机份子就是那般没有政治信仰的，只想在政治中混名混利的人物。在当初革命的趋势尚未确定时，他们是不加可否，立于旁观的地位；到了革命的胜利有十二分把握时候，他们对于革命的主义，比之革命党人物还要热忱。他们加入了革命党，他们说出来话都是革命党的口气。他们出席于各种会议，用尽方法抬高他们在党内的地位。他们是有能耐的，又是自私自利的人，所以很容易在新政府内占据最高的地位，使新政府声名扫地。

政府是与人民一样的，太得意了就要改变其本来面目的。失败时候的理想观念到了得胜时候就要充满了自私自利的心理。在英国清教徒革命时期，国会议员战胜后的行为与革命初期比较起来，真是道德堕落最可惨的一段历史。从前最诚实的最廉洁的人现在把他们的亲戚朋友都拉入政府，占据重要地位，至于这般亲戚朋友究竟有没有执行重要职务的能力与资格，他们完全不计及。他们又一心一意做出种种的弊端，一心一意为他们的私利着想。后来克劳威尔把他们驱逐出国会，他们的口袋已经装满了财产。法国革命时候，也有同样的情形，所以拿破仑的政变容易做到。

以上所说只是各国革命后所发现的通病，很值得我们注意的。

第四节　中华民国成文宪法运动史

我们成文宪法运动的动机，可以说在清朝末叶。一千九百年拳匪变乱发生，清政府赔偿各国联军兵费四万万五千万两，并夷毁京畿门户的大沽口炮台。人民受此大辱以后，就渐渐醒悟起来，极力提倡政治的改革。当时适袁世凯坐镇北洋，参与朝政，极力提倡改革。就是反对新政的西太后亦为时势所迫，无可如何。于是在一九〇五年（光绪三十一年）七月，清政府派载泽、戴鸿慈、徐世昌、绍英、端方五大臣出洋，考察日本、英、美、法、德、奥、意、俄、比九国政治。五大臣将出发的时候，革命党在北京车站投炸弹，载泽绍英二人受伤，出洋考察政治的事，就一时中止。以后又因端方的上奏，清政府乃改派李盛铎尚其亨二人，五大臣才出发。

五大臣到了日本以后，即上书清政府，极力称扬日本的立宪政体，以为日本所行的立宪政体，是根据于欧洲的宪法，经过详细的研究和几次的修改，然后有这样的完备。同时又有清政府驻在外国的各公使，联名上奏。谓立宪是君主和人民共利的事，并且又论到地方自治的必要，集会言论出版的不可不自由，最后又述海外各国的大势，和清国危险的理由。这是一九〇六年四月的事，到了七八月的时候，五大臣先后归国。端方以为宜仿效日本维新的例，先宣布六条誓文。载泽以为欲防革命的危机，除立宪之外没有别的方法。因五大臣的报告，清政府就于一九〇六年九月发表预备立宪的上谕。这上谕如下：

我朝开国以来，列圣相承，谟烈昭垂，因时损益，无不为宪典。现在各国交通，政治法度，皆有彼此相因之势。而我国之政令，积久相仍，日处阽危，忧患迫切，非广求智识，更订法制，则上无以承祖宗缔造之心，下无以慰臣庶治平之望。是以前派大臣，分赴各国，考查政治。现载泽等回国陈奏，皆谓国势之不振，实因上下相朦，内外隔阂，官不知所以保民，民不知所以卫国。而各国之所以富强者，实因共遵宪法，取决公论。军民一体，呼吸相通，博采众长，明定权限。是以筹备财用，经画政务，无不公之黎庶。又兼各国相师，变通尽利，政通民和，所以有由来也。时至今日，惟有及时详晰甄核，仿行宪法，大权统之朝廷，庶政公之舆论，以立国家万年有道之基耳。但目前规制未备，民智未开，若操切从事，徒饰空文，何以对国民而昭大信。故廓清积弊，明定责成，必自官制入手，亟应先将官制分别议定，次第更张。并将各项法律，详慎厘订。而又广兴教育，清理财政，整顿武备，普设巡警。绅民明晰国政，以预备立宪之基础。内外臣工，切实振兴，以力求立宪之成效。待数年之后，规模粗具，查看情形，参用各国之成法，妥议立宪实行之期限，再行宣布天下。视进步之迟速，定期限之远近。著各省将军督抚，晓谕士庶人等，发愤为学，各明忠君爱国之义，与各群进化之理。勿以弘见害公益，勿以小忿败大谋。尊崇秩序，保守和平，以预备立宪国民之资格。有厚望焉。特此通谕知之。

这一条上谕虽则是空洞洞的几句话，不过在中国历史上边也不能不算一种进步。当时腐败的政府也晓得“各国之所以富强者，实因共遵宪法，……”也晓得法律须详慎厘订。在人民一方面，也有许多人确信政府既经宣布这样的一条预备立宪上谕，自然有实行立宪的真意。

不过当时满洲人之中，还有一部人都不愿意把大权让出来，以为立宪不过是汉人推翻满人的方法，极力想从中破坏。所以第一次中央官制改革案，竟为铁良等所破坏，变成一种有名无实的更张。以后虽则又派达寿、于式枚、汪大燮三人到日英德三国考察宪政，设立资政院，为中央议会的基础，设立谘议局，为地方议会的基础。不过这种种筹备总不能满人民的希望。西太后的胸中总以为立宪只不过是汉人的政治，只不过是满洲朝廷灭亡的方法。又加以当时改革的结果，产生出所谓满族内阁，所谓皇族内阁，人民看破这种虚伪情形，那能满意，所以要求立宪的声浪一天高似一天。以后达寿自日本归来，极力设法，极力疏通满洲人中的重要份子，清政府才于一九〇八年八月二十七日宣布九年预备立宪的上谕。宪法大纲，也同时宣布。其条文如下：

宪法之大纲（细目由宪法起草之际定之）

谨按君主立宪政体，君主有统治国家之大权。凡立法行政司法，皆归总揽。而议院协赞立法，政府辅弼行政，法院遵守司法。上自朝廷，下至臣庶，均守钦定之宪法，以期遵奉于永远，不许逾越。

君上之大权

大清皇帝，统治大清帝国，万世一系，永永遵戴。

君上神圣尊严，不可侵犯。

钦定颁行法律及发交议案之权。（凡法律虽经议院之议决，而未奉诏令，未曾批准颁布者，不得施行。）

议院召集开闭延期及解散之权。（解散之时，即由国民再选举新议员。被解散之旧议员，与一般之臣民无异，若有抗违之时，量其情状，以相当之法律处罚。）

设官制禄及黜陟百官之权。（用人之权，君上握之，大臣辅弼之，议院不得干预。）

统帅陆军及编定军制之权。（君上调遣全国之军队，制定常备兵备，得以全权执行之，凡一切军事，皆非议院所得干预。）

宣战媾和，订立条约，派遣使臣及认受使臣之权。（国交之事，君上亲裁之，不俟议院之议决。）

宣告戒严之权。（紧急之时，得以诏令限制臣民之自由。）

爵赏及恩赦之权。（恩典自君上出之，非臣下所得擅专。）

总揽司法权，委任审判衙门，遵钦定法律行之，不得以诏令随时更改。（司法权君上操之。审判官由君上之委任，代行司法。不得以诏令随时更改者，案件关系至重，故必以钦定法律为准则，以免纷歧也。）

发命令及使发命令之权。（但既定之法律，非经议院之协赞及钦定，则不得以命令改废之，法律为实行君上司法权之用，命令为君上实行政权之用，两权分立，故不以命令改废法律。）

议院闭会中，有紧急事件时，得发代法律之诏令，并得以诏令措置必要之财用。但于次年度之会期，须经议院之协议。

皇室费用君上判定常额，由国库提支，议院不得置议。

皇室之大典，督率皇族及特命大臣议定之，议院不得干涉。

臣民之权利义务：

臣民中合法律命令所定之资格者，得为文武官吏及议员。

臣民非据法律，不得逮捕监禁处罚。

臣民得请司法官，审判其呈诉案件。

臣民专对于法律所定之审判衙门为限，而受审判。

臣民之财产及居住，无故不得侵扰。

臣民据法律之所定，有纳税兵役之义务。

臣民现纳之赋税，不以新定之法律变更时，悉照从前之数纳付。

臣民有遵守国家法律之义务。

这是清政府所拟定的宪法大纲。一切应备的事业，拟逐年设备，俟办理完竣，然后实行这宪法大纲。照当时的计划，筹备时期定为九年，就是由此年算起，至九年之后，才设议院，才实行立宪。不过在人民一方面看起来，九年的期限未免太长。那时人民的代表都接踵到北京请愿，要求缩短年限，甚至有断指割臂，誓期成功。清政府仍拿几句官样文章，如“国家至重，宪法至繁，缓急先后之间，为治乱安危所系。壮往则有悔，虑始则获全。”等话来敷衍。不过也晓得当时民意坚定，深恐激成变端，所以才于一九一〇年（民国前一年）十一月缩改九年预备立宪为四年。

到了武昌起义的时候，清政府才手足无所措。于是下罪己诏，弛党禁，谕将宪法交资政院协赞，罢亲贵奕劻等，授袁世凯为内阁总理大臣，并谕令将督师应办各事，略为布置，即来京组织完全内阁。不过在罪己诏内还称“巩我万世一系皇基，宪法问题，令溥伦等迅拟条文，敬遵钦定宪法大纲”。并有“交资政院审议，候朕钦定”的明文。这就可以见得当时的清政府还想保持其君主固有的权利，不过到了滦州兵变的时候，清政府实在不得不极力让步，顺从人民的要求，宣布十九信条，但是已经太晚了。

这十九信条如下：

第一条　大清帝国之皇帝，万世不易。

第二条　皇帝神圣不可侵犯。

第三条　皇帝之权，以宪法规定者为限。

第四条　皇帝承继之顺序，于宪法规定之。

第五条　宪法由资政院起草，议决，皇帝颁布之。

第六条　宪法改正提案之权，属于国会。

第七条　上院议员由国民于法定特别资格中公选之。

第八条　总理大臣，由国会公选，皇帝任命之，其他国务大臣，由总理大臣推举，皇帝任命之。皇族不得为总理大臣，其他国务大臣，并各省行政长官。

第九条　总理大臣，受国会之弹劾时，非解散国会，即内阁总理辞职，但一次内阁不得为两次国会之解散。

第十条　皇帝直接统率陆海军，但对内使用时，须依国会议决之特别条件。

第十一条　不得以命令代法律，除紧急命令外，以执行法律，及法律所委任者为限。

第十二条　国际条约，非经国会之议决，不得缔结，但宣战媾和不在国会开会期内，由国会追认之。

第十三条　官制官规，以法律定之。

第十四条　本年度之预算，未经国会议决，不得适用前年度预算。又预算案内规定之岁出预算案所无者，不得行非常财政之处分。

第十五条　皇室经费之制定，及增减，依国会之决议。

第十六条　皇室大典，不得与宪法相抵触。

第十七条　国务裁判机关，由两院组织之。

第十八条　国会之决议事项，皇帝颁布之。

第十九条　第八第九第十第十二第十三第十四第十五第十八各条国会未开以前，资政院适用。

我们如果把这十九信条和前二年所宣布的宪法大纲一比较，就觉大不相同了。照这十九信条，清廷所遗留者，不过是一个“皇帝”的虚名，实权全归国会。如果清廷能够稍明大势，早几年把大权让出来，宣布这样的信条，人民也许还能承认。因为前数年的时候，确实有多数人民深恐因革命而召外祸，极力主张虚君立宪，速开国会，为和平的改革。不过到了武昌起义以后，民军已经打起共和的旗帜，宣布独立者已经有了好几省，大势已成，人民岂能再拥戴爱新觉罗氏万世不易的皇统呢？无怪这十九条被各省人民拒绝。

那时候各省宣布独立，和清廷脱离关系后，还没有联合进行的机关，于事实上非常不方便。所以江苏都督程德全和浙江都督汤寿潜联电上海都督，提议各省公举代表，会于上海，讨论组织联合的机关，其电文如下：

自武汉起义，各省响应，共和政治，已为全国舆论所公认，然事必有所取则，功乃易于观成，美利坚合众国之制，当为吾国他日之模范。美之建国，其初各部颇起争端，外揭合众之帜，内伏涣散之机。其所以苦战八年，收最后之成功者，赖十三州会议总机关，有统一进行，维持秩序之力也。考其第一次第二次会议，均仅以襄助各州议会为宗旨。至第三次会议，始能确定国会长久治安，是亦历史上必经之阶级。吾国上海一埠，为中外耳目所寄，又为交通便利，不受兵祸之地。急宜仿照美国第一次会议方法，于上海设立临时会议机关，磋商对内对外妥善方法，以期保疆土之统一，复人道之和平。务请各省举派代表，迅即莅沪集议。

其集议之方法及提议大纲并列如下：

各省旧谘议局各举代表一人。

各省现时都督府各派代表一人。

以江苏教育总会为招待所。

两省以上代表到会，即行开议，继到者随到随与议。

又提议大纲三条：

公认外交代表。

对于军事进行之联络方法。

对于清皇帝之处置。

通电发出后，各省代表聚集上海，定名为各省都督府代表联合会。同时湖北黎都督也有通电，请各省派代表赴武昌，组织临时政府。各省的二十三代表于十一月三十日会于武昌。不过当时汉阳失守，武昌全城，陷于龟山炮线之下，所以各代表皆赴汉口，假英租界顺昌洋行为各省代表会会所，公推谭人凤做议长，并公举雷奋、马君武、王正廷，做临时政府组织大纲起草员。开会后三日，二十一条“武昌临时政府组织大纲”成立。这二十一条是临时草成的，当然有许多不满意的地方。所以临时政府成立的时候，就发生修改临时政府组织大纲问题。民国元年三月十一号就修改临时政府组织大纲，定名为临时约法，共五十三条。照这元年约法，临时大总统，须于十个月内召集国会，中华民国之宪法，由国会制定之。

民国二年参众两院各举定宪法起草委员三十人，在北平天坛起草宪法，过了四个月的时候，一百三十条的天坛宪法草案成立。该草案于十一月三号交两院所合组的宪法会议，当时袁世凯也派八个委员列席宪法会议，不过在三读的时候，八委员被拒不许发言。袁世凯就于十月二十五号通电反对宪法草案，并于十一月四号下令解散国会。天坛宪法草案也就因之而消灭。

袁世凯解散国会后，于民国三年五月一日组织一个参政院，由这个参政院宣布六十八条“中华民国约法”。袁世凯于民国五年死后，临时约法又复活，恢复从前的国会，讨论宪法，不过宪法尚未成立，天津督军会议，强迫黎元洪解散国会。从此以后，张勋复辟，南北分离，直到十七年国民革命军才统一南北，中华民国才从军政时期进到训政时期，至于永久的根本宪法，我们还得要等从训政到宪政时期，才能实现。

第十二章　政府的分类(上)

第一节　政体的种类

依照政治学的原则，政府与国家是完全分开的，政府只是国家做事的工具。但是国家与政府虽然完全分开，可是国家实质常常由政府性质表现出来。从国家的变迁进化上看来，从国家活动的实际势力上看来，政府的组织变更，常常使国家的实质也变更。例如在君主国体之下，本可以行贵族政体，或民治政体；但是如果贵族政府或民治政府成立之后，这君主国体形式上虽然没有变更，可是实质上已经大大的改变了。比方我们举英美两国为例：在形式上着想，英国固然是君主国体，美国固然是民治国体；但从实质上着想，英美两国可以通同叫做民治国体。这就是国家的实质常常由政府性质表现出来的明证。近来政治的趋势，并不注重于国体方面的变更，却注重于政体上的变更，所以有许多国家形式虽然和从前一样，一点没有变动，可是政府的组织却和从前大有差别。所以从政体变更上来达到民治政体的目的，是政治改革最经济的最有功效的方法。

我们又可以以最高权所在的人数多寡来做政府分类的标准。如果最高权在一个人，无论他的臣下官吏怎样多，都可以叫做君主政体；如果最高权在一阶级人民的手中，便可叫做贵族政体；如果凡是公民都可以参与政事，便可以叫做民治政体。这是最明显最简单的政府分类的根据。

这个分类的原理虽然没有什么差错，可是太普通得很。美国柏哲士（Burgess）有个特创的政府分类的标准，在他自己看来，可以免掉一切弊病。他的区别标准计有四种：

（一）以国家与政府相同不相同做标准，分为“直接政府”（immediate government）及“代表政府”（representative government）两种。直接政府是国家与政府完全不分的，由国家直接行使政府的职权，无论国家是君主的贵族的或民治的，这种政府的权力都是毫无限制的。因为只有国家可以限制政府的权力，如果国家就是政府，那么，政府的权力在公法上便一点不受限制了。代表政府是国家把政府的职务委托于一个机关或几个机关。代表政府又可分为两种：（甲）无限的代表政府，就是国家把所有的权力完全交给政府，不使人民保留自主的权力；（乙）有限的代表政府，就是国家只把一部份权力交给政府，不是把主权完全交给政府，人民有防止政府侵犯自由的保障，——这就是现代所说的立宪政府。

（二）以政权的分合做标准，分为“分权政府”和“集权政府”两种。分权集权本有两种说法：（甲）指中央政府与地方政府的关系说，（乙）指中央政府中各机关间的关系说。

（甲）从中央政府与地方政府的关系上看来，可分为（A）中央集权的政府，就是国家把所有的权力完全交给中央政府，地方政府在宪法上没有自治权，换句话说，就是不承认有独立的地方政府存在；（B）地方分权的政府，或叫做双重政府，就是国家把权力分配于中央及地方两种独立的机关，中央政府也不能消灭或限制地方政府的权力，地方政府也不能消灭或限制中央政府的权力。双重政府可以再分为联邦政府及邦联政府两种。

（乙）从中央政府中各机关间的关系上看来，可分为（A）统一的政府（consolidated government）；（B）对峙的政府（coordinated government）。统一的政府是国家把所有的政权通同委托一个团体；假使是一个自然人便是君主政体，如果包括一群自然人，便是贵族的或民治的政体。对峙的政府是国家把政权分配于几个同等的机关，各个机关都是宪法所设立的，彼此都站在平等独立的地位之上，彼此都不能侵犯他方面的权限。

（三）以执政者任期做标准，又可分为“世袭的政府”，和“选举的政府”两种。在世袭的政府，政权永远在有血统关系的人手中，在实例上或以最长的男女继承，或以最长的男子继承，或以长房的男女承继，或以长房的男子承继，选举的政府又包括直接选举、间接选举、普通选举、分区选举四个方法在内。

（四）以行政部与立法部的关系做标准，分政府为“总统制”和“议会制”或内阁制两种。总统制是国家使行政部独立于立法部之外，行政元首的任期和特权都不受立法部的干涉。换句话说：就是行政事务由行政元首管理，立法事务由议会管理。行政元首有一定的任期，除非犯了极大的罪恶，立法部绝没有法子可以免他的职。所有各行政部的总长都由行政元首任命，不要得国会的同意。行政部的各总长不能出席于议会，同时也不能向议会提出法律案。议会制却和总统制相反。议会制就是内阁制，内阁的阁员就是议会里边多数党的议员兼任的，他们对于议会负责，议会不信任他们，他们就要负连带的责任，一齐辞职。这是柏哲士自命为特创的政体分类的新名目。此外所有的学者的政府分类，大概都可以包括在柏哲士这个分类之中。

第二节　民治政体

我们如果同孟德斯鸠一样，按照政府的人数与精神来区分政体的种类，那么，至多也不过有三种政体——共和政体，君主政体，贵族政体。但从现在各国政府的精神上看来，共和政体（或民治政体）与君主政体的区别，实在有限得很。我们如果拿英国做君主政体的代表，拿美国做民治政体的代表，那么，除了一个元首由于世袭，一个元首由于选举之外，似乎再没有多大的区别。换句话说：就是现在英美的政府只有形式上的差别，几几乎没有精神上的差别。所以我们敢断定不包含民治政体精神之纯粹的君主政体，在二十世纪中是绝对不能生存的。从政府的精神上观察，君主政体不过是历史上剩下来的一个旧名称罢了。不但民治政体与君主政体的区别是这样，就是民治政体与贵族政体的区别也是这样。我们回头看看这一百年中各国所行的民治政体，那一国不是贵族式的民治政体，纯粹的民治政体，我们可以说直到现在还没有实现过。所以现在的民治政体与贵族政体的相差也很有限。这就是我们所以只讨论民治政体，不再特别讨论君主政体与贵族政体的原因。

民治政体本是democracy的译语，democracy这个字涵义很广，内容包括许多分子许多原素在内。杜威（John Dewey）把其分子原素分出如下：

（一）政治的民治主义　就是用宪法保障民权，用待议制表现民意之类。

（二）民权的民治主义　就是注重人民的权利，如言论自由、出版自由、信仰自由、居住自由之类。

（三）社会的民治主义　就是平等主义，如打破不平等的阶级、打破不平等的思想、求人格上的平等之类。

（四）经济的民治主义　就是打破不平等的经济生活，铲除贫富阶级之类；也就是孙中山先生的民生主义。杜威这个民治主义的分类，很可以赅括历史上民治主义的变迁。民治主义在近代发达的路途上，表现出来三种最大的倾向：就是（一）打破专制制度，（二）要求扩张选举权，（三）要求经济上的自由平等。从古代一直到十九世纪，是民治主义倾向打破专制制度运动的时代；从十九世纪初期到十九世纪下半期，是民治主义倾向普通选举运动的时代；从十九世纪下半期到现在，是民治主义倾向经济上自由平等运动的时代。

民治主义的理想在两千多年前的希腊已经是尽量发挥过了。希腊大哲学家如亚里士多德所有的政治思想差不多都是建筑在民治主义之上的。他的民治主义也可以说是倾向打破专制主义的。他说:“人类有欲望,有感情,如果得到最高的政权,虽是善人也要为他所左右。”(《政治篇》第三篇第十六章)他的民治主义的根本观念:就是“两个好人总比一个好人胜些”。“多数人的意见总较少数人胜些”。譬如评论音乐的好坏,不单靠乐师自己,要靠旁听的多数人民;所以判断政治的好坏,也不能单靠当权的一部份人,必定要靠旁观的一般人民。他所以这样主张,就是想免掉寡头政体以一人有限的智识去专断行事的弊病。

罗马的政治组织本是君主政体、贵族政体、民治政体三种元素融合起来的。罗马的民治政体的精神,不在要求平等,不在要求自由,也不在要求参政。平民的唯一的要求,只在选举支配政务的官吏;不要自己有权可以做官,只要自己有权可以使官吏负责,阻止官吏滥用权力来侵害自己。所以罗马民治主义的精神,也专在牵制当权的人滥用威权,专注重在打破当权的人压迫和专断。

到了法国革命的时候,民治主义的思想更大大的发达。可是这时所谓民治主义,第一个重要之点,就是主张“主权在民”。因为在法国革命之前,教会与国家都极端的崇尚专制主义,思想家想打破教会和国家的专制,所以都著眼在主权的观念上。路易十五宣言道:“主权者的权力只在我一身。”他以为他是上帝的代表,上帝已经把法国的主权交付给他,无论对于何人都不负责。卢梭一派的民治主义,最显明的旗帜就是主权在民。想拿从民意而来的主权论,打破自上帝或君主而下的主权论。所以卢梭的直接民治政体的精神,就是主权在民;他所说的主权,就是国民总意(general will)。换句话说:就是想用由国民总意造成的民权,来推翻由上帝意旨而来的君权。

从卢梭和英国当时的思想中,酝酿出法国一七八九年八月的《人权宣言》。《人权宣言》书中有几个重要的要求:(一)人类平等——人类生而自由平等。(二)人民主权——一切主权都在人民。(三)法律平等——法律是国家总意的表现，在法律之下一切平等。（四）身体自由——非依法律，不得逮捕或拘留人身。自此而后，民治主义的精神便寄托在立宪政治之上。换句话说：就是想用宪法来保障人类平等、人民主权、法律平等、身体自由等重大的原则，但是如卢梭一派所主张的直接民治政治在大国家中还没有实现，所以这时所说的民治政体大概多是间接的或代表式的民治政体。威尔逊说："古代民治政体与近代民治政体形式大不相同。古代民治政体是直接的，近代民治政体是间接的，换句话说，是代表的。在雅典，所有市民都有出席于人民会议的权利，议会中的委员可以组成审判厅。近代的选民可以选举出席于人民议会的代表，他自己却不能出席于议会"（见国家论）。大概这时民治主义的根本观念：就是政府的基础只建筑在人民代表的同意之上，却不能人人亲自去同意；只要使人人都有参与政治的机会，不必要人人都到政府里边去做事。

因为这时民治政体是代表式的民治政体，所以大家对于产生代表的方法便非常的注意。产生代表的方法是什么呢？简单说起来，就是选举问题。这时民治政治既已以人民同意与使个个人都有参政的机会为目的，要想达到这个目的，自然只有靠选举权的扩张了。

但是民治主义的真正意义，在使个人都有平等的独立的机会，去自由发展他个人的本能，可是代表式的民治政体绝对达不到这种理想。所以十九世纪的民治政体只是政党政治，绝不是个个人平等的民治政体；只是中产阶级的贵族政治，绝不是全体人民的平民政治。

因此，民治主义的运动到现在又变个方向；不似从前专门注重政治上的平等，却注重经济上的平等，不似从前专门以财产做参政的资格，却想以劳动来做参政的条件。在芬兰、瑞典、瑞士、美国的西部，和奥斯特利亚等处，我们可以看出新民治主义的奋斗方向。这些地方的政府，把一切政权由人民直接行使。他们在这些实验场中试行各种理想的政策，由每个成年的男子，有许多部份并由每个成年的子女，组成选民团，由选民决定根本法的原则，并且做出改革的重大计划，他们精心用意的制成法律，想限制资本的独占的倾向，并为被压制的阶级提高生活的程度。因为想达到这些目的，所以这许多国家决意把土地矿山自来水和交通机关，一齐收归政府所有；又投资于各种营业，甚至于借低利的金钱给人民，并自做中介人为人民处理出产品。由此看来，现在的民治主义不但想使人人有得到政治上平等的机会，并且想使人人有得到经济上平等的机会。所以现在的民治主义的国家，就是使人人得享受自己劳动结果全部的共产主义的国家。

最近俄国劳动界发现出来一种新政体，叫做“工人政体”（ergatocracy）。这种工人政体是工人的政治，是为工人建设的政治，是被工人建设的政治。他们所以创造这个字，就是因为民治政体已经被资本阶级利用坏了，不愿意再用民治政体的旧名称，所以特别创造 ergatocracy 这个字来表明工人政治。这种政治大原则：就是“不做工者不吃饭”。以劳动为执政的条件，打破从前以财产教育为参政资格的弊病。究竟工人政治的基础，也建设在经济平等的地盘之上，仍然是由民治主义的精神中变化出来的。故工人政治也不过是民治政体最近的一种新趋势。

以上是民治主义运动的趋势。把由这些运动的结果表现出来的功效总计起来：（一）民治主义把专制政府打破，把治者和被治者的阶级打破，得到人人独立自治的精神。（二）因为人人独立自治的结果，发扬起来人人的政治天才，引起人人的政治兴趣，国家建设在全体人民的基础之上，才不致随当权者的成败为转移。（三）民治主义近来又打破经济上的不平等，使人人都可以免掉经济的压迫，能够独立去发展个人自由的精神。

第三节　总统制与内阁制

照总统制，元首的任期和特权，立法部完全不能干涉，并有很充足的权力可以阻止立法部侵犯行政部的权限。总统制也有好几种：（一）行政元首只有政治上的独立，元首与阁员的政策和行政行为对于议会不负责任。（二）行政元首对于议会完全独立，无论犯了轻罪重罪，议会都不能弹劾他。（三）除非犯了叛罪要受议会弹劾之外，其余的权力一概独立。由此可见总统制对于议会的独立的程度也有完全与不完全的区别。

美国的学者，因为自幼受了总统制的空气所熏染，所以极力的称道总统制的长处。且看柏哲士说："总统制是实验的政治制度。第一，这个制度是很确实的。把责任放在一个人的身上；没有别的制度再能使人小心谨慎，至公无私，像这种制度一样。第二，这个制度是很活泼的。一个大有为的人只能独断独行，人多手杂，便不能做事。第三，这个制度是很有势力的。世界上最有能力的大将有句名言：'一个不好的将帅胜似两个好将帅。'他又说：'总统制的利益，在意见和利益不同的国家，或者在把政府权力分配两个以上的独立机关执掌的国家，又或在专门以防止外患为事的国家之中，都是显而易见的。如果这些情形同时并有，用别的制度不用这种强有力的总统制，便要立刻发见弊端。'"（见《政治学与比较宪法》第二卷。）

美国学者虽然夸奖总统制，可是英国的学者因为吸了内阁制的空气，所以却指出来总统制的种种弊病。且看蒲徕士说："美国国会与行政部份权的结果有五：（一）总统及阁员都不能向国会提案，除掉赏赐各个议员之外，绝没有权力可以控制国会。（二）国会有无限的调查的权力，但是支配行政部的权力却不完全。（三）失策或怠职的罪过，国民常常不知道应该归于何人负责。总统与国会关于法律的编制和执行，互有关系，所以两方面皆可以互相委卸责任，没有一方面负十分的责任去做事。（四）因为两下不和，损失许多势力。——就是大总统阁员与国会的时间和势力都用在互相竞争上边。这是一切自由政府所不能免的。因为自由政府全靠牵制，牵制越多，倾轧越厉害。（五）在危急的时候常有缺乏行政的魄力及敏捷的危险。一言以蔽之：美国的政府全部，缺乏统一的精神。各机关不能互相联络，各自为政，没有同一的目的，不能生出互相调和的结果。如同水手舵工机器工皆没有同一的目的，皆不奉同一的意旨，所以行船不走正路，或偏于左，或偏于右，有时只在水中打回转……”（见《平民政治》第二十五章。）

柏哲士的话可以代表赞成总统制的主张，总统制的真正的价值，就在他所说的几点上。但是如果拿总统制与内阁制度相比较，似乎总不及内阁制价值之大。所以蒲徕士和白芝浩等所指出的总统制的弊病，的确是美国由总统制发现出来的事实，万不可轻于看过。

内阁制就是议会政府制，是国家把行政权完全放在议会支配之下，实际上的行政部长官的任免权都由立法部行使，行政长官直接对于议会负责。阁员常常是立法部的议员，实际上并且是立法部多数党的首领。即或阁员不是议员，也必定要有出席议会及提出法案的特权。内阁制之下的阁员同时有阁员和议员两种性质，因此便使行政与立法打成一片。阁员实际上是各部的总长，是政治的领袖，是议会的党魁，他们聚合起来，就组织“政府”，预备法案，决定大政方针。他们的任期完全以议会中多数党的信任为限；如果一旦通过不信任的表决，或者否决他们所提出的政策，他们如果不解散议会，便要全体辞职，如果不全体辞职，便要解散议会，除此之外再没有别的法子。解散议会是诉诸选民公决的一个法子；如果新选的议会，反对党仍然占多数，或仍然否决他们所提出的政策，便要立刻辞职，不能再行解散议会。

柏哲士虽然是拥护总统制的人，但是他也承认内阁制的好处。他以为内阁制的最大的好处有二：（一）因为立法部与行政部打成一片，可以保持得住政府各机关间的调和；（二）因为行政长官得出席议会，故所立的法律不致不能实行。

第十三章　政府的分类(下)

第一节　立宪政府

普通人民对于政府权力与人民权力（就是孙中山先生所谓政权与治权）的关系往往有一种根本错误的观念，以为政府权力的范围愈扩充，人民权力的范围愈缩小。普通一般人往往把“民权”这名词看作人民所应当有的一种天然权利，同时又觉得这名词的意义是很简单的，人人所共知的，实无解说的必要。可是真真的民权并不是天赋的(如孙中山先生所说)，却是根据于法律而来的，并受法律所规定的。既经叫做民权，凡是公民，当然均能同等的享受。这样的民权必须由法律确定其内容及其界限，方能免去人民方面种种不同的见解，种种的冲突；即使有什么争论发生，也得要有一个正式的法庭机关出来判决两方面所争论之点。这样才能保持社会中各公民同样的与同等的民权。

人民执行法律所承认的民权时候，他却有国家的保障，绝不至于受别人的无理干涉或侵犯。法律的作用有两层：一方面保护人民享受那法定的民权，又一方面禁他侵犯别人的同样权利。有了法律的保障，有了法律的限制，民权的范围才能确定，才能扩充。在法定的范围以内，各人尽可以自由行动，不必顾虑任何方面的干涉或侵犯，较之那种只靠强权，或人民间的互助，来维持人民权力的方法，似乎是靠得住。并且也只有在强有力的政府之下，人民才能有范围极大的民权，像在这十六年中华民国中央政府之下，民权是完全不能有保障的。但同时却还有一个应当解决的重大问题：民权既须由强有力的政府来维持来保障，怎样能设立一个强有力的政府，一方面能尽其应尽的义务，一方面那执政者又不能利用他们的职权，增加他们个人的私利，损害被治者全体的幸福？现今欧美各国所通行的立宪政府就是解决这问题的一种方法。只因立宪政府是欧美所最通行的制度，所以我们不能不把这制度的大概情形约略说一说。

在广义一方面说起来，无论那一国都有一种立宪政府，因为无论那一国的政府总有几种根本宪法原则，或是成文的，或是不成文的，规定该政府的组织与职权。但从狭义一方面说起来，立宪政府就是那种依照法律原则行使职权的政府，其政策是根据于被治者全体的幸福而决定的，其人民的生命与权利是由法律规定的，是由法律保障的，既不受他人的干涉，亦不容执政者的侵犯。

立宪政府的用意就是要规定政府的组织与职权，使被治者不致于受执政者的非法待遇。因为要防止执政者无限制的扩充他们的势力，或不顾宪法上一切人民权利的保障，所以现今欧美各国均采用一种分权的制度，把立法司法与行政三种权力分给于三个独立的机关，使之互相钳制，互相监督。这就是三权分立的制度。

欧美各立宪政府的共同目的就是要使政府的职权在宪法的轨道内行使，至于达到这个目的的方法大概可以分做两种。依照第一种办法，立法行政司法三个机关的职权均有确定的范围，并且在执行其职权的时候，又往往有别个机关的监督与钳制。比方我们拿美国政府来做一个例罢。美国政府是一个严格分权的政府。第一步，政府的职权是由宪法分配于联邦与各邦政府；在联邦与各邦政府之内，那宪法所规定的职权又分配于立法行政司法三个机关，各机关的职权又由法律严格的规定，严格的限制，凡法律范围以外的行动均不能发生效力，均须受法律的裁判。同时立法行政司法三个机关又互相钳制，互相监督。行政首领对于立法院所通过的法律议案有否决权，立法院对于行政首领的任命有同意权，法庭对于立法院制定法律与行政院的命令又有宣告为无效权。凡此种种规定的目的一方面是要保障人民的法定权利，又一方面是要政府的权力在一定的轨道内行动。

在欧洲那种内阁制的政府，内阁的任期是无定的；得到国会的信任，内阁才能保持其地位，失了国会的信任，内阁就须辞职，或解散国会，使人民投票公决。所以内阁与国会也是互相钳制，互相监督，使各方面的行动不出一定的轨道。内阁与国会间发生了什么冲突，解决这问题的大权完全在人民手里。在表面上，内阁的运命是在国会手里，但在事实上，却在于人民手里。所以在内阁制的政府，内阁阁员在形式上虽是任命的，但政党之中那一党有组织政府能力的问题却是人民在选举时候决定的。

所以立宪政府是依靠宪法轨道执行职权的政府。因此，就有人把各种政府分为人治的与法治的两种，并说立宪政府是法治的，不是人治的政府。可是“人治”与“法治”这两个名词在事实上是很不容易分开。法律是人造的，是由人民产生的。法律没有人解释，没有人执行，是死的，万不能自动的发生结果。我们有时候听见人说到法律的“生命”，这“生命”两个字是借用的，从人的生命方面借来的。没有人执行的法治政府是一种死政府；没有法律的人治政府在事实上也是不能存在的。所谓人治与法治只是比较的名词。在法治的政府，被治者能够预先知道执行政权的规则，知道怎样是在法律轨道以内的，怎样是出了法律轨道以外，又知道执政者走出了法律轨道以外有什么救济的方法。可是人民与政府间的关系是复杂万分，一切法律的规则又是种类繁多，所以必须有精通法理正直无私的法官解释明白，应用到随时发生的各案件。所以法治政府也就脱离不了人治的性质，但其所注重之点是法不是人。所谓人治政府也免不了有种种的规则，种种的法律，但其所注重者是人不是法，一切的所谓规则与法律均可由人随意的解释，武断的应用。

所以法治政府与人治政府的区别只是数量上的区别，不是质地上的区别。但这种数量上的区别是一种极重要的区别，因为同时又包含有精神上的区别。立宪政府之所以称为法治政府因为其所特别注重的是法律。但这种法律也不是自动的，也得要有法官解释，也得要有官吏执行。因此，立宪政府还有一个重要的特点，就是那解释法律的法官必须有一种独立的精神，不受任何方面的干涉。现今各立宪政府的法官都有终身的任期，其薪俸也不能在任期以内由行政或立法两方面任意减少。这就是保障司法独立的办法。但司法机关是政府中权力最薄弱的机关，除非人民有尊重法律的观念，有遵守法官判决的精神，无论怎样的宪法条文决不能增加法庭的权力，使司法权力充分有效。所以人民尊重法律，信仰法官的态度是司法独立的保障，司法独立又是立宪政府的基础。

第二节　代议政府

所有一切政治制度大都是依照环境的需要政治的现状自然而然的变化出来的。现今世界各处所通行的政治制度都不是由理想家凭空想出来的，都是由实行的政治家根据于一切的状况，把旧有的制度逐渐修改，逐渐变化，才改变到现在的情形。往往一种制度的名称有了好几百年的历史，到现在还是保存从前旧名称，可是其内容不晓得已经更改了多少次数。欧美各国现行的代议制度就是这样发生的，这样变化的。

代议制度是现代欧美政治制度的特点，是日耳曼民族分裂罗马帝国后的出产品。罗马灭亡后，欧洲新组织的国家大概，总有一种代表性质的机关，代表社会上各级人民，与国王共同商订税则，并备国王的谘询。这种机关大概也只代表当时社会上几个重要阶级。如果在一国之内，只有大地主是社会中的重要份子，那末，只有大地主阶级能派出代表，组织会议，以备国王的谘询。当欧洲中世纪时候，教会是社会上最大的势力，无论在经济，或宗教，或社会方面，教会的势力总是超出于别种人民之上，所以当时各国就不得不承认教会的重要地位，不得不特准教会有派出代表，参与会议的权。到了后来，又因商务的发达，各国商民的财产也日渐增加了，他们的地位也日渐重要了，并且全国大部份的税赋又是商民担负的，于是商民阶级也能派出代表，加入国王的谘询机关。还有在少数的国家，农民与小地主能在封建制度之下，维持他们的地位，不因大地主的威逼，完全失去他们一部份的势力。凡有这样情形的国家，农民与小地主也能举出代表，参与国王谘询机关的会议。这是国会的起源。所以最初的代议制度是一种阶级的代表制度，各代表均是由社会中各阶级所举出来的，以各阶级的名义，与国王商议一切事物。

在欧洲各国国会之中，英国国会的历史最久，势力最大，确能称为“国会的老祖宗”。英国宪法发展的初期是十一世纪末叶，当威廉（William of Normandy）征服英国时候（一〇六六年）。就在这时期，英国已经有一个职权很大的“大议会”（Great Council），其最初会员只是国王的几个最有势力的与最有钱的封臣，包括贵胄勋阀与祝宗祭司。到了十三世纪的末年，国内的经济状况与社会情形就有很大的更变。因商务的发达，城市也就发生了，城市的居民大概均以商务为职业，他们的财产日渐增加，他们在社会上地位也就日渐重要。政府为时势所迫，不得不承认市民的要求，允许他们派出代表，加入这“大议会”。当时他们的代表是由国王于每城之中召集两个代表，再由每州之中，召集两个绅士。这就是英国国会的起源。

各州各城在这“大议会”中有了代表之后，该议会的代表份子就非常复杂，很不容易混合在一处，有同样利害关系的代表自然而然集聚在一处，不与别种代表往来。所以这“大议会”中各代表就有分立的趋向。当十三世纪的末年，英国国会中有四种不同的份子：（一）教会的代表——祝宗祭司，（二）不属于教会的地主贵族——贵胄勋阀，（三）小地主——各州的绅士，（四）商民，——各城的代表。祝宗祭司与贵胄勋阀自然有同样的利害关系，他们均是大地主，并且往往还有亲戚的关系，所以他们就联合起来，组织一院，叫做贵族院或上议院；小地主与城市代表也有相同的利害关系，他们也联合起来，组织一院，叫做平民院或下议院。这就是两院制国会的起源。

在欧洲大陆方面，国会中各阶级的代表不像英国那样的能联络，并成两院。例如法国国会是三院制的：贵族有贵族的代表院，僧侣有僧侣的代表院，平民有平民的代表院。并且从中世纪后，大陆各国的国会只是一种有名无实的制度，差不多于一二百年之内永未召集过，差不多就消灭于无形了。直到十八世纪末叶法国革命以后，欧洲大陆各国的国会才重行恢复。

自从法国革命以后，代议制度的性质就有一种根本上的变更。在法国革命以前，代议制度是一种阶级的代议制度。从民治主义观念发生，各处的阶级制度打破后，阶级的代议制度也就不能成立。阶级主义的观念从根本上打破了，个人主义的观念就立即发生，所以这代议制度也就从代表阶级的机关变成代表全体人民的机关。社会中的人民均平等自由的，各代表须由人口均等的各选举区域内举出的。这就是现今的代议制度。

在几十年前，欧美的政论家确是非常重视这一种的代议制度，以为这是民治国所必须采择的制度，并且又因为各国的历史早已证实这种制度的优点，他们就以为这种制度的利弊实无须再行讨论了。可是这几十年来试验的结果实使人民大大的失望。新近出版的书籍有描摹各国人民代表机关种种腐败情形的，也有从理论上研究代议制度缺点的。英国蒲徕斯在他的《现代民治政体》有一段描摹法国代议士的状况，我们可以引做一个例。他说："被选以后，议员最注意的就是保他们的地位。……所以他们非但须注意于本区域的利益，并且还须注意于区域内居民的个人利益，对于那般选举时候帮过忙的，尤须特别注意。选民所希望于议员所做的事务又非常繁杂。议员必须为本区内重要任务请领勋章，又须将他们的儿子或女婿提拔起来。议员又必须替其余一般人民代谋政府里的不重要位置，或贩卖烟卷的执照。选民自己又希望议员在巴黎替他们代办各种各样的差使，甚而至于代雇一个奶妈子，或代买一项雨伞。……这就是奴隶的地位。”

这种状况不单是法国的特别情形，是各代议政府的普通状况。现在各国政论家对于现行代议制度就是不攻击，也难免有种种怀疑的态度，所以又主张试用各种各样的制度，藉以免去政治上弊端。例如在法国，有人主张采用职业代表制度，这就是国会中的代表须自各职业团体举出来的，各代表所代表的不是各选举区域中那一般利害不相干的人民总体，却是同行同业的并有利害关系的人民团体。在瑞士，人民直接立法制度早已通行了。在英国，凡各种重要问题差不多是不能由国会直接决定，必须先由人民举行投票，举出新国会后，方能决定。美国各邦人民一方面在宪法内以明文禁止代议机关做这样，做那样，又一方面采用人民直接立法制度，由人民自行制度或否决一切法律。这就是各国人民对于现行代议制度不信任的表示。

但我们讨论代议制度的弊病，我们万不可误认这代议制度是一种固定的制度，忘却在历史上代议制度曾经有过各种各样的变化。现今政论家所反对的只是各国所通行的那种代表政治区域的代议制度，并不是将各种各样的代议制度一概反对，一概从根本上打破。就是那般激烈改革家所主张的新式制度，如职业代表制等类，其中也免不了代议的性质。这代议制度本来是可以变出各种各样的形式，以适合于当时社会上一切的状况，直到社会情形更改了，制度方面也改换面目，使之能适用于新的状况。代议制度从阶级代表制变为个人代表制是最显明的事实，照现在的趋势，将来也许又从个人代表制变为职业代表制。

第三节 人民政府

人民政府是一种事实上的现象，并不是一种哲理上的观念。人民政府并不是政体方面的一种特别组织，却是政府的一种特别性质。如果政府的一切政策，及其执行的方法均依照多数人民的意志而决定的。并且人民还有监督政府的权力，这类的政府均可以称之为“人民的”。人民政府与民治制度很有相同的地方。但民治制度是一种政府的制度或组织，是与那代议制度立于相对的地位的。民治制度是指一种以合格公民的多数意见为统治的政体，代议制度是以人民代表为统治的政府。人民政府是专指政府的性质而言；无论那种政府制度，只须执政者能顺从人民公意的支配，人民能有实权监督政府，就可以叫做人民政府。

从政府的性质一方面着想，人民政府又与立宪政府很有相像的地方。立宪政府也不是政府的一种特别组织，也是政府的一种特别性质。人民政府与立宪政府的观念虽是各别的，但立宪主义与人民监督的观念却很近似的。凡政府的职权须依法执行，人民的权利有确定的保障，这种政府是叫做立宪政府。立宪政府的组织同时还须采用分权主义，使各机关互相钳制，不得违反宪法上的规定。大部份的成年公民均有相当的参与中央或地方事务的权力，使他们的意志有表示的机会，使他们对于执政者能执行他们的监督权。人民参与政治并不能算是立宪政府的根本原则，但大多数的立宪政府均有这样的规定。立宪政府采用了人民参与政治的原则，同时又可以叫做人民政府。立宪政府不必一定有人民政府的性质，但人民政府却免不了那种种宪法上的规定，使人民有参与政治的确定方法，有监督政治的确实能力，使政府职权非依法执行不可。这就是人民政府与立宪政府的关系。

所以在人民政府之下，人民对于政府的态度不能像我们从前专制时代存了恐怕的心理，恐怕政府的大权将有不利于人民的态度；也不能像欧美民治国家人民存了不信任政府的态度，处处想牵制政府，使之不能行动自由，其结果是使国家不能进步。人民政府是人民自己的政府，人民对政府既不必恐怕，又不必存一种不信任的态度，尽可以把国家大权付托政府，不限制其行动，事事由其自由去做，然后国家才可以进步，进步才很快。

这就是孙中山先生所主张人民对于政府应持的态度。三民主义的目的是要“促进中国之国际地位平等，政治地位平等，经济地位平等，使中国永久适存于世界”，所以中山先生的三民主义是使中国富强的一种方法，强有力的政府又是富强的中国所不可缺少的工具。孙中山先生是不肯模仿日本德国那种专制式的富强方法，又不肯模仿欧美那种民治式的方法，所以提出一个新方法，希望一方面能够有一个强有力的政府，又一方面能够使民权发达到极点。这个方法就是把权与能分开，人民是有权的，可是没有能力；政府是有能力的，可是没有权。他说：“讲到国家的政治，根本上要人民有权，至于管理政府的人，便要付之于有能的专门家，把那专门家不看作是很荣耀很尊贵的总统总长，只把他们当作赶汽车的车夫，或者是当作看门的巡捕，或者是弄饭的厨子，或者是诊病的医生，或者是做屋的木匠，或者是做衣的裁缝，无论把他们看作是那一种工人，都是可以的。人民要有这样的态度，国家才有办法，才能够进步。”这才是人民政府的精神。

孙中山先生不是迷信于人民万能的理想家，却是深知人民缺点的实行家。他讨论权与能应当分开的原则时候，他有一个很值得我们注意的比喻。他把《三国演义》里边诸葛亮与阿斗来比政府与人民。他说：“诸葛亮是有能没有权的，阿斗是有权没有能的。阿斗虽然没有能，但是把什么政事都付托到诸葛亮去做，诸葛亮很有能，所以在西蜀能够成立了很好的政府，并且能够六出祁山去北伐，和吴魏鼎足而三。”他又说：“现在民权政治，是要靠人民作主的。所以中国四万万人，就政权一方面说。是像什么人呢？照我看起来，这四万万人都是像阿斗。中国现在有四万万个阿斗。人人都是很有权的。阿斗本是无能的，但是诸葛亮有能，所以刘备死了以后，西蜀还能够治理。”

“中国现在有四万万个阿斗。”这一句确实可以使我们明白中国政治问题，特别是人民政府问题。阿斗有权无能，所以一事都做不了，他幸而有一个诸葛亮忠心辅佐，西蜀还能够治理。假使阿斗没有一个诸葛亮，有一个曹操或一个董卓，阿斗虽有权，恐亦不晓得怎样去利用他的权，刘备死后的西蜀早已不是阿斗所有了。一个阿斗有一个诸葛亮能够治理西蜀，现在中国四万万个阿斗不晓得要多多少少的诸葛亮才能治理中国。所以现在中国的人民政府问题一方面是怎样去找出无数有能的诸葛亮，又一方面是怎样去教育与训练四万万有权的阿斗，使他们遇着曹操董卓一类人物，晓得怎样去用他们的权。

政府原是为人民谋幸福的工具。某种政府如能增进全体人民的福利，就可以算是一种好政府。某种政府如不能达到这样的目的，就不是好政府。这是政治学上的根本原则。所以从事实上着想，各国的主要政治问题就是怎样能设立一种政治制度，最适合于他们的历史、人情、风俗与习惯，并且又能训练他们人民做良好公民，增进全体人民的福利。这样说起来，我们决不能根据于学理上的推想，断定某种政府制度为最好最适宜的政府。各种政府的优劣均须以各该政府的结果判定的，并且各国的种种状况又各不相同，某种政体在甲国发生了好结果，也许因为某种政体恰巧适合于甲国的状况；我们万不能因之断定某种政府在无论什么地方都能发生好结果。我们所应当注意的就是什么样的状况方能使用什么样的政治方法，采用什么样的政治制度。我们讨论人民政府也得要采取这样的态度，就是，有什么样的状况，用什么样的方法，才能训练人民的政治智识，能使人民的公意确实表示出来，又能使人民真有实力执行他们的政治权力。

“人民是阿斗”，以阿斗这样的智识与程度那能晓得他自己本身的利害，那能晓得用怎样的方法，最容易得到他的利益。中国“四万万个阿斗”之中，大部份连他们自己的衣食住尚不能顾全，智识幼稚到极点，又没有享受教育的机会，他们那有时间，那有能力，去研究全体社会的需要？至于那般上等社会阶级的“阿斗”又自私自利，只知保全他们的特殊权利，不顾全体社会的利益。只有极少数智识阶级的特殊“阿斗”稍能明社会上的需要，稍能表示一些公意，但他们既没有实力，又没有相当的保障，所表示的公意差不多等于废话，万难得普通一般“阿斗”的同情。再从政治智识方面着想，中国“四万万个阿斗”之中，究竟有几个能够明白立宪主义的根本观念？究竟有几个能够有法治的精神，把法律看做一种确定的、公平的工具，其唯一的作用就是为达到社会上的公道？究竟有几个能够明白政治权力的真真性质？这种种问题都是实行人民政府的先决问题。“为治不在多言，顾力行何如耳”，是中国两千年前专制政体时代一句格言，在现今民治时代还是照样能适用。假使中国“四万万个阿斗”个个能发奋力行，就是学不到尧舜禹汤，最低的限度也得要学到像他们的爸爸刘备，有辨别善人恶人的能力，能够找得出像诸葛亮一类人物，付托国家大事，那末，孙中山先生权能分开的学说才能实行，民权主义才能成为事实，人民政府才能发现于中国。

第四节　公意与人民政府

人民政府是根据于人民公意执行政权的政府。在广义一方面说起来，凡各种各样的政府均须约略顾全人民方面的公共意志，就是那种专制君主也不是完全可以固执自己的意思，毫无所顾忌的，有时候却也不得不顾虑到人民一方面，依照人民的意志决定政策的方针。但我们所要讨论的并不是这一种广义的民意。我们所谓人民政府，就是人民对于各种政策的意见，可以根据于宪法上所确定的方法，确实表示出来，并且还能积极的影响于执政者的行动，使他们依据这种表示，决定政策的标准。

但人民对于政治方面的公意决非于短时期之内可以产生得出的。产生公意的机关种类繁多，名目不一，有各种各级的学校，有各种各样的日刊、周刊、月刊与季刊，有种种社会改良或政治改革的会社与政党，最重要的还是社会上那般独立智识阶级，他们有研究高深学问的机会，对于一切问题有一种客观的见解。他们如果真能尽心极力，一心一意以制造真真公意为目的，其成效一定是非常之大。

公意是人民政府的根基，没有真真公意的存在，人民政府的精神也决不能存在的。种种民治的方法或制度绝不会单独达到人民政府的目的，除非在这种方法或制度的背后，另外还有一种根本的要素——公意——主持其间，使这种方法或制度发生良好的结果。在那种没有公意做根基的形式上的人民政府之下，各种法律也许是不公平的，不适用的；执行法律的手续也许是很不完备的，处处可以侵犯人民的权利。人民虽则有了极大的政治权力，他们也许没有多大的智识，没有政治的能力，因此，一切实权就于无形之中被那般军人或官僚政客把持去了。在这样状况之下，几个狡猾的人物就有极好的机会：如果这政府是一个军事政府，几个有军事资格的武人就可以做真真的执政者；如果是一个民治政府，政权就要到了几个阴谋的政客手里。这种危险实在是免不了的，并且又在十六年的民国历史上确实证明了的。

反转来说，如果确有真真公意的存在，那末，就是一个政府的制度在形式上有什么不完备的地方，也够得上叫做人民政府。比方英国政府在形式上确是一个君主立宪政府，其中有世袭的国王，世袭的上议院，但无论什么人总得承认现今的英国政府是人民政府。又比方坎拿大政府，在名义上还是英国的殖民地政府，其行政首领是由英国国务总理提出任命的，其上议员的任期是终身的，这样的制度都是不合于人民政府的原则；但在坎拿大，真真的公意确有正式表示的方法，并且其势力又是很大，所以坎拿大确已达到人民政府的目的。

所谓公意当然也有一种确定范围，几个人的意思决不能叫做公意，执政者所假造的民意也不能算是公意。当民国四年袁世凯帝制时代，参政院以各省区国民代表大会公共委托该院为国民代表大会总代表，即举行全国国民代表大会，一致赞成君主立宪。这样所表示的意志只能算是政府所伪造的，决不能叫做公意。公意的主要特质就是这一个“公”字；除了社会上大部份人民所表示赞同的公共意志外，其余的意志决不能冒称为公意。社会中多数人民当然不能有绝对相同的意见或观念，但对于几种根本的重要问题，他们总得有大致相同的意见。他们对于那种不大重要事实，也许各有各的意见，但对于那种根本问题，他们必须同力合作，务求达到他们的共同目的。现今中国人民对于政治上的主张虽不能完全一致，但对于时局上几个重大问题，如裁兵、整理财政、废除不平等条约等类，他们的主张总有根本相同之处。

可是公意的产生也绝不是偶然的，必须经过一个宣传时代，方能成熟，方能得到多数人民的赞同。在无论什么样的社会，初发生的所谓公意并不是全体人民的意思，只是几个人的意思。这几个人对于公共事务是非常注意的，并且也时常根据于他们观察所得的结果，表示他们自己所确信的意见。这种人物确是不多的，但他们却可以算是社会上的领袖人物，或是普通社会一般人所信仰的，或有一种特别的宣传能力，能够把他们自己的意见去影响社会上多数人民的观念。等到他们的宣传成熟以后，普通人民大都被他们同化了，所谓公意就从此发生了。三民主义于数年之内从孙中山先生个人的观念变为国民党的党纲，再由国民党党纲变为全国多数人民的观念，就是产生公意的一个例。

社会上如果有一般热心公益，关心政治事务的人物，他们对于一切事务却能明白其中澈底的情形，并且还能运用他们的判决力推想出各该事务的性质及其影响，然后再表示他们自己良心上的观念及主张，极力宣传，使多数人民赞同；只有这样产生出来的公意才能算有理性上的根基，才能发生良好的结果。所以推测一国政治良否的标准，全在于观察那般政治领袖人物的智识与能力。如果领袖人物有确当的知识与政治的能力，他们一定能使多数人民根据于他们的意见，产生出一种良好的公意。至于那般少数人民虽有种种原因，不能积极赞同这样表示的公意，也得有一种顾全全体社会利益的精神，也得要出于至诚，觉得非服从不可。为防止多数人民专权起见，为保护少数人民的利益起见，宪法上就须有种种的规定，限制人民方面的一切轨外行动。多数人民的举动如果不出宪法的轨道之外，少数人民就有服从的义务。同时多数人民也得要顾全少数人民的利益，使他们能够在同一个社会中过共同的生活，少数服从多数，多数顾全少数，这就是民治主义的精神。有了这样的精神，真真的人民公意才能存在，才能发生良好的效果，人民政府的原则才能实行。

第十四章　邦联制与国际联盟

第一节　邦　联

凡许多国家为共同利益而设立一种长期结合，都可以叫做邦联。邦联不是普通的联盟，因为邦联有一个确定的中央组织，可以影响于各分子国的意志。邦联是一种较为永久的结合，联盟是暂时的结合。邦联的目的比联盟更多更复杂。

但同时邦联也不是联邦。邦联只是一种国际联盟性质的组织。邦联的分子国仍保留对内的主权和政治组织；就是对外，也多少有一点主权存在。所以各分子国都是真正的国家，并不单是有自治权的行政区域，各分子国的相互关系很含有国际关系的性质。邦联并不是只有一个主权，各分子国都各有主权。邦联是由互相同意的契约组成的，不是由宪法组成的。邦联政府没有直接受支配的公民或人民，只有由分子国居中介绍。邦联政府的意志只是各分子国意志的总积；这种意志不是由立法团体发表的，只由代表各分子国的全权委员组成的半外交式的团体发表的。这些全权委员，对于各种事件，通常遵照本国政府的训令，表示可否。他们的议决，不能直接拘束人民，必得各分子国的政府采用，才能够对于人民发生效力。邦联的议会没有权力可以执行自己的决议。古代有许多邦联事实上都没有行政或司法的机关，只有依靠各分子国的帮助代替执行。各分子国平常可以自由脱离邦联的关系，因分子国的脱离，常常宣告邦联的消灭，因为邦联的政府没有宪法上的权力可以阻止各分子国自由脱离关系。

历史上所发见的邦联，实例很多。因为国家为公共防御或公共利益起见，必得要联合邻邦，如同个人必须结成社会才可以生活一样。古代希腊各国组成许多邦联，最重要的便是亚嘉亚联盟（Achaean League纪元前二八一年设立的），及伊多尼亚联盟（Etolian League纪元前二八〇年设立的，这两个联盟都到纪元前一四六年被罗马灭掉了）。亚嘉亚联盟有中央议会，每一个联盟的城市国家有一票投票权，又有中央行政部和裁判所，各分子国单独不能宣战媾和，或同外国私定条约。中央政府并且是实行直接的民治制度，并不是代议制，凡过三十岁以上的市民都有出席中央议会的权利。联盟的目的是想藉各国的团结力来驱逐马基顿的势力。因为他们的组织非常发达，所以有许多学者都称他为联邦。古代意大利各城也常常有邦联出现，不过没有希腊的邦联那样重要和完全罢了。中世纪当一二五四年及一三五〇年之间，有莱莲斯邦联（Rhenish Confederation）。一三六七及一六六九年之间，有韩遂联盟（Hanseatic League）。韩遂联盟当初本是为提倡及保护贸易而设的，后来逐渐进步，变为宣战媾和的政治团体，在欧洲外交事务上占有很大的势力。各分子国中有争端，都归中央裁判机关裁判。当一五二六年及一八零六年之间，有一个神圣罗马帝国出现，包括一百多个团体——如自由城市，教会领地，世袭君主国之类——在内。此外还有自一二九一年到一七九八年及自一八〇三年到一八四年的瑞士邦联（Swiss Conefederation），都是历史上最好的实例。

最近有两个邦联的好例：一是自一七八一年到一七八九年的美国邦联，一是自一八一五年到一八六六年的德国邦联。美国的邦联，照约章上说的是各分子国“友谊的联盟”，每一个分子国都保有他的主权，自由独立，他们的目的全在保障各分子国受敌人攻击。邦联的公意由代表的议会决定，效力仅及于分子国，不直接影响于分子国的人民，没有公共的执行和裁判的机关，议会的议决只由分子国执行，因为中央政府的权力过弱，所以后来竟消灭了。

德国的邦联是最初包括三十八个不同的团体——如王国、公国、侯国、自由城市之类——在内。这是一种永久的联盟，目的在保障德国对内对外的安全，及邦联国的独立。邦联的总意由全权代表所组成的议会发表，全权代表受各该政府的委托，听各该政府的指挥。议会有接受公使之权，有宣战媾和之权，有时并可以干涉分子国的事务。各分子国如果在不妨碍邦联及其他各分子国安全的范围之内，可以加入外国同盟，并可以派遣公使。如果在邦联宣战的时候，没有一国可以不得邦联的同意擅行媾和。分子国不能互相宣战，所有的争端都由邦联议会判决。有一个裁判法庭，可以行使相当的裁判权，但是没有公共执行机关，所以议会议决的执行只有托付各分子国去办。

第二节　联邦的性质

比邦联更一进步的结合，叫做联邦。联邦也是由许多国家结合起来，合定一种宪法，造成一个中央（或联邦）政府，执行一切的公共事务。可是联邦宪法是由各分子订定的，宪法制定以后，各分子国便消灭其原来的独立资格，变成中央政府中的地方政府，国家的最高权全在中央政府手中。但是分子国虽然在法律上变成地方政府，在事实上却与单一国的地方政府不同。因为这些分子国是建成联邦的基础，并不是由联邦建设起来的行政区域。他们的存在是独立的，是在联邦之前的，不是联邦的创造物。各分子国对于人民的权力，是他们固有的权力，不是中央政府委任的权力。这种权力是先中央政府而有的，不是中央政府创造的，没有中央政府，他们也可以存在。

蒲徕士（Bryce）有一段话说明美国联邦的性质，极其明了。他说："中央政府与诸州政府，譬如同在一土地之上，一大建筑物，包有诸群小建筑物。两者之关系，如在许多旧小礼拜堂之上，建一壮大之新礼拜堂。其初各别建筑之许多小礼拜堂，建筑之时不同，建筑之法亦异，林列于地盘之上。后建造一宏壮寺院，巍然而立于其上。其屋脊摩空而耸高，其墙壁基于旧礼拜堂垣墉之上而并合焉，其内部以本身之结构而轮焉奂焉。然其旧建筑物之本体，决不因之而消灭也。若其新而且大之堂宇云亡，则各小建筑稍稍补苴，亦足以蔽风雨，一如其旧焉。举亚美利加诸州，悉网罗于联合体之内，其联合体不仅为诸州之一团结，诸州亦不仅为联合体之一部份，联合体破坏，诸州就其现有权力，稍稍增益，犹得为各自独立之团体，而无害其生存。"（见《平民政治》第二章，此从共和党译本。）由蒲徕士这一段比喻的话看起来，可见得联邦是由各分子国联合而成的复合国，是由许多独立的小国而结成的政府，不是由许多独立的个人结成的政府。

联邦一方面与单一国不同，一方面又与邦联不同。单一国的地方政府，无论自治权怎样大，总是中央赋予的权力，不是固有的权力。联邦与单一国的重要区别共有三点：（一）联邦中各分子国所有的权力是保留下来的，是自己固有的，不是中央赋予的。联邦中各分子国如果不能保留固有的自治权，便只有联邦之名，没有联邦之实了。（二）联邦的中央政府的组织，都是由分子国的意思决定的。（三）联邦制一经确定之后，如果要修改宪法上关于中央与各邦的权力分配的问题，须要得到各分子国的同意。

联邦与邦联也有几种区别，在邦联，各分子国都有完全独立资格，他们相互的关系，不是国内关系，只是国际的或条约的关系。他们没有共同的中央政府，各分子国都有最高的权力，邦联的意思只是各分子国各个独立意思的总集。联邦不是独立国的联盟，专为攻守等事而设的，凡是公共的利益都可以由中央政府执行，建设联邦的法律，不是条约，乃是宪法。综而言之：邦联是几个国家的联盟，联邦是几个国家合成一个国家。

第三节　联邦与各邦的职权分配

现代的联邦制要算是自美国一七八九年联邦宪法成立之日发源的。以后就有坎拿大的邦联（一八六七年），德意志的联邦（一八七一年），瑞士的联邦（一八七四年），墺斯特利亚的联邦（一九〇〇年），与南非洲的联邦（一九一〇年）。

在这许多实行联邦制的国家中，第一个重要问题就是中央与各邦的权力怎样分配。近来国家的观念，已经从主权者的国家观变到事务员的国家观了。在主权者的国家观念之下，中央与地方所争的是主权，所以从前联邦论所讨论的，大半是分权的问题；在事务员的国家观念之下，中央与地方所争的是职务，所以我们现在要讨论的，就是分职的问题。从前的学者以为只要替邦争得国家的资格，便可以有一部份独立的主权，去独立支配其权限以内的事务。但是在现在看来，多元的主权论业已发生，不限定国家才有一部份独立的主权，就是家族教会工党及地方自治团体，又何尝没有一部份独立的权力呢？从前的学者以为只要替邦争得固有的性质，中央便不能够随意夺回权力；但是在现在看来，中央能不能夺回各邦的权力，并不单靠法理上的根据，大半要靠地方势力。各国的地方自治权，那一个不是由中央赋予他们的，但是有那一国能够把既已赋予地方的自治权任意夺回去呢？譬如儿子的身体，固然是父母出生来的，但是现在做父母的，可以随便宣告他儿子的死刑吗？由此看来：我们现在绝没有替各邦争国家资格及替邦权争固有性质的必要；我们所当特别注意的，只有中央与地方分职的一个问题。

美国的联邦制就是把全国的职权分配于各邦及中央政府。分权的界限由合众国全体人民所制定的联邦宪法规定。人家多说：美国政府的分权，是把权限分为两部：一部份交给中央政府执掌，一部份交给各邦政府执掌，这种观察实在是大错。因为就是把中央政府与各邦政府所有的权力合将起来，也还不能够说是完全的权力；此外还有一部份权力不属于联邦政府，也不属于各邦政府，却在人民的手中。照一八八九年九月的宪法修正案中“凡本宪法中所未委托于合众国及未禁止各邦之权力，皆由各邦或人民保有之，”一条条文看来，人民确有一部份权力。

美国联邦政府自一方面看来，好像是各邦的创造品；自他方面看来，又好像是全美人民的创造品。所以有人说：联邦宪法是全美人民用契约的方法采用的。可见得美国的宪法也是人民的创造品，故全美人民的主权实在在中央政府及各邦的权力之上。国权与邦权的区别人民都有主权可以决定。

美国中央政府的权力仅包括那种关于全国的普通事件，这类普通事件有两个标准：（一）以各部份国民的公共利害为标准；（二）以该事件必得要国民全体的势力才可以做到为标准。所以美国中央政府所管理的事件大体如下：

（一）一切外交及宣战媾和。

（二）陆军及海军。

（三）联邦法院。

（四）内外的贸易通商。

（五）货币。

（六）版权免许及专卖特许。

（七）邮政局及邮政道路。

（八）充前列各项所用的财政。

（九）反对不正当的州立法而保护市民。

以上所列举的是从前美国中央政府权限范围；现在因为铁路及劳动事项发生，所以交通行政及劳动待遇等事也划归中央政府的权限。此外所有的立法行政都为各邦所有，中央的立法部行政部都不得干预。因为这样，所以说中央政府的权限是列举的，各邦政府权限是赅括的。

但是美国联邦政府的权限只是大概的列举，瑞士的宪法却是详详细细的列举，且看瑞士中央政府的权限：

联邦政府有同外国宣战媾和联盟缔约的唯一权力，尤其有缔结贸易通商条约的权力。

各邦发生争议不得以武力解决，须由联邦政府决定。

联邦政府可以自费或补助费建筑公共工程。

联邦政府有指挥监督河川森林的警察的权力。

联邦政府有管理渔猎的立法权。

关于铁路的建筑及工事立法，属于联邦政府的权限。

联邦政府得设立联邦大学及别的高等教育机关。

税关由联邦政府管理，联邦政府得征收出口税及入口税。

此外还有邮政、电报、货币、权衡度量、保护劳动、制造军火、卫生，及保险等事，都由联邦政府管理或立法。这是瑞士宪法中所详细列举的权限。

大概权限的冲突，原因在统一而不在划分。再进一步说：不但分权不致惹起权限于冲突，并且因为界限分明，可以预先防止了许多的纠葛。况且现在国家的职务在做事不在统治，那有真正做事的国家不取分工方法的道理，联邦国家是政事分工的一种方法。

第四节　国际联盟

世界各国常常为公共的目的与公共的利益正式结成国际的联合。这种联合在从前也不知道有多少种，性质也绝不一样。从法理上说起来，可分为三种：（一）联合的基础建筑在平等及协作的原则之上，各分子国都保有自己的主权与独立；（二）联合的基础建筑在不平等的原则之上，有几国占优胜的地位，有几国居服从的地位；（三）联合基础建筑在平等的原则之上，各国都有同等的权力，但是却都服从一个中央政府。

国际联盟就是在第一种联合原则上建筑起来的。一方面各分子国都占在平等的地位之上，得保有自己的独立与主权；一方面联盟是一个常设的团体，凡在盟的各国都有永久遵守约章的义务。故国际联盟约章一方面与临时缔结攻守同盟的条约不同，一方面又与消灭各邦主权的联邦宪法不同。

国际联盟虽然实现于欧战之后，但这种理想在十四世纪初头，就早已发现了。大概凡有多数独立的国家同时并立，又同时互相交通，便不知不觉的有这种联盟的需要。上古各国孤立，彼此都以自给为主，所以没有共同的利害观念发生；就是到了罗马帝国发生的时代，也不注重国际的观念。因为在普遍的帝国势力之下，只容得帝国的思想，不容得国际的思想。在欧洲中古时代，民族统一的国家还没有完成，所以联盟的问题也不发生。到了中古的末期，独立的国家渐渐组织成功，交通和商业也渐渐发达，所以联盟的思想也渐渐发生了。

最先主张联盟的人是法国的法律家狄包（Dubois）。他在一三〇五年就主张组织基督教国的大联盟，保持和平，并设一常任仲裁裁判院，判理联盟国中间的争端。在一四六一年，有玛利里（Marini）想设立一个大联邦，把所有的基督教国都包括在内，并设立一个公会于瑞士，作联邦的最高机关。大概自十七世纪以前，所有联盟的动机都由宗教上发生的；到十七世纪以后，所有联盟的动机都由战争上或商业上发生的，边沁为防止战争起见，主张由欧战各国代表组织一个公会，常川集会，由公会担任法廷的职任，解决一切国际中间的纷争。凡不服从公会裁决的国家，便由欧洲联盟除名。公会中并由各国分派一定军额，组成联盟的军队，做公会决议执行的保障。边沁的防止战争的条件有二：（一）减少各国常备兵额，（二）解放殖民地，让他们脱离母国独立。

伯伦智理也有国际联盟的计划案，他的计划案中大旨如下：（一）设立欧洲总务院，以各国元首或元首的代表组织之。投票权多少不等（大国三票，中国二票，小国一票）。（二）设立欧洲元老院，以各国议会选出人员组织之（大国十人，中国四人，小国二人）。元老院有审议国际法规的职任，对于悬案的大问题亦得发表意见，惟决议权属于总务院。（三）执行权属于大国。如少数国家认为必要，得总务院多数同意时，可以执行强迫的制裁。

从前联盟的计划虽然各不相同，但有一个共同的要点：就是想设立一个法定的常设机关，以维持国际的和平。不过在这回欧战之前，所有联盟的范围都只以基督教国或欧洲的国家为限，绝没有想把世界所有的国家联合在一块的。从前联盟的目的，只在消极的防止战争；这回联盟的目的却更进一步，想增进人类共同的福利。从前希望国际间势力平均，故取国际衡制主义；现在希望国际间永远和平，故取国际互助主义。所以国际联盟与普通的两国或两国以上的同盟不同。同盟是想联合利害相同的国家，与同盟国以外的国家相对抗。联盟却是合全世界国家为一团体，故没有对敌的意义，只有化敌为友的意义。

威尔逊说："我们所提倡的国际联盟不是别的，就是把美国试验过的联邦制度推行到世界上去，做成一个世界联邦罢了。"这几句话如果是真，一方面要发生联盟国的主权问题，一方面又要发生国际联盟的性质问题。换句话说：国际联盟成立后，对于各国的主权究竟有没有妨碍？国际联盟自身到底是不是一个国家？关于第一个问题，多元的主权论可以解决这种困难。就是不取多元的主权论，于国际联盟的存在也没有什么妨碍。因为国际联盟约章第一条有"凡盟员先两年预告，可以出盟"的规定，各国既得保有自由退出联盟的权力，即于各联盟国的主权完全没有妨碍。由此看来，国际联盟的约章仍然含有国际条约的性质，与联邦国的宪法大不相同。而且国际联盟的建设，以各国为单位，国际联盟的权力只能影响于各国的政府，不能直接达到各国的国民。从这一点上看来，国际联盟只是国家的联合，并不是联合的国家。所以国际联盟只可算作邦联，不能算作联邦式的国家。威尔逊的话，只能说是对国际联盟将来的希望，不是现在国际联盟的正当的解释。

国际联盟的目的在约章中已规定的明明白白的，该约章开首就说："兹为增进国际互助，保障国际和平与安全起见，缔约国援据左列条件缔结兹约，组织国际联盟：

（一）缔约国承认负有不诉诸战争之义务。

（二）缔约国认定国际关系应以公开正义令誉为归。

（三）缔约国严取国际法原则为政府间行为之真正标准。

（四）缔约国拥护正义，尊重条约上义务，以纠正有组织的各民族之相互关系。”

照这几项的规定看来，国际联盟不仅为消极的世界弭兵大会，并且为积极的图谋国际互助的机关。而且加入联盟的资格，不以有主权的国家为限，“凡自治国家，或自治领土，或自治殖民地，……亦得为盟员。”这种规定，不啻把主权为国家特性说根本取消，可算是国际联盟约章中一大特色。故国际联盟现在虽然不能算作一种国家，等到后来把国际联盟的组织弄好了，也许便可成为一种新国体。

第十五章　政　党

第一节　政党的性质

现代欧美各国的政府又叫做政党政府。所谓政党就是由那般操持同一的意见而作一致的行动的人民做组织的团体，其目的是想在宪法的轨道以内操纵政府的权力。在现今民治式的政府组织之下，人民有言论自由，思想自由，并有参与政治的权力，所谓民权已比从前大大的扩充了；执政者是人民选举出来的，一切的政策也得根据于多数人民的意志而决定的。但全国人民决不能有同一的意见，一致的主张，他们对于外交与内政方面的种种问题，对于教育、赋税等问题都是意见纷歧，有各种各样的主张。他们的目的也许大致相同，都是为国家，为全体人民谋幸福，但达到这目的的方法却种类繁多，万难有一致的主张。凡有同样主张的人民往往就不得不联合起来，组织一个团体，叫做政党，同心协力的进行，以达到他们的共同目的。所以政党是人民政府的出产品，也是人民政府所不可缺少的现象。

在最初的时候，政党的起源大概都因一种实际问题使一国人民分为两派或数派。可是除了这种具体的问题之外，政党的生存与繁盛还得要靠人民心理中的种种倾向，特别是同情心、摹仿、竞争与奋斗。人类是为竞争而好竞争的，总是喜欢胜过他人而达得胜的目的。当人民遇着一种对敌，其势力有可与之竞争的价值，但又不至于无可抵御，那时候同伴的团结力一定是最坚固最利害。这就是为什么一个政党有时候把原来的主义忘却了或变更了，且其领袖也死亡了，还能维持其党的团体。凡新加入的党员或新领袖都能吸收党中已成的精神，袭守向来的习惯。人民总觉得步践前人的遗迹，承袭前人的名誉是很有兴趣的。有些理想的主义也许是政党的旧基础，仍旧是竞争的标帜，但主义的吸引力万万比不上竞争的精神、党名的依附、与合作的兴趣。

并且除此之外，还有别种势力也可以使人民结合起来，成为政党。有许多政党是因宗教的区别而发生的，如十七世纪时候英格兰与苏格兰的党派；有因种族的关系而发生的，如欧战以前中欧与东欧各处的民族党，英国的爱尔兰民族党；也有因王室的关系而发生的，如一八四八年后法国的波奔党（Bourbons）等类；更有由一个领袖聚集许多党徒，等到领袖死后，党徒仍团结不散的，如南美乌鲁格（Uruguay）共和国在六七十年前有两个大伟人各结集许多党羽，直到现在，这个“红”“白”党的势力还是分占全国。政党的最初起源是没有什么大关系的，因为政党所藉以发展的不是其起源。是其组织以后所能收罗的各种势力。比方美国选举总统时候那民治共和两党的党员奔走运动，无不表示其极端热忱，你如果问他们为什么做民治党或共和党的党员，大多数人民往往自己也不知道的。他们至多可以回答你，因为向来是属于什么党的，或者是因为他们的父亲他们的老祖宗是什么党的党员，所以他们也就常常是什么党的党员，至于这政党起源的历史及其主义，他们是更莫名其妙了。这种动作原是无理性得很，但在现今欧美那种在宪法轨道上行动的政党政府，确实也可以表示一种忠心。他们虽不能为主义而竞争，但他们的竞争确实不是自私自利的，是与本身无关系的。他们所希望于得胜的结果，也只是得胜的快乐而已。

政党的存在既是根据于人民心理上的倾向，那末，我们研究政党的派别必须从人民的心性方面入手。从人民的性情上说，有人是好动的，也有人好静的；有人是胆小的，也有人冒险的；有人是向后退的，也有人向前进的；有人只能看出一切社会制度的优点，所以一心一意想维持现状，还有人只能看出社会制度的缺点，所以一心一意想改组社会。这种相反的态度大概是根据于各人的状况与训练而发生的。财产，地位与特殊权利往往使人民趋向于守旧一方面，贫穷与缺少机会又能使人民的态度趋向于激烈一方面。一个人自觉其地位的优胜往往是守旧人物，一个人自觉其潜势力的优胜往往是激烈人物。守旧人物总觉得人类历史与自然状况只能一步一步的向前跑，决不能勇往直前的跳，他又深信社会一切现象只能逐渐进化，经过了一定的时期，什么问题都可以解决，什么事情都可以改革。激烈人物觉得自然的进化是很慢的，他因不忍耐等候，所以就想用尽种种方法，使历史向前进行。他是深悉环境的势力，所以又想改变环境。从他的眼光中看出，没有一种制度是不能改造的。所以激烈派的人是社会状况的批评者，守旧派的人是社会学理的批评者。

这是政党成立的大概状况。在从前的时候，凡英语国家的政党叫做两党制，欧洲大陆国家的政党叫做多党制。现在这个区别却没有从前那样重要，因为在两党制的英美已有所谓第三党第四党出现，也逐渐趋向于多数党方面发展了。欧洲大陆各国的政党又依照各党国会议员议席的地位分为左派右派与中立派。凡激烈派的议员都是坐于议长的左面，所以称左派；守旧派在右面，叫做右派。中派大概是教会方面的代表。此外还有所谓中左中右等名词。这就是现在我们常听见的左派右派名词的来源。

政党在政治上变成一种势力是从英语国家中开始的。英国的卫格党（Whig）与托雷党（Tory）是查理第二时候起的，美国的政党是从一七九六年总统选举时候起的。英国的政党是从国会中先发生的，美国是在国会与一般人民中同时发生的。在现今时代，政党已经变为民治国家所不可缺少的制度。政党的功用就是（一）在平时能把一盘散沙的人民都布置得井然有秩序。在那人口众多的国家，假使没有政党的组织，试问有什么方法能把人民的公意激动起来，训练起来，指导起来呢？（二）在选举或投票表决问题时候，能筹备许多非国家能力所办的事务，如分送关于选举或投票时候一切问题的著作，启发选民的热心，开演讲会，说明选举的义务；这类事务都是选举时不可少的，假使没有政党，到底让什么人去办呢？（三）在国会内，政党的纪律能指挥议员依照党纲而表示一致的行动。假使每个议员都依照自己粗浅的与草率的意见而行使议决权，那末，几个少数的野心家就个个要出风头，个个都想增高自己的声望，议会内部的事务势必至于弄得一塌糊涂，立法的进行亦势必至于弄得异常的无秩序无定向了。

但政党制度同时也不免有种种的弊病。这是因为一个政党当权以后，种种营私舞弊作恶的机会实在是太少了，凡平常人民差不多都抵抗不住这类的引诱力。政党的主要目的是实行本党所议决的政策，但实行政策，又非得到政权不可。只有把政府的大权得到手，才有实行政策的机会。所以在没有当权以前，各政党势必用尽心计，种种诈伪的行为，种种欺骗的手段都做得出。等到当权以后，各党员所注意的是政府中的优差美缺，实行他们的“分赃制度”，各党魁又只顾他们自己的地位，自己的私利，把选举时候所宣布的政策与党纲完全弃置不顾。并且各党之内又不免常有几个以政治为生活的政客，他们把持了一切的权力，又利用政党的机关，去达到他们自私自利的目的。所以近来反对政党制度的人也因之逐渐增加了。可是在没有发明别种能代替政党的制度之前，政党是绝不会消灭的。

第二节　中国国民党及其组织

我们常听见“以党治国”与“以党建国”这两个名词，我们又时常把这两个名词混在一起，以为有同样的意义。可是在事实上，“以党治国”与“以党建国”实在是两件极不相同的事实。孙中山先生在第一次全国代表大会主张“以党建国”，不是“以党治国”。他对于这两个名词的区别说得最明白。他说：“我从前见得中国太纷乱，民智太幼稚，国民没有正确的政治思想，所以便主张‘以党治国’，但到今天想想，我觉得这句话还是太早。此刻的国家，还是大乱，社会还是退步，所以现在革命党的责任，还是要先建国，尚未到治国。从前革命党推翻满清，不过推倒了清朝的大皇帝。但大皇帝推倒之后，便生出无数小皇帝，这些小皇帝仍旧专制，比较从前的大皇帝还要暴虐无道。故中国现在还不能像英国美国以党治国。今日民国的国基还没有巩固，我们必要另做一番工夫，把国家再造一次，然后民国的国基才能巩固。”

所谓“以党治国”是像英国美国那样，可是现在中国还够不上。所谓“以党建国”是以一个党来改造国家，巩固国基，是革命的行动。革命时期原来是极专制的时期。列宁是一个事实上的专政者，其权力是较之从前专制时代的俄皇还要大几倍。“顺我者生，逆我者死，”是中国的一句老话，也是各国革命首领的口头语。这是因为革命时代的种种扰乱情形，非用极激烈的与极专制的手段，实在没有方法可以达到革命建设的目的。中国国民党是一个革命性质的党，所以要主张“以党建国”。至于“以党治国”是欧美各立宪国所采用的政党政府制度，像中山先生说，此刻“还是太早”。

中国国民党已经有了三十五年的历史，其名称也已改五次。我们应当把这三十五年的历史约略叙一叙：

第一期　兴中会　清光绪二十年成立。

第二期　同盟会　清光绪三十一年成立。

第三期　国民党　民国元年成立。

第四期　中华革命党　民国三年成立。

第五期　中国国民党　民国十二年成立。

兴中会是于中日战争后由孙中山先生在檀香山组织的。兴中会的宗旨是兴中国，《宣言》里边有“特集志士以兴中，协贤豪而共济”；《章程》里面也有“本会之设，专为联络中外有志华人，讲求富强之学，以振兴中华，维持团体起见。”《宣言》与《章程》的口气都是很和平的，连“革命”这两个字都没有提出。兴中会最初的会员只有数十人，直到了庚子拳匪乱后，长江及粤桂闽三省的会党才合并于兴中会，会员的人数才增加。

孙中山先生于光绪三十一年重到欧洲，以三民主义、五权宪法号召于留欧学生，并以兴中会的名义连开三次会议，第一次比京，第二次柏林，第三次巴黎。但那时候欧洲方面的中国留学生数目还少，所以讲到革命运动还不如那中国留学生与商人众多的日本容易进行，中山即转回日本，开第四次会于东京富士楼，把兴中会改为同盟会。中华民国的名称、青天白日满地红的国旗形式都是这时候规定的。当时又公布党纲及政策，发表同盟会军政府宣言，发行民报，以便宣传革命于民众方面。同盟会军政府宣言提出四个大纲，就是“驱除鞑虏，恢复中华，建立民国，平均地权”，并又把进行程序分为三期，即军法之治、约法之治与宪法之治，就是现今所谓军政、训政、宪政三大时期。

辛亥光复后，革命同盟会即改组为国民党，发布党纲，变为正式的政党。当时所公布的党纲共有九条：（一）完成行政统一，促进地方自治；（二）实行种族同化；（三）采用国家社会政策；（四）普及义务教育；（五）主张男女平权；（六）励行征兵制度；（七）整理财政，厘定税制；（八）力谋国际平等；（九）注重移民开垦事业。当时孙中山先生已失去指挥国民党的能力，党员多不遵守旧日主张，把全副精力致意于个人政治活动方面。在名义上，中山先生仍是国民党的总理，但在事实上，当时的国民党已经变为一个改良派的政党，中山先生始终没有过问那党的党务。

到了民国二年第二次革命失败后，中山先生又号召一般革命份子，组织中华革命党，明明白白把革命二个字标出来。中华革命党是在日本成立的，入党的手续非常严重，如打指模宣誓等，并且一切党务又严守秘密，故其工作很少记载。到了民国六七年间，中华革命党就即解散。从民国七年后，孙中山先生即着手改组中国国民党，至十二年一月才正式成立。当时又发表中国国民党宣言，并在广州召集第一次全国代表大会，决定国民党的总章及规定施行的政纲。

现今中国国民党的组织是依照第一次全国代表大会所决定的《总章》，其党部的组织系统如下：

（一）全国　全国代表大会——中央执行委员会

（二）全省　全省代表大会——全省执行委员会

（三）全县　全县代表大会——全县执行委员会

（四）全区　全区党员大会或代表大会——全区执行委员会

（五）区分部　区分部党员大会——区分部执行委员会

除了上述五种普通党部组织之外，还有特别地方党部组织，共三种：

（一）特别区域党部如热河、察哈尔、绥远等、与特别市党部如广州、上海、汉口等，其地位等于省党部，直接受中央党部的管辖。

（二）重要市镇党部，其地位等于县党部，直接受省党部的管辖。

（三）国外党部，总支部等于省，支部等于县，分部等于区，通讯处等于区分部。

中国国民党最高党部是全国代表大会，常会每年举行一次，其职权如下：

（一）接纳及采行中央执行委员会及其他中央各部之报。

（二）修改本党政纲及章程。

（三）决定对于时事问题应取之政策与政略。

（四）选举中央执行委员、候补执行委员、与监察委员、候补监察委员。

在全国代表大会闭会期内，中国国民党的最高机关是中央执行委员会，其职权如下：

（一）代表本党对外关系。

（二）组织各地党部并指挥之。

（三）委任本党中央机关报人员。

（四）组织本党之中央机关各部。

（五）支配本党党费及财政。

中央执行委员会全体会议每半年至少开会一次，在其闭会期内，由全体委员互选常务委员九人，组织常务委员会，执行其职务。所以在实际上，这常务委员会就是指导全国党务的机关。中央执行委员会同时又分设宣传、组织、农民、工人、商人、军人、妇女、海外等部，办理各种党务，并于必要时设立特种委员会，如政治委员会等类。

中央监察委员会每半年至少开全体会议一次，并互选常务委员五人，在中央执行委员会所在地执行下列之职务：

（一）稽核中央执行委员会财政之出入。

（二）审查党务之进行情形及部员之勤惰，训令下级党部审核财政与党务。

（三）稽核在党中央政府任职之党员，其施政之方针及政绩，是否根据本党政纲及本党制定之政策。

一省的最高机关是全省代表大会，每年举行一次，其职权是接纳及采行省执行委员会及本党省机关各部之报告，决定本省党务进行之方策，选出省执行委员并监察委员。在全省代表大会闭会期内，省执行委员会是一省最高的机关，其职务是：

（一）互选常务委员三人，组织秘书处。

（二）设立全省各地方党部，并指挥其活动。

（三）任命该省党机关报人员。

（四）组织本省机关各部。

（五）支配党费及财政。

一县的最高机关是全县代表大会，每六个月举行一次，其职权是接纳及采行县执行委员会及其他本党县机关各部之报告，决定本县党务进行之方策，选举县执行委员及监察委员。在大会闭会期内，一县的最高机关是县执行委员会，其职务是选举常务委员一人，执行日常党务；设立全县各地方党部，而指挥其活动；经省执行委员之核准，任命该县党部机关报职员；组织全县性质之事务各部；支配县内党费及财政。

一区的最高机关是全区党员大会，或代表大会，每月举行一次，讨论党务，其范围如下：

（一）接纳及采行区执行委员会之报告。

（二）报告区内党务之进行，解决党务之困难，及发表关于政治经济之意见。

（三）训练党员问题，党员补习教育问题。

（四）征求党费问题，讨论县执行委员会决议案之实行方法。

（五）选举该区执行委员会委员及监察委员。

区执行委员会在党员大会或代表大会闭会时是一区的最高机关，互选党务委员一人，并须于每两星期将活动经过情形报告县执行委员会。其职权的范围如下：

（一）指挥区内各区分部或其下各特别党务机关之活动事宜。

（二）召集全区党员大会或全区代表大会。

（三）组织区分部，但须得县执行委员会核准。

（四）支配党费及财政。

区分部是中国国民党之基本组织，由区执行委员会或其他代理机关组织之，或自行组织之。党员人数须在五人以上。区分部的作用是党员间，或党员与上级主要机关间之联络，其职务如下：

（一）执行党之议决。

（二）征求党员。

（三）帮助区执行委员会进行党务。

（四）分配本党宣传品。

（五）收集党捐，分售本党印花、本党纪念相片、本党表记等。

（六）选派出席区大会、县大会之代表，及初选省大会、全国大会之代表。

（七）执行上级机关之命令。

区分部党员大会至少两星期开会一次，选举执行委员三人，组织区分部执行委员会。执行委员又互选常务委员一人，执行日常党务，并须每两星期将其活动经过情形报告区执行委员会一次。

这是中国国民党总纲中所规定的组织法。可是这两年来因时有特别事情发生，中国国民党也没有严格的依照这总纲办理。例如《总纲》内规定全国代表大会常会年举行一次，“中央执行委员会遇有不得已情形时，对于全国代表大会常会之召集，得通告展期，但不得超过一年。”但自民国十二年至十七年的五年时期中，全国代表大会只召集过两次，现今的中央执行委员早过了法定的期间。这种大概是因为这几年军政时期内所发生“不得已情形”太多，实有不得不延期又延期的苦衷。中国国民党的组织又是一种民治集权制度，下级党部有选举执行委员的民治权利，但同时上级党部却有提出候选名单或甚而于圈定选举名单的权力。这也是因为中国国民党是一个革命党，这几年又是军政府时期，为顾全党的稳固起见，不得不采用集权的手段与方法。

第十六章　选举权与罢免权

第一节　选举权的学说

选举制度是现今各民治国所不可缺少的一种制度，无论其政府的形式与组织怎样不同，一部份的执政人员，总是由那般合格的选民选举出的，是对于人民负责的。所以实行民治政府最低限度的两个要件就是：第一，人民必须有选择执政人员的能力，执政者又确能代表多数人民的意志，执行一切政治上的权力，为全体社会谋幸福。第二，选举的方法与手续又必须精确规定，务使选举时候的一切弊端均能预先防止，那般腐败的政客不能从中捣乱，做出轨外的行动。人民选举执政人员的权叫做选举权，关于选举方面的法律叫做选举法。选举法的范围很广，凡选民的资格，选民的注册，选举票的格式，投票的方法与手续，被选人的资格，防止选举舞弊的种种方法，选举诉讼的手续及其判决的执行，均包括在内。

选举法的良否，确是民治制度能否有良好结果的关键。没有良好的选举法，选举时候就难免不发生种种弊端，人民的意志很难真确的表示出来，当选的执政人员之中，也不免有腐败的官僚政客混杂其间，有了这样的情形，民治制度就很难有良好的效果。但良好的选举法也不一定能使民治制度有多大的成效；法律的效力只能从形式上从手续上防止一切弊端，法律也没有方法改变人民的本性，使人民举出那般真能代表人民意志的执政人员。良好的法律是重要的，良好的人民却更重要，这是一切制度的根本原则。并且人民对于一种制度的观念，也能影响于这种制度的性质及效果。所以我们在讨论选举制度的种种问题之前，我们应当先讨论人民对于选举权所曾发生过的各种观念，及根据于这种观念所制定的法律。

从历史方面着想，各时期人民对于选举权的观念可以分做四种。在欧洲古代，人民把选举权看做公民天然所当做的事务，除非与国家脱离关系，一个公民是万不能放弃这样的职务。这是古代希腊罗马时候的观念。选举不是一种权利，也不是政府职务的一种，只是公民所必做的事务。凡是公民，必定要参与选举事务。希腊的城市国家大概是由家族推广出来的，所以国家与人民差不多是分不开的。希腊政治制度最奇异的特点，就是一切官吏，除那种必须具有军事才干的将军以外，皆是抽签选出来的；何人当选，专凭偶然的机会，不凭才力。这种办法的目的是为防止寡头政治以及那更为恶劣的暴君专政的发生。在罗马的共和时代，公民的政治职务是平等的。但他们所用的方法，与希腊时代的制度完全不同：罗马人民确实用选举方法，选举政府的官吏。罗马平民对于政治上的要求，大概不在支配公务，只在选举支配公务的官吏；不要自己有权可以做官，只要自己有权可以问官吏的责任，阻止官吏滥用威权来侵害自己。

日耳曼民族也有同样的观念，以为凡属于一族的人民，都是族里的一份子，一定要参与选举事务。所有各种议案由几个族长提出，预先在族长会之中详细讨论，然后交付人民表决。在人民会议中，先由族长发表意见，人民均带有军器，以军器相触为不赞同的表示，呼和为允诺的表示。在中世纪意大利与法国南部各城市，这样的观念还是存在。有许多城市还是用抽签选举的方法。但在这类的城市中，公民的范围有很严格的规定，到了后来，只有少数旧家族的人才有公民的资格。就是到了现今时代，各国选举制度，差不多还没有完全脱离这样一种观念的影响。现今各国的选举法均规定国籍为选民资格的一种，就是一种确实的证据。

第二种选举观念是中世纪国家选举制度的根据，是把选举作为一种特别权利，为地主所特有的。这一种观念，是欧洲中世纪封建制度的出产品。希腊城市国家是以人民做根基的，中世纪封建国家是以地主做根基的。在中世纪时候，民族国家还未产生，当时确实没有一个普通的人民团体，可以代表社会上各部份的人民。教士、贵族、平民是社会上三个大阶级，既没有共同的利害关系，彼此各阶级又互相对待，如同国界上，英国人法国人德国人的界限，分得一样清楚。就是以后民族国家初发生时候，这许多国家还脱不了“地产国家”的性质，是由地主的武力组织起来的，是由地主的智力维持的。比方英国国王召集了那般有特别权利的贵族作为国王的谘询机关，以后才有上议院的产生。上议院议员的资格，是完全根据于地产的多寡与产业权的性质。以后到了十三与十四世纪，英国与大陆各国发现下议院时候，下议院议员与选举人的资格，也是根据于地产权的。直到最近时期，英国的选举制度，还是脱不了这样一种观念。并且各国选举制度中，还有种种奇妙的方法，使财产阶级占特殊的地位，如从前普鲁士的三级选举制度，比利时的复数选举制度。这种种方法，在名目上虽各不同，但在实际均离不开把选举权作为一种特别权利看待。现今各国选举法中所规定的种种财产资格，也是受了这样一种观念的影响。

就是在封建时代选举权观念最盛行的时候，已经有几个哲学家表示一种根本不同的选举权观念。在选举权学说的历史上边，这是第三种选举权观念，是发源于中世纪那般主张人权的哲学家，成熟于立宪制度初发生的时候。照这第三种选举权观念，人民是应当有选举权，因为选举权是人民自然权利的一种。欧洲中世纪经院学院学派的学者，已经把一种抽象的人民选举权利，表示在他们的人民主权学说之中。以后还有几个学者主张人民主权更加利害，更加激烈，甚而至于说，君主的权力是完全由全国人民委托的，君主所以能使人民服从，因为人民情愿把权力委托他。

这种主张人民主权的学说，在十四世纪时候，算是一种梦想，可是这种梦想，到了后来，也居然有成为事实的日子。人民代表制度，首先实现于宗教方面，再由宗教方面，推行到政治方面。到了法国革命时代，这种抽象的选举权观念，非常盛行于欧美各国；在十九世纪，欧美人民，更把这人权学说奉之为神圣不可侵犯的真理。就到现在，一部份人民的选举权观念，还是根据于这种人权学说。在历史上，无凭无据的政治学说，是非常之多，但这样的学说，也往往能使人民达到正当目的。民治制度之所以能通行于各处，也是受了这人权学说的影响。人权学说，虽能使世界人民脱离旧时的专制政体，组织现今的共和政府，使直接代议制度，推广到世界各国，但现今的政治学者，差不多没有一个人承认人民有天然的选举权利。

现今的观念，是把选举权当做政府职务的一种。多数政治学者，均承认选举是一种公共职务，并承认这个观念较之以选举权为人民天然权利的观念，更适合于民治主义的原则。选举权是由法律规定的，并不是先有选举权，然后有选举法。选举权的性质，是与公民权的性质完全两样的。公民权是公民最低限度的权利保障品，是人人应该有的；选举权不是一种天然权利，不是人人应该有的，也不是人人能有的，就是在那种实行普通选举制度的国家，也有种种的选举资格，未成年的人民，不能参与选举，有神经病的，有犯罪行为的，都不能参与选举，一国的选民数目，至多也不过占全体人民的三分之一而已，这是因为选民的职务，不是人人有能力执行的，如同国会中的人民代表，与政府中其他的官吏，不是人人所能做的一样。选民的团体与立法机关，都是执行政府职务的机关，是由国家法律设立的，并且随时可以由法律更改其组织，及其职权，以便适合于当时的政治状况。

现今世界各国，根据于这样一种选举观念，才规定关于选举的种种法律。假使人人有天然的选举权利，那末，所有关于选民资格的法律都无须有了。选举法律的目的，就是要选择人民中有能力的人，给予他们参与政治与监督政治的权利，同时又预防选民执行这样重大职务的弊病，使之不发生意外的变故。政府的选举机关，也得要有了相当的能力，然后才能执行其职务，不至于为政客所操纵，也不至于为暴民所威迫。强迫选举制度，选举票的改良，与选举方面的种种改革，都想增加选民执行职务时候的效率。选举权虽则不是人民的天然权利，但无论什么人，如有相当的资格与能力，就应当有权执行这种职务。选举权确是人民参与政治、监督政治与服务社会的工具，也是民治政府所必不可缺少的一种要素。

第二节　选民的资格

选民的资格，各国不同；规定选举资格的方法也各国不同，有规定在宪法之内的，也有以普通法律规定的。有许多国家，如法国德国等，把全国选民的资格规定在一种法律或宪法内的一章。英国从一八三二年起，直至一九一八年止，国会制定了许多法律，逐渐减轻选民的资格，增加选民的数目。在一九一八年以前，英国的选举资格非常复杂，但那一年的《人民代表法律》把从前那种极杂乱的选举资格根本取消，规定一种极简单的资格，凡男子年在二十一岁以上，并在选举区域内居住六个月以上，均有选举权；凡女子在三十岁以上，并有住屋一所，或年值五镑的租地一块，也有选举权。照美国联邦宪法的规定，联邦政府的选民，须有各邦下议员选举人的资格，联邦宪法第十五条与十九条修正案，保障黑种人民与妇女的选举权。所以在美国，联邦政府选民的资格，是以各邦所规定的资格为标准，各邦又各有各的规定，往往有资格相同的人，在甲邦有选举权，在乙邦就没有选举权。

各国法律所规定的选民资格，从前是种类繁多，非常复杂，所以选民的数目只占全国人口中的极少数，这几十年来，民治运动的结果，使各国逐渐减轻选民的资格，增加选民的数目，所以现今各处选民的资格，已经较从前简单得多了。今将各国现行的选举资格，约略分述如下：

（一）年龄　选民资格中最显明的一种，就是年龄。大概说起来，多数国家的通例，都是规定二十一岁为选民合格的年龄。这样的规定，自然是很武断的。从人民的智识方面着想，有许多人到了十八岁时候，智识就已发达，很有选举的能力；还有许多人到了三十岁时候，反而还没有这样的能力。但国家的法律，却照顾不到这种种例外的人民，只能为大多数人民设想，规定一种最适宜的标准。二十一岁就是大家所承认为一种很公平的很适宜的标准。

（二）国籍　第二种选举资格，就是国籍，照各国的通例，只有国民才能参与选举。这样的限制是很合理的，国家为自卫起见，当然只能给与本国人民参与政治权利。暂时居留在国境内的外国人民，因有种种的特别情形，万不能与本国人有同样的利害关系，所以关于选举事务，当然不能使他们与闻。但是现在世界交通这样方便，各国人民往往为增加他们经济方面的，或别种的利益起见，迁移到别国居住。所以在各国的居民之中，往往有很多的外国侨民。为便利这般外侨起见，各国政府均制定一种入籍的法律，使那般从外国迁移来的侨民，住满了一定的时期后，并且经过了一种法定的手续，就能改变他们的国籍，如有相当的资格，也能与本国人民同样有参与选举权利。

（三）居住的年限　照各国的选举法，选民必须在选举区域内，居住一定时期以上，并在选举册上登录了他的姓名，方能有选举权。这样的限制也是很合理的。因为选举权须得种种的限制，就是在普通选举制度之下，也不是个个人有选举权的，所以区别选民合格与否的方法，是各种选举制度所免不了的。居住时期与注册，确是一种最简便的方法，并且同时又能防止选民重复投票的弊病。但各国选举法，规定居住的年限，又各不相同：最短的一个月时期就合格了，最长的却要两年时期。

（四）智识的或道德的资格　关于这一层，各国的选举法大都相同。选民必须能写读本国文字，不是一个疯子，未曾犯过重罪，选举时不在牢狱里边。例如照民国元年选举法的规定，选民不得有下列情事之一：（一）褫夺公权尚未复权者，（二）受破产之宣告确定后尚未撤销者，（三）有精神病者，（四）吸食鸦片烟者，（五）不识文字者。

（五）女性的限制　直到最近时期，各国都把选举权作为男子的特权，凡是女子总不能参与选举事务。所以在选民一方面，这女性的限制，是最重要的一种限制，并且又是现代政治上的一个大问题。这种限制的理由是很复杂，大概一半是根据于历史的，一半是习惯的。在古代的社会，政权是与兵役不分开的。能服兵役，才有政权，当时的兵权，自然完全在男子手里，所以政权也是男子的专利品。从可靠的古代历史上边，我们可以晓得当时的女子实在没有法律的、经济的、与公民的权利，完全在男子的势力范围之下，完全是依靠男子生活的。古代扰乱的时局，女子因为没有军事上的价值，在社会上的地位，自然是很不重要的。

但近几十年来，各国妇女在各方面逐渐解放以后，他们就要求政治方面的解放，要求与男子一样，有参与政治的权利。这就叫做妇女参政运动。妇女参政运动，在欧洲方面的历史，却已很长。主张妇女参政运动的老祖宗，是英国妇人武尔斯东克来福忒（Mary Wollstonecraft）。她于一七九二年就写了一本书，叫做《拥护女权论》。当时英国男子看见这本书，自然是大惊小怪，把这位妇女看做怪物似的。可是同时也有许多明白道理的人，他们的视线，渐渐引到这个所谓妇女问题，以后再经过将近百年时期的运动，主张女权的人也就多起来了。英国政府为时势所迫，只得允许妇女先参与地方选举。到了一九〇七年，国会又制定一种法律，允准妇女有被选为地方议员的权利。欧战发生后，大多数男子都上了战场去当兵，国内大部份的事务大都均是妇女做的。人家方才醒悟那妇女也可以同男子一样的做事，所以就改变了他们起初反对的态度，一致主张妇女参与选举的运动。一九一八年修改选举法的时候，英国国会就正式规定妇女参与选举的权利。

世界各国妇女，最先得到选举权的，要算新西兰（New Zealand）的妇女，她们是于一八九三年九月就得到的。在欧战以前，澳大利亚、芬兰、挪威、丹麦的妇女均有选举权的。欧战后新组织的或改组的国家，均给予妇女参与选举权利。美国自从那第十九条宪法修正案成立后，各邦的妇女也与男子一样的有选举权。照这样的趋势看起来，别国的妇女，或者也许不久均能得到选举权。选民资格方面，女性的限制，恐怕就不能存在了，就得要变为历史上的事实了。

（六）财产或纳税的资格　这是选举权历史上一个大问题。财产或纳税的选举资格，也是历史上遗传下来的。现在虽只有少数国家的选举法，还免不了有财产或纳税的资格，但普通人民对于那般无产阶级或不纳税人民与政府的关系，总不大十分确实明了，所以我不妨将这一种资格约略讨论一下。照普通人民的观念，只有财产阶级或纳税的人民，才能算在经济方面捐助政府的费用，才能有选举权参与政治；至于那般无产阶级或不纳税人民，却没有经济上的理由，可以证明他们也应当有同样的选举权。这是一种错误的观念。我们要晓得政府的费用，是由人民方面征收来的。财产阶级或纳税的人，只是一种中间人，从他们手里，社会上财产的一部份交入到政府国库里。凡是能够增加社会财产的人民，无论他们是有产阶级或无产阶级，无论他们纳税与否，均是接济政府费用的人民。只因为私产是征收赋税最方便的标准，所以就有种种错误误会发生。凡不纳税的生产者，往往不能明白其中复杂情形，所以对于政府的浪费浪用，就漠不关心，以为他们是无须担负政府债务的。财产阶级一方面，又觉得他们交纳了赋税，供给了政府一切费用，他们就应当有一种特殊权利。直到最近时代，这种错误的观念，才算已经打破，多数人民才算能够明白那无产阶级与政府的关系也是很密切的。在事实上，就是一个普通劳工，也得要担负政费的一部份，他们也许没有直接交纳赋税，但他们日常所用的所吃的一切物品，早已由政府征收了很重的赋税，他们间接所交纳的赋税，也许较之财产阶级所纳的直接税更重。因有这种种原因，现今各民治国，大半早已废除了那财产或纳税资格，凡成年男女，只须有相当的智识或道德，均有选举资格。这就叫做普通选举制度（universal suffrage）。

选举权既是一种公共职务，其性质也与政府其他官吏相类似，所不同的地方只在于数量方面，并不在质地方面。以选民的资格，也得要与政府官吏的资格相类似。概括的说起来，我们很可以把选民方面的理想资格举出，大约有下列三种：第一，选民对于他们政府组织的根本原则，有一种忠实的信仰；第二，愿意依照他们自己的良心，不畏强暴，不受利诱，并能从国家最大的利益着想，投他们的选举票；第三，有相当的政治智识。

大概除了激烈分子之外，无论何人，都能承认这样一种标准。可是在纸上把选民的理想资格写出是一件事；以法律的形式表述这样理想资格，并能确实试验群众的能力，辨别他们合格与否，却是另外一件极不相同的事务。比方大家都承认忠实与智识是选民应当有的资格，但这几个名词，决不能有一种确实的定义，可以使大家都承认的，并且选民究竟应当有多少限度的忠实与智识，才能算是够格，也是一个不能解决的问题。学校证书与文凭，决不能证明一个人是真有智识的。并且就是现今心理家所用的智识测验方法，真能试验出一个人究竟有多少智识，这种方法，也不能测验一个人的忠实与道德的限度。一个极有智识的人，也许同时是最不忠实的。“利令智昏”是人类，特别是我们中国人的通病，很少有人有一种胆量可以抵抗得住的。从前选举安福国会议员时候，很有几个受过外国大学高等教育的欧美留学生，出卖他们的选举票。在前清与民国的贪官污吏中，也很有几个见解极高智力极大的人物。这种种情形，都是解决选民资格问题中的困难事实，顺便提出，以备读者注意。

第三节　选举法及选举权的性质

中华民国十六年之中，曾经制定过三次选举法。第一次是元年国会组织法及参众两院议员选举法，是元年八月十日公布的；第二次是袁世凯时代的立法院组织法，及立法院议员选举法，是三年十月二十七日公布的，五年六月二十九日废止的；第三次是修正国会组织法及参众两院议员选举法，是于七年二月十七日公布的，于九年十月三十日失去效力。

依照辛亥光复时代的临时政府组织法，立法机关是一个参议院，由各省代表组织的。元年选举法是依照《临时约法》，由这参议院制定的。旧国会就是依照元年选举法产生的，二次革命发生后，旧国会于二年十一月四日解散。袁世凯即召集约法会议，修改《临时约法》及选举法。第二次选举法公布后，并未产生出新的立法机关，当时的立法院，就以袁世凯所任命的参政院代行职权。袁世凯帝制运动失败后，旧国会又重行恢复，元年选举法也即恢复。以后在欧战期内，旧国会与政府又因参战问题，发生冲突，国会又遭第二次的解散。同时又发生张勋的复辟运动。复辟平复后，总统又复令各省选派参议员，组织参议院，以备修改国会组织法及选举法。这次公布的新选举法，就是产生第二届新国会的法律。九年五月发生直皖战争，安福系失败，新国会也于无形之中解散，新选举法也即失其效力。政府又以元年选举法重组国会。当时所谓新新国会议员也曾选出一部份，惟因奉直战争发生，所以永未召集。这就是民国十六年时期中选举法更改的历史。

民国初期的三种选举法，都是很简单很不完备的。选举并不是一种简单事务，其中一切的手续，实在非常复杂，一不小心，种种弊端立即随之发生，其结果势必至于把选举权变为一种有名无实的民权，人民徒有选举官吏的空名，事实上的选举权，却被少数政客操纵去了。孙中山民权主义的实现，不单是专靠宣传所能达得到目的的，宣传主义本来是军政时期“开化全国之人心而促进国家之统一”的一种方法（建国大纲第六条）。现在已从军政时期到了训政时期，我们应当注意于实现民权主义的方法与手续。孙中山先生的四种民权，无论是选举权、罢免权、创制权与复绝权，都要靠一张选举票使人民表示意志。人民意志能够真确表示出来，大半是要看投票的手续与方法规定得完备与否为定。所以关于这张小小选举票的一切小问题，才是实现民权主义的主要关键。

讲到选举与投票的方法，世界各国中要算美国的经验最多，历史最长，所以美国各邦的选举法，也要算是最详细，最完备。几个重要的邦，各有三百多页长的选举法。纽约一邦的选举法，就有二十五万多字。这就可以见得美国各邦选举法的详细与完备，实不是别国可以比得上的。

美国各邦，把选举法看得非常重要，是因为自从选民的资格减少，选民的数目增加后，选民的职权也逐渐加大，选民在政治上所占的地位也日渐重要。但同时人性中的种种缺点，并不能因政权的增加而减少；人民的政权增加后，种种的引诱力亦往往因之增加，人性中的种种缺点亦往往因之愈加显露。美国从前很受不完备的选举法的痛苦，所以近来才想到用人为的法律方式，来防止人性中的缺点表露出来。

选民的第一种职务是选举，政府中主要的官吏，大都均是他选举出来的。在立法院一方面，各民治国的选民，均有选举下议员的权，在法国与美国，就是上议员也是民选的。在行政院一方面，除了几个有世袭的君主以外，如英国日本等，大多数民治国的选民，都有选举行政首脑的权。但法国的总统是国会选举的，所以选民只能算有间接选举行政首脑的权。在司法院一方面，多数学者均不赞成选举法官，因为法官是一种专门人员，与行政官或议员的性质完全不同，深通法理的法官，实不是普通选民所能选举得出的。所以在现今各民治国，除了美国的几邦之外，选民均没有选举法官的权。

人民的选举权，不单在于决定某人当选，或某人落选而已，政府的大政方针，也往往因选举结果而决定的。照欧美各国所通行的政党政府，政党有拟定政府政策的职务，至于各党政策的去取，完全由选民在选举时候决定的。甲党得胜，甲党就能实行他们的政策；乙党得胜，乙党就能把他们政党的政策变为政府的政策。所以选举问题不仅是一个人选问题，其中还包括决定政府政策的重大问题。在那种所谓内阁制的政府，这选举权更其重要。内阁制的政府，是行政院对于立法院负责的政府。立法院如有不信任行政方面的表示，内阁全部阁员就须辞职，或即解散国会，使人民重行选举新国会。这样的选举，却是解决行政与立法间冲突的一种办法；因为举出的新议员中，如有多数赞成内阁的主张，内阁就可以继续维持下去；如果多数新议员还是与旧国会一样的不赞成内阁的主张，那末，内阁除了辞职之外，实在没有别种方法可想了。在这样的情形之下，选民差不多就有罢免内阁阁员的权。

选举权的重要既如此之重大，其影响所及，不但在于人选一方面，还有政策的去取，各政党中那一党能执行政权，都是要靠选举结果而决定的。选举制度，确是民治制度的基础，选举制度不良，无论怎样的民治制度，都不能有良好的效果。选举制度中最重要的根本原则，是民选官吏的数目万不能太多。选择几个主要的官吏，也许在普通选民的能力之内；选择几十个官吏，就不是普通选民的能力所做得到了。如果选民到了选举场上，接到一张极长的选举票，其中候选人的数目不知有多少，并且又是向来所没有听见过的名字，选民处于这样的地位，就失去选择的能力，他们没有法子可想，只得糊里糊涂投了他们的票就算完事。这样的投票，叫做瞎子投票。其结果或使选民失去他们的责任心，或使政客操纵选举方面的事务。政治上所有的弊端就因之而发生。

美国当初因为误解民治主义这名词，以为人民选举官吏的权愈大愈好，所以各邦政府的官吏，无论大小，无论行政的、立法的、或司法的，大都均是民选的。但美国各邦政府的政治，却弄得乱七八糟，腐败的政客，利用了这样的制度，就有把持政权的绝好机会。到了最近一二十年来，美国人民也就觉悟了这其中的弊病，所以又主张减少民选官吏的数目，使选民能够专心选择几个主要的官吏。这种运动，在美国叫做“短票运动”。美国的经验确是值得注意的，确是选举制度方面的一种极好教训。

减少民选官吏的数目，并不减少选举权的效力，选举权的效力，却反而因之增加，反而能在事实上把人民的意志比较真确的表示出来。比方拿欧美各国的情形比较起来，美国选民，每年大概要投两次的选举票，欧洲各国大概是每二年，或四年，或四年以上投一次选举票。美国的选举票，又比欧洲的复杂得多，其中有各种各样的官吏应当选举的，还有各种各样由创制权或复决权提出来的法律问题，应当投票表决的。无怪我们常听见美国人说起“选举票的重负”，不说“选举的权利”了。选民自己明知没有方法可以担得起这“选举票的重负”，所以往往不出席投票，就是到了选举场，也只像瞎子似的糊里糊涂投一张票。一般政客们，就更容易操纵选举了。所以选举的结果，往往只可以算是政党首领的意志的表示，不是人民意志的表示。

选举权本来是由人民与专制君主，经过极长期的血战才得到的。从前各国人民，不晓得牺牲了多少性命，才战胜了专制的势力，达到参与政治的目的。现今人民有了选举权，反而有许多人情愿放弃他们的选举职务。比方一九二〇年美国选举总统时候的人民的数目与所投的票数相差实在是非常之大。

美国大陆人口总数	一〇五、七一〇、六二〇
成年人民总数	五四、四一二、八三二
所投的票数总数	二六、六七四、一七一

从成年人民总数中，除去了那种没有法定选举资格人民之外，美国于一九二〇年，至少有五千万合格的选民，可是只有百分之五十二选民出席投票。

人民缺乏政治上的兴趣，实在是各民治国的通病。现今政治上的大问题，就是怎样可以提高选民的智识，使他们真有投票的能力，又怎样可以使全体选民到选举场上投他们的票。假使个个选民在平时能够专心注意到政治上的一切问题，及执政者的行动；在选举时候，能预先明白各候选人的主张，及各种主张于将来的政治究有什么影响，并能慎重其事的到选举场上投他们的票；在选举以后，又能监督那般选出来的人民代表或官吏的行动，防止他们有什么轨外的行动，这样的选民才能算尽他们应尽的职务，有了这样的选民，选举权才能发生良好的效果。

第四节 选民注册

从大多数人民方面着想，所谓民权或参与政治权利，只是选举投票权。所以保障人民执行他们参与选举，使他们不受外界任何方面威迫或利诱，依照他们自己的意思投他们的票，是实行民权主义的第一个条件。

防止选举舞弊的第一道防线，是选举以前的选民名册。编制选民名册的方法，曾经改变了多少次数。我们就拿美国来做一个例，说明这种种编制选民名册的方法。美国从前社会状况简单时候，差不多是没有选民名册的。那时候的选举法是很简单的，只规定选民的资格。到了投票这一日，凡人民自以为有选举的资格，就可以到选举场报名，如果没有别人出来反对，证明他的不合格，他就可以投票。假使那一个报道的选民的资格，因为有人反对，发生了问题，选举监督就有判决的权力。在那种小乡区人民都互相认识的地方，这一种临时报名投票办法是很能行的。但在大城之中，这种办法，就防止不了那许多没有资格的人民混充选民投票。

美国第一次改革，是把选民临时报到的办法，改为选举之前预先编制选民名册的办法。在最初时候，那编制选民名册的职务，是委托收税员或其他地方官吏办理。可是这种方法，只能适用于小城市或乡区，万难适用于人口众多的大城市。在小地方，调查员是很容易把人民的选举资格，一个一个的调查清楚，编制一种较为完备的选民册，就是有什么错误，也很容易更正。因为在这类地方，各人的情形是大多数人所知道的，没有选举资格的人，差不多是没有方法可以混入在选民册内。但在大城市，调查选民资格，却是一件极不容易办理的事。因为各人的情形，差不多是没有人知的，往往一个已经死了好几年的选民，只因他的名字是在选民册内，在选举时候，就有人冒他的名字去投票；还有已经搬到别处，或在别处地方居住的人民，或没有选举资格的人，往往大批的混入选民册内。有人曾经说过一句话，描摹几十年美国大城市的选民册，他说：到了将近选举时候，政党里的舞弊政客，就与选举调查员通同作弊，把各种各样的人名，都加入在这选民册内，等到把他们所想得出的名字写完了，他们还要到公坟里边，把坟碑上的人民也填入。

从一八六六年起，美国又进行第二次的改革。这次是由纽约与克里福尼两邦首先制定一种叫做个人注册法律，其目的是还要巩固那选民名册的第一道防线。个人注册法律现在已通行于美国四十多邦，有些是通行于全邦各区域，也有些只适用于较大的城市，因为选民名册，只有在大城市才发生问题。依照此项法律，各选民在选举之前，于一定日期到选举注册官处注册，并须确实证明他的法定选举资格。在各大城市与少数的邦，注册是每年或每二年举行一次，除此之外，凡人民到了成年时期，或住满法定的居住年限，他的名字就能永远列入选民册内，直到他死了或搬走了，或失去了选举资格为止。

在大城市之中，注册事务须三四天时期方能办完。为选民的便利起见，各处往往把注册日期分做三次或四次，每次大概相隔十来天。假使选民确有正当理由不能于规定的日期注册，他也可以将来补注。注册事务，是由注册官于每一个选举区内的投票场举行。选民的姓名与住址，都得记录下来，并且在城市内，各选民还得要发誓报告关于他个人的种种情形，如职业，居住的年数，上次注册的区域与日期，生育的地方，纳税的数目，个人的容貌、年岁、高度、重量等，末了，假使他是能写字的，他还得要留一个签字样子。

在注册时候所得关于各选民的种种事实，须由注册官详列一表，送交下次选举时候的选举官与选举审判官。注册官又须将每条街每所房屋的合格选民印一名单，公布于每条街上容易使人注意的地方。凡违背此项选举注册规则，须依照刑事法律，受相当的刑罚，大概是从三年至五年的监禁，再加几千块钱的罚金。

选民名册是防止选举舞弊的第一道防线。这道防线能否抵抗得住敌人的侵入，一半是要靠军械是否精良，一半是要靠军士是否有胆量、有技能。选民注册的方法是军械，执行选民注册事务的人员与选民自己，是军士，一九一四年美国中部有一个城市，发生过一次极大的选民注册舞弊案件。邦政府刚于上一年制定一种选民注册法律，想革除历年的弊端。但这种法律实施的第一年，就发生一个城市当选的市长，与其他一百五十个本地政客通同舞弊事情。在审判时候，有一个年在二十一岁以下的少年，供认投了十四次票，还有一个供认投过二十二次票。又有第三个证人供认很多别处的人民，已经死了几年的人民，甚而至于他的一只狗的名字，都填入了选民名册之内。在投票这一日，从外面雇用了许多人来投选民册上假名字的票。在这城的一个区域之内，所有居民不到二十个黑人，可是投票的结果，发现三百多张黑人所投的票。这是美国最近的最大的舞弊注册案件。但自从此案有关系的人都定了罪以后，人民大都发生了相当觉悟，觉得此类舞弊案件的发生，是选举权的破产，所以对于这类选举事务，极力想了种种预防的方法，防止弊端的发生。一种有效力的选民注册法律，加上强有力的人民公意赞助，确是防止假冒选民重复投票等弊端的方法。

第五节　选举票及投票手续

在最初的时候，选举不是用选举票的，每一个选民到了选举场上，就有人提高声音报他的名字，选举官立即问他："某人，你举谁?"他即以所举的人姓名答覆，书记官即记录下来，选举官正式宣告某人又得一票。得票的候选人即站起，一鞠躬，同时又高声致谢，他的同党亦往往拍手公贺。英国当初选举下院议员时候是这样的，美国殖民地时代的选举也是这样的。那时候选举权是社会上特殊阶级的特别权利，选民的人数是非常之少，每次选举的代表也只有一个，这一种简单的选举方法自然很能适用。在选举时候，人人都能晓得各候选人各得的确实票数，选举完结以后，结果就可立即发表。这种方法叫做公开的选举制度。

当初那般守旧份子与财产阶级，很想保持这一种选举制度，他们的理由是：第一，这是公开的，第二，那般有学问的领袖份子能公开的宣布他们的选择，领导其他的群众。但在贫富不均的社会，各人的势力又各不相同，这一种公开的选举，是差不多没有方法可以保护人民选举权的独立。并且各候选人所得的票数，又是随时知道的，所以到了选举末了的时候，一切竞争就更剧烈了，选举票买卖的行市一定就会飞涨。

在十七世纪中间，英国有几个学者，就已看出这种公开选举制度的弊病，所以就主张改用秘密投票制度。他们的主张却于十八世纪末了首先实行于美国几个邦。到了十九世纪中期，各国大都改用一种无记名的秘密选举票，这就是在选举时候，候选人须把被选任的姓名写在一张纸上，叫做秘密的选举票，投入票筒之内。但最初的秘密选举票，与现在的所谓选举票完全不相同亦不相像的。那时候各选民各自随便预备一张纸，写上一个人的名字，就算是他的选举票了，所以各选举票的形式与大小是各不相同的。后来有几个候选人为便利选民起见，就替他们预备了选举票，或于选举之前送到他们家里，或在选举场分给他们。但各候选人所预备的选举票还是于选民不十分方便，假使选举的官吏有好几个，选民就得要从许多的选举票之中选择几种。并且从政党方面着想，这种情形又是很不好的，往往被选的官吏很不容易多数属于一党。各政党一方面为选民的便利起见，又一方面为他们自己的利益起见，就于选举之前，把他们党内所决定的各候选人印就一张名单，分给选民，并希望他们于选举时候投入票筒。所以在政府尚未有正式的选举票之前，预备选举票的职务往往都到政党手里。

凡各候选人或政党所预备的选举票，大都是形式不一，大小不一，各有各的显著的区别，当各选民把票投入票筒时候，人家一望而知他所投的是那一个候选人的，或那一党的选举票。种种弊端、威迫、买票卖票行为，都从这一点上发生了。买票人看得见对方所交的是什么货，选举票的买卖生意，自然能十分发达。到了十九世纪下半期，各国特别是美国各邦就注意到这一层，规定了许多详细法律，其目的就是要保守选举票的秘密。例如选举票须用白色纸张，并须合法定的大小，票的外面又不能有什么记号等类。凡选举票不合于法律的规定，在计算票数时候，就须作为无效。可是这种关于选举票的法律，也不能完全革除选举方面的弊病。

同时澳大利亚洲有一个英国殖民地，也觉得选举弊端百出，极力想法改革，其结果是于一八五八年采用一种新式的无记名投票制度，普通叫做澳大利亚式的选举票（Australian ballot）。英国于一八七二年，美国于一八八八年也就采用；从此以后又推行到各处，现今各国普通所用的选举票，大都是这一种澳大利亚式的选举票。澳大利亚式选举票的特点就是：（一）凡预备、印刷、与分配选举票的费用都是由政府担任的，政府于每次选举时候，分给每一个选民一张正式的选举票；（二）选举票上印有这次选举的官吏各候选人的姓名，政府差不多可以算担保各候选人都是依法提出的；（三）各选举票的大小、形状、颜色、与印刷都是一律的，并且还有一种特别记号；（四）选举票是分给各投票场的选举官，再由选举官在投票场内分给选民每人一张，选举完结后，选举官又须将每一张选举票，无论是已投或未投，废票或有效，都算清楚；（五）选民得到选举票后，即在一个秘密之处，于票上候选人姓名之下，划一记号，投入一个下锁的票筒；（六）末了，由选举官计算票数，将其结果计入清账，报告上级选举机关。

所以现今各国所通用的选举票，都不是空白的票，由选举人自行填入所选的人的姓名，却是印好的，有候选人姓名的票，选民只在所选的候选人姓名的旁边划一记号。这是因为在现今人口众多的社会中，选民很难从无数人民之中选择几个适当的人物，就是选民有这样能力，这种各选民举各别人物的选举票，也是很不容易计算的，也许选举票上有名字的人不知无数，但其中却没有一人得到多数票数的。所以选举之前，候选人的指定是必需的，是现今各种选举所免不了的事实。大概有政党的国家，预先选定候选人的职务，就归政党办理。各政党举定了各党的候选人后，选民在选举时候就有确定的标准，并且也容易执行他们的职务，只须从各候选人之中举定当选人。从前民国选举法上所规定的初选与覆选制度也有这样的用意。但各政党举定候选人也免不了有种种弊病，所以现今美国各邦均有极详细的法律，规定选举候选人方法，并又将正式选举的一切手续与方法适用于候选人的选举。

各国选举法上关于投票与计算票数的规定大概都有三种根本办法：第一，选民的选举是要秘密的；第二，计算票数与票数的记录是要公开的；第三，执行选举事物的官吏是要各党党员充任的。这种办法的目的是要选民能自由投票，选举官能公平计算票数。选民投票的手续虽各国不同，但其大概情形可以约略述如下：

一个选民到了选举场上，他就把姓名报给选举官。选举官即查选民名册。假使有人对于他的选举资格提出抗议，他就即发誓提出种种证据，证明他是有选举权的，只有选举官有满意的表示，他才能继续进行，走入选举场的围圈，由选举官给他一张票。他得了这一张票后，退入一个被帐幔围起来的地方，在里边单独把票上他所要举的人民之下划一记号，他又必须把这票折好后，方能走出。他把折好的票交给那管理票柜的选举官，他的名姓又报一次，记录下来，选举官还得要查明这票背后的特别记号，证实这一张票就是当初他进场时候所交给他的，才能把这张票投入柜内。

近来美国有十几个邦又采用一种新式的投票方法，这就是用机器投票。在这十几邦之内，选举票是废除了，选民选举时候是用一副投票机。投票机的外面是与选举票一样的，也有各党所选定的各候选人姓名。投票机是由一个帐幔围住的，所以选民在里面选举时候，外面的人是看不见的。他愿意举谁，只须一推谁的姓名之下的机关，外面一推里面就记录一票。各党的候选人又各有一个总机关，如有人不愿意一个一个的选择，愿意把一党所提出的候选人笼统举出，他只须把这一党名称底下的总机关一推就是了。

投票机最大的优点是可以免去计算票数的种种麻烦。投票机是一种自动机，选民在外面推动各机关的次数，里边能自动加起来，所以投票完结后，只须把后面的机器开出来，就可以得到各党候选人所得的总票数。选举完结后选举官把选举结果报告政府主管机关，再由主管机关正式通告当选人。

选举确定后，落选的人如有不满意于这次选举的一切手续，或计算票数算差了，或投票场上有不合法的行动，或有其他种种舞弊行为等类，还能提选举诉讼案件。这类诉讼案件或归法庭审判，或归立法院审判。

第六节　罢免权

孙中山先生在《民权主义》第六讲里边说："所谓先进的民权国家，普遍的只实行选举权一个民权。专行这一个民权，在政治之中是不是够用呢？专行这一个民权，好比是最初次的旧机器，只有把机器推到前进的力，没有拉回来的力。现在新式的方法除了选举权之外，第二个就是罢免权。人民有了这个权，便有拉回来的力。这两个权是管理官吏的。人民有了这两个权，对于政府之中的一切官吏，一面可以放出去，又一面可以调回来，来去都可以从人民的自由。这好比是新式的机器，一推一拉，都可以由机器的自动。"

这几句话是说明罢免权与选举权的关系。人民有了选举权，可以举出相当的人物，充当政府的官吏，执行政府的职权；人民有了罢免权，可以停止那已经举出的官吏的职权，取消他们尚未做满的任期。选举权是用投票的手续执行的，罢免权也用投票的方法执行的。人民执行罢免权的时候，也只是召集一个特别投票大会，使人民投票表决某官吏在其未满任之期，应否斥革而另举他人执行其职权。

现今各民治国实行这罢免权制度的只有美国一处。罢免权是于二十五年前（一九〇三年）初次试行于美国西方一个城市，以后就盛行于那种委员会式的与经理式的城市政府。到了一九〇八年，西方有一个邦也采用这制度，凡邦政府的与邦内各区域的民选官吏都能依照法定的手续，由人民投票表决去取。现在美国有十一个邦的宪法与无数城市的市规约都有关于执行罢免权的条文。

美国各邦罢免权的范围是很不一致，有些只适用于民选官吏，有些还能适用到任命的官吏，有些把法官除外，有些连法官包括在内，有一邦甚而至于连法庭的判决也可以交人民投票表决取消，还有一邦的罢免权能适用于该邦所举出的美国国会议员。讲到执行罢免权的手续，各邦也颇不一致，但从大概的情形说起来，我们可以把这手续分做几步。

第一，凡各官吏接事后，必要过了一定时期，才能由人民提议罢免。这法定的时期大概是六个月，少到三个月，多到一年。立法院议员被选后一定要等到第一次开会后五天，方能由人民提议罢免。过了这法定时期，人民就能提出罢免请愿书，并须声明请求罢免的理由。该项请愿书又必须有法定数目的选民正式签名方能发生效力。大概的数目是百分之二十五，但也有低至百分之十或高至百分之三十五的。

罢免请愿书得到了法定选民正式签名后，第一步的手续就算完成了。第二步是把这罢免请愿书递交法定的主管机关，由其审核。人民所请求罢免的官吏能于请求书递交后的五天之内辞职，便可打消罢免的进行。假使他不提出辞职，假使罢免请愿书又足够法定选民人数签名，那末，主管机关就得于二十天到九十天之内，召集特别投票大会表决。

所以第三步手续就是投票表决。这也是一种正式的选举。各候选人也依照法定的手续提出，印在选举票上，人民所请求罢免的官吏也算是一个候选人，所以从前这样的投票只是被罢免的官吏与新的候选人的选举竞争，无论何人得到最多数票数就能继续做完这一任期。但近来这一步手续都已改变了。现今各处的罢免选举票上都有一个先决问题：这就是“现居某职的某人应否罢免?”各候选人的姓名是印在这问题之下。有时候罢免选举票上还印入请求罢免理由的简单声明与被罢免者的简单答覆，但这两种声明各不得过二三百字长。

投票完结后就要进行第四步手续。这是计算投票的结果。照现在各处的办法，先算罢免选举票上先决问题的答案。假使多数的答覆是

"否"，这次罢免运动总算是失败了，人民请求罢免的官吏还能继续做下去。假使多数对于罢免问题的答案是"是"字，那末，就要计算各候选人所得的票数，得到多数票数的就能接续做满这任期。各处法律往往又规定只有那种答覆罢免问题的票才能作为有效。

末了，关于执行罢免权还有一个问题，就是人民请求罢免现任某职某人的投票失败后，是否能继续提出罢免请愿书。美国各邦对于这个问题也没有一致的办法，有几个邦规定人民对于官吏在一次任期以内不能提出两次罢免请愿书。在另外几邦罢免运动失败后，邦政府担任被罢免者选举运动的一切费用，并且规定在六个月以内不能再行提出罢免请愿书。还有几邦规定得更严厉，凡一次罢免运动失败后，如有人还想对于同一官吏于同一任期内提出第二次罢免请愿书，必须先将第一次罢免选举的费用数目补还公家。

以上所述是执行罢免权手续的大概情形。罢免权最大益处就是可以使各官吏的任期加长而不发生危险。假使官吏的任期是很短的，那末，罢免权也尽可以不必采用，过了一年或二年等到官吏任期满后，人民如果有不满意于某人的地方，一定不会再行举他了。可是现在政府的事务非常复杂与繁重，时时更换官吏，于办事进行方面实有很大的障碍。从前美国那种"各人轮流做官"的观念只能适用于几十年前尚未十分发达的美国西部状况单简的社会，万难适用于社会情形复杂的政府。故官吏的任期不得不加长。但把官吏的任期加长了，又恐怕发生种种意外的弊病，这罢免权就是一种防御的武器，如同家里藏了一支手枪，情愿备而不用。这就是罢免权的用意。

第七节　选举费用与选举舞弊法律

"金钱是万恶之源。"各国选举方面所发生的一切舞弊行为也是逃不了金钱这两个字。各国选举时候所花费的金钱自然很难调查出一个确实数目，人民心目中只存一种空洞的观念，以为这笔数目一定是很大的。但在一九二〇年美国选举总统时候，因为共和党所花的选举运动费数目实在太大了，所以就引起人民的注意，美国上议院也就组织了特别委员会，调查两党这次总统选举运动费的确实数目。调查的结果是由上议院公布的。所以我们能够晓得一九二〇年美国总统选举运动费的确数。

共和党全国各级执行委员会

共费美金7 265 183元

民主党全国各级执行委员会

共费美金2 311 340元

在共和党候选总统预选大会，九个候选人

共费美金2 855 542元

在民主党候选总统预选大会，六个候选人

共费美金120 482元

共和党的总统选举运动费

合计美金10 124 725元

民主党的总统选举运动费

合计美金2 431 822元

共和与民主两党总统选举运动费

共计美金12 556 547元

美国于一九二〇年为总统选举，两个大党共费美金一千二百五十五万六千五百四十七元。普通一般不知内容的人民晓得了自然要惊慌万状了。可是美国选举运动费虽则是这样大，但真真卑鄙的下流的舞弊行为经过上议院最近两次审查，也没有查出什么证据。要使美国四千五百万选民个个都晓得一些政党的政策及其提出的候选总统，自然要花无数的钱。民治制度本来是一种花钱的制度。在政局扰乱的国家，大宗款项是花在革命与内乱，在政局平靖的法治国家，大宗费用就是选举运动，争夺政权的工具是选举票。但既采用了选举制度，选举运动又得花这样多的钱，种种舞弊的机会是很多的，万恶的源流——金钱，是永远存在的，所以关系一切的危险实在不得不有一种预防方法。现在各国所通行选举舞弊法律就是这样一种的预防方法。

讲到选举舞弊行为，现在大概已经比从前好得多了。从前各国的选举费自然没有现在多，但因一切事务没有像现在那样比较的公开，人民智识也没有像现在那样比较的高，所以凡一切下流的、卑鄙的行为都想得到做得出。现在选举费用增加的最大原因是一方面选民数目的增加，又一方面是生活程度的提高。一九二〇年美国选举总统的运动费是一千几百万美金，但拿全国选民数目平均计算起来，每一票也只花得几毛美金而已。并且照那一年的选举情形看起来，花钱花得最多的也未必一定胜利。在共和党候选总统预选大会中，伍德（Leonard Wood）花了一百七十七万三千三百零三元美金的运动费还争不到一个候选总统的名义，共和党的候选总统反而被一个花不到十分之一运动费的哈定（Warren G. Harding）抢了去（哈定所花的费用只十一万三千一百元美金）。这就可以见得人民的态度了。同时选举舞弊法的存在，也是减少一切最显著的舞弊的一种原因。

一八八三年英国选举舞弊法律是现今各国法律的模型。那时候英国通行的弊端确是很大很多，这一年制定的法律，就是依照一切实在状况，一方面想革除种种最普通的弊病，又一方面想保障人民的选举权利。依照这次法律的规定，凡选举时候的贿赂与宴会是严格禁止的，如有违背这项规定，就须受相当的刑罚，或监禁，或罚款；各候选人一定要有一个正式代表，凡选举运动的一切费用都归他一人负责办理，选举完结，他又须将一切收入与费用作一详细的与确实的报告；末了，各候选人的一切合法的费用又有一个最高限度的规定。从一八九〇年起美国各邦所制定的选举舞弊法律也以英国法律为根据，其目的是（一）确定舞弊行为的种类及其禁止，（二）分明合法的与非法的费用的界限，（三）规定每一个候选人最高限度的选举费用，（四）种种款项的来源及其用途必须公开，（五）禁止几种人物不得捐助选举费用。凡美国联邦政府与各邦政府的法律都可以归入这五种目的中之一。我们就拿美国法律来具体的说明选举舞弊法律的性质。

美国联邦政府从一八八三年起曾经制定过好几种与选举舞弊有关

系的法律，但都是零碎的。到了一九二五年，美国联邦政府才制定一种完备法律，叫做选举舞弊法律，取消从前一切的零碎法律。依照这一次的法律的规定，每一种政党执行委员会必须有一个会计，管理该委员会一切财政上的事务，并须将一切收入与支出详细记录下来。每年的一月一号，三月，六月，九月，与选举以前，会计员须报告下议院书记官各一次，凡捐款人的姓名，及其所捐的数目，支付某人为某事的数目，每一期所经手款项的总数详细叙述在报告内，并又须发誓证明所报告的都是确实数目。上下议员的候选人必须于选举前十五天至十天内，选举后三十天之内，报告上下议院的书记官，详述所收到捐款的确数，与他个人或别人得他同意代他支出的一切用度。这种种报告都存在上下两议院，任人公开阅看。各候选人的选举费又有法定的最高限度，上议员候选人不得超过一万元美金，下议院候选人二千五百元美金。但候选人又能采用其他一种办法，依照上次选举所投的票数总数，选举费用以美金三分一票计算，但上议员候选人所费的总数也不得超过二万五千元美金，下议院候选人五千元美金。候选人个人方面的一切费用，如旅费、纸张、邮电、电话、印刷，都不包括在内。

一切公司都不能任意捐助政党的选举费，这是一九〇七年的法律早已禁止的，新法律也采入。第一，凡一切公司都不能捐助总统、副总统、国会上下议员的选举运动费；第二，凡在联邦政府注册的公司均不准捐助任何选举的费用。末了，这法律又规定任何候选人不得预先允许选民投票的交换条件，亦不得以金钱或别种有价值的物件影响于选民的投票。如有违背此项规定，贿赂者与受贿赂者受同等的刑罚，一年监禁或一千元美金罚金，或监禁加罚款。

美国四十八邦，除了四邦之外，都有一种限止选举费用与禁止选举舞弊行为的法律。这类法律所认为舞弊行为大都是指一切妨害选民自由执行选举权，与无限制的表示意志的行为，凡贿赂、恐吓、威迫，以小恩小惠引诱选民，以选举的结果赌赛金钱，以种种报酬或政府的职位作为被举的交换条件都是法律所禁止的。有一邦的法律禁止工厂雇主以关闭工厂，减少工资或免职威迫雇员依照他所指示的投票。选举时候重覆投票与冒名顶替，也是舞弊行为，也是各邦法律所禁止的。违背此项法律就须受监禁或罚金的刑罚。

关于法律上限制选举费用的条文，从前有种种规避的方法，最普通的一种是由候选人的朋友亲戚，各种各样的代表替他出面花钱，这种费用是查不出算不清的，并且又没有证据可以证明候选人所花的银是超过法定的数目。为防止这种弊端起见，现今各邦都有一种规定：凡为候选人或政党所花的选举费用必须经一个正式的机关支付，其会计员又须将经手的一切款项做一详细的报告。

各邦法律也大都禁止公司捐助选举费用。中美有一邦的法律规定得非常严格：凡各公司不得直接或间接捐助金钱、财产、免费的服役，或其他有价值的物件，违背此项规定，罚款美金一万元。假使违背此项规定的公司是本邦注册的，政府有解散该公司的权力；假使是在别邦注册的，政府能取消其在本邦的营业权。选举费用报告单上如不以捐款人的真姓名报告，报告者须受极重的刑事处分。

从前选举时候报纸上的广告于各候选人的进行选举是很有关系的。有几种报纸往往把报上的广告地位任便供给几个候选人自由使用，但对于其他候选人绝对拒绝。有时候甚而至于还有不具名的无从查考的攻击人的记载。这种种情形就使各邦法律规定一种限制，有几邦的法律更加严格。凡关于选举宣传的印刷品一定要有著作者的姓名及赞助此项宣传的人名或委员会名称，还有担任此项宣传费用的人民也得要指出。凡日报或月报上的选举广告一定要标明“付钱的广告”几个大字，还得要声明广告费的数目，为那一个候选人登载的，著作者的姓名，花钱的人的姓名。

个人捐助的选举费有一个最高限度，大概不能超过一千元美金。各候选人选举费用的总数也不得超过一定的数目。三十六个邦都有这项的规定，但各邦所规定的数目及办法却大不相同。各邦法律又确实规定那几种是合法的费用，那几种是不合法的费用，并且对于投票这一日的费用，规定得更加严厉。

怎样可以使选举费不超过确定的适当数目，怎样又可以使当选人对于选举时候捐助费用的人没有一种应尽的义务，确是各国选举法上的大问题。现今的选举费用因为生活程度的抬高，选民数目的增加自然也跟了增加。但各国的选举费，特别是美国，实在不是个人能力所担当得起的。一九二六年美国有两邦为了选举四个国会上议员的候选人（就是政党内的初选），一邦花了三百万元美金，一邦花了一百万元美金。这两邦都没有规定选举费用的最高限度，联邦政府一九二五年的舞弊法律又只适用于上议员的决选，不适用于政党以内的初选。所以这两邦虽花了这样大的数目，还是没有违背任何的法律。

关于这类时常发现的弊端，美国曾经有过各种各样救济办法的提议。一九〇七年美国总统罗斯福提议联邦政府补助各政党一部份的选举费用，对于其他款项的来源，以法律严格的限制。西部有一邦于一九〇九年实行一种办法，邦政府根据于各政党在上次邦长选举时候所得的票数，补助各党二角五分美金一票，其他一切捐助，除了候选人本人之外，一概禁止。可是这种办法即于下一年被法庭宣告为不合于宪法，所以就没有机会试行。

还有一个办法也是西美一个邦于一九〇八年采用的，就是由邦政府发行一种选举公开运动印刷品，其性质是与直接立法制度所采用的“选民课本”一样的，每一个候选人一定要占一页至四页的地位，每页的价钱是依照各候选人的职位定的，大概是从五十元至一百元美金。此项印刷品是由邦秘书长承办，并由他分送全邦注册的选民。这种办法的用意本来是想减少选举运动费，并使各候选人都有一个平等的宣传机会，但其结果却还不如性质相同的直接立法方面的宣传品，各候选人愿意各做各的宣传，不愿意加入这种共同宣传。所以这种办法此刻也已停止了。

总而言之，救济选举舞弊行为一半是靠法律，一半还是要靠人民。假使人民都以为选举舞弊行为是大家这样做的，那末，虽有法律上的明文禁止，人民心理不觉得这是不应当做的。违背了法律，人民不以为耻，一切的改革是绝对无望的。只有一方面把一切情形公开，凡选举时候款项的来源与费用详细公布，逐渐教育人民，使他们明白其中的利害，一方面严格的惩罚选举舞弊，选举方面的改革才有希望；只有人民公意能深恶痛疾那从前或现在所做惯的一切舞弊行为，法律才能发生相当的效力。不但选举是这样的，就是政治上其他一切改革也没有一件不是这样的。

第十七章 创制权与复决权

第一节 什么是创制权与复决权

选举权与罢免权都是管理官吏的民权。孙中山先生说："国家除了官吏以外，还有什么重要东西呢？其次的就是法律，所谓有了治人，还要有治法。人民要有什么权，才可以管理法律呢？如果大家看到了一种法律，以为很有利于人民的，便要有一种权，自己决定出来，交到政府去执行。关系这种权，叫做创制权。这就是第三个民权。若是大家看到了从前的旧法律，以为是很不利于人民的，便要有一种权，自己去修改，修改好了之后，便要政府执行修改的新法律，废止从前的旧法律。关于这种权，叫做复决权。这就是第四个民权。"

创制权与复决权合并起来，普通就叫做直接立法制度。直接立法制度是与代议制度根本不同的。代议制度是由人民代表执行政府的立法事务。人民举出代表，把政府职权付托他们，由他们依照人民所表示的公意，执行立法事务。直接立法制度是由人民直接提出各种法律，或交人民代表制定为法律，或交全体人民表决；同时人民代表所制定的法律，又须得到人民的同意，方能作为有效。所以简单的说起来，创制权就是人民直接制定种种需要的法律的权，复决权就是人民否决那种种不需要的法律的权。人民直接立法是古代希腊时候那种纯粹的民治制度。近来欧美有几个国家采用这样的制度也是人民不满意那现行代议制度的表示。各国国会所做的事，所制定的法律，往往非常不满人意；社会所需要的法律，国会往往置之不闻不理，同时国会所通过的议案又大都是人民所反对的。为救济立法方面种种弊病起见，人民就想到恢复他们直接制定法律的权。可是这样一来，选民的职务就因之更加繁重，更非有极充足的公民智识万不能执行。

执行创制权与复决权的手续也非常复杂，并且各处的办法又颇不一致。我们先将普通的办法说一说，再略述各国实行这种制度的经验，与欧战后各新国家所规定的新办法。假使立法机关不遵照人民的公意，拒绝制定各种需要的法律，人民可以得到法定数目选民的同意，提出议案，要求立法机关通过，或召集特别的投票大会，或于下次选举时候交付全体选民，表决去取（间接的创制权）。但人民也可以不必经过立法机关，自行直接提出议案，交付全体选民表决（直接的创制权）。凡立法机关所通过的重要议案，必须交付全体选民在总投票时候表决后，方能发生效力（强制的复决权）；但有时候，立法机关也不一定须把所议决的法律交付选民表决，不过在一定时期以内，人民可以提出抗议，要求立法机关把该法律交付表决，并于一定的期限内召集总投票大会（任便的复决权）。所以有人把复决权比作甲胄，人民用那种甲胄可以抵御违背民意的法律，使之不能成立；把创制权比作一把剑，人民用那把剑可以砍出一条道路，使他们自己的意见成为法律。就其效果而言，立法机关如同一匹战马，复决权是马口中所衔的勒铁，足以勒马，使之止步；创制权是马鞭，足以策马，使之速行。

第二节　瑞　士

创制权与复决权首先发现于欧洲瑞士。美国受了瑞士的影响，从一八九八年，人民直接立法运动发生后，传播甚速，到现在已有许多邦政府与地方政府都实行那创制权与复决权了。最近战后发现的新国家大都在新宪法内规定了创制与复决两种民权的运用。无怪有人把这种制度的传播看做一种民治运动的传染病。

瑞士的直接立法制度须从两方面讨论，一方面是各邦的制度，又一方面是联邦的制度。各邦的复决权有二种形式：（一）强制的，（二）任便的。依照联邦法律的规定，各邦的宪法修改案必须经人民投票表决后，方能发生效力，这是强制的复决权。关于各邦的普通立法，有用强制复决者，一切法律皆须复决；亦有将强制复决限于某种法律者；也有用任便复决者，各议案通过后，必须过了一定时期方能发生效力，在此时期之内，法定数目的公民可以签名请愿实行复决。从一九〇六年至一九一六年之间，以强制复决交付人民表决的财政法律或法令，被人民否决的约占百分之二十五；同时以任便复决交付人民表决的，被否决的有七十三件，赞成的有二百二十九件。有时候各议案往往于第一次或第二次被人民否决了，以后于第三或第四次提出，人民又往往赞同；所以在事实上人民的否决权也不是绝对的，只有一种迟延法律发生效力的性质。

瑞士的创制权也许是适用于普通法律，也许是适用于宪法修改案，也许是同时适用于普通法律与宪法修改案。有了法定数目选民签名后，人民就能提出创制动议，联邦的法定数目选民是五万人，各邦是各不相同。人民也许请愿立法机关制定关于某种问题的法律，草案由立法机关代拟；人民也许照议案拟定，提交立法机关。人民如用第一种方法，立法机关须向全体人民提出一个先决问题，即应否按照请愿人的意志，起草此项法律。如人民认以为可，立法机关即起草议案，再将草案提交人民，作第二次的表决。人民若用第二种办法，立法机关须将拟定的议案径行提交人民，但也能就同一事项另拟一种议案，与请愿人民所建议的议案同时提交人民，表决去取。瑞士人民是很保守的，他们有了这样大权，并没有胡乱瞎用，从一九〇五至一九一六年间，一共只提出了三十六件创制议案，人民表决赞同的只有十件。假使把这个统计与复决表决的统计比较起来，我们就可以看出瑞士人民对于立法机关提出的议案较之对于人民自己提出的创制议案信用更大。但创制权的存在确能督策立法机关进行一切事务。近几年来所有的宪法修改案大都是邦政府提出的，不是人民所创议的。

在联邦政府，复决权也有强制的与任便的两种，凡宪法的修改，必须得到过半数投票公民的可决，与过半数的同意，方能发生效力。凡一切法律与议决案，如其范围是普通的，且立法机关亦未曾宣布其为紧急的，那末，有三万公民或八邦提出复决的要求，即须交人民投票表决。至于怎样的议案才算是紧急的，到现在还没有一个满意的答覆，其结果遂使立法机关在每案通过后临时判定。大概那种有暂时性质的法令，或专为某种特殊危险而制定的律令，才能算是紧急的，才能免去提交人民复决。从一八四八年至一九二五年，立法机关曾经提出四十五条宪法修改案，其中有十六条是被人民否决的，二十九条是可决的。但任便复决权的结果却不大相同。从一八七四年到一九二四年，人民对于普通法律与法令曾经要求执行复决权三十六次，反对方面占了二十三次的胜利。但这种反对往往是暂时的，人民所反对的也许不是法律的原则，只是其中办法，以后办法修改了，人民也就不反对了。

瑞士联邦实行创制权已有三十多年历史与经验。直到一九二五年，人民曾以创制手续提议修改宪法二十次，但只有五次是修改成功的。这就可以见得瑞士人民很有节度，并没有滥用这项职权。并且瑞士人民又很慎重的，不易为新计划所诱惑，不易受野心政客的支配，遇有某事足以引起他们的成见，为他们所不能了解者，或某事将来之发展如何，不能预定者，他们就投否决票。所以社会党创议规定工人有“工作权利”，国家有供给工作义务的宪法修改案被人民否决；联邦行政委员改归民选的创制修改案也被人民否决；比例代表制度的创制修改案曾经否决过两次，到了第三次提出时候，才能得到人民的同意票。

英国蒲徕士（Bryce）对于瑞士的创制权与复决权曾经在他的《现

代民治政体》里边说过几句很公平的话。他说："瑞士实行人民直接立法，却能得到良好结果；推原其故，一由于瑞士人民在历史上所得的种种经历，二由于昔时各小社会实行自治多年，三由于社会上的平等，四由于人民富于爱国精神，知道担负公民的责任。任何国家如缺乏此种条件，虽实行直接立法，亦恐不能得有同样的成绩。面积较大，人口较多的国家，如英国与法国，若实行人民投票表决制度，其结果也许与瑞士大不相同，人民的习惯及志趣也许不宜于此种制度。在瑞士，这种制度是自然生长的，如同本地的工产一样。世界上有几种制度是与植物一样，必须种在本乡，受该地的日光，才能茂盛。"

第三节　美　国

美国各邦的直接立法制度可以从两方面讨论：（一）关于宪法方面，（二）关于法律方面。

美国各邦宪法修改的方法有三种：第一，由立法院召集制宪会议，再由制宪会议提出修改案。凡制宪会议所议定的修改案一定要经人民投票表决方能成立。这种宪法的复决制度要算是美国首先创用的；一七七八年麻沙朱色得（Massa chusetts）邦就把宪法交付人民表决，这是宪法复决制的起点。第二，邦立法院也大都能提出宪法修改案，这样提出的宪法修改案也得要交付人民表决。除了极少数的例外，宪法修改案无论是制宪会议或邦立法院提出的，一定要经人民表决才能成立，但人民却不必有请愿交付复决或别种法定的手续才能有表示意志的机会。所以这类关于宪法的复决是一种强制的复决。第三，从一九〇二年起，西方有一邦又采用了一种新的修改宪法方法，这就是创制提议方法。提议者须征足法定数目的选民同意后，再提出他们的请愿书。议案或直接交付人民表决，叫做直接创制权；或交付立法院查核或修改，再由立法院交付人民表决，叫做间接创制权。现今美国有十五个邦采用这种宪法创制权。

关于法律的直接立法制度，美国是于一八九八年第一次采用。现今有这种制度的邦共二十二个。可是各邦的城市，特别是那新式的委员会制与经理制的城市，采用创制权与复决权却非常之多。宪法的复决制虽是美国创始的，但这种关于法律的创制与复决却是从瑞士运来的。但美国是人口众多区域广大的国家，种种状况亦与瑞士大不相同，所以美国的创制权与复决权也与瑞士有许多不同的地方。

在美国，采用创制与复决权的区域大都是西部与中部的城市。二十二个采用这种制度的邦只有五个在密西息比（Mississippi）河流之东，其他十七个邦大都是西方那种社会状况较为简单的农业区域。至于联邦政府，始终没有人提议采用创制与复决制度。

美国各邦各城市每年法律出产的数量是著名多的，所以关于法律复决只能采用一种任便的复决权，不能采用那种强制的复决权，换句话说，就是复决表决的动议必须等候法定数目选民请愿提出。提出请愿书选民的法定数目不能过多，也不能过少，假使数目定得太少，少数的捣乱分子就有方法可以干涉立法事务；假使数目定的太大，事实上就有阻止复决权执行的危险。美国各邦的办法是以上次选举邦长或邦政务厅长时候人民投选的实数为标准，规定一个百分数，大概复决法律的请愿提议须有百分之五到百分之十的选民签字。有几个邦就在法律内规定一个实数，大概有了一万选民签字，人民就能提出复决请愿书。

凡创制议案，无论是宪法的或法律的，也是由人民请愿书发动的。大概创制请愿书的法定选民数目是较高于复决请愿。关于宪法修改的创议，法定选民数目是从百分之五到百分之二十五；关于法律的创制，约从百分之八到百分之十。那几邦规定确实数目的选民，大概宪法修改案的创议须有二万五千选民签名，法律的创制须有二万选民签名。所以执行创制与复决权的第一个问题是怎样可以得到法定数目的选民签名。种种弊病也就发生在这第一步。凡与提出的创制议案或请求复决的议案有利害关系的人民或团体往往组织特别机关，办理此事，又往往遣派代理人到各处征求人民签名，每得一人签名，代理人即可得美金五分的报酬。有许多人民往往对于这般代理人或者情不可却，或者为免去他们麻烦起见，糊里糊涂签了一字，至于这张请愿书上的内容究竟如何，他们完全不知。这种情形在美国是时常发现的。为避免这种弊病起见，近来有人提议取消请愿书，提案者能随时将议案提出，交付人民表决，惟同时必须交到政府一种保证金，足够一切公开宣传的费用，宣传的标准就是把这议案的说明及反对与赞成两方面辩论的印刷品分送给全国的全邦的选民。假使这议案于投票时可决了，保证金就可发回。美国现在已经有几邦采用这种公开宣传的印刷品，并且规定提案者必须担任一部份的费用。

人民在创制与复决投票时候所表示的意志是否有价值，完全靠人民对于那表决的议案是否完全了解明白。报纸自然能供给选民一切的事实，但报纸所注意的却是那种种动人听闻的事实，关于各问题的真确情形与各方面的理由，报纸上的记载既不详细，又不能完全免去一切的私见。依照几邦的法律，凡提议的议案一定要登入报纸，但这样的登载也很不容易引人注意。为供给选民那种关于各议案的详细事实，特别是赞成与反对两方面的理由，美国已经有十二个邦规定一种教育选民的方法，这就是由政府印就一种小册子，普通叫做“选民课本”，于投票之前分送全邦的选民。

选民课本的内容就是那交付人民表决的议案及赞成与反对两方面的理由，赞成的理由是由提案人预备的，反对的理由是由反对方面预备的。假使那投票表决的议案是议会所通过的复决议案，那末，议会内委员会对于这议案的审查报告及投赞成或反对票的议员姓名都应当分给选民使他们参考。有几邦政府担任一切印刷与分送的费用，有几邦只担任分送的费用，印刷费由提案人与那有关系的人民担任。这笔费用是很大，照一个邦的规定，印入一页的说明，需费美金二百元，所以其中的说明与理由一定是简单明了，使选民看了，容易懂得。凡印刷费由邦政府担任的，各方面送印的说明或理由大都规定每一种不得过三百或五百个字。各邦“选民课本”的长短亦颇不一致，最短的只有一张明信片的大小，最长的是一本书的大小。一九二〇年有一邦分送的“选民课本”共有八万多字。一九二二年有一邦政府拨款美金五万元作为印刷与分送“选民课本”的费用，可是这本册子要送到九十万选民的手里，邦政府为每个选民还费不到美金六分。

美国这种分送“选民课本”的方法确是很能引起选民的兴趣，使选民到了投票时候，心里有所把握，可以依照他自己的判断，投他的票。现今那种种新的民治制度在表面上看起来，也许是很简单的，可是其执行的手续却是很复杂的。各种民治制度能否发生良好效力并不在于这制度的根本原则上，却在于应用这制度的手续上。这一层是研究政治制度的人不可不注意的。

第四节　欧洲的新宪法

战后欧洲大多数新国家的宪法不单明确规定人民主权的原则，并且又采用创制权与复决权使人民直接执行立法大权。卢梭曾经说过一句话：“英国人民自以为是自由了，其实大错。他们只有在选举议员时候是自由的；议员选定后，他们又去做奴隶了。”欧洲各新国家的制宪者都同意卢梭这句话，所以采用直接立法制，使人民举定议员以后，还能保持他们的自由。

美国、法国、战前德国下议院种种腐败情形种种不满意的行为更使他们确信人民代表是没有能力的，是不能付托立法的重任的。同时瑞士与美国的直接立法制度又证明人民是能直接执行立法权的。德国人民是向来不信任人民代表的，所以在德国，与那种受过德国思想影响的国家，创制权与复决权的范围是最大。波兰、捷克与巨哥斯拉夫因受法国宪法思想较大，所以没有采用创制与复决权，但他们并不是不赞成直接立法制的原则，只因为他们觉得人民未曾受过长期的自治训练，深恐这样的制度不大相宜。

在各新宪法中，那种强制的复决权是不适用于普通法律，但是在厄司陀尼亚（Estonia）与腊忒维亚（Latvia），凡一切宪法的修改或关于宪法重要条文的法律一定要交付人民表决。在奥国，宪法的更换必须人民表决，局部修改可由三分之一的国会议员要求交付人民表决。

关于普通法律，要求复决的特权并不在于一部份的人民，却在于政府机关，如总统或议院中一定数目的议员。但德国，及其各邦，腊忒维亚与厄司陀尼亚都采用人民创制权。一定数目的人民能创议制定一种新法律或取消一种旧法律。创议案交付立法机关，如被否决或修改，这问题必须由人民表决。所以人民虽不能要求将立法议案交付复决，但该议案正式成立后，人民就能创议取消。人民的创制权同时也适用于宪法修改，但创议人的法定数目较普通法律要大。在奥国与立索尼亚（Lithuania）一部份人民能创议一种新法案，但议会却有修改或否决的全权。

这一种直接立法制度的目的是要使立法机关的政策能与人民意志一致，不致于制定人民所反对的法律，也不致遗漏人民所需要的法律。在厄司陀尼亚这种原则更表示到极点。假使人民投票表决的结果，人民的意志与立法机关相反，或可决立法机关所反对的议案，或否决立法机关所通过的议案，立法机关就立即解散，由人民重行选举新代表。这种方法自然是很特别的。但在普鲁士与德国其他多数的邦，人民也能罢免全体议员，但提出动议的人民数目与投票赞成的票数比之普通复决要多些。比方在普鲁士，五分之一的选民能提出解散国会的要求，如有多数合格选民投票赞同，国会就即解散。

以上所述的种种方法大致与瑞士美国所通行的创制与复决权相像，但欧洲的新宪法还规定了几种直接立法制度的新方式。在德国、厄司陀尼亚、腊忒维亚三分之一的议员能将法律的实施日期延期二个月，在此时期之内，一定数目的公民能提出交付复决的要求。这种规定的目的是要阻止国会内多数党的专权。少数党如能得一部份人民的赞助，就能将多数议员所通过的议案交付全国人民公决。但少数党有了这种机会，亦难免有捣乱的行为，亦难免不发生别种弊病。

还有一种防止立法专制的方法，是由总统召集人民复决投票大会，因为总统大概总能秉公办理，只有必需的时候，才执行他的特权，所以这方法似较由少数党动议复决更为完善。在德国与腊忒维亚总统都能迟延法律的实施日期，使人民有要求复决的机会。

奥国宪法中有一条很特别的条文：假使国会议决，或多数议员请求凡国会所通过的议案必须交付人民复决。一定数目的选民也能提出创制议案，但该项议案如被议会否决，宪法内却没有人民复决的规定。只有议会能召集人民对于普通法律的复决投票大会的权力，但议会实没有召集人民复决的需要，因为议会自身就有制定法律的权。

在捷克，假使内阁提出的议案被国会否决了，内阁就能召集人民投票大会。捷克宪法中所有关于直接立法的原则只有这一条，但其目的却要增加内阁对于国会的势力。假使内阁的议案被人民复决推翻了，内阁就立即辞职；但有了这样的规定，内阁却能反抗国会的意志通过一种议案，同时可以不必采用解散国会的极端办法。

欧洲新宪法中关于直接立法制度最重要最适于实用的办法是承认人民有解决国会两院互相冲突的权力。在德国，假使国会两院对于一种议案不能同意，同时又没有调和的办法，总统就能取消这议案，或使人民复决表决。假使下议院以三分之二的同意票通过这议案，总统一定要求把这议案交付人民表决，或即行公布，使之成为法律。这一种的复决表决有一个大优点，就是只有极重要的问题，或能引起人民兴趣的问题，才交付人民表决。

在瑞士、美国与欧洲新国家，大概关于财政的议案不能适用这复决权。这是因为人民对于财政议案总免不了以个人经济的利益为投票的标准。可是人民对于别种议案亦难免以私人利害关系为标准。总而言之，创制权与复决权本来是极复杂的立法方法。最近的新宪法又加入了各种各样的新方式，较之从前最初在瑞士那几个森林的小邦内实施时候，不晓得改变了多少。当初因为人民不信任他们的代表，因为立法机关的议员都不是制法的专家所以才采用这创制与复决的直接立法方法。但人民本身的能力与智识究竟能否较胜于他们所举出的代表呢？

幸而那几个采用直接立法制国家的人民并没有滥用这项新权力。

比方德国在这几年之内，只有过一次复决投票大会。但德国这几年来所解决的重大问题不知有多少，如杜威斯计划，如加入国际联盟，都没有经人民表决。德国人民对于他们的首领确能信任，把这创制权与复决权作为一种备而不用的武器。这是一种正当的观念。

第十八章　政府的职务及其分配

第一节　政府职务的性质

政府是为人民谋幸福的工具。人民是有权无能，政府是有能无权，凡人民没有能力所做的一切事务，均须由那有能力的政府去执行。这是孙中山先生民权主义的根本原则。

但政府有能力所执行的职务却没有确定的范围，也没有一定的标准，全靠社会上一切情形而决定的。在从前社会状况简单的时代，政府是专制的，其权与能是不分开的，其职务的范围也是很小的；在现今的民治时代，社会情形太复杂了，政府的职务的范围就不得不扩充，政府的能力也就不得不增加。政府的职务虽没有确定的范围，但既称为政府，就不得不有能力执行两种最低限度的主要职务：对内须保护社会的治安，对外须防外国的侵入。凡没有能力执行这两项主要职务的政府就没有存在的理由，并且在事实上亦决不能存在的，势必至于或被内乱或被外患所推翻的。

从政府的主要职务方面又发生别种有连带关系的职务。为维持社会秩序及保护人民起见，政府须用强制的方法防止人民方面种种扰乱治安的行动；为防护国境及维持国家的地位起见，政府须有自给的方法，就是征收赋税以供一切的费用。

征收赋税原是为偿付一切对于全体社会有益的公共费用。政府万不能藉征收赋税的名义，做出种种不正当的行为。现今欧美各国所通行的代议制度就是为限制政府的赋税权而发生的。当初欧洲专制国的君主到了缺乏政费的时候，就要从人民方面想法，使他们增加赋税，补偿政费的不足。但增加人民的赋税是不能强迫的，必须出于他们自愿，或得他们的同意，方能不发生问题。当时的君主也许明白这种情形，也许在事实上不能独断独行，所以就使人民方面于每年举出几个代表，与国王共同商议后，才规定每年税额的数目。国家的财政权就逐渐到了人民的代表手里，政府的政策如果不为人民所满意，他们的代表就拒绝订定每年的税额。财政是国家的命脉，人民代表有了财政上的大权，他们就利用了这种机会，把这人民代表的团体逐渐变成现今的立法机关。英美两国早有一种根本观念。叫做“无代表，不纳税”，凡一切赋税没有经人民代表的认可，人民就可以抵抗不纳。这是欧美民权发生的起点，也就是民治主义发达的根基。

在维持国内治安一方面，政府的职务就得与人民发生种种的关系。政府的特点就是那种强制执行权，人民如有扰乱社会秩序的行为或侵犯他人权利的举动，政府就可处以相当的刑罚。政府对于人民间的一切关系，无论是经济的或社会的，须预先制定各种各样的法律强迫人民遵守。人民间的争执是由政府判决的。人民的一切权利是由政府以法律规定的。政府的目的不但在于事后的救济，并且还在于事前的预防。所以有害身体的药物须禁止的，妨害身体的工作须受法律的限制，传染的疾病也须有法律规定预防的方法，人民的教育须由法律强迫实行。

在从前民权尚未发达的国家，其政府职权的范围很小，并且又大都只从消极方面限制人民的举动，使他们不做犯罪的行为而已。那时候的政府如果没有什么劳民伤财的举动，同时还能维持社会的秩序，就算是一个尽职的政府。以后民权逐渐发达，社会上一切情形亦逐渐复杂，政府的职务也就不得不与之俱增，并且各项职务的性质也从消极的变成积极的，其目的是要利用政府的机关，维持社会的公道，提高人民的知识，并使各人民均能有平等的机会，与公平的相当待遇。现今各民治国政府的职务不但在于秉公裁判人民间的一切争执，不但在于保障人民的生命财产，并且还得要谋社会上公共的福利，使人民在消极方面不至于受一切社会的或经济的压迫，在消极方面能利用政府的一切设备，有自由发展他们本能的机会。这是一种极复杂极重大的职务。

第二节　从三权分立学说到五权宪法

现今各国政府的职务既非常复杂，同时国家土地的区域又非常广大，为事务上的便利起见，为保障民权防止政府专权起见，政府的职务就不得有种种分配的方法。政府职务的分配是从两方面入手办理的：第一，把国家的土地分作好几个区域，在每区域之内，设立一个区域的或地方的政府，管理各该区域内的事务，在各区域政府之上，又有一个中央政府管理全国的政治事务。第二，在中央或地方政府之中，又按照各种职务性质的不同，设立各种机关分管各种事务。

政府职务分配的先决问题是政府职务的分类。所以现今各国的通例均先把政府各项职务分成种类，然后再设立各种机关，各执行一种特别的职务。这样的办法非但可以使责任分明，得到分工制度的种种利益，并且还能使各机关互相钳制，互相监督，不致于发生专权的行为，侵犯人民的权利。

大凡各种事实的分类，不是随便胡乱分的；在分类之先，我们必须择定一种原则，作为分类的根据。从前欧美各民治国的特点就是法律：国家的组织是由法律规定的，国家的意志是由法律表示的，国家的行动须根据于法律，才能作为有效。所以政府的组织与行动是一个法律问题，就是法律是怎样制定的，怎样执行的，怎样解释的。根据于法律的原则，从前欧洲的政治学者把政府的职务分做三大种类：（一）制定法律权，（二）解释或应用法律权，（三）执行法律权。这三种职权就叫做立法、司法与行政权。在组织一方面说起来，政府的机关可以分做三大部份，立法机关、司法机关与行政机关，其职务是制定、解释或应用，与执行法律。

这就是法国人孟德斯鸠（Montesquieu，1689—1755）的三权分立学说，在十八世纪时候几乎成为欧美政治学者的信条。欧美各国的宪法也几乎没有一国不受到极大的影响。可是这三权分立学说却是十八世纪君主政体之下的产物，其最大的目的是要限制政府的专权行为，保护人民权利。现在的政治现状与那时候大不相同，所以各国的政府虽在原则上采用三权分立的制度，在事实上早已把孟德斯鸠原来的观念改变了。

十八世纪时候英国的国会还没有发展到监督行政的地位，所以孟德斯鸠仅把国会看做制定法律的机关，把行政部看做执行法律的机关，不承认国会在制定法律之外，还有别种监督行政的作用，也不承认行政部除了执行法律之外，还有参与立法、决定政策，与别种不纯粹的行政职务。并且现今政府职务的复杂也不是立法行政司法三部份所包括得了的。自从民治学说发达后，政府的权力已由君主或少数人手里转移到人民手里，多数国家的人民都有选举官吏的权，还有几个国家人民有罢免官吏的权，有提出或否决法律议案的权，这一样的职务都是确定的极重要的，但不能包括在那三权分立学说的范围之内。

在政府本身的范围以后，也发现几种重要的职务，不能包括在三权的范围以内。从前政府的事务较为简单，凡有常识的人是都有能力办理的。现今政府的职务复杂，一切事务非有专门技术的人员是不能办理的，凡关于这项人员的选择与任用均是很重要的职务。在从前时候，这样人员或由人民选举，或由政府委派，或由行政方面的附属机关考试任用。但现在政府的职务增加，政府中人员比从前增加了不知好几十倍，人民实在举不胜举，并且这般人员又得有相当的保障，才能把他们的职务看做一种终身职业，才能不加入政治的潮流，安心服务。所以选择这般人员就变成政府重要的职务，非得由一个独立的机关，采用考试的方法选择不可，既经选定以后，又不得不给他们一种法定的保障。这一种考试职权确有不得不自成一种独立的职权。还有一种监察的职权，从前是由立法机关附带执行的，现在政府的职务加多，专靠空空洞洞的人民监督或人民代表监督是不够的，所以也得要自成一种独立的职权。

孙中山先生的五权宪法就是要补救三权学说的缺点，把考试与监察二权加入，成为五权。

第三节　行政权

依照《国民政府建国大纲》第十九条的规定："在宪政开始时期，中央政府当完成设立五院，以试行五权之治，其序列如下：曰行政院，曰立法院，曰司法院，曰考试院，曰监察院。"

从历史上着想，行政机关确是最先发现的，并且政府中其他机关又大都是以后从行政机关中分出来的。各国政治制度的发展，虽因各地方一切状况的不同而不能一致，但行政机关变迁的大概情形差不多是各处相同的。在最初的时期，每一个政治社会中总有几个长者或聪明睿智的人，行使一切政权。这一班人或者是各家族或部落的领袖，或者是因为年长的关系，同时又有极高的智识与经验，所以能得人民的信仰，替他们执行一切政权。到了后来，其中最年长的人，或最聪明的人，或最大族的领袖，或战时最有功劳的人，就逐渐变成该群人民的元首、执政者的首领。这是君主政体的起源。

可是在最初的时候，君主也只是第一个贵族，其权力是与他的能力成一正比例。不过一个人在社会上占了重要的地位，他是总想用尽种种方法，维持他的地位，或再进一步扩充他的权力。同时他手底下那般亲信的人员也想把持他们的地位，推广他们的势力。其结果就发生世袭的君主与世袭的贵族阶级。君主的地位就变为至尊无上的，无论他的能力是怎样，他名义上的权力是极大的，包括那时候政府所有的权力。就是有时候君主柔弱无能，变成一个傀儡，所有实权都到贵族手里，但那般贵族还是以君主的名义执行一切的政权。

从集权的专制君主政体到分权的立宪君主政体，还得要经过好几百年历史的变迁。君主的大权是一步一步缩小的，是一点一点分出来的，人民的权力是一点一滴争到的。人民为争夺权力起见，就想尽种种方法限制君主的大权；为保持那种已经争到的权力起见，又不得不想尽种种方法，把政府的权力分开。等到分权制度成立后，才有学者研究那已成的事实，发表那分权的学说。孟德斯鸠的三权分立学说是根据于英国宪法历史推论出来的，并不是凭空造出来的。

所以君主的大权是现今政府各种权力的源流，现在政府中的各种权力都是从君主的权力中分出来的。孙中山先生所以把行政权列为五权宪法中的第一种权力，是完全根据于历史上的原因。

可是在从前的专制时代，政府的权力虽则是不分的，君主，或旁人以君主的名义，能执行一切的大权，但在事实上，那时候君主的权力万不能与现在分权时代行政首脑的权力相比较。在从前专制时代，政府职务的范围是很小，君主除了军事权与赋税权之外差不多就没有什么别种重要职权了。现在分权制度下的行政首领因为知道什么是在其职权范围以内，什么是在其职权范围以外，所以对于职权范围以内的一切事务能有极大的权力。又因近来政府的职务范围推广，职权增加，凡所增加的大部份事务都是属于行政的范围，都是归行政机关办理的。现今欧美各国政治所注重的要点是早已不在那抽象的民治主义，却在于事实上的行政效率。人民所以要一个政府，是要政府能替人民做事，并且还要做得好，就是孙中山先生所谓“要一个有能力的政府”，但政府中大部份的例行事务都是行政的事务。立法机关是决定政策的机关，司法机关的职务是解释与应用法律，考试与监察机关只有监督政府用人行政与其他督察的职务。凡行政机关日常所做的事务没有不与普通人民发生直接的影响与关系。所以就拿现今的政治状况说，行政院也是孙中山先生五权宪法中最重要的一种机关。

现今各国行政机关的组织大都包括好几部份：第一，各国都有一个行政首领，或是君主，或是总统，或是委员会；或是有名义无实权，或是有名义又有实权。第二，在行政首领之下，又都有各行政部，各部执行行政方面一种各别的事务，例如《建国大纲》第二十条规定："行政院暂设如下各部：一，内政部；二，外交部；三，军事部；四，财政部；五，农矿部；六，工商部；七，教育部；八，交通部。"第三，在各行政部还有大群的行政人员，行政事务能否有效率完全要靠这般人员，所以他们的选择任用方法是一个重大问题。关于这一层我们留待讨论考试制度时候再讨论。

各国行政首脑的地位与权力很不一致。日本人对于天皇的观念还是一种神权观念。英国是立宪君主最发达的国家。墨西哥的总统差不多就是一个专制皇帝。美国总统也有很大的实权。法国总统只是有虚名无实权的行政首脑。瑞士的所谓总统只是行政会议的议长，如同我们国民政府委员会的主席一样。各国行政首领选择的方法有两种：（一）世袭的，（二）选择的。依照世袭的制度，行政首领可以把他的职位传给与他有血统关系的人。到了十八世纪的末期，欧洲各国都是君主国，这种世袭的制度是最通行的制度。现今各民治国虽还有几国有世袭的君主，但他们只有虚名，没有实权，行政实权完全在那对于国会负责的内阁阁员手里。

在十八世纪的末期，美国宣布独立，与英国脱离关系，组织民治政体。各邦就采用选举制度选择行政首领，但其方法也不一致：有由人民直接选举的，也有由立法机关间接选举的。直接选举的方法自然是适合于理想的民治主义，但同时又容易使国内在选举时候发生扰乱事情，并且普通人民又最容易被政客所利用，举出来的人未必一定能负这样大的重任。直到现在，采用直接选举行政首领的国家还是甚少，只有德国与南美几个共和国的总统是人民直接选举的。

间接选举总统的方法有两种：有由特别组织的选举会选举的，有由立法机关选举的。当美国宪法制定时候，制宪委员因不十分信任人民，所以没有采用那人民直接选举总统的方法。又因三权分立的原则，行政首脑须有独立的性质，所以他们又不采用那立法机关选举总统的制度。选举总统的机关是人民直接举定的总统选举会。南美洲智利（Chile）与巴西（Brazil），欧洲新国家芬兰也仿行这种制度。当初美国制宪者的用意是要免去民选制度的危险与缺点，把选举总统的重要职务交托一个有特别的智识的小团体，细心选举，举出一个最适当的人物。可是在事实上，这个目的并没有达到。美国自从政党制度成立后，这间接的选举完全失去其本意，差不多已经变成一种直接的民选制度了。因为各政党在正式选举总统之前，早已举定各该党的候选总统，同时又指定各该党候选“总统选举人”。依照宪法，人民只有举定“总统选举人”的权，没有选举总统的权。可是各党的“总统选举人”只是傀儡性质的人物，他们是没有自由选择的权，一定要把选举票投给本党所举定的候选总统与副总统。所以人民投票时候，在法律上是选举“总统选举人”，但在事实上，是从两大党所已经举定的候选总统之中，选择一个做总统。美国间接选举总统制度只因政党的发生于无形之中变为直接的选举制度。

第二种间接选举行政首领的方法是由立法机关选举。法国、波兰、捷克的总统均是由两院议员选举的。这种间接选举制度自然也有种种利弊。从其优点方面着想，立法机关明白国家重大问题的情形最详细，大概总能举出一个最适当的人做总统，并且行政首领由立法机关举出，这两部自然能和衷共济，不致于发生冲突事情。但这种办法同时也是很危险的，一个有实力的候选总统能用种种方法，或以威吓，或以利诱，强迫立法机关的议员把他举出。

现今各国行政的组织有两种：一是单一制，一是合议制。单一制的行政组织是把行政首脑的职权委托于一个人，合议制是把行政首领的职权委托于几个人。现今多数国家均采用单一制的行政组织，例如各君主均有一个国王，各共和国大都有一个总统。各国的君主或总统是否确有行政方面的实权，是另外一个问题，我们以后再详述，但在名义上或法理上说起来，君主或总统确是一国的行政元首。瑞士的行政组织是采用合议制的。照宪法的规定，行政组织是一种委员会制度，叫做联邦行政会议，共有委员七人。行政委员是由联邦议会选举的，其任期是三年。联邦议会又从行政委员之中指定一人为委员长，并称之为瑞士总统。但瑞士总统的地位是与别国的总统完全不相同的，他只是行政委员会的主席，其职权也与别个委员相等，并没有什么特别权力。在欧战以后的新宪法之中，普鲁士与厄司陀尼亚的行政组织是很特别的。这两个共和国都是没有总统的，内阁是最高的行政机关，国务总理是全国最高的行政官吏。他是议会选举的，是对于议会负责的。

在最初的时候，君主有了一个贵族式的元老院，大概就可执行行政方面一切事务。以后社会的情形日渐复杂，政府的职务日渐增加，一个元老院的力量就兼顾不了各种事务了。所以从前国王的大权，非但因民权的发达，而采用分权制度，分为行政立法司法三大部份，就是在行政一部份以内，也因事务的复杂，不得不改用分工的方法，设立各部各机关。凡各元老对于那一种事务最熟悉的，就使之专管那一种事务。元老院全体变为一种监督机关，监督各人执行他们的专职。以后凡有新的职务发生，就设立新的机关专任办理此种事务。这种种机关合并起来，成为一种有统系的组织，各机关有各机关的长官，在各机关之上，又有一个行政首领，统制全部份事务。

依照十七年十月三日公布的《中华民国国民政府组织法》，总揽中华民国之治权的机关是国民政府。凡别国行政首领所执行的大权，如统帅陆海空军，行使宣战、媾和及缔结条约之权，行使大赦、特赦及减刑、复权，统归国民政府执行。国民政府以行政院、立法院、司法院、考试院、监察院五院组织的，并设主席委员一人，委员十二人至十六人，委员人选是由中央政治会议议决的。国民政府主席代表国民政府接见外使，并举行或参与国际典礼，同时又兼中华民国陆海空军总司令。国民政府委员组织国务会议，处理国事，并议决院与院间不能解决之事项。

国民政府是处理全国国事的机关，至于执行行政方面的事务是行政院的职权。行政院设各部与各委员，分掌行政方面的职权。现今已经设立的共计十部与五委府会，即内政部、外交部、军政部、财政部、农矿部、工商部、教育部、交通部、铁道部、卫生部、建设委员会、蒙藏委员会、侨务委员会、劳工委员会，与禁烟委员会。行政院设院长与副院长各一人。行政院各部设部长一人，政务次长与常任次长各一人；各委员会设委员长副委员长各一人，均由行政院院长提交国民政府分别任免的。行政院院长副院长，各部部长及各委员会委员长组织行政院会议，议决下列事项：（一）提出于立法院之法律案，（二）提出于立法院之预算案，（三）提出于立法院之大赦案，（四）提出于立法院之宣战案、媾和案、条约案及其他重要国际事项，（五）荐任以上行政官吏之任免，（六）行政院各部及各委员会间不能解决之事项，（七）其他依法律或行政院院长认为应付行政院会议议决之事项。

第四节　立法权

在十八世纪立宪政府初成立时期，立法机关在欧美各国所占的地位是非常重要。那时候各国人民所争的是参与政治的权利，就是选举代表执行一切政权。那时候立法机关所讨论的问题都是国家的主要问题，大都是涉及人民与政府间的种种关系，如减轻选举权的财产资格，使多数人民有参与政治权利；限制国王的一切权力，使君主政体逐渐民治化。这种种问题都是普通人民所懂得的，所能讨论的。所以立法机关的地位就非常重要，职务就非常复杂，政府各机关的职权与组织是立法机关所规定的，人民的意志是由立法机关正式表示的，政府的政策也是由立法机关决定的。其结果就使立法机关的职务不单是制定法律，并且还有种种其他涉及行政与司法各种事务。我们仔细分析欧美各国立法机关的职务，大概有下列的几种：（一）关于制定或修改宪法的事务，（二）选举行政首领，（三）表示公意，（四）监督政府，（五）制定法律，（六）关于行政方面的职务，（七）高等法庭。

第一，我们先讨论立法机关制宪与修改宪法的职务。现今各国制定或修改宪法的方法有三种：（一）由人民动议，（二）由政府动议，（三）由人民与政府动议。假使政府有制定或修改宪法的权，这类职权大概是由立法机关执行的。例如照美国宪法的规定，修改宪法的方法有两种：第一，如有国会两院三分之二议员同意，国会就能动议修改宪法；第二，如有三分之二的邦议会请愿，国会须召集宪法会议，讨论修改宪法的问题。宪法修改案须经四分之三邦批准后，方能成立。又如法国宪法只有国会两院开了联席会议，才能修改。国会制定或修改宪法的权，当然与立法权有各别的性质，不能混而为一。凡行使这项职务时候，立法机关就是一个制宪会议。就是《建国大纲》第二十二条亦规定："宪法草案……由立法院议订，随时宣传于民众，以备到时采择施行。"

立法机关又有选举行政首领的职权。各民治国的总统有由人民直接选举的，有由立法机关选举的，有由特别选举会选举的。就是在那种由特别选举会选举总统的国家，立法机关也有检查选举票的权，并且选举会如果不能举出总统，决选的权也往往归立法机关执行。照法国宪法，总统是由国会两院的联席会议选举的。波兰、捷克的总统也由国会选举的。美国总统是由人民间接选举的；人民举定"总统选举人"，再由"总统选举人"组织特别选举会，选举总统与副总统。假使特别选举会举不出总统，另由下议院于得票最多的三个候选人之中，投票选举一人为总统；假使选举会举不出副总统，另由上议院于得票最多的二个候选人之中，投票选择一人为副总统。

立法机关又是表示人民公意的机关。人民政府是依照人民公意执行职权的政府，所以正式表示人民公意的机关是人民政府中所不可缺少的要素。当初英国国会初成立时候，其唯一的职务只是表示人民的公意，备国王的谘询。就是"国会"这名词，英文叫做"巴力门"（Parliament），是出源于法文parler这一个动字，其意义是讨论。所以最初的国会只是讨论的机关，讨论国家大事，并表示人民的公意，备执政者的采纳。这是立法机关在历史上的确实性质。

在现今的时代，表示人民公意是各国立法机关的主要职务。我们只须细察英美两国国会的实在情形，就可以明白那立法机关在各国政府中所占的真实地位。照现今的趋势，各国所有的立法事务大都由行政机关负责，立法机关的职务只在于讨论行政方面所提出的议案，决定其去取罢了。在英国一方面，从内阁制度实行后，国会差不多失去其立法职权，所有重要议案全由内阁提出，国会议员在事实上只能就内阁阁员所提出的议案，表示去取，他们自己却没有单独提出重要议案的机会。美国虽还没有到英国的地位，但美国的政治中心点也已从国会方面转移到总统身上，所有重要议案也大都由总统以非正式手续提出国会。这是因为近来社会状况复杂，立法机关所讨论的问题大都是涉及行政方面种种专门问题，缺乏专门智识的普通人民代表是万难对付得了的。消极的批评各项政策是稍有普通常识的人所说得出的，但积极的建设计划非有专门智识与技术的人所能预定的。因此，现今各国多数人民都愿意使行政机关负制定法律的责任，使立法机关恢复最初那种讨论机关的性质，表示人民对于政府各项政策的公意。

现今各国的趋势虽是注重行政方面，使行政机关负大部份的责任，但立法机关对于行政方面的监督权还是很大的。从这方面着想，立法机关又好像是政府的董事会，其职权是支配各行政官的职务，与监督财政的一切收入与支出。

并且立法机关同时又有一种关于行政方面的职务。从前各国的行政首领大都有一个谘询机关，帮助行政首领办理一切事务。英国的枢密院（Privy Council）就是这样一种机关，现今的内阁又是从枢密院里脱胎出来的。内阁会议是最重要的行政会议，但内阁阁员又都是国会中最重要的议员。法国的行政会叫做国务会议，其会员就是内阁里的阁员，内阁阁员也是国会中最重要的一部份议员。美国的上议院也有行政方面的职务：照宪法上的规定，总统有订立条约与任命重要官吏的权，但必须征求上议院的意见，得其同意。

有时候，立法机关又是一种高等法庭。欧美代议政府的特质，就是各种官吏须对于人民负责，如有不称职的举动，人民有罢免他们的方法。每次的选举可以算是民选现任官吏的考积时期。人民对于那不称职的官吏，自然不再举了，但就是在任期以内，人民对于那有不法行为的官吏也有罢免的方法。在那种没有采用罢免权的国家，人民罢免官吏的权是间接的，就是由人民代表提出弹劾。在英美两国，一切弹劾案件都是上议院审判的。上议院审判案件时候，其性质已经变为高等法庭。

所以现今各国立法机关的职务繁杂，不单是立法而已。并且在从前时候，各国的法律大都不是由立法机关或任何机关制定的，只是由各种习惯与风俗，与法庭的判决，相集而成的。就是在国会初成立时期，其唯一的职务也只是代表全国人民，把国内种种实情，并人民对于政治方面的公意，代达于君王，使他能依据实在状况与人民公意，执行其重要职务。但国王不一定依照国会所表示的意志，往往不顾人民代表的请愿，任意为所欲为，所以在中世纪的初期，英国国会时常提出抗议，到了后来，国会更进一步，利用其财政上的大权，直接提出议案，要求国王公布。国王为财政方面的困难情形所迫，就不得不默认国会这种举动。从此以后，国会的地位就从请愿的机关，一变而为立法机关。

以上所述是欧美各国立法机关的主要职务。只因他们的政府是代议制度的政府，所以把人民代表的立法机关看得非常重要，并把政府中几种重要的职务，如制定或修改宪法，选举行政首领，表示人民公意都分配于立法机关执行；又因为他们没有设立一种独立的监察机关，所以凡是对于政府方面几种最低限度的监察权，如监督财政的收入与支出，批准行政首领与外国所订立的条约，所任命的重要官吏，及弹劾与审判弹劾案件也分配于立法机关执行。其结果就使立法的职务复杂万分，又使立法机关对于其命分以内所应当做的立法事务反而不能充分执行，致被行政方面以其名义代行职权。

孙中山先生计划中的立法院并不是欧美代议式的立法机关，换句话说，不是人民的代表机关。选举、罢免、创制与复决四种民权很可以使人民执行民权、监督政治、表示意见。立法院只执行五个政府权的一种，其职务只限于立法一种而已，并且同时还有人民方面创制权与复决权的限制，所以就是立法的权力也是有限制的。

在孙中山先生的五权宪法尚未实施以前，国民政府已于十七年三月一日公布一种《立法程序法》，规定一种过渡时期的立法方法。依照那时候的过渡办法，“中央政治会议得议决一切法律，由中央执行委员会交国民政府公布之”；“国民政府为执行法律或基于法律之委任，得制定施行法律之规则”，概称之为条例。凡隶属于国民政府的“各机关及各省政府各特别市政府制定条例时，除法令有特别规定外，须呈经国民政府核准”，同时又“各得提出法律案于中央政治会议”。至于起草法律或条例有两种办法：（一）由中央政治会议或国民政府交法制局办理，“于必要时，并得示以定法原则”；（二）由各主管机关自行起草，但“除经中央政治会议或国民政府常务委员会认为有特殊紧急情形者外，于议决前须交法制局为初步审查”。“国民政府接到中央执行委员会所交政治会议所议决之法律案时，应于十日内公布之，在公布期限内，国民政府得请求中央政治会议覆议，但以一次为限。”

所以在这过渡时期内，从十七年三月一日至十月二十日中央政治会议是最高的立法机关，法制局只是立法方面的一个附属机关。依照法制局组织法，其所掌事项是：（一）草拟并修订法律条例案，（二）保存法律条例之正本，（三）整理及刊行现行法规。

现今各国的立法事务本来是一种专门事务，绝不是几百个人民代表所能办的了的。所以近来欧美各国已经想了种种补救的方法，救济那代议式的立法机关的缺点。使行政机关负担立法的职任就是这种补救方面的一种。并且英国立法机关又有一种法律起草专家，美国各邦议会之内也附设了一种法制谘询局（Legislative Reference Bureau），以备各议员谘询，只因那代议式的立法机关在欧美各国都有极重大的历史上的关系，所以他们不得不保存这种制度，可是同时却也于无形之中逐渐减少其立法职权，改变其原来的性质。但代议式的立法机关在中国历史上是没有关系的，就是在最近十六年中我们从元年旧国会与安福新国会所得到的经验却是一种最不幸的经验。孙中山先生对于这其中的弊端明白得最详细，所以五权宪法中的立法院不是欧美的立法机关，是一种专家式的立法院，其职权是严格的限于立法一方面。就是过渡时代的《国民政府法制局组织法》已经注意到专家一层，其中有一条规定："法制局于必要时对于特殊立法事项得聘任专家为专门委员，从事于调查研究或起草。"

十七年十月三日中央政治会议通过的《中华民国国民政府组织法》规定"立法院为国民政府最高立法机关"，"有议决法律案、预算案、大赦案、宣战案、媾和案、条约案及其他重要国际事项之职权。"立法院设院长副院长各一人，其人选是由中央政治会议议决的；委员四十九至九十九人是由院长提出请国民政府任免的。立法院内部又设立各种专门委员会，专任讨论各项专门事务，现今已设立的计有四个委员会，即法制委员会、外交委员会、财政委员会与经济委员会。立法院得增置裁并各委员会，同时又得任用专门人员，其人数、人选、俸给由立法院自行决定。这是中华民国国民政府专家式的立法院的大概情形，其原则是很合于现代政治的思想与趋势，我们很希望将来能够依照这种原则确实进行，使执行立法职务的人员个个都是专门人员。

第五节　司法权

司法权是解释与应用法律所规定的种种权利与义务的权。所以司法权是不应当与国家的政策与政治发生什么密切的关系，司法机关也不能依靠那政府的行政与立法机关，这是司法独立的原则，也是立宪政府的精神。司法机关是一种独立的机关，其职务是保护人民的生命财产，与维持宪法及法律的尊严，不受政府中任何方面的干涉。

这司法独立的原则已为现今各立宪政府的国家所承认了。但各国司法机关的职权还有两种不同的情形：第一，司法机关是否能将立法机关所制定的那种不合于宪法条文的法律宣告为无效的；第二，凡一切关系行政官吏的诉讼案件是由普通法庭受理审判，或由一种特别的行政法庭审判。根据于这两种不同情形，我们可以把各国的司法制度分为两大类：一种是美国式的，又一种是欧洲大陆式的。美国的最高法庭可以宣告立法机关所制定的法律为违反宪法条文，所以不能发生效力；欧洲各国的法庭都没有这样的权力。欧洲大陆各国都有一种特别法庭，叫做行政法庭，专任审理行政官方面的，或行政官吏与人民间的一诉讼案件；英美两国没有这样的特别法庭，凡关于行政官吏的一切案件也归普通法庭审判。

美国的最高法庭对于立法机关所制定的法律，有解释的权，并且法庭还能将那种违反宪法条文的法律宣告为无效，拒绝执行。这是美国大理院的特权。照美国的政治观念，人民意志是一切政权的源流，成文宪法就是人民意志的直接表示，凡政府的组织，各机关的职权均须明确规定在宪法之内。法庭的职权也与行政立法的职权一样，是由人民授与的。行政立法司法机关均有服从人民在宪法内所表示的意志的义务。

美国法庭宣告法律为无效的特权并不是在宪法内规定的。美国有一种成文宪法，这成文宪法又是最高的法律，所以凡一切其他法律如与这最高法律发生冲突，当然不能成立。但政府中究竟那一个机关最适当宣告这样的法律为无效呢？行政与立法两机关不能执行这种大权是很明显的，成文宪法的用意就是要限制政府的权力，使政府各机关处处依照宪法条文，执行政权，不得擅自违反宪法上的规定，自行增加其权力。所以只有那独立性质的司法机关才能毫无成见，一秉至公解释宪法条文，从解释宪法的权，再进一步，法庭就宣告那种违反宪法条文的法律为无效。美国人民亦就默认法庭这一种特权。可是美国法庭对于联邦立法机关所制定的法律并没有滥用其特权，在这一百多年之内，只有五十三种联邦法律或其中的一部份被最高法庭宣告为无效，并且这五十三种法律又大部份是没有多大关系的，其中只有六种或七种才是十分重要的。这就可以见得美国法庭确能不受政潮的影响，不为政党所利用，一秉至公，执行那种至尊无上的特权。这是很不容易做到的。

以上所述只关于司法机关解释法律条文的特权。第二个问题是司法机关对于行政诉讼案件的职权。照英国与美国的观念，普通法庭有审判行政案件的职权。凡行政官吏非法执行其职权，侵犯了人民的权利，被害人民就可以在普通法庭之中，提起诉讼，要求行政官吏赔偿损失。刑事案件也能同样的由普通法庭受理。在法国与其他欧洲大陆各国，行政诉讼案件不能由普通法庭受理，须由特别的行政法庭审判。行政法庭也是司法机关中的一种，但其法官及手续却受行政方面的节制。

欧洲大陆各国设立这种行政法庭有两个主要理由：第一，行政官吏有一种特别性质，往往与行政方面的便利问题有关系的，所以决不是那种不明白行政情形的普通法庭所能审判得了的。第二，普通法庭如有审判行政案件的职权，行政方面势必至于时受司法机关的无端干涉。换句话说，英美制与欧洲大陆制的不同是出源于“三权分立”的见解的不同。照英美的观念，所谓“三权分立”是行政、立法、司法三种职权的分立，这三种职权须由三个分立的机关各自执行，不能互相侵犯。所以凡属于司法界限以内的一切职务，就是当事人是行政官吏，也得由司法机关执行。照欧洲大陆的观念，所谓“三权分立”是指行政、立法、司法三种机关的分立，这三种机关须各自管理其范围以内的一切事务，所以凡与行政方面有关系的司法事务须由那种附属于行政机关以下的特别法庭执行，不得由司法机关藉口于执行司法职权，干涉行政方面的事务。

从行政方面的效率着想，欧洲大陆的司法制度确是较胜于英美制，因为行政机关有自由行动的余地，无须处处虑到司法机关方面的干涉。但行政机关既有自由行动的余地，他们尽可以极力扩充他们的权限，侵犯人民的权利，司法机关是不能干涉的。那种可以受理行政诉讼案件的行政法庭又是行政方面的附属机关，未必都能保障人民权利的能力。不过这种缺点只是理想上的缺点。在事实上，欧洲大陆人民的权利没有因为这种行政法庭制度无端被政府侵犯或剥夺。他们的权利也与英美人民一样的有保障。这就可以见得一切制度的功效，只有一部份是从这制度本身方面发生出来的，一部份还是要靠利用这种制度的人民。专从理论上讨论各种制度的利弊往往是与事实相差很多的。

司法制度的好坏，是测验政府好坏的一种最准确的标准。法律与普通人民的幸福与安宁，关系最深，人民之所以尊重法律因为他们晓得法律是私人权利的公平保障。假使司法机关是腐败的，没有公平执行法律的能力，法律就失了保障社会秩序与人民权利的功效，人民对于法律的态度，一定要从尊重的变为蔑视的。

各国又往往时有那种关于政治问题或激动政党情感的民刑案件发生，在这种时期，法官的正直无私与不偏不倚的胆量才是国家最有价值的靠山。法官如能不畏强暴，不计及一党一派的私利，只从全国人民的利益着想，发表一种公平正直的判断，自然能得人民公意的赞助，增加人民尊重法律的观念，一切政治扰乱的萌芽也许能于无形之中消灭。美国南北战争发生于一八六〇年，与那时候最高法庭判决一个关于黑奴问题的诉案（Dred Scott Decision）不无多少关系。

所以能力、学问、忠实，与独立的胆量，是法官所不可缺少的特质。可是怎样可以得到这样的法官呢？关于这个问题，我们可以从三方面讨论：第一，怎样可以使那般有这几种特质的人来做法官？第二，用什么方法选择或任命那合格的法官？第三，任命以后，有什么方法保障法官的独立？薪俸优，职位稳固，社会地位抬高，大概是可以引诱那般有这几种特质的人物充当法官。选择法官的方法约有三种：由行政机关提出，由立法机关选择，由人民选举。我们可以略述欧美四个国家的经验作为这一讲的结论。

英国的法官都是行政方面（内阁）任命的，其任期是终身的，其薪俸是足与一个生意最好的律师相等。凡选派为法官的人物都能得社会的信任，并且都能一秉至公执行职务。可是他们没有充当法官以前又大都是政党的党员，接了法官的职位，就能改换面目，破除一切的党见。从我们的眼光看起来，这是很奇怪的，但英国人死守习惯的成见是很深的，依照英国习惯，法官是不应当有党派的，所以英国的法官就没有一个人胆敢打破这种习惯。终身的职位使他们能独立，习惯又使他们严格不参与政治，所以英国的司法机关能得全国人民的信任。

在法国，法官的薪俸并不十分优，但其职位是永久的，并且在社会上的地位是很高的，所以有学问有能力的还肯充当法官。法官都是行政方面任命的。虽则各法官的任命很受政党的影响，但终身的任期很可以使司法独立。可是法国近代史，从一八七九到一八八三年时期，曾经发生一次司法方面的清党运动，把大批有不忠于共和制度嫌疑的法官斥革，这种行动也许因为当时有特别情形不得不如此，但此例一开，确是一件大不同幸的事。

瑞士法官的薪俸是很少的，并且有一定的任期，但期满后，照例往往继任，所以他们的任期也可以算是永久的。联邦法官是由联邦立法院任命的，各邦法官是民选的。虽则很有许多人不赞成这种制度，同时却没有人提议改革。这种制度是有历史的根据，大家以为是瑞士民治制度的天然出产品。大多数的邦都是很小的，选民大概都能估量各候选人的忠实与常识。

在美国，联邦法官是由总统得到上议院同意任命，除了弹劾之外，是不能免职的。各邦法官有由邦长任命的，有由立法机关任命的，但大多数的邦都采用民选制度。凡民选的法官大都是很不称职的。在选举时候，他们是由政党提出的，政党提出各候选人或为报酬他们党员的工作，或预备将来利用，其目的总是不正当的。美国联邦法官的成绩是很可观的，各邦法官大都是很糟糕的。

为什么适用于瑞士的民选法官制度在美国各邦就有种种弊端？这是因为瑞士法庭所审判的案件都是很细微的，但在美国各邦，社会情形非常复杂，各大公司值得用尽种种方法选择那般与他们有利益的人充当法官，他们有的是钱，能买通政党首领提出，能买选民的选举票。在瑞士各邦的小社会，选民对于候选人的一切情形都熟悉的，他们用不到政党的指导，也绝不容忍政党的把持，但在百万以上人口的城市，除了政党的导领之外，选民便没有选择的标准，各政党又各有自私自利的目的，他们所计及的是自己的利益，绝不是候选人的资格。

但行政机关的首领也都是政党的领袖，也都以政党的利益为目的的，为什么行政首领所任命的法官较胜于政党提出人民选举的法官呢？美国总统是政党党员，英国国务总理也是政党党员。这是因为总统与总理是对于全国负责任的。假使他们所选举的法官不称职，他们本身与他们的党都得受全国的责备，得到很不利的结果，但政党所提出人民所举出的法官是没有人正式负责的。民选的法官是人民自己选举的。法律已成了科学，现今法官是一定要懂得法律这一门科学，如同一个大学教授一定要懂得他所教的功课一样，人民没有能力选择法官，如同他们没有能力选择大学教授一样。

依照十七年十月三日的《中华民国国民政府组织法》，“司法院为国民政府最高司法机关，掌理司法审判、司法行政、官吏惩戒及行政审判之职权，关于特赦、减刑及复权事项，由司法院院长提请国民政府核准施行。”为执行这项列举的职权起见，司法院设立下列的几个机关，即司法行政部、最高法院、行政法院与官吏惩戒委员会。司法行政部总理司法行政事宜，最高法院对于民刑诉讼事行使最高审判权，行政法院掌理行政诉讼审判事宜，官吏惩戒委员会掌理文官法官惩戒事宜。

第六节　考试权

孙中山先生五权宪法中行政、立法、司法三权是欧美的制度，其余考试与监察二权是中国固有的东西。中山先生说：“历代举行考试，拔取真才，是中国几千年的特色。外国学者近来考察中国的制度，便极赞美中国考试的独立制度，也有仿效中国的考试制度去拔取真才，像英国近来举行文官考试，便是说从中国仿效过去的。不过英国的考试制度，只考普通文官，还没有达到中国考试权之独立的精神。”

考试制度虽是中国几千年的特色，但中国从前的办法如科举之类是很简单的，万难适用于现今复杂的社会。所以我们只能采用历史上考试制度的原则，不能采用其方法。所谓考试制度的原则，就是集中的考试机关，并且凡是政府中的事务官必须由考试出身。欧美各国现行的考试制度虽“还没有达到中国考试权之独立的真精神”，但他们所用的考试方法却很有可以使我们作为参考的资料，将来我们设立考试院，实行考试制度，也许可以从他们所试验有成绩的，同时又能适用于我国状况的几种方法，采择试用。所以我想把英国与美国考试文官的法律及其方法约略叙述一下。

在英国，“文官”这名词的意义包含甚广，除了政务官及内阁任命的几种重要的官吏之外，政府中其他职位永久的官吏都包括在内，差不多从各部管部次长起直到邮政局的邮差。这种官吏都有两种根本的特别性质：（一）职位永久，（二）脱离政党的政治关系。现在英国的文官一般是因法律的规定，一般是因习惯上的关系，都不得参加政党方面任何的政治活动。可是这类的原则也只从十九世纪下半期起才确定的。在十九世纪下半期以前，政府中的职位差不多都是由国会议员推举他们的亲戚朋友充当的，内阁阁员也就利用这种机会，以便增加他们在国会内的势力。结果就使官吏职位变为内阁收买议员的工具，政府各机关非但充满了冗员，并且他们既不做事，又不能做事。所以在一千八百四十多年时候，就有人极力攻击这种情形，并提议三种改革的办法：（一）凡任命充当各种职位的人员必须有一种年龄的限制，（二）在任命之前必须经过一种考试的手续，（三）任命以后，还得要有一个试用时期，可是这种办法还得要过了几年时候才成为事实。

在一八五三年，英国政府派了一个委员会，研究官制的组织及官吏的任用方法。这委员会的报告就是现今英国文官考试制度的基础，其中所注意的要点就是（一）根本取消任用私人制度，以公开的考试方法选择合格人员，（二）各种官吏的职位须依照其性质的不同，分为两种，一种是劳心的，一种是劳力的，（就是一切例行事务，）（三）所以文官考试的方法也得要分为两种，一种考试是选择上级官吏，又一种是选择下级官吏。

两年以后，在一八五五年，英国就设立一个文官考试文员会，专任执行考试的职务。英国的考试制度现在已经有七十多年的历史，在此时期之内，英国政府又从各方面修改那最初设立的制度，使之逐渐完善。并且英国的教育设备又非常完备，凡有相当能力的男女都有受到教育的机会，一步一步的高升，到大学为止，从大学卒业出来就有资格投考最高一级的文官考试。

现今英国官制的等级是于一九二〇年重行编定的。各级的官是从社会上各级智识阶级中搜罗的，可是各级官员的界限是打通的，凡在不同年岁时期并以各别的考试方法考入各级官职的人员都有同等的升级机会，换句话说，就是在年轻时候以最简便的考试方法考入最低一级的官职将来也能升到最高一级的职位。各级官职出缺时候，其补充方法有两种，或从下级人员中择最优者提升，或以公开考试录取后学习期满者补充。

英国的文官是分为两大类：第一类人员的职务都是例行的事务，都是属于劳力一方面的，第二类人员的职务是属于劳心的一方面，是关于政府政策的拟定或修改，政府一切事务的监督进行。根据于这种原则，英国的官制现在分为四级：（一）第一级或最低级，（二）第二级，（三）第三级，（四）第四级或最高级。第一级官员的职务只是那种普通的例行公事，只有在那种例行事务最多的机关，如邮政、卫生、劳工等部，这一级人员的数目最多。他们是从各地方公开考试取录的，并且又以女子居多，年龄的限制是从十六岁到十七岁。如能证明他们的办事能力，他们就能提升到第二级。

第二级人员的职务是监督或指导第一级人员的工作，收集一切的统计与材料备上级官员之用，并依照规则审检一切的账目。他们年龄的限制是男子十六岁到十七岁，女子十六岁半到十七岁半。考试的科目是根据于初级中学卒业程度，年俸是从六十镑到二百五十镑，但也能加到四百镑。

第三级人员一半是由第二级提升的，一半是根据于高级中学卒业程度的考试录取的。年俸是从一百镑到五百磅。

最高级官吏的职务是关系政策的拟定，以及各行政部的普通行政。除了从第三级人员中提升外，还有从考试录取的，考试的科目是根据大学最优级的程度。年龄的限制是从二十二岁至二十四岁。考入以后，还须进“学生队”学习，在学习时期年俸是从二百磅至五百磅。从“学生队”出来，每人可以提升上去到最高行政长官地位，如管部次长之类，年俸可以到三千镑。

这是英国考试制度的大概情形。英国文官考试的特点是注重于学校科目，不注重于办事经验。在英国，凡投考文官考试的人都刚从学校出来，年岁又轻，什么事都没有做过，什么经验都没有。可是英国考试制度原来的用意并不是要录取的人立刻执行专门事务，却是要收罗一班可以造就的可以训练的年轻男女，使他们在政府机关中学习训练，过了几年或几十年他们自然可以造就到专家的性质。考试的目的不是拔取真才，却是要造就真才。英国所以能够做到这一点，是因为文官的地位是永久的，官吏也变成一种职业，凡初出学校的少年考试录取后，就有一种终身的职业，他们尽可以安分守己做他们分内所应当做的职务，将来的提升完全是根据于他们的工作。外面政局方面的变动，内阁的更换，他们部里部长的更动，他们完全可以不问不闻。因为这种种政治上的变化与他们的地位是绝对没有关系的，所以英国的考试制度虽没有达到考试权的独立精神，但英国由考试出身的行政官吏确已达到一种独立的地位，不受政潮的影响，不被外界任何势力所牵制。这就是孙中山先生考试权的独立所想达到的目的。

美国的考试制度是采用另外一种方法，是与英国制度完全不相同的。在美国，考试的方法是试验考试者的办事的经验与能力，其目的是要投考者录取以后立刻执行职务，不像英国那样只试验投考者的普通智识，录取以后只使他学习训练而已。

在美国联邦政府中，民选的官吏只有五百三十三人，总统与副总统，九十六个上议员，与四百三十五个下议员，但行政方面任命的官吏在最多时候（一九一九年欧战期内）共有九十一万七千多人，就是裁减以后，也有五十六万多人（一九二二年的统计）。美国从前未曾实行考试制度以前，各政党对于政府的职位都看做是选举竞争的战利品，凡一党选举胜利后，即把从前一党所任命的人员全班更换，其结果就使政府各官吏都加入了政治潮流，其地位是完全依靠政局为定的。十九世纪中期英国采用考试时候，美国的改革家也就鼓吹实行考试。联邦政府于一八五三年与一八五五年通过二种文官考试法，可是其范围只限于一万四千个最不重要的地位，如书记录事之类，并且其考试的方法亦由各机关长官随意决定。那时候美国的考试如同现今国民政府各机关招考书记录事一样，没有一种集中的考试机关，所以其效果是很有限的。

现今美国的考试制度是根据于一八八三年的法律。依照这一年法律的规定，总统有全权决定那种职位是应当考试的，那种职位是可以不经考试随便由长官任命的。在考试制度初实行时期，归入考试范围以内的职位共一万四千人，不在考试范围以内的官吏有九万六千人。从这一年起，各总统逐渐推广考试的范围，增加考试一类的官吏数目，到了一九二二年，归入考试范围以内的官吏共有四十二万多人，在考试范围以外的官吏约计十四万多人。所以现今美国联邦政府官吏有四分之三的职位已经脱离了政治的关系，必须经过考试合格后方能任用。这四十来年的成绩总算不差。

依照一八八三年的文官考试法律，总统得了上议院的同意，能任命三人组织一个文官考试委员会。三个委员中不能有二人以上是一党的党员，每个委员的年俸是五千元美金，此外，还有一切的旅费。文官考试委员会并不附属于任何的行政部，也不受任何行政部长的指挥，却是一个独立的机关，除了总统之外，无论何人都不能干涉其政策。文官考试委员会的职务是帮助总统拟定施行文官考试法律的规则，这项规则经总统公布，所有各部的官吏都得遵守。并且委员会还能调查各部执行文官考试法律的详细情形，从这方面说起来，委员会又能督察各机关执行文官考试法律。

凡在考试范围以内的官职，一定要经考试委员会考试合格后方能任用。考试有二种：一种是公开的集合的笔试，一种是单独的试验。一切的考试都是注重实际，是试验被考者的能力与经验。委员会把考试及格的头三名名单送交任用的机关，由其选择一人试用六个月后，正式任用。比方在一九二五年至一九二六年的财政年度（从七月一号至六月三十号），考试委员会一共考了二十万多个的投考的，其中约四万来个是被任用的。

但这种公共的集合的考试制度也并不是绝对完善，绝对毫无缺点。英国那种制度是可以用的，因为被考者都是初出学校的年轻男女，又因为考试的目的只试验被考者的普通智识与将来发展的能力。一群医生或工程师自然不能集合在一间屋中，用考试学生的方法考他们的医学或工程学，选择一个最适当的人充当卫生局长或工程局长。最好的第一流的医生或工程师是都不愿意来投考的，只有那些没有人请教的医生或工程师才来投考。为解决这类问题，美国考试委员会又采用一种不集合的单独的试验方法，就是投考者不必集合在一间屋内，同时试验。比方考一个工程师，或统计家，或经济专家，可以请各投考者各单独写一篇论文，各论文收到后再请著名专家评阅；并且各投考者的教育、训练、经验、成绩，与其他一切资格都可以详细调查，每一项都给与一定分数，与论文的分数平均计算。美国的矿务局、商务局，与其他各部各局的高级职位都是考设委员会用这第二种方法选择的。

考试制度并不是一个简单的问题。考试制度的能否发生良好效果完全要靠执行考试时候的一切详细办法。前清时候的科举是一种考试制度，英美选择文官的方法也是考试制度。方法的不良往往牵涉到制度的本身上。前清的废科举也只因科举的方法与内容不能适用于现代，并不是因为考试制度本身的原则有什么不适用的地方。制度的重要只在于原则一方面，同时应用这原则的方法却可以千变万化，不晓得有多多少少。并且考试的方法问题又不是一个单独的问题，却与社会上其他诸问题都有连带的关系。例如学校制度，教育方法都能影响到一种考试方法的效果。又如人民有了作弊的习惯，他们到了考试也可以做出各样的弊端，从前科举时代的弊端是最著名的。孙中山先生的考试权的范围又是非常之广，依照《建国大纲》第十五条的规定：“凡候选及任命官员，无论中央与地方，皆须经中央考试铨定资格者乃可”，所以国民政府，对于实施考试制度所采用的方法更不得不十二分慎重。

现在考试院已经成立了，考试院组织法也已公布了，我们可以把考试院的职权约略叙一叙。依照《中华民国国民政府组织法》，“考试院为国民政府最高考试机关，掌理考试、铨叙事宜；所有公务员，均须依法律经考试院考选、铨叙方得任用。”考试院内部分设考选委员会与铨叙部两个主要机关。考选委员会的职务是（一）关于考选文官、法官、外交官及其他公务员事项，（二）关于考选专门技术人员事项，（三）关于办理组织典试委员会事项，（四）关于考选人员之册报事项，（五）关于举行考试其他应办事项。铨叙部的职务是（一）关于公务员之登记事项，（二）关于考取人员分类登记事项，（三）关于成绩考核登记事项，（四）关于公务员任免之登记事项，（五）关于公务员升降转调之审查事项，（六）关于公务员资格审查事项，（七）关于俸给及奖恤之审查事项。考试院又得依法律于各省组织典试委员会。

第七节　监察院

孙中山先生说：“监察权就是弹劾权。外国现在也有这种权，不过把他放在立法机关之中，不能够独立成一种治权罢了。”中山先生的监察权是从中国历史上御史制度而来的。中国的御史制度差不多从秦时起就有了，已经有好几千年的历史，据孙中山先生的观念，是一种“很好的监察制度”。

中国“御史”这名词“包括清代都察院中的科道而言。所谓科，就是六科给事中，所谓道，就是十五道监察御史；此外还有总理台政的左都御史，勷赞左都御史的左副都御史；以及其他由科道中派遣的巡仓巡漕巡察巡城等御史或给事中，都一律包括在内。”（高一涵《中国御史制度的沿革》）在专制时代的中国，御史也只是一种官吏，并没有什么法律上的特别保障，他们的升降，甚而至于他们生命都在君主手里，可是历史君主多慕不杀言官的美名，并且很怕惹起杀戮言官的清议，久而久之，这种情形就变成历史上一种根深蒂固的习惯，御史与谏官都依靠这种习惯做保障。御史制度之所以是一种很好的监察制度，完全是这种习惯养成的。唐朝武则天时代有一个言官叫宋璟，他三次不奉制，武后也无可如何他。唐朝给事中的权力可以算是发达到极点，甚而至于还能够“封驳诏书，封谓封还诏书而不行，驳谓驳正诏书之所失”。专制皇帝的诏书自然就是法令，一个没有兵权也没有实力的文官居然可以封还诏书，居然可驳正诏书，官吏能有这样的胆量，完全是习惯养成的，皇帝能忍受，也完全是习惯养成的。所以一种制度的好坏一小半是在于这种制度的本身，一大半却在于这制度同时存在的习惯。

清朝的“都察院专掌风宪，以整纲纪为职，凡政事得失，官方邪正，有关于国计民生之大利害者，皆得言之。”“监察御史掌纠察内外百司之官邪，在内：刷卷，巡视京营，监文武乡会试，稽查部院诸司；在外：巡盐巡漕巡仓等，及提督学政，各以其事专纠察。”清代督察院六科十五道职权的范围非常广大，高一涵先生举出十大种类：（一）建议政事权，（二）监察行政权，（三）考察官吏权，（四）弹劾官吏权，（五）会谳重案权，（六）辩明冤枉权，（七）检查会计权，（八）封驳诏书权，（九）注销案卷权，（十）监察礼仪权。这是何等重大广泛的职权。假使这样的大权在几个好人手里，他们自然能靠了历史习惯的保障，理直气壮，独立的行使他们的监察权；可是到了几个坏人手里，他们也能利用种种机会，或巴结权贵，或为利欲所引诱，独立的妄用他们的监察权，其结果是把历史上所养成那种种保障言官的习惯由他们自己打破，言官的地位也就一落千丈，不为人所重视了。满清末了几年北京那般都老爷就有这样情形。

清朝末了几年多数都老爷人格的堕落，就影响到科道制的本身，使历史上所养成的好习惯失去效力，使这制度不能应付社会上的需要。《官场现形记》里边黄胖姑对贾大少爷说：“那些穷都见钱眼开，不要说十两八两，就是一两八钱，他们也没命的去干。”有了这样的都老爷，那真是御史制度的破产。

在外国，监察政府官吏的职权没有集中在一个机关，是分散于各机关的，所以孙中山先生说，外国的监察权“不能够独立成一种治权”。最重要的自然是代表人民的立法机关。立法机关有监督政府权，有支配财产权，有弹劾官吏权。法庭也有相当的监察权。这种种职权已经在上几章内约略说过。自从考试制度实行，考试委员会设立后，政府各机关的用人权又大大的限制。可是考试委员会的职权往往不单限于考试而已。在美国，凡文官考试及格任用以后，将来审核考察成绩的权还是在考试委员会。所以美国的监察权可以算是分给两种机关执行，凡关于国家大事或与行政长官有关系的事大都是由立法机关监察的，关于那般考试任用官吏的监察权还是由考试委员会执行。各种考试任用官吏平时的成绩是送考试委员会审核，决定各官吏的进级或升迁。一九一二年美国国会又通过一种法律，规定考试委员会对于京城区域以内的考试任用官吏都得定一种做事效率标准表：凡做事效率一定要超过一个最低限度的标准，才有升迁的希望，凡做事效率不到一定的标准，就得要免职。在一九一六年，美国又进一步，在文官考试委员会之内，特设一个效率估计股，专任考察各人做事的效率。所以美国对于政府中各事务官已经有相当的监察机关。外国的监察制度也许是很不完善的，并且有几种监察权亦只备而不用。比方美国下议院有弹劾总统的权，但在这一百多年的历史，美国总统被弹劾只有一次，并且就是这一次也没有成功。这是因为在外国，各官吏一方面有人民公意的监督，又一方面有种种习惯成例的限制，就是监察权没有独立的专任的机关执行，他们也不敢又不能越出他们职权或法律范围以外胡作乱为。

所以监察性质的机关是无论那种政府都有的，都不可缺少的；各国执行监察职权的方法却是各不相同的，有把监察权分散于政府各机关，如欧美各民治国，也有集中于一个机关，最近似的如清朝的都察院。最近中央五次执行委员大会已议决“根据总理建国大纲，设立考试、监察、立法、行政、司法之五院，逐渐实施，并决定迅速起草约法，以预备五权宪法之基础。”（五中全会宣言。）依照十六年十一月五日公布的《国民政府监察院组织法》，“监察院受中国国民党之监督指导与国民政府之命令监察国民政府所属行政司法各机关官吏事宜”，其职权是（一）关于发觉官吏犯罪事项，（二）关于弹劾官吏事项，（三）关于考查各种行政事项，（四）关于中央及地方审计事项，（五）关于官厅簿记方式及表册之统一事项。

依照原则说起来，监察院是一国最高的监督机关，其地位是应当与考试院司法院一样的独立，不受任何方面的干涉。英国是第一个国家达到司法独立，这是因为当初的司法官有胆量有能力抵抗专制君主的命令。不受其监督与指导，所以逐渐能养成一种习惯，使司法能够脱离政潮的影响，抬高法官的地位。孙中山先生称赞中国御史制度为很好的监察制度，是因为专制时代的御史有胆量抵抗专制皇帝，胆敢封驳诏书，御史的独立地位确有历史上根深蒂固的习惯做保障的。可是这类习惯的养成与扶植有两种条件：一方面没有法律上的阻碍，又一方面是要靠充当御史的人能否担得起这重大责任。比方到清代末了时候，一般都老爷都是畏首畏尾，完全没有肩背，像《官场现形记》上的胡都老爷，他只能说：“时事如此，无法挽回，也只得付之一叹了！……现在里头，阉寺当权，都成了他们的世界，说了非但无益，反怕买祸；所以兄弟只得谨守金人之箴，不敢多事。”身居言职的台谏是“不敢多事”“怕买祸”的人物，御史制度的精华那能不根本消灭呢？

所以将来监察院制度能否有良好效果也得靠两个要件：第一，法律上不应有限制其地位独立的条文，应当使之能逐渐养成超过一切政治潮流的独立精神与习惯。并且监察院受党之监督指挥与政府之命令的规定也与中山监督权独立的原则大相违背。监察院是监督政府官吏的机关，那能同时又受政府的命令，掌理其监察的职权。虽则组织法条文上说明：“监察院受……国民政府之命令掌理监察国民政府所属行政司法各机关官吏事宜，”好像条文上所给与的监察权只是监察政府各机关官吏，政府本身不在其监察范围之内的。可是严格的说起来，政府除了各机关之外，空无所有了，一国的总统是政府的官吏，政府委员会也是政府的机关。假使在监察院之上，另外还有机关能命令或指挥其掌理监察权，这类的监察权就不是独立的，这样的监察院决不能充分的执行其职权。就是在从前专制时代，皇帝尚且不能命令或指挥御史，御史反而能封驳皇帝的诏书。御史制度是很好的监察制度，因为御史的监察可以监察到皇帝身上。

这样说起来，监察院就变成一个最高的机关，有监察政府中任何机关的监察权，政府中没有机关能指挥或命令他。为防止监察权专横起见，监察制度还有第二个要件。这就是种种良好习惯的养成与培植。中国专制时代御史的权力是大极了，可以违抗君主的命令，可以封驳君主的诏书，但历史上御史专权，御史造反却还未曾发生。御史只有在一定轨道内执行其大权，才能得到习惯上的保障，就是违抗君主的命令，君主也无可如何他，并且同时还能名传不朽。假使御史出了一定的轨道，胡作乱为，一切不成文的保障立即失去效力，历史上养成的习惯也就根本消灭。将来监察院制度也是如此的。中山先生的监察院本来是根据于御史制度而来的，其运用的情形大概也离不了御史制度的一切情形。

所以在监察制度初创始的时候，最重要一层是要养成一种习惯，使这监察权能在一定的轨道以内，完全独立，没有法律上的阻碍，不受任何方面的束缚；政府机关一切官吏又能服从其监察。可是这种习惯的养成还得要经过久长的时期，并且还得要靠创始时期监察院内人物的品格。美国联邦政府最高法庭能达到现今的地位，其中一个主动力就是联邦成立初期时候，那般正直无私的法官。等到习惯养成了以后，守成就比较的容易了。关于人的问题，十七年八月十六日《时事新报》社论有几句透切的话，我们就引了作结论罢。

“今之政象，制度不完固为未入轨道之大因。然而制度之由创立而发生威权，其事非短时期可冀。故政制完美确定之国家虽黠者无由施其奸诡，然而此非语于制度草创之国也。制度草创而望其坚固完定，兴利生威，有赖于人者仍多。今人有言清官运动者，其意可谓深切时弊矣。制度不能无弊，初创制度更不能无弊，谋减少此现象，舍人又何从。贪污者不退，贤明者不进，恶者不惩，善者不劝，虽有良法美意，谁果必其遵行而不逾哉。”

宪法

目　录

第一章 绪 论
——法治与人治

世界各国所有的政府都是人治的政府，同时又是法治的政府。所谓政府只是人类的一种组织，法律也是人造的。政府没有人执行，法律没有人解释，都是死的，不能自动的发生结果。我们有时候觉得法律比人重要，又有时候觉得人比法律重要；法律与人究竟哪一方面更重要完全要看我们对于当时解释与应用法律的方法是同意或不同意为定的。假使法庭解释与应用法律的方法是与我们有利益的，我们就觉得法律的重要，并且又以为这是一种法治的政府，但同时其他的人民因同样的方法而受到损失就要觉得人是重要的，这是一种人治的政府。

所以在现代的民治状况之下，我们是不能把人治政府与法治政府的界线划分出来。法律是出产品，人是产生法律的。严格的说起来，人与法律的关系是分不开的。没有人解说与执行的法律既没有意识，又没有生气。我们常常说到“活”的法律，或“死”的法律，但这只是一种比喻的话。法律的生气是假借的，如同物质方面或智识方面各种出产品的生气一样，是从人的生命方面借用的。脱离了人的关系，一个法治的政府就没有自动的能力，是无用的，所以同时也是无害的，并且除了在想像力范围以内，决没有存在的可能。

没有法律的人治政府在事实上也是不可能的。假使像法国无政府主义者蒲鲁东（Proudhon）所说："国家的真正形状是无政府主义"，那末，现今的国家还没有变到这种真正形状。凡是群居的人民或是自愿，或是默认一种权力的制裁；但对于人群执行权力就不得不需要法律。有了法律，无论是法治者或被治者方面，都觉得较为方便。这只是普通常识。

所以"法治的政府"与"人治的政府"只是比较的名词。在法治的政府，人民群居所需要的一切规则都是预先制定的，预先公布。概括的说起来，被治者都可以知道这一切规则，知道他们自己的行动是否在这类规则所规定的范围以内，又知道违背了规则，须受到什么样的处罚。但这类规则却是种类繁多，并且又不都是绝对确定的，有许多是很普通的，有许多又是很复杂的。人民关系方面的一切状况也是非常复杂，同时又变化无常，万不能依照那固定的规则，一致的办理。因此，就不得不有各种法官把这类规则解说明白，应用到那随时发生的各案件。这种情形却又把一个法治的政府加上人治的性质。不过就是这样，这类政府所注重之点还是法，不是人，法治与人治的数量比较起来还是更为重要更为永久。虽则有时候也有不公平的状况发生，大概所有由人执行的政府都偶尔免不了有这种状况，但武断的违背确定的规则只是特别例外而已。

人治政府所注重之点却与法治政府相反，是人不是法。人治政府也许有种种规则，作为人民行为的标准，但规则是不重要的，解说与应用规则的人才是重要。这类规则可以武断的解说，不必依照前例，随时反覆更变，甚而至于等到事情发生以后，再由政府另行制定新的与特别的规则。在这种状况之下，不公平是常有的事，不是例外。被治者是不能明白他们在法律范围以内的权利与义务。

所以法治政府与人治政府的区别只是数量上的区别，不是质地上的区别。但这种数量上的区别却是一种很重要的区别，因为同时又包含精神上的区别；在政府如同在人类其他制度一样，精神是主要的特点。

依照这样的解说，现今各国的民治政府都可以算是法治的政府。在每一个法治的政府，法律的种类是很多的，概括的说起来，可以分为两大类：一类是管理政府的法律，又一类是政府管理人民的法。第一种是叫做宪法，第二种是叫做普通法。这许多法律性质不同，重要不等，最高的一种就是宪法。我们所要讨论的也就是这最重要的一种法律。

第二章　宪法的性质

“宪法”这名词在中国是早就有的，例如《书经》上边说的“监于先王成宪”，《晋书》上有“宪令稍增，科条无限”，又有“稽古宪章，大理制度”，《唐书》上有“永垂宪则，贻范后昆”，《中庸》上有“宪章文武”等类。凡这种种“宪”字的意义均含有法度，法典，或法令的意思在内。

在欧洲，“宪法”这名词也是在古代就有的。有人说，希腊时代的雅典在纪元前六二四年至四〇四年的中间曾经有过十一种宪法。并且政治学的老祖宗，亚里士多德，也曾收集了当时的许多宪法，在他的《政治学》里边，曾经讨论过“立宪政府”，“最好的宪法”，“宪法的定义”等类问题。罗马学者也说到宪法与普通法，制宪权与立法权的区别。

世界各国都有一种宪法，或类似宪法的法度与法典。但从其历史上的来源，形式，内容，固定性，与永久性方面着想，这许多宪法都是各不相同的。因此，我们就很不容易下一个确当的宪法定义。法律家与政治学者确已给了我们许多宪法的定义，但这类定义只可以算是那一个国家的宪法的定义，并不能算是一切宪法的概括定义。我们可以批评这种定义，但也没有方法可以修改。我们姑且约举几个例。

有一个美国法官Justice Joseph Story说："宪法是人民以主权者地位设立的根本法律或政府基础。"但有许多国家的宪法都不是人民设立的，人民只默认而已；所谓人民主权至多亦只是一个极空泛的名词。

英国学者蒲徕斯（Bryce）在他的《美国平民政治》中把宪法看作"规定政府组织，及人民与政府间各种权利与义务的根本规则或法律"。但有许多宪法并没有规定政府与人民间的权利与义务。

所以学者们对于宪法的观念也不一定能与一切实际上的情形完全相合。但他们的宪法观念之中却有一点是完全与一切事实相合的并且又是他们一致同意的，这就是上述的与其他所有宪法定义中的"根本的"这几个字。各国宪法无论怎样的不同，这一点总是相同的，既称为宪法，那就是根本的法律，是一种基础，凡法律与政府其他的规定无论怎样的重要，只是基础上部的建筑物。

从宪法在法律中的地位上着想，这是极顶的，超过于一切法律之上。从宪法与其他法律的关系上着想，这又最下一层的基础，其他一切法律是靠其维持的，并且又必须依照其基本原则。所以我们可以说宪法是一国的最高法律——最高一层的极顶，同时又可说是一国的根本法律——最低一层的基础。

我们虽则可以说无论那一国都有一种类似宪法的法律，但把宪法看做超过普通法律的根本法律观念却是经过一个极长时期逐渐变化出来的。在欧洲中世纪时候，城市，公司，教会与封建贵族的权利有时候是规定在一种有契约性质的约章之内。从这样的惯例，人民往往再进一步，要求国王特许他们种种权利，规定在成文的约章之内，算是国王与人民间所订立的一种契约，规定以后，就是国王本人也得遵守。这一类的约章也许可以算是以后成文宪法的先锋。

在十六世纪时候，一般学者的著作中又发现一种"根本法律"观念，就是超过于普通法律的基本法律观念。这种观念是发源于法国，再散布到英国及其他各国。法国的自然法律派学者早已把国家的根本法律与国王的法律分开；所谓根本法律就是历史上遗传下来的，并经人民一致承认的习惯与原则，凡未得国会的同意，国王是不能更改的。在英国，詹姆第一曾经在他的演说中说到“根本法律”，并把这种法律看作是神授的，他自己是法律的保护者。在他的儿子查理第一时代，这种观念又在国会与国王冲突方面占到一个重要地位。并且英国国王所公布的几种重要法律有时候也就叫做“宪法”。

所以查理第二时候所规定国王与教会关系的法律就叫做 constitutions of clarendon。到了十七世纪时候，“宪法”这名词又屡次发现于英国人民为开辟新大陆所组织的各种公司的规约内，各殖民政府的组织法中，及几个学者的著作中。当时几种较为重要的文件，如一六四七年克林威尔兵士所订定的《人民约法》，一六五三年克林威尔公布的《政府组织法》，美洲殖民地议会在革命时候宣布的各种宣言与议案等，均可以算是现代成文宪法的先导。从十七世纪下半期起，“宪法”这名词就指那种较为根本的法律，特别是关于政府的组织。美洲殖民地于十八世纪下半期与英国脱离关系，把他们新政府的组织大纲叫做宪法以后，这个名词就有了现今那种确定意义，是指一国政府组织的根本法律，成文的或不成文的。

从一七七六年美洲殖民地宣布独立起至一七八九年美国联邦宪法成立时止，这十三年时期可以算是现代历史上第一个并且最重要的制宪时期。在这时期之内，现代的成文宪法是初次发现于美国新独立的十三邦，那最重要的最有研究价值的美国联邦宪法也于一七八七年在费立特而费埃城制定，于一七八九年公布实行。

美国联邦宪法已经有了一百四十年的历史，要算是各成文宪法中历史最长的一种。法国发生了革命以后也即仿照美国的先例，入手制宪，其第一次成文宪法是于一七九一年的九月公布的。德意志各邦也即行仿效，在一八一四年至一八二九年间，多数的邦均已采用成文宪法，只有普鲁士与其他几邦直到十九世纪中期才制定宪法。欧洲其他几国亦均逃不了这种潮流，在十九世纪中期以前，先后公布一种成文的宪法，如西班牙（一八一二年），挪威(一八一四年)，丹麦与荷兰（一八一五年），葡萄牙（一八二二年），比利时（一八三一年），意大利与瑞士（一八四八年），奥大利（一八六一年），瑞典（一八六六年）。总计自一八〇〇年起至一八八〇年止的八十年之内，欧洲各国曾经公布过三百多种的成文宪法。到了十九世纪末期，除了英国，与德意志联邦中的一邦外，欧洲其他各国都有一种固定的成文宪法。

最近欧洲大战以后的几年之内又是一个重要的制宪时期，因为欧战结果俄德奥三个大帝国是都分裂了，从他们旧有的区域以内划出了许多新国家，旧邦改造，新邦建立，都得要靠确定的成文宪法做基础的，所以在这十多年之内，又发现了十多种的新成文宪法，就是德国，普鲁士及其他各邦，奥国，捷克，南斯拉夫，俄国，波兰，邓席克自由城，厄司陀尼亚，芬兰，腊忒维亚，匈牙利，爱尔兰自由国。

第三章　宪法的种类

从人民参与政权的数量做标准，宪法可以分为自由的，民治的，贵族的，等类宪法的本身上着想，又可以分为汇集的与制定的。汇集的宪法就是那种出源于风俗习惯的宪法。这是历史上进化的结果，并不是人民在确定的时期制定的。这类宪法大都是由历史上各时期的风俗，习惯法的原则，法庭的判断案等类积聚而成的，其起源的时日是不能确定的，其修改的手续也是很方便的，随时可以因风俗习惯的改变而更变，不必以正式的程序来改订。制定的宪法是正式由制宪会议或国王在确定的时期制定与公布的，其内容都表示为一种成文的凭据。所以制定的宪法又可以分为两种：钦定的宪法与人民的宪法。

汇集的与制定的宪法的区别是与普通所谓不成文的与成文的宪法区别约略相同。所谓不成文的宪法就是那种逐渐发展而成立的，其大部份的原则并没有确实规定在一种或几种的正式公文。历史上积聚下来的风俗，习惯，法庭的判决案，与立法机关在各时期所制定的重要法律，合并起来，就成为一种不成文的宪法。这是依照社会情形自然而然发生出来的，并不是制宪会议或其他机关在确定时期制定的宪法。这是自然生长的，并不是人造的宪法。

成文宪法是正式制定的宪法，大部份的原则都是规定在一种成文的凭据之内。这是人造的，不是自然生长的宪法。凡关于政府组织及其行为的根本原则都经过一种协议的手续，正式规定下来的。

大概说起来，成文宪法的全部总是在一个时日制定的，是规定在一种正式的公文之内的；但也有规定在好几种的公文之内，并且其制定的时日又是不相同的。例如法国宪法是由三种根本法律及其修改案合并而成的。又如从前奥国的旧宪法也包括五种根本法律。还有匈牙利的宪法是由六百五十多年时期内（一二二二年至一八七三年），所制定的重要法律合并而成的。

凡成文宪法总有一种最高的效力，其性质是与普通法律不同的，其成立及修改的手续也与普通法律各别的。在采用成文宪法的国家，制宪权与立法权大概是分开的，有两种立法机关，制定两种法律：一种是宪法，有最高效力，又一种是普通法律，是附属的。普通法律条文一定要依照宪法条文的规定，才能发生效力。

这样一种区别虽是很普通的，但采用成文宪法的国家并不都有这种状况。有少数的成文宪法并不是由特别的制宪会议，却由普通的立法机关制定的，所以从法律上着想，其性质也与普通的法律相同。例如奥国从前的根本法律只是立法机关所制定的法律。意大利宪法虽不是立法机关制定，是国王钦定的，但其地位是与普通法律相等，并且又能以普通的立法手续修改。西班牙的宪法中没有修改手续的规定，立法机关也许就能以普通立法手续修改。在这类的国家，制宪权与立法权是没有区别的，所以宪法的效力并不能高出于普通法律之上。

但成文与不成文宪法的区别也只是一种表面上的区别。成文宪法不一定完全成文的，不成文宪法也不一定完全不成文的，成文与不成文的区别只是一种数量上的不同，并不是性质上的差异。我们似乎不能根据这种表面的区别，把宪法分为成文的与不成文的两种。所有成文宪法，经过了长久的时期，自然而然的就会有这种不成文的份子，如法庭的解释，与风俗习惯等类，加入其内。美国宪法是成文宪法最好的一个例，其中关于总统的选举方法，总统的职权，国会的议事手续与立法程序，法庭的职权等类，虽在形式的条文上，还没有更改，但在事实上，却已大改而特改，早已失去当初制宪者原来的用意。一百四十来年以前制定的宪法，还能适用于现今工商业最发达，社会情形最复杂的美国，全靠种种无形的修改，于成文宪法之中随时加入不成文的份子。

并且从经验方面说起来，一个国家也万不能把宪法原理原则完完全全写出来，规定在几条条文之内。就是做得到，这样的宪法也只能适用于一时的社会，不能适用于极长的时期。这是因为社会的种种情形是时时更变的，宪法条文一经规定以后，是不容易随时修改的，死版版的宪法条文是不能适用于时时更变的社会情形。一种宪法的适用与否要看这宪法的本身，是否适合于社会上的实际状况。所以凡是采用成文宪法的国家，必须时时以非正式的手续修改宪法，使之能适合于社会上随时更变的状况。成文宪法之中是万不能免去这种不成文的份子。成文宪法的年岁愈老，不成文的份子也愈多。

再从那一方面着想，所谓不成文宪法也往往有许多成文的规定。凡风俗与习惯固定以后，往往就得记录下来，规定在法律条文之内，这是古今立法的趋势。大多数法律或是风俗习惯的结晶，或是根据于当时社会上的需要而制定的。风俗与习惯是很不确定的，差不多各人有各人的见解，难免不因之发生种种误会，种种冲突，所以必须要记录出来，才能有确定的性质，人民方面才不致于因见解的不同而发生争执。同时各时期的社会需要也得由法律正式规定，正式承认，方能免去人民与政府间的冲突，方能维持社会的治安。

英国宪法是不成文宪法最好的例，但其中一部份却已变为成文的。例如关于国王与上议院的职权范围，司法的权力，下议院的组织，下议院与选举团的关系，均已有成文的规定。英国宪法中成文的规定大都是风俗与习惯的解释，就是最重要的《大宪章》也不是一种新规定，只是把不成文的习惯变为成文的规定。英国宪法中的成文部份自然没有不成文部份那样多，并确成文的部份又是分散于各时期各种各样的法律之中。所以把英国宪法称为不成文宪法，并不是因为其中没有成文的规定，只因那不成文的部份，比之成文的那部份又多又重要。

所以这一种的分类方法，把宪法分为成文的与不成文的，既没有科学上的价值，又很容易混乱事实。例如意大利的宪法是认为成文的，但其中不成文的部份却很多很重要，依照成文与不成文宪法分类标准，意大利宪法是与美国宪法归入一类，但在事实上，其性质是与英国宪法很像的。

因此，又有人提出刚性宪法与柔性宪法的区别。这一种分类方法是根据于宪法与普通法律的关系，并不依据宪法的来源或其形式。如果一种宪法在法律上的效力是与普通法律相等，修改的手续也与普通法律相同，这就是柔性的宪法。如果一种宪法有最高的法律效力，其地位是超过于一切普通法律，其修改的手续也与普通法律有繁简的区别，这就是刚性的宪法。柔性与刚性的区别并不在于成文的或不成文的。柔性的宪法也许是成文的，但其修改的手续却很简单，大致与普通法律的修改手续一样。刚性宪法是与普通法律的界限分得很清楚的，并且也不能像普通法律那样的容易修改。

英国，意大利，西班牙的宪法是柔性的宪法，美国及其他的成文宪法都是刚性的宪法。英国宪法是不成文的；意大利与西班牙宪法是成文的，但其中却没有规定修改的手续，所以其结果就使他们用普通的立法手续修改宪法，并使这类宪法在修改手续方面与英国宪法立于同等的地位。美国与其他的成文宪法均规定修改的手续，所以都不能用那种修改普通法律的手段修改的，这类宪法均是刚性的。

但刚性与柔性宪法的区别有时候也很难分别的。因为那种所谓刚性宪法，虽有法定的特别的修改手续，但除了这种特别的手续之外，却另有其他简便的修改方法，如法庭的解释，风俗与习惯的发生等类，都能在事实上，不在形式上，更变宪法的规定。依照刚性与柔性宪法的区别，美国宪法自然是刚性的，英国宪法自然是柔性的。假使美国宪法只能依照宪法内规定的手续修改，那末，美国宪法的性质就极其刚性的，因为这是一种极繁杂的手续，宪法修改案是很不容易通过，正式成立的。但在美国，除了正式的修改手续之外，还有别种简单方法，也能更改宪法。美国宪法所以能应付现代社会上一切的需要，完全是因为这宪法是随时可由种种非正式的手续更变的。

还有一层，我们必须注意的，就在于“宪法”这名词上。照一般人的观念，因为英国宪法是不成文的，就以为在英国，“宪法”这名词是包含一切的根本法律，法庭的判断，及历史遗传下来的风俗与习惯；因为美国的宪法是成文的，就以为在美国，“宪法”这名词的意义只指这一种成文宪法，把所有解释宪法条文的法律，法庭的判断，及一切有关系的风俗与习惯都屏弃在外。但在事实上，美国的重要法律，法庭判断，及风俗习惯往往也与宪法条文有同样的效力。

假使我们把关于美国政府组织及其运用的一切根本法律及重要惯例都包括在“美国宪法”这名词以内，那末，这宪法的柔性也未必一定比不上英国宪法。我们可以举一个例来说明这一点。在这一百年之内，英国宪法的一种重要改革是一八三二年与一八六七年的选举改革，推广选举权的范围。全世界人民都知道这是英国宪法史上的重要时期，是英国宪法经过重要改革的纪念日。但在十九世纪的上半期，美国也经过同样的改革，选举权的范围也同样的推广；可是美国的选举改革不是修改宪法的结果，却是各邦制定新选举法的结果。在宪法初成立时期，美国各处的选举权是限制得很严格的，现在却已全国实行普通选举制度。美国选举权的资格不是联邦宪法，却是各邦自行规定的，所以能够不经过修改宪法的手续，从根本上改革了。

我们再举一个例，美国最高法院有宣告法律为无效的特权。这并不是宪法规定的，但这种职权却已执行。像这样重大的更变，虽没有经过修改宪法的手续，当然不能不算是宪法范围以内的更变。美国政府组织与精神方面的几种重大的更变都没有经过修改宪法的手续而成立的。

所以我们不能只根据于修改手续的难或易，就断定一种成文宪法是刚性或柔性的，我们同时还得注意到各种宪法内各条文的意义是否广泛，解释宪法条文机关的职权与政策，及风俗与习惯发展的限度。在相当的状况之下，一种成文宪法也许是很柔性的，也许很能适合于社会上一切的新需要。

第四章　宪法的产生

从其历史上的来源着想，现今各国的宪法又可以分为下列的几种：第一，由国王制定的；第二，由逐渐发展而成立的；第三，由革命而成立的。

在从前，各国的政体差不多都是专制政体，所谓立宪政府——用成文宪法规定政府的组织与行使政府职权的方法——是现代政府的特点，是十八世纪末期与十九世纪初期的出产品。在专制君主政体时代，当时所有的一切权力大都在君主手里，并且行使职权的方法也没有确定的详细规定。到了后来，君主或为顺从民意起见，或为保持他自己名义上的地位起见，或自己愿意或逼不得已把他个人的权力，及政府各机关的组织与职权详细规定出来，并把政府所注重之点从人治的转移到法治方面。其结果就使君主及其政府的权力限制在一定的范围以内，并依照确定的方法执行。这种规定就是一种宪法，这样的宪法就叫做钦定的宪法。

钦定的宪法有一种契约性质；君主既已正式承认依照确定的原则执行职权，你就得负一种遵守的义务。假使他想更变那执行政权的方法，他也得预先修改宪法条文，才能使他的行动合于宪法的规定。

有时候，钦定宪法之中又规定不得人民的同意不能修改；有时候，修改的权是由君主保留的。

历史上钦定宪法的例也不少。一八一五年以后，德意志各邦君主所颁布的宪法都是属于这一类，其中普鲁士的宪法直到一九二〇年才取消。一八一四年法国路易十八颁布的宪法，十九世纪初期葡萄牙国王颁布的几种宪法，拿破仑时期许多被征服国所得到的宪法，日本，从前的俄罗斯，土耳其，与波斯的宪法都是钦定宪法。就是现今意大利宪法也是钦定宪法，因为当初这宪法只是意大利区域内一邦的君主为他的人民所制定的，以后意大利半岛统一后，就算是全国的宪法。

在这许多国家，宪法观念是与其他各国人民宪法观念不同的。他们的宪法是国王制定的，是国王对于人民所特许的几种权利的规定。所以在学理上，宪法既是国王制定的，国王就有取消宪法的特权。钦定宪法是有契约性质的，但这种所谓契约性质只是国王一方面的，不是国王与人民双方面协议的。所以日本宪法完全没有提及人民的主权，却很慎重的声明天皇是日本帝国的元首，是主权的所有者，并依照宪法条文执行其权力。同时修改宪法的权完全在于天皇手里，只有天皇才能提出宪法修改案。欧战以前德意志联邦宪法也在序文中声明此宪法是各邦国王所制定的。普鲁士宪法也没有承认人民的主权，却承认宪法是国王意志的表示。从前普鲁士学者又都同意宪法是国王，不是人民制定的。并且在事实上，第一次的普鲁士成文宪法是由国王武断的取消，另行公布一种。

这是钦定宪法的学理上的观念。

第二种宪法是逐渐发展而成立的。大凡一国的政治逐渐由专制的变成民治的，其宪法就属于就属于这一类。在最初的时期，这种国家的主权是完全在于君主一人手里，但以后在事实上，不在法律上，主权的处所就逐渐从君主手里转移到人民代表手里。人民代表的权力最初只有事实上的，没有法律上的根据；但到了后来，在事实与法律两方面，全国均默认人民代表的实权，就是君主自己也不得不因时势的潮流，放弃他所有的实权，承认人民代表的权力。

这一类宪法最好的例就是英国的宪法。在形式上，在法律上，英国政府至今还是一个君主政体，但在事实上，却早已是一个极完备的民治政体。英国宪法不是人造的，也不是由人民加入主观的见解，或慎重的审议，使之变为现在的状况，却是一些一些逐渐生长的。所以英国的民治政体也是于不知不觉之中，经过了几百年的历史，才变成现在的情形。就是在现今的时候，英国政府在法律上是一种情形，在事实上又是另外一种情形。那最重要的内阁制度所根据的并不是法律，只是历史上各时期所发生的宪法惯例，在法律上，甚而至于连“内阁”这名词都没有的。

第三种宪法是用革命的方法产生的。凡一国的人民因为不满意于他们的政治制度，决定推翻他们的旧政府，另行组织一个根据于人民主权的政府，其宪法都是属于这一类的。现今只有日本宪法是钦定的，由逐渐发展而成立的宪法也只有英国的宪法，多数国家的宪法都是用革命的方法产生的。

历史上所发生的革命均有两方面：一方面是对于当时腐败的与无能的政府的反抗，又一方面是建设新政府的运动。凡革命之所以能成就，又必须有两种主动力：在事实方面，当时的政治情形是腐败不堪，政府是柔弱无能，不能应付那社会上的需要，其结果使人民天性方面几种最重要的欲望被环境所压迫下去；在学理方面，又得有一班学者出来鼓吹新思潮，证实当时政治组织的不能适用于社会状况，使人民有反抗政府的学理根据。

假使没有新思潮的鼓吹，政治腐败虽则达到极点，人民也只能到了忍无可忍时候，另由强有力者出来组织新政府；这种情形只算是朝代的更换，不是政体的改革，更不能产生那种根据于人民主权观念的新宪法。中国历史上这样的例是很多的。假使只有新思潮或新学说的鼓吹，同时人民对于当时政治情形并没有大满意地方，或者他们天性方面几种重要欲望另有出路可寻，这种新思潮或新学说也不能单独的鼓吹革命出来。换句话说，就是革命运动的发生一定要有事实上与学理上两方面的根据。法国革命之前，有卢梭孟德斯鸠等的鼓吹。美国独立革命之前，也有一般学者与政治家的鼓吹，并把革命的理由正式表示在“独立宣言”之中。

但革命是一种极慢性的社会现象，其发生的时候须经长期的酝酿，革命成功以后又须经过长期的扰乱局面，才能逐渐的恢复常态。所以凡经革命而产生的宪法一定有一段困难万状的历史。

法国自从一七九八年革命以后所经过的扰乱情形，是读过欧洲历史的人所共知的。理想中的自由，平等与博爱三大主义的目的没有达到，一切政权却反被一个拿破仑所把持去了。法国人民在拿破仑的军事专制之下，绝对没有自由权，并且又绝对没有反抗的能力，他们只有容忍了十四年拿破仑的威权。拿破仑被欧洲联盟各国打倒后，法国还得要经过一次的复辟（一八一五年)，两次的革命（一八三〇年与一八四八年)，一次的战败（一八七〇年被普鲁士打败)，才于一八七五年制定了那现行的成文宪法，达到民治政府的目的。

美国独立革命也经过了十三年的危险时期（从一七七六年到一七八九年)，确定的联邦宪法才成立。美国独立以后的一切情形也是非常扰乱，各邦又差不多各自成为一个独立国，互相仇视，互相争权夺利。那时候的联盟政府只有一个无实权的国会，是由“联盟约章”(articles of confederation)设立的 。联盟政府最大的困难是财政方面的无办法。在独立战争时候，联盟政府借债以供军需；战争完结以后，联盟政府不但不能还债，就是利息也不能付。

联盟国会又没有权力管理对外的，及各邦间的通商。按照联盟约章的规定，国会有权与外国缔结商务条约，各邦也得遵守各该条约的条文，不能任意增加入口税或关税。但在事实上，国会却没有强迫各邦遵守条约的实权。各邦在商务上又互相嫉妒，任意征收商税。因之全国商务不能发达，国会对于外国不能维持信用。

还有金融状况与货币制度也非常紊乱。在革命时期，国会滥发纸币，纸币价格因不兑现而跌落。到一七八〇年，每元纸币至多值洋两分。各邦又滥发纸币，纸币的价格就更跌落。

这是美国独立革命后时局上几种较大的困难情形。当时各邦也觉得政治制度的不良，不能应付社会的需要，所以就议决于一七八七年召集各邦代表大会，修改那不完备的联盟约章。但各代表为谋国家的统一与社会的幸福起见，竟敢大胆的不顾这次会议原来的用意，于开会后的第五天议决废除旧约章，另行制定新宪法。新宪法公布后，逐渐得到各邦的批准，新政府于一七八九年正式成立。从此以后，美国就脱离了那危险时代，进入一个安稳时期；国家的势力逐渐扩充，经济，商务，社会方面的一切状况也逐渐发展。这都是当初制宪者的功绩。

从法国与美国的经验上看起来，我们就可以明白破坏是比较容易的，建设是极困难的；推翻一个腐败政府只须极短时期，制定一种良好宪法，建设一个良好政府非经一个极长的时期不可。

凡革命发生，旧政府推倒以后，当时所谓政府只是一个临时的革命机关，叫做临时政府。当时的重要问题，就是怎样把这个不完备的临时组织的革命机关变成一个完备的永久的政府。

为解决这个问题，临时政府有两种方法。第一，临时政府可以代表人民制定永久宪法，人民方面如果没有反对，就算默认临时政府有这种制宪权。在从前普法战争时候，拿破仑第三的政府推翻后，法国差不多就处于无政府地位。当时只有一个议会，其会员是人民选举出来的，其唯一的职务是与普鲁士订立和平条约。但和平条约订定后，这个议会是当时法国唯一的政治机关，所以就变成一种临时政府。现今法兰西共和国的宪法就是这临时政府制定的。虽则这临时政府的人物是人民选举的，但人民选举他们时候，是举他们出来订立和平条约的，并不是举他们出来制宪的。

临时政府的第二种办法是承认他们自己的临时性质与有限制的职权，所以另行采用一种正式手续，制定宪法，组织政府。假使采择这种政策，临时可以（一）拟定一种宪法，提交人民投票表决去取；或（二）使人民举出一个制宪委员会，制定永久的宪法；或（三）另行组织一个宪法起草委员会，再由人民决定宪法草案之能否成立。

这第二种方法是最适合于人民主权的原则，是临时政府所应当采择的方法。

第五章 宪法的内容

除了英国宪法之外，现今世界各国的宪法大都是成文的，并且不是国王钦定的，就是人民的代表机关或特别的制宪会议所制定的。这是因为成文宪法总有一种确实的根据，非若不成文宪法，各人有各人的解说，各种的冲突也易于发生。所以无论哪一国在改革政治的时候，总是首先注意到宪法一方面：制定一种成文宪法巩固新政府的基础。在确定的宪法范围以内，人民一方面可以自由行动，不受政府或其他人民的干涉，又一方面能依照法定的手续，直接监督政府的行动。种种政治方面的冲突，可以依照法定手续和平解决，不必再行推翻旧政府，另行设立新政府。

怎样可以算是一种好的成文宪法？这个问题当然是应当依照各国实际上的情形各别解决的。但我们却也能提出几个要件，作为良好成文宪法所不可缺少的要素。这就是（一）意义广阔，（二）文字简单，（三）界限明确。

宪法是全国政府的组织大纲，所以其中各条文的意义必须广阔。政府职权的范围，政府职务的性质，政府与人民间的关系，必须用意义极广阔的条文表示出来，才能使那解释宪法的机关，如最高法院之类，随时依照社会的情形，推广或缩小宪法中各条文的意义。换句话说，就是良好的成文宪法一定要有伸缩的余地。

这样的宪法在文字上边又必须简单。宪法万不能把政府组织的详细节目，完全规定出来。现今政府的组织，差不多一天复杂一天，详细的规定，非得要极长极复杂的条文不可。但这种办法却有两种弊端：第一，详细的宪法很容易发生文字上的误会，致使各方面发生无意识的争执。第二，宪法条文愈详细，立法机关愈不负一切责任。在事实上，详细的宪法就是人民对于政府无信任的表示。并且详细的宪法又没有伸缩的余地，不久就很难应付社会上各种新需要。社会上种种状况是时时更变的，宪法条文详细规定后，就很难适合于社会情形。假使同时又没有伸缩的余地，这样的条文势必至于不能实行，变成一种死法律。美国联邦宪法只有四千多字，法国宪法差不多有八千字。在简单一方面看起来，这都是好宪法。但美国各邦新近所制定的宪法每一种差不多有五万余字。这实在是太详细了，往往容易发生上述的弊端。

宪法各条文的意义必须广阔，其文字必须简单，同时其字句间的界限又必须明确。为应付社会上一切的新需要起见，宪法各条必须有伸缩的余地，但同时又不得含糊其辞，没有一种确定的解释。宪法上的含糊之处往往是大乱之源。美国从一八六〇年至一八六四年的南北战争就是发生于宪法的解释问题上，美国各邦是否有脱离联邦的权，这个问题就得要经过四年血战以武力解决。

各国现行的成文宪法虽有详略或繁简的区别，但其内容却可以概括的分为三大部份：第一，规定人民的公权与政治权的条文，并限制政府方面的权力，使人民能够享受宪法规定范围以内的一切权利；第二，规定政府组织的条文，列举政府各机关的权力，确定其执行方法，并明定选举团权力的界限；第三，规定正式修改宪法的手续。

成文宪法的第一部份大概是人民自由权利的规定。这是因依照多数国家的观念，特别是美国，瑞士，法国，比利时，及欧战后的各新国家，宪法是一种根本法律，是人民以主权者的地位制定的并且又是政府一切权力，立法行政与司法权的根源。美国联邦宪法入首就说：

“我们，合众国人民……制定此宪法。”欧洲各国家亦即抄袭美国的公式，波兰宪法有：“我们，波兰民族，……在波兰共和国的国会中制定此宪法，”捷克宪法第一条就是：“人民为捷克共和国一切权力的唯一的源流。”瑞士宪法亦宣言宪法是瑞士联邦所制定的，二十二邦人民的总体组织此联邦。比利时宪法亦以比利时人民的名义制定的，并且又有明文声明“一切权力出于人民”。

但这样的声述人民最高权力却是很空泛很笼统的，为保障人民的权利起见，这类国家的宪法就不得不更进一步，列举人民生命自由财产的种种权利，并给与特别保障，使立法或行政机关不得干涉或侵犯。

美国人更把这类权利宣言看得非常重要，以为宪法中所不可缺少的一部份。从一七八〇年以后，凡美国各邦所制定的宪法，除了极少数的例外，都很注重于人民权利宣言的一部份。法国自从革命以后也把权利宣言看做他们宪法的重要部份。一七九一年，一七九三年，一七九五年与一八四八年的宪法不但有极详细的人民权利规定，同时又有当时的政治学说与观念插入在内。但一七八五年宪法却没有人民权利的规定。有一般学者以为一七八九年公布的根本主义是法国公法中的一部份，所以不必再行声述了。

一八七一年的德意志宪法，与一八五〇年普鲁士的钦定宪法没有关于人民自由权利的条文，但德意志与普鲁士新宪法中的人民权利宣言却较之美国宪法更完备更详细。

宪法内应当规定的人民自由权利，当然不能概括的说定。各时期人民的智识程度不等，他们所应当享受的自由权利也当然不能一律。例如上古时代的所谓自由权利，在现代人民的眼光中看起来，就够不上“自由”这两个字了。又如各国人民的智识程度不等，各国的情形不一，他们所应当享受的自由权利也当然不能各国一律，日本人的所谓自由权利大概是不能满足欧美人的心理。但概括的说起来，在现今的各民治国，所谓个人自由是包括身体自由，法律上的平等待遇，私有财产的保障，思想自由，言论自由，与信仰自由。凡这种种都是宪法上所应当规定的，应当保障的。

宪法中的第二部份是关于政府组织的条文，包括政府各机关的分权，各机关的组织及其职权的范围与期限，各官吏的任命与选举方法，及选举团的组织。在几个国家的宪法，这类性质的规定是很少并且又很普通。例如在法国宪法，除了规定下议院须由那根据于普通制度的选举团所选举之外，就没有其他关于下议院组织及职权，选举方法及任期的条文，也没有关于上议院与司法机关组织的条文。

从这一方面着想，美国宪法要算是成文宪法中的范围。关于政府组织的条文，宪法中所规定的是很普通的，但同时对于一切重要的与根本的事实，又差不多一些也没有遗漏。美国宪法先把政府职务分配于立法行政与司法三大机关，各机关的组织及其职权的范围亦大致规定。但对于立法机关怎样立法，总统怎样行使职务，法庭怎样执行职权，宪法上一字也没有提及。关于种种旁杂事物，如工业，商务，银行及其公司，铁路，学校，或海陆军等类，宪法上所规定的亦寥寥无几。美国宪法上所规定的完全是几条极重要的，根本的条文，其他一切完全留给立法机关以普通法律规定；并且其中的字句又简单又确切，没有一些含糊的地方。美国宪法直够得上称为一国的根本法律。

但欧洲的新宪法都没有依照美国宪法的模范。欧洲各国的新宪法大都均较美国宪法更长，更详细，并且又有许多关于行政法，议会法与刑法方面的条文。但严格的说起来，在现今那种政治，经济与社会状况复杂的国家，研究什么样的事务是应当由宪法规定的，或是可以由宪法规定的，什么样的事务是应当由普通法律规定的，确是很不容易武断的说定，因为宪法与法律的界限是很不容易划分的。在十八世纪末期美国宪法制定时候，有许多事务很可以随便由法律规定，但在现今的状况之下，同样的事务也就变非常重要，不得不由宪法规定了。并且现今社会上的种种新问题又是当初美国制宪时候所没有的或梦想不到的，但在现今的各国，却又是很重要，是应当在根本法范围以内规定的。因为有这类情形，现今各国宪法的条文确有增加的趋势。

宪法中的第三部份是关于修改手续的条文。这个问题在下面一章讨论。

第六章 宪法的修改

"宪法是生长的，不是制造的。" 这是外国的一句老话。这句话是否真确，是另外一个问题，但无论如何，现今各国的宪法都是活的，不是死的，都能依照社会状况的更变，逐渐更变的。美国第一任总统华盛顿曾经说过几句透彻的话，他说："政府的性质是与其他的人类制度一样，要靠时间与习惯确定的。"还有一个著名的英国学者 Lord Brougham 在他的《英国宪法》这本书中也说过："凡有价值的宪法一定要生长的，这样的宪法才有根，才能成熟，才能持久。那种模仿或抄袭的宪法如同着色的竹竿插在地下，既不能生根，又不能结果，腐烂得很快，不久就得消灭的。"

宪法的用意本来要一方面在可能的范围内，帮助全国一切事务的发展，又一方面是要防止种种激烈的或革命的行动。假使宪法制定以后就不能更改，那末，其结果势必至于使进步的社会状况不能与那死版版的宪法条文相适合，或者是宪法等于死法律不能发生效力，或者甚而至于激动人民的革命，推翻旧宪法，另行制定新宪法。假使宪法更变的速度太快了，那末，政治生活又恐怕有发生不稳固的危险，人民方面又恐怕有轻视宪法的态度。所以宪法的修改是一个重要问题，各国制宪者一定要依照各该国人民心理上的态度及其他一切的政治状况各自解决的。

宪法修改这个问题可以从两方面着想：第一，政策方面；第二，手续方面。政策一方面的问题就是一种宪法制定以后，还是采取容易的，或烦难的修改方法。手续一方面的问题就是确定修改时候所应当采取的手续。

宪法既是一种根本法律，当然不得不有相当的稳固性质。假使一国的宪法是不稳固的，时时可以更改的，那政治与社会方面的进化势必至于受到极大阻力，普通人民的生活一方面也势必至于受到极大的影响。人民觉得将来的一切事情一无把握，对于凡各一切事务不得不存一种观望态度，没有人敢勇往直前，放胆去做；并且对于政府也就必失去敬仰的心理，容易存一种轻忽的态度。这种状况是与政治社会的秩序方面很有妨碍的，所以每一种宪法的主要要素是相当的稳固性质的。

宪法的稳固性质只是相当的，不是绝对的。这是因为在制宪时候，同时还有其他的种种情形，亦不能不注意的，制宪者不能只计及稳固一方面，而把其他的一切要件一概丢开不顾。假使一国政府所须对付的各种问题是永远不变的，假使人民的政治观念与欲望是永远一样的，假使制宪者能够预料到将来的政治状况与政治观念，制定一种适用于将来各种状况的宪法，那末，宪法自然可以规定得绝对的稳固，将来决不至于再行发生修改问题。可是在事实上，以上所述的三种情形是决不可能的。人民的生活状况是时时更变的，我们只须从近几十年的历史上，就可以看出现今政府所须对付的各种问题已经不是从前的那种情形了。

人民对于国家与政府的观念，也会经过极大的更变。从前政府的职务极其简单，不过是办理外交，保护人民的生命与财产，及维持社会的秩序罢了；现今政府的职务差不多包括所有关于公共福利的一切事务。在从前时候，政府如能保护人民的权利，及维持社会的秩序，政府就可以算是尽职了；现今的趋势却是注重政府增加社会福利的职务，平衡社会上人民的各种机会。

制宪者当然不是万能的人物，能够预料到将来的情形，制定一种永久适用的宪法。凡种种制度，在学理方面也许是很完善的，但在实行时候却就容易发现种种弊病。一种制度实行了数年以后，人民就能根据于经验所得的教训，逐渐修改，逐渐使之能适用那环境上的一切状况。

所以从各方面看起来，一种宪法是一定要因社会状况的更变，政治观念的变迁，与政治经验所得到的结果而随时修改的。这宪法修改的问题须从两方面着想，在一方面，宪法须有一种稳固的性质，在又一方面，宪法又须易于修改，务使之能适合于社会的环境。解决这个问题也只有采用一种调和办法：宪法的性质必须柔性的，随时可以因政治状况的更变而修改，但种种的修改同时又须根据于人民的实际需要，并不是轻易更改的。

修改宪法的方法有两种：一种是正式的修改，又一种是非正式的修改。正式的修改方法就是依照宪法条文内所规定的手续修改宪法；非正式的方法是依照风俗与习惯的发展，及法庭的解说，于无形之中，更变宪法条文的意义，但用时却并没有在形式上更变宪法中的字句。

风俗与习惯对于宪法方面所发生的影响当然不能一概而论的，大概在旧宪法中，其势力较在新宪法中更大。凡在旧的固定的社会，因为人民尊重前例的心理较胜于新社会人民，所以风俗与习惯所占的势力亦甚大。

在美国西部与中部各新邦，宪法是常常全部或局部修改的，所以那种所谓惯例是很不容易发生的。法国也差不多有同样的情形，其宪法发展史的特点是革命，不是进化；并且从一七八九年以后，一共已经有过十三种宪法，所以风俗与习惯所占的势力也不甚大。可是法国现行的宪法却也有五十多年的历史，其中也已加入一部份从习惯方面发生的原则，例如总统不能连任，总统可以被国会强迫辞职，及组织内阁的一切手续等类。

美国的联邦宪法要算是现今成文宪法中历史最久长的一种，早已因风俗与习惯的关系从各方面发展，从各方面改变其原文的意义。其中最主要的几个例就是总统的选举已从间接的变为直接民选的，国会内部的组织与议事手续是完全依照习惯的，政党制度的发生差不多更变了政府全部的实际运用。

大概无论在那一国，凡新规定的设立，与新方法的实行就可以产生一种习惯法，有时候是补充，有时候是更变那成文宪法中各条文的实际运用。像美国宪法这样的只有大纲而不及细目，更不得不依靠立法，或法庭解说，或习惯来补充。假使没有种种的惯例，这样的宪法在事实上就差不多等于不能实行。

法庭解说宪法条文的意义是免不了的。这是因为文字本身上的种种缺点，无论怎样的小心谨慎，总是避免不了那种意义含糊的或各人见解不同的字句，并且又因为种种意想不到的新状况发生，更不得不有一个机关能够把宪法条文经过解说以后应用到这种新的问题。在这种状况之下，法庭的职务不但在于确定宪法条文所表示的真确意义，同时还得要断定当初制宪者的用意，并且又得要依据制宪者的用意，解决宪法条文未曾明确规定的各种新问题。以法庭的解释推广宪法条文的意义，或从各方面使这宪法尽量发展是各国都采用的方法，特别是在美国为更甚。因为美国法庭的地位是特别的高，不但有解释宪法条文的意义的权，并且还能把那种不合于宪法条文的法律宣告为无效。美国宪法的大部份都是法庭以后加上去的。宪法上每一条条文差不多都经法庭解释过，其意义的范围或经推广或经缩小；假使我们把这一百多年内法庭所加上的意义除去，美国宪法恐怕就不是现在的那种情形了。

修改宪法最确定的方法是依照宪法条文内的规定，正式修改。修改的条文现在已经成为各成文宪法中重要的一部份。但在从前十八世纪时候的美国那宪法中，却有几种宪法没有这类的条文，这或者是因为一时的遗漏，或者因为不了解那明确规定正式修改方法的重要，或者因为那时候的普通观念，以为人民有随时修改宪法的绝对权力，所以无须再规定方法，自行限制人民本身的权力。但无论何如，明确规定修改宪法的方法在美国也不久认为有存在的必要，所以自从十九世纪初期起，美国各邦宪法只有三种没有这类的条文。并且现在人民差不多已一致同意，凡没有修改条文的宪法就不能算是完备的，现今各国的宪法也只有意大利与西班牙两种没有提及这问题。

从正式修改手续方面着想，宪法可以分为三大类：（一）没有正式修改手续的规定，（二）否认正式修改的条文，（三）有正式修改手续的规定。

意大利与西班牙宪法是第一种的例。但一种宪法总是不能永久不变的，所以凡宪法没有提及修改的方法，修改宪法的权就完全到了立法与行政机关手里。无论怎样的法律，只要立法机关所制定的，并由行政机关承诺执行的，就算合法的法律。所以意大利与西班牙虽有一种成文宪法：但其政府所根据的根本法律，大部份是不成文的，与英国的情形相仿佛。

有时候宪法里边也许有一条条文，否认各方面有修改宪法的权。这样的例是很少的。只有法国一八八四年的宪法修改案禁止制宪会议提议取消共和政体的议案。一个制宪会议是否有权永远限制以后制宪会议的权力，是一个问题，法国学者的意见也极不一致。美国联邦宪法也有同类的条文，例如规定在一八〇八年以前，不得修改宪法禁止黑奴进口，又如在未得各邦同意之前，不得修改宪法取消各邦在联邦上议院的平等代表权。从政策方面着想，这类的条文是很不妥当的；并且在事实上又是很难生效力的。其所根据的理由是制宪者的绝无错误，同时还可以把他们所议决的强迫后代人民永远遵守。有一个学者说过一句透切的话，他说："一种不可修改的宪法是最糟的一种专制，因为这是把管理活人的权力放在死人手里，使活人失去自由发展自由行动的余地，他们所能做的只是遵照前人的遗训而已。"美国茄富生也说过："每一时代的人民有权决定各该时代的法律，这地球是属于活人的，由活人享受的，死人是绝对没有支配权的。"

凡宪法中修改的条文既不能太偏于刚性方面，亦不能太偏于柔性方面。修改宪法的方法如同各种机器上的调整器一样，其作用是调整这机器的速度，使之不过慢，也不过快。在拟定修改方法时候，一方面须注意于社会发展的需要，又一方面更须注意到保守的需要。我们既不能把宪法的地位抬得太高，看作是神圣不可侵犯的真理，又不能把其地位看得太低，随便修改，由一般政客们玩弄。

现在各国宪法的修改方法是很不一致的。最柔性的宪法当然要算英国的宪法，其修改的方法是与修改普通法律一样的。意大利宪法没有提及修改的方法，其结果就使国会往往也以普通立法的手续修改宪法。法国的宪法也算是柔性的，因为国会两院的联席会议就能修改宪法。

其他各国的宪法都算是刚性的，因为修改宪法的方法是与普通法律完全不同的。在这类国家，制宪权与立法权是完全分开的，并由个别的机关以个别的方法执行的。

比方依照美国联邦宪法的规定，修改案可由联邦议会以三分之二的多数票提出，或由三分之二的邦议会提出，再经四分之三的邦议会或各邦的国民投票大会通过后，才能成立。欧洲各国修改宪法的手续大都没有这样复杂，但美国有几邦宪法的修改手续却更要复杂，是不容易通过修改案的。

政治制度浅说

目　录

序

慰慈兄写的这一本《政治制度浅说》，已经胡适之先生看过一遍，认为很有价值。嗣后慰慈兄又把草稿交我重读一遍，也使我不忍释手。

我总感觉到近两年来，上海方面出版的著作，大多数偏重在理论方面，至于叙述实际的政治制度的，总是很少。有许多人，一谈起抽象的理论，也说得天花乱坠，可是一问他们这些理论用什么制度才可以实现出来呢？多半是给你一个含糊的回答。最近关于很时髦的国民会议问题，也会看见有许多人说得嘴响，但是主张的人也只提出一个“召集国民会议”的口号，反对人也只提出一个“反对国民会议”的口号。此外，关于国民会议的组织，权限，及选举法，绝不会看见有一个人写一篇文字和人家商榷过。到底你们所谓国民会议中的国民，是指着那一类的人？这些国民的代表怎样产生？这个会议应该做些什么事情？这个闷葫芦教我们一时怎么打破！

英国的民权保障的制度并不是发生在《大宪章》以后，这个《大宪章》至多也不过保障民权的事实的一种纪录。反过来看法国有了《人民宣言书》之后，只看见具有天赋人权的人们一批一批的走上断头台，“自由”，“平等”，“博爱”三个抽象的口号，并不能阻止断头机的活动。谈原理不谈制度，结果只有葬送原理。我们看见人家凭制度管理国事，从来不会看见人家凭理论管理国事。

慰慈兄这本书完全以叙述各国实际的政治制度为主，即有理论，也是从实际的政治制度中抽出的理论，绝不是不谈论理的著作，也绝不是专谈理论的著作。我很希望慰慈兄这本小书，收得转移国人研究政治的方向的效果。

民国十九年二月　高一涵　序于上海

第一章　人民与政府

从一般人的眼光中看起来，所谓政府恐怕就是几个官吏而已。上海的东洋车夫大概以为马路上的巡捕就是政府，乡下农民以为县长及其衙役就是政府。这是因为与东洋车夫接触政府势力只是巡捕的权力，与乡下农民接触的也只是县长的权力而已。但政府的意义却决不能这样浅薄。简单的说起来，所谓政府是一种组织，其目的是为人民或人民的团体服务的，其所管得到的事务范围是非常广大的，差不多包括人与人在社会上所发生的一切事务，就是所谓公共事务。

但历史上各时期却有各种理想哲学家，想像一种虚幻的自然世界，以为在这样状况之下，人民可以过一种不受政府干涉的自然生活了。“日出而作，日入而息，帝力何有于我哉，”这是中国几千年前理想哲学家所想像的那一种自然生活。这一种观念又往往使那般有智识的人民对于政府采取一种不愿注意的态度。

可是人种学方面种种研究的结果，已经证实了政府与人类历史关系的几个重大的要点：就是（一）在数万年以前，当人类祖宗差不多与禽兽相似时期，所谓“政府”确是没有存在的可能性，但（二）在全部的人类历史上，并且就在那有历史记载以前的时期，只要人类有了社会生活确实的表现，政府就已变为造成人类生活的一种主要要素，同时（三）凡人类社会愈进化，文化愈复杂，人民依靠政府之处亦愈多，政府在人类事务方面所占的地位亦愈重要。

在现今的城市生活，人民与政府的关系更加深切。城市市民每日自早晨起床至晚上睡觉时，差不多时时刻刻都受政府的保护，同时又有政府的种种规定，限制他们一切的行为。他们每天所吃的食物，大都是经政府查验过，所用的东西，又大都经政府收过一种普通税或特税。每个市民早晨出门到他的工作地方，或坐自用汽车或洋车，或乘公共汽车或电车，或步行，但无论何如，在这“行”的方面，人民与政府接触的地方实在是很多，汽车和洋车都得有一块捐牌，这就是表明政府已经允许这辆车可以在公共的马路或大道上行驶；公共汽车与电车公司的营业权都是政府所特许的，各车辆又须在政府所指定的地点停止，并且其票价又大都是政府所规或定核准的；就是步行，一切马路与道路也都是政府公款所筑造的，并且还有种种马路章程，凡是行人或车辆都得遵守。

讲到每人每天的工作，其与政府接触之处却更多了。假使他是一个学生，他每天的工作差不多可以算是完全在政府的指挥之下做的。在公立学校，一切课程都是政府规定的，教员也是政府的雇员。私立学校的课程也得要依照政府所规定的标准。并且学校本身非预先得到政府的许可，不能成立。假使他是一个普通商店或工厂的职员，他也得到要受到政府的种种影响。工作钟点，工资标准，卫生设备，交通状况等类，都是与工商业大有关系的要素，可是同时又都在政府的管理权之下。我们平常就是寄一封信，打一个电报，也往往都觉着政府的无上威权，因为邮政与电政都是政府所办的事业，并且政府有权检查人民的函电。

每个市民把每天的事务做完了，他就想去寻一种娱乐来消遣。假使他到公园散步，舒养心身，他就走到了政府的公地，处处须遵循政府所颁布的管理公园章程。假使他到戏园或电影场消遣，他所看的戏或影片都已经过政府机关检阅，凡有害风化的一切剧本与影片，一概不准表演。并且戏园与电影场的建筑，又必须依照政府所规定的标准。

以上所述只略举数例而已。总而言之，凡社会文化愈高，人民依靠政府之处亦愈多。比方在乡区之间，上边所举的几个例大都是不能适用，一个农民可以不靠政府的帮助，过他的日常生活，自己供给自己的饮水，燃料，及大部份的食料。但这并不是说一个农民就可以高唱“日出而作，日入而息，帝力何有于我哉”的调子，完全可以不用政府了。在欧美各国，特别是美国，政府替农民所做的事不知有多少，凡农民的收获是要销售的，政府就得用尽种种方法给他们便利，并且保护他们不至于为资本家所欺骗；农民耕种的时是需要资本的，政府就在各处设立农民银行，帮助他们资本；政府又建筑道路，便利农民的交通与运输；末了，所有农民个人所不能做的，或不能抵抗的灾害，政府就得设法替他们做，或替他们防御。从这种种事实，我们就可以得到一种原则，这就是人民的福利与快乐及其生活方面需要的满足，都得要靠那统治他们的政府的性质而决定的。我们再从这几点略约讨论政府的重要。

人民生活方面最重要的一点就是康健。保护人民身体康健的方法，一方面必须有清洁的食料与饮水，又一方面必须有种种设备消减一切污秽之物。可是在现今的城市生活，无论穷人或富人都没有方法可以确定他们所吃的食物与所饮的水是否可靠的，不致妨害卫生的，所以政府为保护人民的康健起见，就不得不把一切食物与水源预先检查，只有那种合于清洁标准的食物方能在市场销售。至于消减一切污秽东西的设备，那是更非市民个人能力所做得到的，所以政府就不得不建筑沟渠，排去一切污秽与污水；市街方面的垃圾亦不得不大规模的清除；更有那种有传染病症的人，亦非得用政府的势力，把他们与其他人民隔离，务使他们的病症不至于传染到别人。末了，现今医学方面已发明了种种预防传染病症的方法，如种痘，打预防针之类，可是也只有政府的命令才能强迫人民种痘，才能强迫人民打各种预防针。在现今的工业社会中，有许多职业，或因工作环境的不良，或因机械的危害，往往对于工作人员的生命与康健是很危险的。为保护这一般人民的生命与康健起见，政府就不得不强迫工厂厂主或其雇主装置各项设备，保护工作人员的安宁。现在的城市生活又往往使无数人民每天在火车，电车，或公共汽车中来来往往，为保障这般旅客生命的安宁，并防止一切疾病的传染，政府又不得不强迫这般所谓公用事业公司有种种卫生的设备，及其他一切预防的准备。

这几种例只证明政府的工作与人民的康健及其物质方面的幸福是有极大的关系。假使一个政府真能从这方面用功夫，切实办理，人民享受康健的机会一定可以增加，并且每人又大概可以活足其寿命。

人民的福利及快乐与政府的关系既如此重要。可是一个人生在这世界上，不是单求自己的福利而已，也不是单求自己快乐而已。凡是一个人，总得还有一种职业，或终生的事业。从各个人方面着想，这种职业或终生事业是极其重要的。一个人所选定的职业，无论是那一种，他总是希望有所成就，并希望在其所处的环境之下能够享受最高限度的种种利便。可是一个人的职业及其将来成就的限度，也完全要受政府的影响。我们略举几个实例说明这一层。

假使一个人是想将来做一个律师，医生，或教员。他是一定要有各该项的专门学问与智识的。在预备时期，他必须要经过十多年的教育，从小学到初级中学，高级中学，专门学校，或大学。这种学校或是公立的，或是私立的，他所读的课程大半是政府机关所规定的；在未曾执行各该项业务以前，他还得要经过政府所规定的一种考试，得其许可以后，才能执行；既已允准执行业务，他还得要时时刻刻遵守政府对于各项业务所规定的一切章程与法律。

假使他是以商业为生的，他也逃不了政府的势力。如果他的事业发达了，他大概是一定要组织一个公司；可是要这样做，他就不得不依照政府颁布的公司组织法与管理法，在政府机关注册，得其许可。如果他的事业是有特别性质的，如银行，保险或其他公用事业，政府对于各该项事业的各方面，就有种种详细的规定，他不得不处处遵守。如果他的事业是属于工业方面的，政府也有种种的规定。他与他的雇员及工人的关系有劳工法律的规定。政府也许不准他雇用十四或十六岁以下的童工；也许不准他所雇用的女工与童工每日工作八小时以上；也许对于几种工人的工资有特别的规定；也许规定厂内的一切设备一定要合于一种规定的标准；也许还有强迫的工人保险法，雇主对于各雇员一定要花多少保险费。同时各工厂所买进各种原料的价值，与卖出各种货物的价格，又受政府方面各项政策的极大影响，凡关税政策，铁路运价，与赋税制度，都有左右物价的绝大势力。所以政府与工商方面的关系是非常之大。

假使一个人只做一个普通工人，或只靠手工艺为生，做一个所谓手艺工人，照普通人民的眼光看起来，这类自食其力的人，大概总可以不受政府的影响，与政治无关系了；可是在事实上，并不如此。在欧美各国，有几种手艺工人，如理发匠，水电技术工人，也是要得到了政府许可，才能执行其业务。就是普通工人，也直接或间接受到政府各种影响。他加入工会权，他与工会以外各工人的关系，他与雇主的关系，都是政府以法律规定的。他的工资的数目是政府经济政策的结果。他所住房屋的租价，与他所吃食物的代价，也是与政府的经济政策很有关系的。

末了，讲到农民的生活，大家总以为是最自由，可以为所欲为，与政府没有关系了。可是在现今的社会中，农民的所谓独立生活早已成为一种历史上已经过去的事实。现今的农民也得要靠工业中心点，供给他们衣料，器具，及一切的用品；也得要靠大市场，甚而至于世界市场，销售他们出产的一切原料。农民也同社会上其他人民一样，早已束缚在那极复杂的现代生活中，自己没有什么单独行动的余地。农民的兴败盛衰，不单靠自己的勤俭或懒惰，同时还得要靠国家的政治状况，政府的能力及其政策。比方在一个时候，美国农民卖了一车牛皮所得的代价，还不够买一双鞋，卖了一斗麦，还不够在城内饭店里吃一餐饭，他们就自己觉着绝对无能为力，不得不就农民阶级之中联合起来，要求政府矫正这样的状况。并且政府维持治安的能力及其一切政策，如关税政策之类，对于农民方面更有绝大的利害关系。

以上所述只就各种人民的个人方面略述人民与政府的重大关系。我们再从各种人民的社会方面着想，如家庭生活，社会环境，教育与娱乐，政府所占的地位也是一天比一天重要，现今的家庭与家庭间的一切关系都是由政府以法律规定的。怎样可以使人民不犯法，减少社会上的犯罪行为；怎样可以使人民都有衣食，消减社会上的贫穷状态；怎样可以革除人民方面其他一切不正常的行为。社会方面种种不好的状态，造成一种完善的社会生活，这都是政府所应当解决的问题。教育是已经大家所公认为政府的职务，并且其所包括者，不单是学校而已，同时又有藏书楼，博物院，及其他有教育性质的事务。娱乐也已变为政府所应管理的事务，特别是在城市之中，政府不得不为市民设备一切公园，打球场，运动场之类；管理一切戏院，跳舞场，咖啡馆，与弹子房，并取缔一切有伤风化的影戏片及戏曲。

总而言之，现代政府的工作关系人民的生命，自由，财产，与幸福的营求，非常重大。一个人从生在这个世界起，直到老死离了这个世界为止，他一生的状况差不多没有一时一刻不是受这政府影响的。所以无论什么人，总得要晓得一些关于这个大势力“政府”，的性质及其组织。

第二章　什么是政府

孙中山先生在他的《民权主义》第一讲里边说:“许多人以为政治是很奥妙很艰深的东西，是通常人不容易明白的。所以中国的军人常常说，‘我们是军人，不懂得政治。’为什么不懂得政治呢?就是因为他们把政治看作是很奥妙很艰深的。殊不知道政治是很浅显很明了的。……‘政治’两个字的意思，浅而言之，政就是众人的事，治就是管理。管理众人的事便是政治。”

这简单的几句话说得非常透切。只因为我们平常人的眼光看不远，放不大，一天到晚只晓得照顾自己的私事，既没有余闲，又没有能力去计及其他事务。‘各人自扫门前雪，不问他人瓦上霜，’是人人奉为天经地义的一句格言，其结果就使众人的事变为无人的事，政治变为很奥妙很艰深的东西。

政治既是管理众人的事，那么，“政治”两个字所包含的事实就是人群的现象，就是人与人在社会上所发生的关系中的一种，换句话说，就是上一章所述政府所管理的一切事务。照这样说起来，政府也就是很浅显很明了的一种组织。我们只看一看这一个世界，所有的人民都是群聚在几个政府之下过生活的。我们首先注意到的是一群一群的所谓民族团体。中华民国就是这样一个团体，约共有四万万人民。

在我们的东面，有五千六百万人的日本民族，在日本政府的统治权之下过生活的。再向东去，经过太平洋，就有一万万人的美国，在美国的北面是八百万人的坎拿大，南面另有一个民族团体，叫墨西哥，约有人民一千四百万。从美国再向东去，经过大西洋，我们又找到一个有四千七百万人民的民族团体，叫做英国。在欧洲大陆有三千九百万人民的法兰西，有五千九百万人民的德意志，有一万三千万人民的俄罗斯苏维埃共和国，及其他很多较小的民族团体。

以上所列举的是现今世界上最显著最重要的几个民族团体。究竟什么是民族团体，这是一个不容易答复的问题。假使我们仔细观察各民族团体，我们就可以看出每一个团体又包含无数个的小团体：有一部份是完全政治的区域，如邦，省，州，县之类；有一部份是以宗教划分的，如天主教人，耶苏教人，犹太教人等类；有一部份是以种族划分的，如英国的英格兰人，苏格兰人与爱尔兰人，又如中国的汉满蒙回藏；还有一部份是根据于经济状况的不同而发生的，如劳工团体与资本团体之类；末了，还有一部份是根据于言语风俗习惯观念及其他种种情形的不同而发生的。可是这类性质不同情形各别的各小团体，各有各的不同的目的，各有互相冲突的利害关系，却能联合在一个政府之下；靠了这个中央政府及各政治区域的地方政府，公共事业可以做了，公共需要也有方法可以供给了，公共政策可以决定了，种种利害关系方面的冲突也可以调和了，目的方面的不同也可以使归于一致了，同时各个人的一切行动也有确定的限制与一定的管理方法。

但人类社会的种类是很多的，但从根本上着想，却都是相同的。人民群居在一起，过共同的生活，成为一个团体，完全是因为他们要以团体的势力做几种那个人所不能做的，或做不好的事务。无论是极简单的非正式的像一个运动会，或历史甚长的习惯甚深的像一个家庭，或一个社会，或人民众多的权力极大的像一个国家，只要是一个有机体的人类团体，其根本原则都是相同的，就是共同合作。人类团体为执行其职务，并未达到当初组织这个团体的目的，团体中各个人一定要尽各个人应尽的义务，执行各个人应做的各事。各个人为团体，团体又为各个人，这是群众生活的一种根本原则。可是各个人一定要先尽了那团体一份子的义务，然后整个团体才能为各个人服务，否则团体的生命恐怕尚要发生问题，其他更不容说了。这就是说各个人是一定要服从团体的，一定要受团体的监督与指导的，一定不准做一切与团体利益相反的事务。

所以每一个人类团体，无论其性质与大小若何，一定要有几种方法，能使各个人时时刻刻服从团体的意志，决定什么事务是团体及其中各个人能做的，什么事务是不能做的，并规定团体中各个人间的互相关系。换句话说，团体对于各个人一定要执行相当的权力。在那种纯粹自由结合的团体，如运动会之类，各个人当初进会时候，即表示自愿服从该团体的一切规则与章程，这是加入做团员的最重要条件。这类的团体为实行其权力起见，预先指定一个人，或叫做会长，或叫做指导员，代其执行一切职权。在家族，部落，或国家这类团体之内，团员的资格不是自由加入的，却是天生的，所以各个人就生长在这类团体的权力之下，并且依照习惯，又须绝对服从这种权力的执行方法。社会学可以告诉我们各个人是怎样服从这种权力的，为什么要服从的。但在政治学上，我们可以不必追溯这一段最古的人类历史，我们所应当晓得的，就是没有团体的至尊无上的权力，团体生活与团体活动都是不可能的了。

团体对于各个人的权力，及其执行的方法与手续，就与我们现在所谓政府执行的权力一样。当初各个人究因何种原因，或因自由结合，或因强力的威逼，或因习惯的势力，才愿意甘心服从这团体的权力，那是另外一个问题；我们所应当注意的，就是凡各团体一定要有权力对于各团员执行其一切风俗，习惯，规章与法律。这就是政府。

凡人类各社会或团体都得有这个特点：就是团体有权力能强迫团内各个人服从其意志。在人类社会中，这种状况是同自然世界中的地心引力一样，都是不能逃避的。假使团体不能统治团内各个人，那末，团体生活就没有存在的可能性了，并且各种的人类社会，如家族，教会，政治团体，甚而至于文化，都不能存在了。只有各个人各自为生，没有任何的公共生活。可是在事实上，我们晓得这种状况是不能有的，因为人类是决不能过那一种单独的生活，因为人类的天性之中，有一种势力自然而然的强迫我们过一种团体生活。这种原理既已为人人所公认，并且各团体最后的团结力既是团体的无上威权，换句话说，就是政府，我们能否即断定政府是根据于人类天性而发生的呢?

团体的无上威权是以两种方法表示出来的。第一，关于许多的事务，各个人受了风俗习惯势力的影响，不得不遵照团体的意志。最好一个例就是社会上的一切礼貌。所谓礼貌也只是根据于风俗习惯而发生的，可是这一类的风俗习惯是该团体或社会阶级中各个人所赞同的；又因为实行已久，差不多已经得到全团体公意的默认，确有使各个人不得不遵守的势力。所以在事实上，这类的风俗习惯能自然而然的风行于全社会。人群心理上确有一个很大的特点，就是各个人为一种自然势力所逼迫，于不知不觉中，极力使他本身与团体采取一致的取向，使他的思想言行也与大多数其他人民合并成为一致。人民服从礼貌方面的风俗习惯，并不是有什么高级长官的命令，也不是因为不服从的结果须受什么刑事方面的处罚。但在事实上，人民对于这类风俗习惯，比之对于高级长官的命令，更加服从。这是因为不服从的结果，可以使个人与团体隔离，断绝一切社会的交际，并发生其他种种不舒服的恶果，比之刑事上的处分，更要难受。所以我们可以说人民遵守一切风俗习惯，完全因为人类的天性实有不得不使他们遵循。这一种的团体裁制权也可以算是一种政府，可是严格的说起来，只能算是一种非正式的政府。

因此，所以就有人说：如果政府真要有充分的效力，其一切法令与规则，一定要根据于人人所承认的风俗与习惯。并且同时还有人甚而至于主张“无为而治”，废除社会上一切有形的制裁，各个人的行为即能于不知不觉之中，依照其团体所公认的风俗习惯为标准。假使在一个人口稀少状况简单的固定的小社会，我们也许可以想像能够发生这种情形，但在现代的复杂社会的世界，这样情形是万难发生的。

一个几百人小团体的公共事务也许是很少很简单，也许可以完全包括在那全体团员所公认的风俗习惯的范围之内；可是在一个包括几千，几万，几百万人口的大社会，只以风俗习惯作为社会制裁的方法，在事实上，是不容易做到了。凡有数万或数百万人口的社会一定是占据很广大的区域，并包含无数的小团体。各小团体人民也许有共同文化，共同语言，许多共同风俗与习惯，但同时各小团体间的不相同之处也一定是很多，并且还免不了有种种利害方面互相冲突之处。在这样状况之下，整个团体的团结力一定是很薄弱，一切旧风俗旧习惯的势力也势必至于减少，全体一致承认的新风俗新习惯恐亦难于发生。这样大群人民的公共事务又一定是很多很复杂，万难完全包括在风俗习惯之内，受其制裁。并且在现代那种时时变化的社会，旧风俗旧习惯很容易根本推翻，但同时却不能发生根深蒂固的新风俗新习惯。

因有上述的种种原因，凡是一个大社会，决不能完全依靠风俗习惯作为社会制裁的方法，同时一定还要有一种较为正式的较为统系的方法与手续，使各个人服从团体的意志，受团体的支配，并管理各个人间的一切事务与行动。这就是团体表示那无上威权的第二种方法，叫做正式的政府。这种社会制裁方法的特点，就是在团体之内，设立确定的机关，其职权是决定什么事务是各个人或团体所能做的，什么事务是不能做的；并且各个人如有违背那已经表示的团体意志的行为，这个机关或其他机关就能处以相当的刑罚。这一类的团体行动往往称为政治的行动，据政治学者的意见，只有政治的行动，才能包括在“政府”这名词的范围之内。

虽则“政府”这名词的意义本来是很广泛的，可以包括社会制裁的各种方法，虽则所谓政治的与非政治的行动有时候亦很难区别，但我们所讨论的只限于那种有政治组织的社会，所以我们也就依照向来的惯例，把“政府”这名辞作为团体的确定机关，举凡对于各个人的行动及制裁，都是由这个机关表示与执行的。

第三章　政府的起源

政府究竟是怎样起源的？这个问题曾经经过政治学者们极长期的讨论与研究，并引起种种极激烈的争论。可是到了现在，我们还不能确确实实的说定政府的来源，无数政治学者研究的结果只给我们不少关于政府起源的学说，每一个学说自然有一派学者极力主张，极力辩护，同时还有别派学者的种种非难与攻击。其中有许多学说完全是想像的，没有事实上的根据；有一部份可以算是类似科学的，因为也会采用一部份的科学方法，根据于一部份的科学的材料，推翻其他学说中种种非科学的谬论；至于那种最合于科学的理论却最不能满足普通一般人的心理。因为普通人民总是希望有一种圆满的解说，可是合于科学的理论总有一个脚踏实地的起源，决不能根据于种种不完备的材料，推论出一个整个的解说。

大概研究政治起源学者们的结论都是根据于他们主观方面的态度与作用而发生的。有一般人专以研究学问为智识上的消遣方法，如能依据他们的理想，得到什么结论，他们就心满意足，不再深究了。有一般人先有了一种成见，然后入手找寻种种与他们成见相合的事实；还有一般人往往提出政府起源的一种学说，作为他们赞成或反对某种政治制度的根据；只有极少数的科学家专为探求真确事实，才入手研究政治起源，并把他们研究的结果贡献出来，不顾其影响与结果如何。所以我们对于各种政治学说，不能专从这学说本身着想，同时还得要追求当初主张这种学说的人究竟有何种作用。关于政府起源的问题，我们先把几种重要学说略约叙述，然后再总结现今政治学者普通的观念。

神权说　政府起源最古的学说要算是神权说。大概古代的政府都是拿神道说教，借此巩固政权，不是说政府是神建设的，就是说由神的命令建设的，因为是神的命令，所以人民不得不绝对服从。欧洲自从中古时代以后，因十六世纪宗教改革的结果，各国专制皇帝的势力又推广到教会方面，神权与政权更分不开，所以当时君权神授说又盛行于各处。各国君主都想利用这种学说来保持他们自己的地位。英国詹姆司第一说："如有人说上帝有那件事不能做，便是无神，便是不敬；如有人说君主那件事能做，那件事不能做，便是大逆不道。"法国路易第十四也说："我辈帝王都是全圣全能的上帝所生的映像。"

神权说的用意是要把事实上统治的人看作上帝委任的，所以人民都得承认他所行使的政府权力是正当的；可是把政府看作适合神意的，政府无论要做何事都可以算是神的意思，结果便没有人为的余地，善政恶政只有听天命罢了，如想改造政府便是逆天。这样荒谬绝伦的学说在事实上当然不能成立，所以在欧洲，其所根据的原则早已在二百年前推翻了。可是这种学说确是在历史上占到很大的势力，差不多没有一国不受到其极大的影响，并且其寿命又特别的长，直到了一九一八年最后主张神权说的德皇才退出政治生活，到荷兰去过他种花锯树的清闲生活。

还有最可注意的一点，就是到了二十世纪的时代，这神权说又好像有复活的趋势。比方在美国，有许多人把他们政府的宪法好像也是看作神授的，是神圣不可侵犯的，所以是不能批评的；是太完备了，所以是不能更改的。这种观念却有一部份美国人宣传了好几年，将来究竟是何结果，现在谁也不能预料，假使真能变化到从前的神权学说那样，恐怕将来美国政治就免不了一种风波。还有苏维埃俄罗斯政府把列宁看作一个大教主，列宁主义看作神圣不可侵犯的信条，又模仿宗教的形式在政府各机关中实行纪念周，对于那般表示不满意于现政府的人民，即以反革命三个字定其罪名，或处死刑，或驱逐出国。这就是承认政府一切权力都是正常的，也就是神权说的用意。

契约说　契约说的政府起源论可以算是欧洲民族与那种根据神权学说的专制政府长期战争的结果。依照这种学说，原始的人民是生长于一种自然世界中，完全不受政府权力的节制，只因他们要享受社会生活的种种利益，所以他们自愿放弃那天然的自由状况，互相订立一种极郑重的契约，组织一个政府。在英国清教徒革命时候，一个哲学家浩布斯即以契约说为根据，极力拥护君权，依照他的主张，契约是各人与各人订立的，不是人民与君主订立的，君主是不受契约方面的约束，所以其结果就与神权说相仿佛，把事实的政府作为正当的政府，人民无论何时不能与之抵抗。同时却另有一个学者，洛克，也以契约说为根据，替革命党人说话，他以为政府的权力是由人民于订立契约时候委托的，所以须受契约的限制，并且政府的基础也完全在这契约，不得人民允许，政府就不得征收赋税。以后还有法国卢梭在他的《民约论》中极力发挥这种学说，供给法国革命一种学理上的根据。美国革命时候一般领袖都是洛克卢梭的信徒，把他们的学说看得如同圣经一样。《独立宣言》中差不多把这契约说的政府起源说得非常明了。人生有与生俱来不可割让的权利，如生命，自由与幸福的营求，“为保障这种权利，人民才设立政府，其一切权力均得被治者的同意；假使政府违背这种目的，人民就有权利去改组，或取消，同时另行设立新政府，务使其所根据的原则及其权力的组织确实能保障他们的平安与幸福。”这是《独立宣言》根据于契约说的原则所宣布的政府起源。又在联邦宪法的序文内，美国的革命领袖把这契约说作为人民意志的直接宣言：“我们，合众国的人民，为组织一个较为完备的联邦，为维持公道，为保障国内安宁，为使我们及后代子孙能享受自由幸福起见，才制定此美国合众国的宪法。”

契约说在政治历史上的功绩，确实是很大。近代政府的组织，与法律的观念，几乎没有不受契约说的影响。国家法律承认个人人格的价值，人民自由权的观念，都是契约说的效果。可是到了十九世纪时候，因学者们都从历史事实上追求政府的起源，才发现这理想的契约说完全不合于历史的事实。古代的政府不但没有由契约设立的证据，并且事实上还有许多不由契约设立的证据，可以考求出来的。古代社会不是受团体的拘束，便受习惯的约束，各个人那能够发展个人个性，那能够自由独立互订契约呢？十七十八两世纪的欧洲是一个梦想自由平等的时代，几个思想家于不知不觉之中便把预先想好的自由平等的境界，推想到没有政府的原始社会上，假定这是自然世界的状况，他们的结论就是契约说的政府起源。可是契约说虽已被历史事实从根本上推翻了，但这一派学者的理想却有感动人民心理的极大势力，确能把一种玄想的世界为实在的世界开辟一条发展的新路程。人民信仰了这种理想的学说，才能连带的信仰那政府不得被治者的同意，就没有存在的权利。其结果就是一切专制政府都推翻了，民治式的政府通行于全世界各处。就是到了现在，契约说影响于人民心理方面的势力还是很大，欧战时候无数人民的观念是不是把这民族自决问题——各民族有自由采择一种政府组织的权力，作为战争的中心问题，美国前总统威尔逊是不是正式宣言："为保障民治主义在这世界上的安全，美国才加入战团。"

血统说　依照这种学说，最初的人类社会是一个家族，包括一个家长，及其妻，子，媳。这许多人都有血统的关系，是由一个祖宗传下来的。家长的意志就是这个家族的法律。以后人口逐渐加多，一切事务逐渐复杂，就发生种种管理上的困难，所以一种政府式的组织就不得不应时势的需要，逐渐发生出来，凡一切公共事务都归这个机关管理，凡内部的一切关系也归其处理。依照一派的学者，这样的家族以后就扩充出来，变为宗族，由宗族变为部落，再由部落成为民族。

可是这种所谓父系的家族并不是普遍于各文化未开的民族，也不是任何民族进化史上所必须经过一个时期。在许多未开化的人民中，另有一种家族制度，叫做母系的家族，就是家族中的重要份子是母，不是父；传统是依据母系一方面的。自从这种家族发现以后，血统说的政府起源论就经过一次的修改，这派的学者往往把母系与父系的家族混在一起，作为人类社会进化史上的二个各别的时期。

但近来人种学方面种种的新发现又证明人类社会的进化并没有一定的程序，也不是一定要经过几种特别的样式，才变化到现在的情形。人类社会确有极长期的变化史，可是其进化的趋势及其所经过的程序却是千变万化，各社会往往都有各别的情形与现状，我们万难找出一种普遍的原则，确定人类社会的进化必须经过那几个时期与那几种形式。我们现在虽不能明白最初社会进化的实在情形，但无论如何，凡将要进化到政治式的社会总有那种根据于血统的父系家族的组织；并且血统的观念与血统的精神就是在现今的民族国家中又占到极大的势力。这就是以血统观念解说政府起源所得到的结果。

强权说　凡一切政治制度都是根据于武力而发生的，这就是强权说的政府起源。强权说也是一个很老的学说，但人民与君主两方面似乎都不能赞同。醉心于民治主义与契约说一类的人民当然不肯深信那政府的基础只是武力而已；从前那般专制君主也决不肯放弃神权说的观念，承认他们自己的权力只靠武力得来的，以武力维持的。

但最近的社会学者与人类学者却很趋向于这种学说，他们都以为有组织的社会与政治制度的来源只因为强有力的人，能够以武力战胜其他人民，使他们服从其意志，组织一个团体；以后再把其实力扩充出来，包括很多的人民，很大的区域，成为一个政治的社会。我们当然承认战争是最初社会中人民的天然趋向，是他们财产名誉的唯一源流，也是组织政治制度的最大势力；可是最初社会的成立同时也有种种其他的主要势力，如血统关系，地理方面的关系，宗教信仰，经济上的状况等类，我们也不得不同等的注意。

总结以上所述，我们可以说神权说与契约说纯粹是哲学家想像创造的，毫没有事实上的根据。血统说只能说明几个人类社会的起源与发展，不能说明最初那许多很小的，分立的，性质不同的团体怎样能够合并起来，成为一个政治团体。强权说却有很多的证据，并且又可以证明凡一切政府都是以铁血造成的；但这一种学说却太注意于武力一方面，没有同样的注意到其他造成政治社会的势力，如地理的，经济的，宗教的主动力等类。

政治制度起源的问题实在包含两个问题，一个是最初时代政治制度的起源，又一个是国家的起源。关于最初时代政治制度的起源，我们在这几十年之内已经晓得了不少的事实。人类学者研究的结果已经证明政治制度是与社会同时发生的，无论怎样的社会总有一种政治制度。在最初那种父系的家庭中，家长是最长最有势力的人，一家之中的人民，也许因为惧怕家长，也许为血统或习惯的关系，也许因为生活方面有合作的需要，才团结起来，成为一个社会团体。这种家长组织当然不是普遍于最初的人类社会，可是现今的政治制度确是从这类的社会生活中变化出来的。同样的状况当然能使最初人民组织范围较大的团体，如宗族，部落等类。凡在一个山谷中或河流旁边居住的人民自然能有一种一致的态度与团结的观念，他们同时也许还有血统的关系，也许还有相同的宗教信仰，也许还要抵抗共同的仇敌，也许过惯同样的渔牧生活，也许服从一个共同的首领；假使他们有这类的共同关系，他们的团结力自然能更加坚固，有永久的性质了。

在人类社会从野蛮进化到文化时期的路程中，那最初的政治组织就以确定的上地区域为根据，变为一个国家的组织。依照多数学者们的意见，当时更变的方法是完全依靠武力的，但同时我们也不能不注意到其他的势力。国家组织的主要特点就是人口众多并且一切状况又逐渐复杂，他们居住在确定又广大的区域中，同时还有一个势力极大的政府，在这区域以内执行一切对人对物的极广大权力。政府权力是很显明的与习惯，宗教及其他社会制裁方法分开了，并由确定的人或机关执行。世界上最先发现的国家就是古代许多东方帝国。

第四章　政府的职务

我们既已明白了政府的起源并没有什么神秘的情形，我们就更可以明白政府也只是达到目的的一种方法，是人造的是为人民谋幸福的一种工具。每一个国家的人民均可以依照其环境上的特别情形与特别需要设立一种适合于他们状况的政治制度。至于政府的职务及其强制执行权的范围也都得要依照各该国的特别状况而规定的。在从前，因为社会状况简单，政府职权的范围就很小，近来社会情形一天复杂一天，人民需要政府之处也愈多，所以政府职务的范围也愈扩张。并且就在同一个时期，各国政府所执行的职务也很有繁简的区别。像在欧美那种工商业发达的国家，其政府所做的是却是非常繁杂，并且人民日常的生活差不多已经是脱不了政府的关系，离不了政府的势力；可是在那种社会情形落后的国家，政府所做的事差不多是等于零而已，凡在政府服务的人只把他们的职务看做一种很荣耀的很舒服的差使，假使不刮地皮，不公行贿赂，就是一个好官，他们既没有现代的科学智识，又有没有现代的训练，就是他们想做事，恐怕也只能做到一个“心有余而力不足”的程度而已。但政府不能做事，社会情形愈不能进步；社会情形不进步，政府愈没有事做，这是很有连带关系的。

所以政府的职务既没有确定的范围，又没有一定标准，全靠社会上一切的情形而决定的。我们虽不能概括的确定那几种事务是任何政府所应当做的，我们却可以断定有几种事务是任何政府所不能做的。各个人的行为却有一个范围，是政治势力所踏不进去的。政府对于人民的强制执行权也只是一种武力而已。政府虽能以种种刑事处分，如剥夺一切权利，死罪，监禁，罚款，等类，强迫人民服从其命令，人民也只为一时惧怕受到私利的损失，暂时服从而已。至于对于人民的信仰，目的与欲望，政府决不能有任何的影响。政府所规定关于人民行为的规则——法律——也只能干涉那种已经表示出来的行动，包括一切所说的所写的所印行的意见与言论。政府能确定人民某种行为是有意的或无意的，并又能确定人民某种行为的结果是否他所希望的。

人类生活中却有一个很大的范围，因其性质的关系，为政府势力所达不到的。各个人心理方面的态度，如能为外界或政府所察觉，政府在执行其职权时候，也许可以干涉得到；但关于心理或良心上内部的用意，例如一切宗教政治或别种信仰，除非已经在这客观的世界上有所表示外，政府的权力是万难达到。就是在这客观的世界范围以内，也有许多事务是政府所能做而故意不做的。这是因为政府做了以后往往得不偿失，所费的精力与财力抵不上所得的结果，或者同时还要发生种种不能免去的坏结果，如激动人民方面的不满意，甚而至于革命式的抵抗，或阻碍各个人自动发展的能力等类。

所以政府的职务虽没有确定的范围，但从消极方面着想，社会上却有一部份的事务是政府所不能干涉的。从前有一个学者斯蒂文 James Stephen 在他所写的《自由平等与博爱》一书内定下三条关于政府执行职务的标准：（一）所得到的结果一定要是社会上真真需要的，（二）所采用的方法一定要是那种真能达到目的的，（三）凡因采用强制执行权而发生的损失要确能抵消其所得的结果。这几种原则确是很正当的，并且对于任何政府都能适用。

在政府可以执行的职务之中，我们又可以分出两部份：一部份是应当做的，一部份是在一定状况之下不应当做的。同时还有几种职务是在任何政府所不能不执行的，假使一个政府没有能力执行这几种职务，就没有存在的理由。这类的职务叫做政府的主要职务。从各种政府概括的着想，无论其政治制度的形式何如，无论其人民的文化程度何如，政府的主要职务并不甚多。假使我们指定欧美各国任何那一国的政府，其主要的职务也许很多很复杂；可是从各种样式的政府概括的说起来，主要职务的种类就不多了。简单的说，所谓政府的主要职务只是对内须保护社会的治安，对外须防止外国的侵入。为维持社会秩序及保护人民起见，政府须用强制执行方法责罚或防止人民方面种种扰乱治安的行动；为防护国境及执行正当的职务起见，政府又须有自给与自卫的方法，就是征收赋税供给一切费用，招募军队抵抗外侮。

在从前，各国政府的君主大概都有极大的皇室私产，其每年的收入很可补充政府大部份的费用，赋税钱粮在财政方面所占的地位还没有现在那样重要。至于军事上的需要，各政府大概又都依靠那般专以军事为职业的社会阶级，或从国内或国外雇用人民充当兵士。从前军事上的需要当然没有像现在那样大。极大的常备军与海军都是现在政治生活的出产品，普通的强迫征兵制度是从十九世纪时候起的。革命时代的法国是第一个政府强迫所有成年男子服务兵役。

征收赋税原为偿付一切对于全体社会有益的公共费用。政府万不能借征收赋税的名义，做出种种损人利己的事情。现今各国所同行的代议制度就是根据于这赋税问题而发生的。当初欧洲专制国的君主到了财政困难时候，就要从人民方面去着想。使他们交纳多少赋税以补偿收费的不足。但人民纳税是不能强迫的，须得出于他们的自愿，方能不发生困难问题。当时的君主明白了这种情形，所以就使人民方面于每年举出几个代表，与国王共同商议，规定每年税额的数目。政府的财政权就逐渐到了人民的代表手里，政府的政策如有不满意于人民之处，他们的代表就能拒绝缴纳赋税。财政是一国的命脉，人民代表有了财政上的大权，他们就用了这种机会，推广他们自己的职权，把这人民代表的团体变成现今的立法机关。英美各国早有一种根本观念，叫做“无代表不纳税”，这就是近代政治上的根本原则。凡一切赋税，人民认为不正当，就可以明白抵抗。这也是民治主义发达的原因。

政治制度政治发展史又能证明那政府的司法权与立法权也是逐渐经过了极长期的变化，才由政府直接执行的。在最初的时期，各个人间的一切争执都由各个人私自了理。直到后来，政府才正式声明人民的几种特别权利是受其保护的，同时又设立几种法庭，其职务是审判人民间权利方面争执。可是在当初，人民是否在这类法庭中提起诉讼，都可由各人民自由决定；并且法庭的判断也不是由政府执行的，只送交有关系的各方面就算完事。凡不遵守法庭的判断，其结果也只放弃政府的保护而已。直到政府强迫人民把一切的争执提交法庭起诉，并由政府的官吏确实执行法庭的一切判断案，政府的司法权才算确定，才能有现今各国政府的那种情形。可是就在现今各国政府，凡关于民事方面的一切争执，政府也得要等到一方面在法庭提出诉讼后，才能干涉；只有关于刑事方面的行为，政府能自行直接提起公诉，惩办那般违反其命令的人民。

政府执行立法权比执行司法权更晚。所谓立法权就是制定法律，规定人民方面各个人间的关系，及其财产的关系。这一部份法律叫做私法，上面已经提及的民事法是包括在内的。此外另有一部份法律叫做公法，就是关于政府组织及其运用方面的一切规定。这一类的法律是关于政府本身的，所以大概其发现的时期总比其他法律为先。在工商业不十分发达的国家，凡关于各个人间的关系及一切事业上的种种状况大概都是受人民方面自由发展的风俗与习惯所支配，政府是不十分积极的干涉。只有到了后来工商业已经发达，一切社会的与经济的生活十分复杂，政府才以正式的立法手续，确实规定人民间的私法。

所以政府担任立法方面的职务可以算是新近发生的现象。直到了十九世纪，各国政府才设立确定的立法机关，才入手执行立法方面的职务。并且在现今的英国，美国及其他以英国习惯法为法律基础的国家，大部份的私法并不在于正式制定的法律之中，却在于人民方面所以公认的一切习惯及法庭的判例。就在那几个国家已经编订极完备的私法，叫做法典，其中所包含的原则也只是从前人民的习惯与法庭判决案而已。

以上所述已可以证明那政府的主要职务，在人民的政治生活未曾十分发达以前，种类并不甚多。在最初时期，政府的主要职务还不一定包括私法的制定，私人争斗的解决及赋税的征收。但在现今文化已发达的国家，这类的职务确是政府的主要职务，并且除此之外，还得要加上其他的职权，如把私人财产收为公用，建筑一切公用的工程，办理外交，及执行各种警务方面的管理权。

在十八世纪的下半期，亚当斯密司（就是写《原富》那位经济学者）写过一本政治学，其书名就叫做《正义，警察，赋税，与军备讲义》。在那个时候，这几个题目确实很可以把政府的职务都包括在内了；可是现在的社会状况已不是那时候可比，现今的政府差不多已经都变为一种办理公共事务的机关，其所执行的职务种类繁多，名目不一，并且都不能算是主要的职务。现今政府所以执行这样繁杂的职务，不是因为必需的，只因为便利于人民起见，不得不执行耳。各国政府因其社会状况的不同各自执行种种各别的职务，所以我们实在没有方法把政府的职务一一列举出来。概括的说起来，现今政府的职务大部份是带有“公共福利”的性质，其目的并不是专为维持国内治安，却为增进人民方面经济的，工业的，知识的与道德的种种利益。凡关于这类公共福利的事务，谁都承认政府的能力胜过各个人或私人团体，所以由政府执行，一定可以比私人做得好。

从学理方面着想，现今多数人民对于政府职务范围的观念，叫做实验主义，这就是以政府干涉人民或人群自由的结果作为政府的行动是正当的，或不正当的，有益的或有弊的。假使其结果是好的，政府的干涉就是应该的，有很充足的理由；假使其结果是坏的，政府的干涉就是不应该的。这实验主义的政府职务观念并没有把政府职务的范围死版版的规定。政府不单是为维持秩序与保障人民权利，同时还得要做各种各样与全体人民福利有关系的一切事务。假使与全体社会或大部份人民福利有关系的事务只有政府能做的，或政府比单独个人或人群团体能做得更好，那末，这类事务是应当由政府执行的。反之，假使人民或人群比政府更能做得好，那末，政府就不应当去干涉这类事务。

这是很简单的一种观念。决定政府职务的正当范围必须以实利为目标，以试验为方法。经过种种试验方法，我们晓得城市的自来水应当为市政府所有，为市政府所管理；又经过种种试验方法，我们晓得那零卖的商业是不应当为政府所专利。所以自来水及其他种种同类的公用事业是应当划归政府职务的正当范围之内，零卖商业就不应当作为政府的职务，这是依照现今社会状况而说，将来社会情形更改了，这样的结论当然也得跟了更改。

第五章 成文宪法

宪法是一国的根本法律，规定政府的组织与职权，各级政府或一级政府中各机关分权的方法，人民与政府间各种权利与义务的政治根本问题。现今各国的宪法大都是成文宪法，像英国那种逐渐发展的逐渐生长的宪法可以算是已经很少有了。所以在大多数人民的眼光中看起来，所谓宪法只是成文的宪法，是历史上一种极重要的文件，在一个确定时期制定的，并在一个确定时日公布的，其作用是为保障人民权利，并设立一种适宜于人民需要的政府组织。

现今的所谓成文宪法是十八世纪下半期及以后的出产品，但“宪法”这名词却在古代就有的。有人说，希腊时代的雅典在纪元前六二四年与四〇四年的中间曾经有过十一种宪法；并且政治学的老祖宗，亚里士多德也曾收集了当时许多宪法，在他的《政治学》里边，曾经讨论过“立宪政府”，“最好的宪法”，“宪法的定义”。罗马学者也说到宪法与普通法，制宪权与立法权的区别。可是古代人民虽有宪法的观念，他们却并没有把宪法原则规定在一种超过普通法的根本法律中。在中世纪时候，有几个城市，公司，教会与封建贵族的权利往往规定在一种有契约性质的规约之内。这种权利是国王所特许的，规定以后，就是国王本人也得遵守。最近一步，人民就要求国王承认他们的种种权利，并规定在成文的规约之内，算是国王与人民间所订立的一种契约。这类的规约也许可以算是现代成文宪法的先锋。

在十六世纪时候，所谓根本法律的观念又发现于学者们的著作中。并且国王所公布的几种较为重要的法律就叫做宪法，所以英国亨利第二时候所规定国王与教会关系的法律就叫做Constitution of Clarendon。到了十七世纪，“宪法”这名词又屡次发现于英国人民为开辟新大陆所组织各种公司的规约内，各殖民地政府的组织法中，及几个学者的著作中。当时几种较为重要的文件，如一六四七年克林威尔（Cromwell）兵士所订立的《人民约法》（Agreement of the People）克林威尔于一六五三年所宣布的《政府组织》（The Instrument of Government），美洲殖民地在革命以前所宣布的各种宣言与议案等，确是现代成文宪法的先锋。从十七世纪下半期起，“宪法”这名词的意义也较为确定，专指一切根本法律，特别是于政府组织的一部份。美洲殖民地于十八世纪下半期与英国脱离关系，把他们新政府的组织大纲叫做宪法以后，“宪法”这名词的意义就非常确定，是指一国政府组织的根本法律。

成文宪法确是美国对于政治技术方面的一种重要贡献，并且美国在独立以后的时期内所制定的宪法又确能把民治主义的根本原则具体表示出来。从一七七六年美洲殖民地宣布独立起至一七八九年美国联邦宪法成立时止，这十三年时期可以算是现代历史上第一个并且是最重要的制宪时期。在这个时期之内，现代的成文宪法是初次发现于美国新独立的十三邦，那最重要的最有研究价值的美国联邦宪法也于一七八七年在费立特而费埃 Philadelphia 制定，于一七八九年公布实行。美国联邦宪法已经有了一百四十年历史，要算是各成文宪法中历史最长的一种。法国发生了革命以后也即仿照美国的例，入手制宪，其第一次的成文宪法是于一七九一年的九月公布的。德意志各邦也即行仿效，在一八一四年至一八二九年之间，多数的邦均已采用成文宪法，只有普鲁士与其他几邦直到十九世纪中期才制定宪法。欧洲其他各国亦均逃不了这种潮流，在十九世纪中期以前，亦都先后公布一种成文宪法，如西班牙（一八一二年），挪威（一八一四年），丹麦与荷兰（一八一五年），葡萄牙（一八二二年），比利时（一八三一年），意大利与瑞士（一八四八年），奥大利（一八六一年），与瑞典（一八六六年）总计自一八〇〇年起至一八八〇年的八十年之内，欧洲各国曾经公布过三百多种的成文宪法。到了十九世纪末期，除了英国，匈牙利，与德意志联邦中一邦外，欧洲其他各国都各有一种固定的成文宪法。最近欧洲大战以后的几年之内又是一个重要的制宪时期，因为欧战结果俄德奥三个大帝国是都分裂了，从他们旧有的区域以内划出了许多新国家，旧邦改造，新邦建立，都得要靠确定的成文宪法做根据的，所以在这十多年之内，又发现了十多种的成文新宪法，就是德国、普鲁士及其他各邦、奥国、捷克、南斯拉夫、俄国、波兰、邓席克自由城、厄司陀尼亚、芬兰、腊忒维亚、匈牙利、爱尔兰自由国。

依照美国、瑞士、法国、比利时、及欧战后各新国家的观念，成文宪法是一种根本法律，由人民以主权者的地位制定的，并且是政府一切权力，行政立法与司法的根源。所以美国宪法起首就说："我们，合众国人民……制定此宪法。"欧洲各新国家，如波兰等即抄袭美国的公式。波兰宪法亦有"我们，波兰民族……在波兰共和国的国会中制定此宪法。"捷克宪法第一条即规定："人民为捷克共和国一切权力的唯一的流源。"瑞士宪法亦宣言宪法是瑞士联邦所制定的，二十二邦人民的总体组织此联邦。比利时宪法亦以比利时人民的名义制定的，并有明文声明"一切权力是出源于人民"。法国虽也有这种观念，但宪法上却没有明确的规定。

与上述各国的观念相反的，是日本、欧战以前的德国、普鲁士、及其他德意志各邦。这许多国家都把宪法看做是国王制定的，是国王对于人民所特许的12种权力的规定。所以，在学理上，宪法既是国王制定的，国王当然也有取消宪法的特权。日本宪法完全没有提及人民是政治权力的源流，却很慎重的声明天皇是日本帝国的元首，是主权的所有者，并依照宪法条文执行其权力。同时修改宪法的权完全在天皇手里。只有天皇才能提出宪法修改案，欧战以前德意志联邦宪法也在序文中声明此宪法是各邦国王所制定的。普鲁士宪法也没有承认人民的主权，却承认宪法是国王意志的表示。从前普鲁士学者又都同意宪法是国王，不是人民制定的。并且在事实上，第一次的普鲁士成文宪法是由国王武断的取消，另行公布一种。

宪法的目的当然是要保护全体的幸福与人民的权利，所以宪法的作用就要使被治者有参与政府事务的权利，同时使政府从人治的变为法治的。从前各君主国人民从国王方面争得成文宪法的用意也就为此。成文宪法所规定的是一种法治的政府，但人民的自治权也只有那国王所承认的，所愿意让步的几种。国王仍旧有范围极大的命令权，及所有未曾委托政府其他机关的职权。并且在从前欧洲那种君主立宪国，各宪法学者又都承认真真的立法权并不在于人民的代表机关，却在于国王手里。有时候，人民选举权方面有种种的限制，使民意不能有真确表示的机会；有时候，国会中的上议院是完全由国王或贵族阶级所把持，使下议院方面受到种种限制，不能自由行使其职权。

至于美国、法国、比利时、瑞士等国的成文宪法是以民意为根据的，但就在这许多国家，宪法中也有种种的限制，使人民代表不能自由执行其大权。各国成文宪法中非但列举人民生命自由财产的种种权利，给与特别保障，无论是立法或行政机关都不得干涉或侵犯，并且同时还有各种的方法与限制，使民选的代表亦不能乱用政府职权。各立宪政府往往又把普通立法权与制宪权明确分开。所谓制宪权就是制定或修改那种有宪法性质的法律。立法机关虽是人民代表所组织的，但各国却都不愿意使之同时以普通立法的手续制定或修改宪法。这就可以见得宪法是各国所公认的一种最高法律，其作用不但在于限制政府的权力，并且人民代表本身亦得同样的受到限制，其制定或修改权是应当在普通立法职权范围以外。

凡制定或修改全部宪法时候，各国的通例是往往召集一个特别的人民代表会议，叫做制宪会议。美国的联邦宪法是由一个特别的制宪会议制定的，并且由各邦人民的特别代表会议批准的。欧战后各新国家的新宪法也大都由特别的制宪会议制定的。制宪会议的职权是人民主权的表示，是高出于一切的法律与政府机关。一七八九年法国革命时候第三阶级会议也就根据于这样观念，推翻旧政府，制定法国第一次的成文宪法，组织新政府。

修改宪法权也同样的重要。所以成文宪法中最重要的部份就要算规定修改宪法的一部份。成文宪法有两种用意：一方面是要在可能范围以内，帮助全国一切事务的发展，又一方面是要防止种种激烈的或革命的行动。假使宪法内没有修改的条文，或其修改方法是不容易做到的，其结果势必至于使进步的社会状况不能与那死版版的宪法条文相适合，或者是宪法等于死法律不能发生效力，或者激动人民方面的革命，推翻旧宪法，另行制定新宪法。假使修改宪法的方法太容易了，那末，政治生活又恐怕有发生不稳固的危险，人民方面又恐怕有那种轻视宪法的态度。至于一种成文宪法究竟应当采用一种怎样的修改方法，那是一个不能概括解决的问题。各国制宪者一定要依照各该国人民心理上的态度及其他一切的政治状况各自解决。我们约略列举几种修改宪法的方法。

在几个政府，例如法国，立法机关能在事实上，但不在形式上修改宪法条文，如同英国国会修改那不成文宪法一样。法国正式修改宪法的方法是先由国会两院各自提出与通过一种修改案，然后再召集两院的联席会议，如能得到过半数的同意票，该修改案就算成立。意大利宪法中是没有修改条文的，可是意大利国会却能以普通立法手续修改其宪法。这几种宪法都是很容易修改的，普通往往又叫做柔性的宪法。

同时还有几国的宪法是叫做刚性的宪法，因为其修改方法是很困难的，我们举瑞士，美国，日本，比利时宪法为例。瑞士修改宪法的手续非常繁难，并且又有全部修改与局部修改的区别，宪法是否须全部修改的问题一定要经人民总投票解决的，局部修改的议案可由人民或国会任何方面提出，但修改案一定要经多数邦内多数人民投票表决后，方能发生效力。在日本，只有天皇能提出宪法修改案，并且须经国会两院三分之二的出席法定人数通过后才能成立。依照比利时宪法

第一三一条，国会正式提出宪法修改案后，当即自行解散；再由新国会开会讨论，但两院讨论该案时候，一定要有三分之二的议员出席，并且修改案的成立也要至少得到三分之二的同意票。美国修改宪法的手续要算是最难了。提议修改案的方法有两种：或由国会两院的三分之二议员提出，或由三分之二邦立法院的请求，召集制宪会议提出正式议案；修改案提出后还得经四分之三的邦立法院或在各邦特别召集的宪法会议批准方能成立。

以上所举只是宪法范围以内所正式规定的修改方法而已。此外，还有种种非正式的方法，如法庭的解释宪法条文或其中的字句，与风俗习惯的发生，也能于无形之中，改变宪法的性质，使旧条文能适用于已经变更的新社会。比方美国宪法在形式上还没有多大更改，一共只加上了十九条修改案，但在事实上早已大改而特改，与当初制宪者的用意完全不同了。美国在一百四十年以前制定的宪法，尚能适用于今日工商业最发达，一切情形最复杂的社会，全靠这种种非正式的修改，于无形之中把宪法上的旧字句换了一种新意义。可是这种办法在美国虽则利多弊少，但人民程度较低的国家却万难仿效。做到美国这种情形的主要条件，就是那解释宪法条文的法官一定要正直无私，眼光远大，能够看出社会上的需要及一切的趋势，然后依照他们的学问经验，并且为社会全体人民的幸福着想，发表他们的意见；同时人民方面也得要有法治的精神，尊重法庭判决的观念。这是不容易做到的。就在美国，也曾闹过一个大乱子，一八六〇到一八六四年的南北战争表面上是为了黑奴问题，其实是为南北两方面因经济状况的不同，对于宪法条文就有不同的见解，其结果就不顾一切，只得以武力解决。

所以宪法决不是一种包医百病的万应灵药。并不是成文宪法制定后，一个国家的一切困难问题都可以解决了，人民的痛苦就可以销减了。试问欧洲十九世纪时候所制定的三百多种宪法究有几种现今还是存在？究有几种曾经发生过良好的效果？成文宪法不过是一个政府装门面的招牌，我们所应当注意的不是宪法的形式，却是其背后的一切势力。所以凡在制宪之前，制宪者必须仔细研究那宪法的内容应当怎样，其目的总要使之能应付社会上与经济上的需要，总要使之能适合于历史习惯与将来一切的趋势。他们万不能专去注重理论一方面，把事实一方面的情形丢弃不顾，制出一种理想中的宪法。他们应当根据于一国历史上的与社会上的种种情形，再从别国现行制度方面选择那种可以适用并且已经试验有成绩的部份，参杂其间，制定一种能够适用于他们国家状况的宪法。制宪的目的在于适用，不是在于理想上的完备。理想中极完备的宪法往往在事实上未必能适用。

此外，还有一个根本问题，就是人民的政治智识究竟是怎样一种程度，究竟能使用什么样一种宪法。比方在一八二五年俄皇亚历山大死的时候，那般自由党的人物主张俄皇第一个兄弟康司担丁 Constantine 嗣续皇位，并激励了驻在彼得堡的军队变叛，他们那时候的口号与标语是康司担丁与康司铁头与。康司铁头与原是宪法这名词的译音。革命的目的本来是很简单，所要求者只是（一）康斯担丁接位，（二）制定宪法。但宪法这名词的译音却与康司担丁的音相类似，所以把这两个联起来，变为一个口号，唱起来也很顺流。可是那般叛兵把这个口号唱惯了，他们都以为康司铁头与是康司担丁的妻。假使人民程度如此之幼稚，制宪者的目标应当注重于训练人民的政治智识，在这样状况之下的宪法就有两个目的，一方面是防止政府职权为某私人某家庭或某团体所把持，变成他们蹂躏大多数人民的工具，又一方面是训练民众务使他们能于最短时内学到做公民的本领。

第六章　专制政府到立宪政府

从独裁的专制政府到现今那种立宪政府，中间曾经过极长的极复杂的历史，并且各国的情形又各不相同，有几个国家于几百年前早已打倒那独裁的专制政体，早已走上立宪政府这条大路上；还有几个国家直到最近时候才改变政体，从专制的变为立宪的。就拿我们中国说罢，我们是要算比较很晚才脱离那种独裁的专制政府，直到了二十世纪的初期，一九一一年，才打倒满清政府，光复成功，建设现今的中华民国，可是这民国十八年的历史是我们最困难的时期，专制政府虽已推翻，但我们却还没有走上宪法的轨道，所谓民权及其保障还是说不上谈不到。这可以见得从专制的变为立宪的政府不单是形式上的改变而已，同时还得要人民对于政治态度的改变及其他种种状况的更变，方能养成一种法治的精神，方能使人民与政府都依照确定的轨道执行一切事务。我们先从政府的历史上说明这种更变的情形。

人类历史只是人民战胜自然环境的历史。在最初时期，人民对于环境是束手无策的，并且又迷信又没有智识，只得由自然界一切势力随意支配。他们是迷信的，因为他们对于环境方面一切势力是完全束手无策；他们没有抵抗自然势力，因为他们是缺乏智识的。他们对于自然界的一切状况固然迷信，没有智识，不能应付，他们对于社会方面的现象也是同样的迷信，同样的没有智识，同样的束手无策。可是这样的社会也就需要一种政治的组织；因为没有政府，就是这种最简单的社会也不能存在。在这样的社会，往往有一个人或少数几个人，或者因为他们是强有力的人能领袖群众战胜邻居的蛮族人民，或者因为人民承认他们有超人的来源与能力，或者因为其他种种原因，就能强迫社会全体人民服从他们的意志，把持当时的政治势力。他们那种独裁的意志就变为国家的法律，他们独断独行的决定一切政策，办理一切事务，并执行他们自己的命令。所以最初的政府一定是一个人的或少数人的独裁专制政府。

在一个人的独裁专制政府，一个君主是社会中至尊无上的一种权势，他除了他自己的良心或上帝之外，不能对于任何人民或人群负责的。可是政府的权力虽则集中于一个人，但社会上各团体间的一切竞争还是继续不已的进行，并不因政权集中而减少其烈度，各团体往往为达到本身的目的起见，用尽种种方法，务使独裁的专制皇帝能够为他们设法，给与他们种种的特别权利。大凡研究专制政府历史的学者都可以告诉我们，那独裁的专制皇帝的政策也往往根据于国内各团体间竞争的状况而决定的。有时候，独裁专制皇帝的职位并不是世袭的，如古代中国尧舜禹的禅让，历来称为美德，但在别处，往往因嗣续问题而发生战争；为免除此种弊政起见，多数独裁专制政府的皇帝就往往变为世袭的，以嫡长的男子嗣续下去。所以一个人的独裁制度就变为一种固定的制度，并得到风俗习惯的承认。

有许多地方，最早的政府制度不是一个人的独裁专制政府，却是为少数人把持的专制政府，普通叫做寡头政府。他们或者是几个军事首领，或者是几个贵族，或者是几个教主，或者是几个大地主。他们把持政权的原因也与一个独裁君主把持政权的情形相仿佛。寡头政府的专制程度也很可以比得上那一个人的独裁政府，并且变为固定的制度情形也与一个人的独裁政府相同。同时在这样的政府状况之下，社会上各团体各阶级的竞争也同样的能够影响到政治方面。寡头式的政府确实比个人的独裁政府更能把各阶级的争斗表示出来。

可是独裁的专制政府或寡头政府总不是稳固的制度。在人民尚未脱离迷信，对于社会状况不十分了解时候，专制式的政府确实能使那般没有自治能力的人民过一种比较安稳的政治生活。但以后社会情形日渐复杂，文化日渐进步，权力集中的专制政府就有支持不下去的趋势。因国家的土地与人口增加，社会的与经济的生活复杂，人民的智识提高并能明了政治方面的一切状况，政府权力就有分立的必要。在一个土地广大的国家，一个专制君主或少数的专政者决没有绝大的精力，同时能够照顾到全国各方面极复杂的事务，他们实不得不把大部份职权委托别人代其执行；无论当时委托执行职权的条件何如，但从政治上着想，凡趋向于实际方面的人都可以明白权力的委托就是权力的分立。还有一层，社会上各团体间的竞争所争者就是权力，几个较大的较有势力的团体总是继续不断的要求参与政治权力，他们等到一有机会就即利用一切势力，扩充其权力，同时就减少专制政府的权力。

在最初的时期，也只有几个军事首领，或大贵族，或大地主，或大教主才能抵抗那独裁的专制君主，或寡头政府的专制势力，并且同时还能使专制政府让步，给与他们参与政治权力。以后又有大商人，小贵族，小地主，工会等也就提出同样的要求，或以武力，或以和平方法，也就得到参与政治权力。直到最后时期，普通民众，包括农民工人等类，为政治自觉心所激动也提出同样的要求，加入参与政治的团体。各国政府权力的分立大概是经过这样的或类似的程序；各国政府从专制的变为立宪的也大概是走过这样的或类似的路程。

从专制政府到立宪政府，这条路程是很长不容易走。有几个国家的人民走了几百年就走上了，还有几个国家的人民像我们中国却走了几千年还没有走上。各国人民的政治能力当然各不相同，同时还各有环境方面种种不同的状况及一种意外的阻碍或帮助，因之这条向立宪政府走的道路有时候好像是很平坦无阻的，有时候好像满是巨山大川，无论怎样是走不过去的，走上这条立宪政府大道的入手方法大概是当一个团体从君主方面争到几种参与政治的权力，同时又得到几种不受政府干涉的特许权利，这类权力与权利往往又规定在一个很郑重的盟约之内，使之有一种永久性与保障，任何方面都不能侵犯。

例如英国的大贵族于一二一五年在伦敦附近强迫英王约翰承认几种他们应享的确定权利，并又承认国王本身应受的种种限制，这类权利与限制都明白规定在当时所颁布的《大宪章》之内。直到现在，这《大宪章》还是英国人民自由权利的基础。英国人既已向这条立宪政府的大路上走，他们就勇往直前，继续进行，以后又逐渐从国王方面争到其他权利，政府的权力方面也逐渐加上许多其他限制，别种团体与别种阶级人民亦逐渐争夺到许多权利，与参与政治权力；这种种人民的权利与政府权力方面的限制都规定在英国历史上几种重要的文件与法律之内，如一六二八年的《人权说贴》，一六八九年的《人权条文》，一八三二年的选举改革法，一九一一年的国会法，与一九一八年的人民代表法。经过了几百年的历史，经过了人民一次的革命，无数次的奋斗，杀了一个国王，又驱逐出一个国王，英国才算走上这条立宪政府的大道：凡政府各种职权都有确定的实施方法，由确定的机关执行；执政者的权限有确定的限制，各级人民能够享受确定的自由权利，及参与政治的权利；政府各机关又有确定的组织及办事手续。规定英国政府组织，政府权限，政府与人民关系，人民参与政权限度的盟约，法律，与习惯等笼统叫做英国宪法；英国政府有了这种种规定就算是一个立宪政府。

所以立宪政府就是那种依照法律原则行使职权的政府，其政策是根据于被治者全体的幸福而决定的，其人民的生命与权利是由法律规定的，由法律保障的，既不受他人的干涉，亦不容执政者的侵犯。假使把这个定义分析起来，我们就可以看出那立宪政府所包含的几种特质：（一）立宪政府是法治的政府，不是人治的政府；（二）被治者或其一大部份有直接或间接由他们选出的代表，参与政治的权利，这种权利的用意是使他们能表示意志，及监督执政者执行政权；（三）包括在这种自治权之内，各地方区域对于他们地方上的特别事务也有自由决定的权利；（四）末了，人民自由权，财产所有权与使用权方面有一个确定范围，为政府普通立法机关职权所干涉不到的。

这样说起来，立宪政府的根据就是几种确定的原则，或者是成文的，或者是不成文的，笼统的就叫宪法。依据这种种原则，政府的职权有确定的范围，无论如何，是万不能跑出这个范围以外；人民的种种权利，如生命，自由与幸福的营求也有确定的法律保障，无论是个人或政府都不得侵犯。立宪政府所注重的既是法律，那解释法律的法官就不得不有一种独立的精神，不受任何方面的干涉。所以现今各立宪政府的法官都有终身的任期，其薪俸不能在任期以内由行政或立法两方面任意减少，其执行职务时候不受任何方面任何的干涉。这就是保障司法独立的办法。但司法机关是政府中权力最薄弱的机关，除非人民有尊重法律的观念，有遵守法官判决的精神，无论怎样的宪法条文决不能增加法庭的权力，使司法权力充分有效。所以人民尊重法律，信仰法官的态度是司法独立的保障，司法独立又是人民自由权利的保障。

立宪政府的两个大柱子，一个是独立的司法机关，保障人民法律上的权利；一个是职权确定的行政机关，所有行政官吏的职权都是由法律明确规定的，凡法律范围以外的一切命令都不能发生效力，凡一切非法的举动还须受民事的或刑事的处分。在那种君主立宪政府，如日本与英国，日本天皇与英国国王都不受刑事或民事方面的诉究，但他们却有国务大臣替他们代负一切责任，并代受一切处分。在各共和国，总统或行政首领也往往非解职后，不受法庭的审判，但国会可以提出弹劾，并组织特别法庭审判他们，定罪后，须立即免职，如有违法的行动，还得要受民事或刑事上的处分。并且共和国的行政首领也时时刻刻受法律的节制，因为他们在法律范围以外的一切命令与行为，绝对不能发生效力，人民是绝对不能服从的。这就是现行那种立宪政府的根本原则。

还有一层，人民的生命，自由与幸福的营求非但不受行政方面的干涉或侵犯，就是人民代表所组织的立法机关也不得有什么宪法轨道范围以外的举动，任意伤害人民的权利。所以欧美各立宪国对于立法权方面大都有一种限制，或者是明确规定的，或者是根据于习惯的。

英国的宪法是不成文的，国会立法权方面的种种限制完全是习惯上的，不是法律上的限制，但在英国，习惯上的限制等于法律上的限制，因为政府如有违背习惯或成例的举动，势必至于失去人民的信任，他们自己的地位就得动摇。英国人民的根本自由权利观念是出源于他们在几百年历史上所表示的决心，凡他们心目中认为是他们的生命，自由，财产权利，除了根据于正式的法定手续之外，不得无故被政府任何机关所剥夺。人民权利的大部份早已规定在几种大法规之内，如《大宪法》之类，同时全部的习惯法之中也有很多关于人民权利的根本观念。从英国人的眼光中看起来，这类法律与习惯都是神圣不可侵犯的。立法机关也明知那习惯上人民权利观念的势力是非常之大，所以虽有法律方面的大权，实不得不处处遵循那习惯所规定的轨道，在其范围之内执行职权。

在欧洲大陆各国，立法机关的立法权也是无限制的，因为欧洲各国的法庭大都是没有宣告法律为无效的特权，并且立法机关的行动如与宪法条文发生冲突，法庭也不能出来干涉。有几个的成文宪法也把人民的自由权利列举在宪法条文内，只因政府中没有一个机关可以禁止立法权方面的侵犯，所以其性质也只与英国人那种根据于习惯上的权利相等。

美国的情形与欧洲各国都不相同。美国立法机关的职权是列举的，如果超出了宪法上所规定的范围之外，法庭就有权宣告其行动为不合于宪法，因之不能发生效力。并且美国宪法又很明确的规定人民的各种自由权利，凡宪法所规定的范围之内，人民可以自由行动，不受任何其他人民或政府任何机关的干涉与侵犯。

但同时我们还须注意所谓人民的自由权利并不是绝对的权利；并不是在无论什么样的状况之下，政府不得加以限制。把人民权利看做绝对的，就要妨害政府的行动，同时又可以使政府失去效率。所以无论在任何的立宪政府，私有财产可以收为公有，惟必须有相当的代价；各种营业公司，如其性质与社会上公共利益有关系的，须受法律上的种种制限。就是宪法上所规定的自由权利也不是绝对的。在战争时候，人民也许强迫到战场上充当兵役，他们的生命就没有自由了；言论自由也得要受法律的限制；信仰自由也不能当做扰乱社会或违反道德观念的遮盖品。所以人民自由权利虽有宪法或习惯的保障，但遇必要时，或为维持社会秩序，或为谋社会全体的福利，人民也得牺牲他们的自由权利，受政府方面的种种限制。可是政府机关却不能任意剥夺或侵犯人民宪法上的或习惯上的自由权利；就是遇必要时，不得不加以限制或干涉，也得要依照确定的手续。这就是立宪政府与专制政府的区别，也就是专制政府到立宪政府所得到的结果。

第七章　直接的民治制度与代议制度

概括的说起来，凡被治者的意志能决定政府的政策，及其执行的方法，就可以算是民治的政府。民治政府是现代政府的特点，可是民治制度的观念并不是现代发明的，却是从古代遗传下来的。西方古代希腊各城市国家早已在二千多年前试验过一切民治式的政府。

但西方古代的民治政体是一种直接的民治制度，凡政府一切最高权力是属于公民全体。全体公民的会议就是国会，也就是政府，合行政立法司法机关而为一。公民会议做得许多行政方面的事务，他们用投票方法决定当时各项重要问题。他们非但选举将军与其他行政官吏，并且又指挥军务，接待别国的公使，宣战及媾和，批准条约，管理内务方面与宗教方面的公共典礼，收受公共账目。他们也是立法机关，通过永久的法律。每次会议时候又发表命令，规定国家的大政方针，征收赋税或他种款项。公民会议或其一部份又是司法机关。公民全体组成一个巨大的法庭，受理并裁判一切民刑案件。

这是欧洲古代人民直接执行政权的民治制度。可是这样的制度也只有在那时候的一切特别状况之下才能适用。当时种种的社会现象是非常简单，所以公民直接执行的政权与直接解决的种种问题也比较现今的政治问题要简单得多，容易办理。那时候所谓国家的范围又非常狭小，只有现今的各国城市的那样大，所以就叫做城市国家，兼有城市与国家两种性质。各城市国家人口的数目当然也没有现今各国大城市的那样多。据许多学者的推测，希腊时代雅典的自由人民约在十二万与十四万之间，其中有政治权利的公民只占四万余耳。亚里士多德在他的《政治学》里边也有讨论到一个国家究竟应当有多少人民的问题。他说：十个人是太少，十万人是太多，理想的数目是四万或五万。

只有在这种状况之下，就是社会现象简单，土地的范围狭小，公民的数目约在四五万之间，希腊式的民治观念才能实行。所谓公民权是包含各个人自己直接参与公共事务的权。希腊那种政治生活一定要各公民彼此互相认识，彼此能够互相交换意见。亚里士多德说过几句话："假使公民决定一切关于的正义的问题，并依照才能分配政府的官职，他们一定要晓得各人的性质；假使不是这样，凡任命的官吏与法律的执行一定不能在正轨上；可是这种问题却不应当随随便便，任意解决，这就是人口众多地方发现的事实。"

现今所谓公民观念似乎与希腊时候有不同之处。在许多国家，人民向来没有参与政治事务的权利，也没有经过训练的机会，所以就是现在得到了法律上的政治权，他们还是不闻不问，不知道参政权关系的重要。就在欧洲那种民治国家，人民也因中古封建贵族，及以后开明专制君主的专权，已经过惯了那种不与闻政治的生活，这一种习惯往往使他们把政治看作可以随时与闻或不与闻。他如果放弃那法律上的投票权，旁人也决不会把他看做一个不负责任的人。可是依照雅典的法律，公民放弃责任就得要剥夺公民的资格。幸而在最近的几年，各国多数人民对于公民的责任观念似乎是已经增加了，那希腊式的公民参与及担负政府责任的观念也逐渐有恢复的趋势。可是在从前希腊人的眼光中看起来，直接参与政府职务是他们政治信条中最主要的一部份。凡是一个公民一定要同时做治者与被治者，一定要参与最高立法机关的职务，一定要轮流充当行政委员会的会员，一定要轮流充当兵士，法官与教士。公民经过这样的训练与经验所得到的政治教育确是最有价值的。

但同时我们又应当特别注意，这种直接民治制度也只有在特别状况之下，才能存在。假使全体公民在实际上都是立法行政与司法机关的一份子，那末，最主要的两个要件，就是（一）国家的土地范围一定严格的限制，不能使之扩充；（二）公民团体的经济需要一定要另由一般没有公民权利的人——奴隶——供养。所以从现代的眼光中看起来，希腊式的直接民治制度也只是有公民权利一部份人民的民治制度，不是全体人民的民治制度。以后这般奴隶也要求自由与平等，希腊式的直接民治制度就为民治制度的根本原则所推翻了。

英国社会主义者惠白夫妇（Sidney and Beatrice Webb）在他们所著的《工商民治制度》（Industrial Democracy）说过几句极痛切的话："假使民治制度的意义是所有一切关于大众的事须由大众决定，每一个公民须同等同样的参与政府事务，那工商团体的历史已经可以很明白的指示出一种不能免去的结果。政府采用了那种人民轮流做官，人民大会……等类方法，其结果势必至于政权分裂，政府失去效率，或者由一个狄克推多或一般官僚把持政权。"这几句话是从现今英国工党领袖并且是醉心于民治主义的学者口中说出，所以更可以表示这直接民治制度的性质。在雅典，直接民治制度的结果是政权分裂，在现今时代，同样的制度也势必至于发生同样的结果。可是现今世界上却有一个瑞士国保持直接民治制度的精神，同时又实行一部份的直接民治原则，但其政治状况实在很可以比得上其他各国。这是因为瑞士的种种情形确有很特别的状况，我们下边另有专章详细讨论。

亚里士多德又有几句述及人民公意与政府关系的话，他说：在一个真正的共和国，法律是一定要合于人民的意志，但同时人民一定要选择那般有过高等训练的人执行国家事务，并服从他们的指导。假使你要一双鞋，你不必自己动手做这双鞋，你只须雇用一个鞋匠，因为鞋匠的手艺总比你高，等到这双鞋做好以后，你再表示你自己的判断。假使这双鞋是做得很好，很合你的脚，你就继续雇用这个鞋匠，否则另行雇用一个。所以人民要国家事务办理得好，他们也不必一定自己去办理，他们可以选择那有学问经验技术的政治家，交托他们办理，人民自己只须对于他们办理的成绩，表示批评而已。这几句话与二千多年后孙中山先生所说的很相像，中山先生在《民权主义》第五讲里说："民国政府的官吏，不管他是大总统，是内阁总理，是各部总长，我们都可以把他们当作汽车夫。只要他们有本领，忠心为国家做事，我们就应该把国家大权付托于他们，不限制他们的行动，事事由他们自由去做，然后国家才可以进步，进步才是很快。如果不然，事事都要自己去做，或者请了专门家，一举一动，都要牵制他们，不许他们自由行动，国家还是难望进步，进步还是很慢。"

所以无论从理想上着想，或从事实上着想，希腊式的直接民治制度决不能适用于现今土地广大，人口众多，问题复杂的国家。自从古代城市国家的组织消减后，直接民治制度也跟了消减，以后虽偶尔保留在几个范围较小的区域内，但在事实上，永未曾大规模的在任何地方恢复过。现今欧美各国所通行的代议制度是根据于别种政治状况逐渐变化出来的，我们虽则可以在理论上把民治制度分为直接的与代议的两种，但从历史上着想，代议制度并不是从古代直接民治制度中发展出来的。

代议制度是现今欧美政治制度的特点，是日耳曼民族分裂罗马帝国后的出产品。在欧洲各国国会之中，英国国会的历史最久，势力最大，确能称为"国会的老祖宗"。英国宪法发展的初期是在十一世纪，当威廉（William of Mormandy）征服英国时候（一〇六六年）。就在这时期，英国已经有一个职权很大的"大议会"（Great Council），其最初的会员只是国王的几个最有势力的与最有钱的封臣，包括贵胄勋与祝宗祭司。以后经过几百年的逐渐发展，这封建式的"大议会"就变为现代的人民代表机关。当初并没有人预先拟定计划，但这几百年中的历史却于不知不觉之中，逐渐变化这"大议会"，并从根本上改变其性质。我们拟将这段历史约略叙述，使我们可以明白代议制度是怎样发生的。

在一二一三年国王约翰（King John）被内乱外患逼迫到没有办法时候，他就想到国内那般富足的小地主，想征收他们赋税，只因他们人数太多，不能全体召集，国王就命令每州派出四个乡绅参与“大议会”的会议。虽这次成绩并不甚好，但这种办法确是很有希望，在财政困难时候，总是要想到的。亨利第三（Henry Ⅲ）于一二五四年也照样办理，召集每州二个乡绅参与“大议会”。可是这会议的结果是国王与贵族发生冲突，甚而至于战争。国王失败，贵族领袖（Simon de Montfort）以摄政者的地位，把持政权。但贵族当权，财政方面同样的没有办法，所以在一二六五年，他们也召集一个大议会，其中除了贵族教士与每州二个乡绅之外，同时还有二十一个城市，各派市民二人。市民与贵族教士乡绅出席于同一个会议，这是破天荒的第一次。所以这次会议可以算已有国会的形式了。

到了一二九五年，爱德华第一（Edward Ⅰ）又召集一个所谓模范国会。国王也因战争发生财政非常困难，凡是国内有能力帮助国王财政的份子都召集参与会议，包括贵族，教士，各州的乡绅，各城市的市民，其结果就使这次会议的共有四百多个会员，很能代表全国各方面。“大议会”原来的各会员也都在内，可是与那般从外面加入来的代表人数比较起来，他们是只占少数而已。

从此以后，那代表人民的国会变为英国政府中的一种永久制度。代议制度是逐渐生长的，并不是在一个确定时期内设立的，也不是依照什么人的预定计划进行的。乡绅与市民加入“大议会”参与国家事务并不是他们所要求的权利，只因国王方面觉得偶尔有这样一次会议是很有利益的。在最初时候，乡绅与市民很不愿意出席这样的会议，他们明知会议的结果只是加重他们赋税的负担而已，只因不能违抗国王的命令，才不得已而出席耳。从十三世纪起，乡绅与市民是英国社会中两个最发达的阶级，他们的人数与财产逐渐增加，很有纳税的能力，所以国王要他们加入“大议会”，与贵族教士同样的负担一部份赋税。当时国王的目的并不是民治政府，只是增加国家的收入。政治学者对于代议制度的起源曾经从各方面极详细研究过，但他们的意见却还不能一致。可是无论何如，代议制度确是首先在英国实行的，并不是因为英国人民较为自由，只因为英王的权力较大较强于别国国王。

采用了代议制度原则，英国就于无形之中把一个封建贵族的“大议会”一步一步的改变为现代的第一个代表人民的国会。

在一二九五年“模范国会”开会时候，各会员与代表都是在一处会议的；但以后却分为三大部份，就是贵族，教士，与平民，各自开会，各自讨论一切事务，所以当时确有发展一种三院制的国会的趋势，如同法国的那种情形。假使走上这三院制的路，恐怕贵族与教士就得要联合起来，与人民代表向对抗，那代表人民的一院决不能有发展其权力的机会了。幸而以后因实际上的利益关系，国会的各份子就另外采用一种办法。大贵族与大教士都有种种相同的利益关系，他们又都是原来“大议会”的会员，向来是在一个会场上议事的，所以联合起来，并为一院；当时的大教士不单是教士而已，他们同时又是封建贵族，又是大地主。小教士又自愿退出国会，另在他们的宗教会议中，议决他们赋税的负担。那般小贵族又觉得他们的利益是与乡绅市民相同的，所以就趋向到人民代表方面去了。其结果就使英国国会分为两大部份，一方面是上议院或贵族院，又一方面是下议院或平民院。上议院的会员就是从前封建式“大议会”的会员；下议院是那般以代表资格由国王召集加入“大议会”的份子。到了爱德华第三时期（一三七七年），这两院制的国会组织已经是完备了。两院制组织的发生并不是因为两院是较胜于一院或三院，也不是因为当时的确定计划，只因为种种社会的与经济的势力于无形之中使英国国会这样组织而已。可是英国国会采用了这两院组织，没有采用苏格兰式的一院制，没有采用法国式的三院制，也没有采用瑞典式的四院制，却与十四世纪以后英国历史的发展有极大影响；不但英国历史受到影响，就是全世界各国的宪法发展都受到影响，因为现今各国的两院制国会都可以直接或间接追溯到英国的影响与先例。

可是在中世纪的欧洲，所谓代表，只是代表社会上各种特别阶级，如贵族，教士与市民，并不是代表全国人民。中世纪的社会制度是一种阶级制度，所以各阶级在国会中也得有各别的代表。这种阶级代表观念就在现今几个国家的上议院还是继续存在。君主立宪国上的议院所代表的只是社会上有特殊权利的阶级或守旧份子而已。在欧洲大陆各国，各阶级的代表都是各别召集，各自开会与议决事务。所以往往有三院制或四院制的国会组织，例如瑞典的国会在一八六六年以前是一个四院制的，就是代表贵族，教士，中等阶级与农民阶级四种人民。

依照中世纪的制度，各代表是差不多没有独立的职权。他是一个阶级所派出的代表，会同其他阶级的代表，共同表示社会的意志。他并不是社会上一部份人民的代表，会同其他部份人民的代表，共同讨论与全体利益有关系的事务。他的职权有极严格的限制，处处要听从其所代表的阶级的命令，如有新问题发生也得要随时请示。他的职务只是表示其所代表的阶级的几种痛苦及其救济方法，并不是普通的立法权。

到了十八世纪末期，欧洲各国才把那代表阶级的国会改变为代表全国人民的。可是在几个国家，这种旧式的阶级代表制到了十九世纪末还是存在。英国国会要算改变得最早，在十六世纪中期已经变为人民的代表机关，法国国会到了革命发生后才改变的。

并且在最初一个极长的时期中，国会并没有什么立法权。就在英国，国会的职权也差不多只限于收受人民的请愿书，讨论人民的痛苦，及将其意见，以请愿的方式，呈请国王，制定为法律。到了后来，国会才自行拟定法律草案，呈请国王同意公布。国会从请愿的机关变为立法的机关，也得要经过好几百年历史，于不知不觉之中逐渐变化出来的。到了一六八八年的革命时候，英国国会可以算是一个真真的立法机关。欧洲大陆各国国会也经过同样的变更，但在时期方面，还得要迟好几百年。比方到了一九一八年，普鲁士的法理观念还以国王为立法方面最高的权力，国王的职务只在消极方面表示同意或不同意而已。这样的观念在现今的日本还是继续存在。

第八章　区域代表的制度与职业代表的制度

自从法国革命以后，代议制度的性质就有一种根本上的更变。从前的代议制度是一种阶级的代议制度。从民治主义发生，各处的阶级制度打破后，阶级的代议制度也就不能成立。阶级主义的观念从根本上打破了。个人主义的观念就立即发生，所以这代议制度也就从代表阶级的机关变成代表全体人民的机关。社会上的人民均是平等自由的，各代表须由人口均等的各选举区域内选择出来的。这就是现今各国通行的区域代表制度。

在几十年前，欧美的政论家确是非常重视这一种的代议制度，以为这是各民治国所必须采择的制度；并且又因为各国的历史早已证实这种制度的优点，他们就以为这制度的利弊实在无须再行讨论了。可是这几十年来试验的结果颇使人民失望；各国人民对于现行那种代议制度已经有种种不信任的表示，或减少其权力，或使人民直接执行一部份立法职权。例如在瑞士，人民直接立法制度早已实行了。在英国，凡各种重要问题差不多是不能由国会直接决定，必须先由人民举行总投票，举出新国会后，才能决定。美国各邦人民一方面在宪法内以明文禁止代议机关做这样，做那样，又一方面采用人民直接立法制度，使人民可以自行制定或否决法律。同时另有一部份学者主张采用职业代表制度代替现今那种区域代表制度，这就是国会中的代表须由各职业团体举出来的，各代表所代表的不是各选举区域中那一般利害不相干的人民总体，却是同行同业的并有利害关系的人民团体。

依照这般主张职业代表制度的学者，各种社会的，经济的与职业的重要团体各有各的特别利益，所以在国会内也应当各有各别的代表；现今代议制度所根据的那种地方区域完全是一种假设的界限，万不能把现今社会中各部份人民的利害关系确实划分清楚，既不适合于现今社会状况，又违背代议制度真正的原则，所以应当取消地方区域的界限，另以一种根据于职业的代表制度来代替。这样说起来，这种所谓职业代表制度的目的就是要恢复从前那种以社会阶级为根基的代表制度。

并且就是在最近时期，甚而至于现今各国国会中，我们还可以找出阶级代表制度的很多遗迹。直到一九〇七年，奥国的选民是分为五大部份，就是大地主、城市、商会、乡区、与普通阶级，每一个国会选举区域只包括其中一类的选民，永没有一类以上的选民可以合并起来，成为一个选举区域。并且国会议员的名额也确实分配于这五大类的选民，大地主举出八十五个议员，城市举出一百八十个，商会二十一个，乡区一百二十九个，普通阶级七十二个。还有意大利、西班牙、罗马尼亚的上议院也都有社会上各级人民的各别代表。

所以这种职业代表制度观念非但不是新近发生的，并且同时还带有复古的色彩。现今所谓职业就是从前所谓阶级，同是社会的基础。士农工商是现今的职业，可是在从前的社会就变为阶级了。但从前的阶级是固定的，各阶级间的关系又是很简单的；现今各种职业却非常复杂，并且各种职业间的关系又时时更变。所以从前的阶级代表制度是很简单的，现今所谓职业代表制度在学理方面也许是很容易懂得，但在实际上，却有种种的困难问题。并且各派学者的主张又大都是空泛的理论，他们并没有确定那几种职业是应当有代表的，各项职业的代表数目究应以什么标准为根据，职业代表机关的组织究竟应当采用一院制或多院制。这类问题都是不容易解决的。

但德国新宪法已经向职业代表制度这条路上走进了一步，所以我可以不必从学理方面讨论各派学者的各种主张，我们可以从具体事实方面说明那德国已经设立的职业代表制度究竟是怎样一种性质。

一九一八年德国革命的结果不单在政治方面设立一种民治制度的组织，并且在经济方面另用一种新的方法改组国家的经济生活。把经济与工业组织的根本原则加入宪法条文之内是德国新宪法的特点。在革命时期，德国全国各处发现了许多工人议会，并且于一九一八年十二月与一九一九年四月在柏林召集了两次全国工人会议。这类工人议会虽是临时发生，难免有种种不规则的纷乱的情形，但在政治上与事实上却是很有势力的组织。所以就是到了宪法会议已经召集已经开幕时期，工人议会的根基还是很稳固，那时候由民选国会所产生的临时内阁亦不敢不注意到这方面。政府最初的态度是反对的，以后因工人的罢工与种种威吓就不得不改变方针，正式承认工人议会制度，并把其原则加入在宪法条文之内。

德国新宪法第一六五条确是开辟了现代宪法的一条新路。虽则其条文是很含糊，并且带有一种不彻底的调和性质，可是从经济与政治两方面看起来，确是十分重要的。从经济方面着想，这条文的用意是雇主与雇员两方面根据于合作的原则，共同处理一切关于工资、工作状况，及经济发展的全国生产势力。但同时却没有规定实施这种合作原则的具体方法。为照顾雇主与雇员两方面经济的社会的利益，宪法设立了一种三级制的工人议会，就是各工厂的，各区域的，全国的。为执行经济方面的职务，并为执行一切社会主义化的时候，保持雇主与雇员双方的合作起见，宪法又设立了一种两级制的经济议会，就是各区域的与全国的。经济议会当然包括那各区域的与全国的工人议会，雇主与其他职业团体的代表，并且在其组织之中，所有重要的经济团体都得各有代表，各团体的代表数目须依照其所占的地位而定夺的。所以德国宪法把那几种职业团体应否有代表的问题轻描淡写的解决了。

这样含糊的条文只是指示一种发展的方向而已；其实际的效力还

得要看各级议会的组织及其权力。从经济一方面着想，我们不能说定究竟那一种议会是最重要；但从政治与宪法方面着想，当然是全国经济议会为最重要。因为只有这一种议会是有几种确定的职权。依照宪法的规定，“凡关于经济与社会政策的重要议案，内阁一定要先提交全国经济议会，征求其意见。全国经济议会亦有权自行提出此项议案。内阁就是不同意，亦得要代为提出国会，同时可将其意见附入。全国经济议会又能由其会员在国会提出议案。”这种职权当然是非常重要的。一个根据于职业代表制度的经济议会有权提议，有权参与，一切经济的与社会的立法。经济议会的职务只限于提议与参与，不能制定或否决，所以不能算是国会中的第三院。在事实上，经济议会是与国会的两院立于相对的地位，将来也许能扩充其权力，更变国会的地位。

依照宪法的条文，德国政府已以法律设立了两种议会：（一）工厂工人的议会，（二）临时的全国经济议会。设立工厂工人议会的法律是很详细很复杂，共有一〇六条条文。凡公私工商业机关，其工人数目是在二十个以上，必须设立一个工厂工人议会；假使工人数目是在二十个以下，各工人可以举出一个厂务或店务主席，代替工人议会。但工人议会的职务都带有一种空泛的劝告性质，工人议会能提议这样或那样，但没有实权执行其意志，或参与厂务管理方面的政策。凡有董事会的工厂，工人议会亦能从其会员之中，指定一二董事，但其数目太少，决不能有任何效果。工人议会又能要求审查工资报告单，厂务报告，盈亏账报告，但不能随时审查厂中一切的账目与文件。同时还有工会方面的种种权利也是工人议会职权方面的一种重要限制。在最初时候，工会反对这种工人议会的设立；以后取消反对态度是因为凡关于工作时间及工作状况的事务还是归工会管理。所以这方面说起来，工人议会的职务只执行工会与雇主双方所订定的一切条件而已。

工厂工人议会设立后，德国政府就要注意到那最高级的经济议会。但在全国工人议会未曾设立之前，合于宪法的全国经济议会是很难设立的，因为依照宪法的规定，全国工人议会会员联合其他经济团体的代表，组织全国经济议会。所以德国政府于一九二〇年的五月设立一个临时全国经济议会。

临时的全国经济议会的职务与组织，大致就与宪法上所规定的相同，但没有提出议案的权；临时的全国经济议会不能将其意见直接在国会内表示，只能间接的由政府转达。关于这临时的全国经济议会的组织，当初却很不容易决定。政府与工业联合会都主张那经济议会的组织一定要根据于雇主与雇员两方面的同等待遇，就是每种工业的代表雇主与雇员一定要各占半数。除了农业，手艺，与小商业之外，当时所决定的办法大致与政府的主张相同。还有一个问题是关于消耗者方面的代表。照宪法条文所规定工人，雇主，与其他有关系各阶级都得要有代表在经济议会中。依照政府的解释，这条文是指消耗者，官吏与其他各项专门职业而言。但工业联合会却反对这种见解，他们以为在一个代表工业，农业与商业各项职业的议会中，消耗者已经有了很充足的代表权，因为一种工业方面的生产者就是他种工业的消耗者。可是政府总以为消耗者非另有各别的代表权不可，否则雇主与工人也许能采取一致的态度与政策，使社会上其他阶级人民受到损害。政府又以为各项专门职业人员能采取客观的态度，一定可以打破阶级冲突的观念，并且可以帮助经济议会的工作。

当时大部份的讨论都是关于选择代表的方法，究竟纯粹以职业为根据呢？或同时又参杂一部份区域根据呢？依照宪法，全国是分为几个经济区域，各有一个以职业为根据的代议机关，各区域议会又选出代表，出席于全国经济议会。在讨论这临时的全国经济议会组织时候，职业代表的原则是工业联合的所极端主张的，所以能够得最后胜利。依照最后的决定，农业与工业方面大部份的代表是由全国职业联合会或工业联合会所举出的。工业工人的代表是由工会任命的。但同时区域代表的原则却并没有完全取消。农工业方面一小部份代表是由区域方面举出来的。各处商业，运输与城市事业的代表当然免不了地方区域的关系。

此外，各项职业应当有的代表数目也是一个争论的问题。经济议会所注重之点是各项职业在经济方面所占的地位重要与否，并不是各该项职业中的人数。可是估计各项数职业在经济方面比较的地位却是一件很困难的事实。当初第一次的计划拟定后，政府与国会两院接到各方面很多的呈文，都以为他们的职业没有得到相当代表数目或完全没有代表。政府不得已只有增加经济议会会员的名额，最初定的是一百个人，以后增加到二百人，最后定为三百二十六人，分为九项，各项职业的代表分配如下：

六十八个代表农业与森林

六十八个代表普通工业

四十四个代表商业，银行，与保险

三十六个代表小商业与小工业（手艺的）

三十四个代表转运事业（水运，铁路与邮政）

六个代表市场买卖与渔业

三十个代表消耗者（城市，消耗者公会，妇女协会）

十六个代表政府服务人员与专门的职业

二十四个由政府指定的

雇主与雇员的代表大致是相等的。选择工人的代表自然可以利用工会的组织；但雇主代表的选择方法却很难决定，最后所采择的方法是一种调和办法，一部份是代表各项职业的全国协会，又一部份是代表各区域的商会或同类的组织。比方六十八个代表普通工业的代表，其中四十八个是代表全国的工业团体，二十个是由全国商会或工会从各地的商会或工会举出的。

经济议会的职务并不是决定一切政策，只是政府与国会的一种咨询机关。其大部份职务都是在委员会内执行的。各委员会内一定要有一个消耗者的代表，一个政府所指派的代表，雇主与雇员数目相等的代表。凡政府所交付审查的一切议案都由相当委员会内的专门人员仔细讨论与研究，在必要时，还可以征求经济议会以外的专家意见。但我们所应当注意的，就是政府所交付审查的案件都是各行政部所已经决定的，内阁所已经承认的，政定亦不愿意有所更改，所以各委员会所提出的专家意见往往因时间上的关系，不能更变政府的预定计划。

政府当初拟定各该项计划时，自然也会与几个专家商议，但他们却以私人的资格，如银行家，工业首领或工党领袖，供献政府意见。这般专家的意见较之经济议会的审查报告更有势力。所以有人甚至于把这经济议会看做一种政府的装饰品。

但在事实上，我们实不能不承认那职业代议制度的实行与经济议会的设立确是很重要的。就是这一点已经可以证明现代政府实在觉得不能不与一般专家与各项职业团体的代表商议一切事务。可是这类情形却都不十分合于民治主义，无论是专家或职业团体代表参与政权却都能使他们变为社会上一种特殊阶级的趋势。只有使他们公开的表示意见，并设立一种正式机关，使他们各派人物都有互相接触的机会，同时一切提议都以机关的名义，不以私人的名义提出，才能使这类的新趋势适合于民治政府的原则。还有一层，现今的社会与经济问题虽已为政府所注意，政府在这方面的权力也已增加不少，但关于这类事务的实权还是在私人手里，往往有许多与全体社会关系极大的事务完全没有政府参与。这种情形确是很危险的，将来政治制度也许与社会上的实际生活脱离关系，使人民对于政治完全失去兴趣。为救济这样的状况，人民的政治与经济生活实不得不连接起来。职业代议制度及其连带的经济议会就有这种目的。这是现代政府解决种种极重要的极复杂的问题的第一步。

第九章　政党政府

从政府的原则讨论到政府实际方面的运用，我们就得要想到法律范围以外的一种组织——政党。我们也许明白了一国宪法中所有条文的意义，我们也许明白其政府各机关的组织，我们也许晓得法庭对于宪法条文的一切解释，但我们却不能因此就说凡关于这一国政府实际方面的运用情形都明白了。这是因为政府并不是法律的集合体而已，政府又是一群制定与执行法律的人民。我们虽则可以慎重其事正式声明现代的政府是法治的，不是人治的；但政府的一切行动都是人的，或人群的行动。我们就是看见了所有制定与执行法律的立法议员与官吏，我们并没有看见整个的政府。立法议员与官吏只是政党或人群团体的代表，是由政党或人群团体所捧出来执行政权的。所以在现今各民治政府，执行政权的官吏与当权政党的关系是非常密切，我们万不能把其界限划清，确定这面是政府，那面是政党。因此，现今民治政府都可以叫做政党政府，就是政党执行政权的政府。

政党是人民的一种团体。其目的是要把持政权，实行他们党员对于政府问题一致所认定的政策。有时候党员的团结力是一种最高尚的理想，最庄严的主义，有时候却是最下流的最自私自利的目的。无论其目的是为社会公共福利，或为一部人的私利，只要他们从政治方面着手，想利用政治权力达到他们目的，他们的团体就成为一个政党。所以在事实上，高尚的理想与卑鄙的目的往往混杂在政党之内，并且又往往是很不容易分开的。政党并不是什么时代什么地方的特别出产品。唐朝宋朝已经有过“朋党”的事实，古代罗马人民有所谓贵族党与贫民党的区别，中古时代意大利城市有教皇党与皇帝党，十七世纪时英国有保王党与议员党，历史上这种种的派别都有政党性质的表现，但在事实上，“朋党”这名词似乎较为适当。

但严格的说起来，只有在现今的民治政府中，政党才有发达的机会。在独裁的专制政府之下，政党是很难有发展的希望，就是在那种一派专政或狄克推多 Dictatorship 党权的政府，如苏维埃的俄罗斯，法西党的意大利等类，也不能有自由的政党生活。在民治式的政府，人民有决定政府政策的权，或选举代表执行此项职权，可是人民对于这种事务决不能有一致的意见，政党就是源于人民政见的不同。政党也许只是一群追随一个领袖的人员，如同意大利与南美洲各国的那种情形。一个政党也许只挂上一块某某主义的牌子，在实际方面毫无所主张，如同几个空瓶，内中一无所有，所不同者只是外边所贴的纸条而已。一个政党也许只是区域的，不是全国的，只是暂时的，不是永久的。但既称为政党，这个团体一定有一种计划，或者从前有过一种计划，他们用尽种种方法务使多数人民采取他们的意见，并又极力想法使政府的政策向他们所信仰的这一条路上走，或与他们利益有关系这方面进行。

政党制度早已受到各方面的攻击。美国第一次总统华盛顿退位时候对于国民的区别赠言，即以政党的弊病警告人民。依照他的观念，自由政府中就不应当有党派的存在；并且这种观念又是那时候几个主要人物都有的。就是到了现在，各处还有种种不满意于政党制度的表示。有人说，政党的存在，并不是因为每一个问题有两方面，只因为政府里每一种职位是有两方面的，有得到的，有得不到的。政党的组织政党的会议，政党的领袖，政党的财政，政党的运动，政党的精神，都已受过各方面的痛骂；从一方面看起来，骂得也很对，试问各国历史上，甚而至于现在，国家多少次数的内乱是为几个党魁的争权所造成的？社会的福利与人民的幸福，曾经为了政党首领的利欲牺牲过多少次数？所以有人很滑稽的说过一句话，愿意为政党而死的人是有的，可是称扬政党的人却很少有的。但从事实一方面说，政党确是少不了的。华盛顿未死之前，美国政府的政权已完全到了政权党手里，并且他自己又曾目睹美国历史上第一次最激烈的党争。英国蒲徕斯在他的《现代民治政权》里边说过：政党“虽则可以造出许多弊端，但也能免除许多别种弊端。……那一个大的自由国家没有政党呢？代议政府没有政党怎样可以实行呢？政党的功用就是把一盘散沙的选民都归得井然有序。”

说得确实些，欧美各国政党的功用有五种。第一，政党能使意见相同的人民联合起来，一致赞助共同的主义与政策，并同力合作务使他们所主张的主义与政策能够实行。没有组织的人民决不能提出什么主义，又不能同意什么政策，亦不能实行什么计划。第二，政党能使有同样目标的人民预先拟定候选人的名单，求选民的赞助，督促他们去投票。第三，政党能使选民在各区域之中组织起来，并以语言与文字的种种宣传方法激动人民对于一切公共问题的兴趣，使他们能够明白这类问题的真相。人民的政治教育大都是从政党方面得到的，人民的公意也大都是政党所造成的。第四，政党能使政府中那种独立的与分散的各部份团结起来，使之成为一个很有系统效率极高的组织。末了，最重要的一种功用，就是政党制度能担保任何时期当权的政府一定不敢胡作乱为，一定时时可以受到一种有组织的严重监督与批评；因为政党政府是一党或数党联合起来当权的政府，但同时必有一个或几个团结的反对党，他们也有自其立足地，也曾操过政权，也希望将来再有当权的机会。所以虽处于反对派的地位，也怕丧失名誉，也是很负责任的，也是根据于一定的政策，想得国民的信任。以上列举的五权确是政党的重要任务，是民治政府所不可缺少的要素，也是欧美那种党治政府的实际情形。

从前英美两国人民总以为两党制是一种最自然的政党制度，他们两国历史上惯例只有两个政党，往往是一党当权，一党在野，两党轮流执行政权，表示一种很有秩序的状况；英美人民也就觉得这两党制是很有利益的。可是这两党制并不是现代政治方面的通常制度。在以往的五十年之内，欧美大陆各国的政党总是不只两党，往往有七党或八党，从最守旧的起直到最激烈的为止。我们现今时常听见的“左派”或“右派”的名称就是出源于欧洲大陆各国。在他们的国会里边，当然是各派的代表都有，表示他们党系的一种最方便最显明的办法即以他们所占议席的地位为标准，凡极守旧的份子就占据议长极右边的席位，称为极右派，极激烈的份子占据极左边的席位，称为极左派。从极右派到极左派的中间，自然有各种各样的份子，所以党派的名称又有右派，左派，中派，中右派，中左派等。

多数党制并不是一种特别政治制度的出产品，欧洲大陆各国无论是君主政府或民治政府都同样的有好几个政党：瑞士与捷克是这样的，波兰与葡萄牙也是这样的，法兰西与德意志又是这样的。有许多学者曾经想以抽象的理论说明为什么英美两国是两党制的政府，欧洲大陆各国又是多数党制的政府，可是他们都没有说得透切。这其中的原因自然是很多。其中最重要的当然是脱不了历史方面的与社会方面的种种不同状况。在欧洲大陆各国的政治中，经济的与宗教的问题确是比较英美两国更为重要，所以发生了许多关于农民方面与教会方面的政党。在美国，宗教向来没有成为政治上的问题。英国也早已把宗教划出在政治范围以外；但在欧洲大陆各国，天主教党，普通称为中派，因其议员所占的议席往往居中，是一个势力极大的政党。此外，还有几种造成多数党制的事实，如政治哲学偏向于个人主义派方面，人民对于政府根本观念不能有一致的意见，人民不能脱离一切政治思想的束缚等类。并且欧洲大陆各国政治方面的变更亦较英美两国为剧烈。英国是自从一六八八年革命后，美国自从独立革命，联邦政府组织完成后，所有政治上的改革都是逐渐依照进化的原则，在宪法轨道以内，以法律的手续达到的。欧洲大陆各国自从法国革命以后，不晓得经过了无数次的革命，我们已经提及在十九世纪中他们总共制定过三百多种宪法，在这样的政治风波中，人民的政治观念自然很容易派别复杂，种类繁多，万不能像英美两国那样比较平静的政治状况中，人民可以运用现成的政党，不另立派别。无论在什么地方，过去历史对于现代政治总有很大的影响。不懂得历史上的事实，我们就不容易懂得一个现代的政治状况。比方像法国“最左派”一个政党名称，我们如果只明白了欧战后的法国历史，我们就不能懂得这个名词所包含的意义。

在英国，政党制度是与内阁制度同时发生的，同时生长的，并且是差不多可以算是分不开的。政党是在政府组织以内活动的，政党的组织与政府的组织差不多是混合的。英国的所谓内阁制就是内阁阁员当权的政府。内阁阁员是行政方面的首领，是立法机关中的中心人物，同时又是当权党的领袖。下议院中执行立法权的多数党能使内阁对其负行政方面的一切责任。并以其实力援助内阁的地位。与内阁及国会内多数党处于反对的地位的是另一个党，或叫做少数党或叫做反对党，其领袖是时时刻刻等候内阁的推倒，以便出来执行政权。在从前英国只有两个大党时候，自由党与保守党互相轮流当权是很简单，很自然，差不多是自动的。可是自从劳工党得势，全国共有三个大政党后，政权从这一党交到那一党手里就没有像从前那样的顺利了。在一九二四年与一九二九年当权的政党，劳工党，只占据下议院中少数议席。所以在这样状况之下，有时候到了国会召集时候，人民还不能确定究竟那一党有组织内阁的权利。

所以政党数目的多寡是一个重大的问题。内阁制的政府不单是一个政党政府，并且内阁制如能顺利进行，其主要的条件就是只能有两个大党，不能另有第三党，每一个党一定要有能够监督其他一党的势力，同时又定必要有一党能在下议院中占到极大的势力。因为政策的一致关系，因为责任的关系，当权党一定要有实力能够单独执行政权。当权党下台时候，一定又要一个势力相等的政党继续执行政权。这就是说每一个选民不是属于这一党，就是属于那一党；全国选民都分配于这两党了。假使全国选民分散于两个以上的政党，其结果一定是没有一党能在国会内占据多数议席，内阁亦得由几个党的领袖联合组织，政策是很难一致，责任亦不能确定，并且其势力薄弱，一有风波，就必推翻。这就是多数党制的法国德国及欧洲大陆其他各国的实在情形。他们虽然抄袭了英国式的内阁制，只因他们政党的数目太多，所以内阁制的运用也不能如英国那样的顺利。英国现在虽有新党发生，但英国仍旧是一个政党政府。并且依照现今的趋势，恐怕并不是两党制的分裂，只是在这两党制之下的两个大党的分裂。这是一个过渡时期，种种新发生的问题不知有多多少少，凡不能对付这种新问题的旧政党势必至于淘汰，并且现今能够存在的政党又必是那种以社会实际状况的根据，能使多数人民方面发生极深的印象；现今的政党决不是专靠历史上的成绩，或抽象的主义能维持其地位的。一般学者的意见都以为英国目前虽有三个大党，不久总有一种变更，恢复从前两党制的原状。

美国虽则也是两党制的政府，但与英国的情形又是极不相同的。在美国，政党是在政府范围以外的，也在宪法范围以外的。当初制宪时候，国内一般主要人物如华盛顿等都是反对党派的，他们以为政府职务可以由一般最有名望最有道德学问的人，依照宪法条文执行，总统也可以由各邦举出的总统选举人深思熟虑的举定。所以以后政党的发生完全是在法律范围以外的。法律是不承认政党这样的组织，可是政党的存在却更变了美国宪法的精神，更变了美国政府的性质。从政党方面所发生的种种惯例与事实差不多变成美国的一种不成文宪法，于无形之中修改了成文宪法的条文，美国总统的选举从间接的变为直接的是因政党的发生而更改的，并且又是一种不成文的规定。直到最近时期，美国各邦才以法律规定各政党的种种行为，使之也受法律的节制，不得像从前那样的任意胡作乱为。但法律所规定的只使政党与人民关系方面受得种种的限制，政党本身的一切事务还是可以自由执行的，政党与政府本身还没有发生法律上的关系。比方政党中最重要的首领或职员，如全国执行委员会的主席，还不是政府的官吏，政党的党纲是由私人组织的会议制定的。

美国自有政党以来，也只有两大党，一个在朝执行政权，一个在野监督当权党的行动，并批评其政策。人民利用了他们选举大权，就有方法或使这党或使那党在朝或在野。所以政党的运命是在人民手里的。美国政府是政党执行权的政府，是一个政党政府，但政党却对于人民负责执行政权的，假使人民对于当权的政策有任何不满意之处，下次选举时候，就得要举出另一党来当权。但英美两国的政党政府又有一个重要的区别，在英国，内阁是没有一定的任期，随时失了人民代表的信任，随时要辞职，让那一党出来当权；在美国，总统的任期是四年，下议员是两年，人民举定了一党当权以后，一定要等到他们任期做满才能更换。

这是政党政府的原则，也是党治的精神。假使一个国家，全国只有一党把持一切政权，如苏维埃的俄罗斯或法西党的意大利，这是叫做以党专政，并不是以党治国。这是我们所应当注意的。

第十章 选举制度

（一）选举权与选举资格

在现今那种民治式的立宪政府之下，政治竞争方面所用的武器不是枪弹，是选举票；决定各党派最后胜利的场所不是前敌的战场，是选举场上的投票柜。英国自从一六八八年革命以后，这三百多年的历史内始终未曾因政治竞争而发生任何的内乱；就是党派最复杂，政争最激烈的法国也没有在过去的五十多年之内因政党方面的冲突而牵动全国政治局面，使人民互相仇杀。所以人民的选举权是解决一切政治竞争的最方便的工具。所以孙中山先生把选举权列在四个民权中的第一个。

所谓选举只是一种方法，使那般合格的选民选定执政人员并决定政府的政策。除了独裁的专制政府之外，任何政府都有一种选举式的制度。并且任何的人类社会事务，只要其最后判决是在多数人手里，也一定要有一种选举方法，才能进行其一切事务。所以无论实业公司，教会的组织，工人的团体，学校中的各种社会，都已采用了一种选举式的方式。选举的方法有各种各样，有最简单的最非正式的，只以举手或口号表决；有最复杂的，以选举票或投票机器表决的方法。

现今政府所采用的选举方法总是那种复杂的选举票制度。

选举制度是现代政府，特别是代议式政府的根基。关于选举方面的一切法律叫做选举法，其范围是很广，包括选民的资格，选民的注册，选举票的格式，投票的方法与手续，选举诉讼的手续及其判决的方法。选举法的良否确是政治制度能否有良好效果的关键。没有良好的选举法，选举时候难免发生种种弊端，人民的意志很难有真确的表示，并且当选的代表之中也不免有腐败的政客混杂其间。但一切法律大都是根据于人民的观念而发生的，所以我们要明白现今各国选举法的性质，我们一定要先明白人民对于选举权的观念。

从历史方面着想，人民对于选举权的观念可以概括的分为四个时期。在第一个时期，人民把选举权看做国民所必须有的职权，除非与国家脱离关系，人民是不能放弃这样的职务。这是古代希腊罗马的观念。选举不是一种权利，只是国民所应尽的职务。现今各国选举的制度差不多还没有完全脱离这种观念的影响。各国选举法均规定国籍为选民资格，就是一种确实的证据。第二种选举权观念是欧洲中世纪国家选举制度的根据，是把选举作为一种特别权利，为地主所特有的。这种观念是中世纪封建制度的出产品。有几国的选举法中所规定的财产资格就受这种观念的影响。第三种选举权是发源于中世纪那般主张人权的哲学家，成熟于立宪制度初发生时候，是把选举权看做人民自然权利的一种，是人民所应当有的。到了法国革命时代，这一种观念非常盛行于欧美各国；在十九世纪时候，欧美人民更把这人权学说奉为神圣不可侵犯的真理。但现今的政治学者却都不承认人民有天然的选举权利。第四种观念是把选举权当做政府职务的一种，是现今的观念。

现今多数政治学者都承认选举是一种公共职务，并承认这个观念较之以选举权为人民天然权利的观念，格外适合于民治主义。选举权是由法律规定的，并不是先有选举权，然后有选举法。选举权与公民权不同，公民权是公民最低限度的权利保障品，是人人应该有的；选举权不是一种天然权利，不是人人应该有的，也不是人人能使用的。现今世界各国，根据于这第四种的选举权观念，才规定种种选举法律。假使人人有天然的选举权权利，所有关于选举资格的法律大可以不必有了。

选举权是人民监督政治，服务社会的工具。无论什么人，如有相当的资格，就应当有选举权，并且既有了这选举权，每次选举时候定必到场投票才算尽了他的公民职务。从前各国人民没有选举时候，他们愿意为争夺这种政权而革命而流血，现在有了这选举权，他们却又往往放弃，不到选举场投他们的票。比方在一九二二年英国国会选举时候，英格兰一岛一千四百万选民中有四百六十五万选民没有投票。因此，现今已有许多国家实行一种强迫的投票制度，凡有选举权的人民一定要投他们的票，否则或剥夺公权或受其他的处罚。

首先实行强迫投票制度的国家是比利时。一八九三年的比利时宪法规定的强迫投票权条文，但放弃投票权的处罚比较是很轻的，凡初次放弃投票权处罚一个到三个法郎罚金，可是连犯四次就须剥夺选举与被选举权利。在比利时，这种宪法条文是很有效力的，放弃选举权的人民数目差不多从百分十六（一八九二年）减到百分之六。所以一九二一年的新宪法只取消了复数投票制，仍旧保留这强迫投票制。西班牙于一九〇七年以法律规定一种强迫投票制度，凡廿五岁以上的合格选民，除了法官与教士，或年满七十岁，或因事离开家乡的人民之外，其余一定要到场投票，否则或将其姓名公布作为一种警告，或增加其百分之二的赋税，如果是官吏，减少其百分之一的薪俸；如果屡次放弃，将来就不能在政府服务。但西班牙的法律却是一种死法律，有几处地方放弃投票权的人民差不多占选民数目中的百分之八十。

南美洲的阿根廷于一九一二年也制定一种强迫投票的法律。荷兰于一九一七年修改宪法时候也采用了这种制度，规定初次放弃投票权，罚国币三枚，以后每次罚国币十枚。但因人民反对过甚，这项法律实在无法执行。一九二五年荷兰京城选举市议会时候，有一万四千选民故意捣乱，连合起来举出一个著名流丐充当市议员。捷克于一九二〇年的选举法中也规定投票是强迫的，凡放弃选举权的人民须处罚五千国币或从二十四个钟头到一个月的监禁。罗马尼亚一九二三年的宪法也有强迫投票的条文。法国于一九二一年也曾于下议院中提出过一种议案，但至今尚未通过。这是现今各国实行强迫投票制度的大概情形。但多数政治学者的意见都不赞同这种制度，因为人民因强迫而投票，其所投的票只是一种具文而已，决不能有任何的价值。

讲到选举的资格，就是什么人是应当有选举权的，什么人是不应当有的，各时期与各国都不相同的。在过去的一百年之内，选举权的逐渐推广，从范围很狭的，很不平等的，间接的到普通的，平等的，直接的选举制度要算是民治制度发展的历史上最重要的一章。选举资格方面的种种限制，如宗教的，经济的，社会的，性别的，一种一种的取消，到了现在，各国差不多可以算是实行普通选举制度了。但在十九世纪初期，就是在实行民治制度的美法两国，选举资格方面的限制还是很多的。

一八一四年复辟以后的法国规定年纳三百法郎赋税与年满三十岁为选举的资格。一八三〇年的革命结果把赋税的数目从三百法郎减到二百法郎，并把年岁的资格从三十岁减到二十五岁。成年男子普通选举运动是于一八四〇年起首的，并于一八四八年第二次共和国成立时候达到目的。一八四八年的法国宪法规定选举权是直接的普通的，凡享有公民权利，年满二十一岁的法国男子都有选举权。这就是法国现行的制度。

英国在一八三二年以前，选举资格是限于有年值四十先令地产的地主。在十八世纪时候，四十先令的价值是数倍于现今的价值。以后经过了一八三二年，一八六七年，一八八四年，一八八五年，一九一八年，一九二八年，屡次的改革，屡次的推广，才实行普通选举制度。一九一八年的选举法把从前所有的选举资格差不多完全取消，凡年满二十一岁的男子并在选举区域年满六个月以上都有选举权，凡女子年满三十岁并有住屋一所或其丈夫有住屋一所亦能有选举权。一九二八年的法律又减轻女子的年岁资格，从三十岁减到二十一岁，使男女平等。一八三二年的法律增加五十万选民，选民与全国人民的比例是一与二十四；一八六七年的法律又增加一百万选民，把这比例提高到一与十二；一八八四年的法律增加二百万选民，把这比例又提高到一与七；一九一八年所增加的选民是一千二百万，全国人民每三人中就有一个选民；一九二八年的法律增加了五百万妇女选民。现今英国共有选民二千七百万，超过全国人口的半数。

美国与其他各国的情形也大都是如此。选举权是一步一步的推广起来的。美国是从一八二〇年后就逐渐废除种种的选举资格，到了十九世纪中期，差不多全体白种成年男子都有了选举权。但有几个国家直到了二十世纪才废除财产的或别种资格。意大利于一九一二年才取消纳税与教育资格，选民的数目从三百万增加到八百万以上。日本也到了一九二五年才取消纳税资格。

选举权历史上最有兴趣的最重要的一章恐怕就要算女子参政运动及其实现。在欧战以前，有几个国家早已有实行一部份的女子参政权。美国西方有几邦在二十世纪初期已给予女子与男子同等的选举权；在另外几邦，女子有权参与学校区域选举或城市选举。在英国，除了国会选举以外，女子也能与男子同等的参与其他的选举，并能被举为地方官吏。在澳大利亚，女子能参与国会选举，并能被选充当议员。在坎拿大各邦，寡妇与未嫁的老女能参与学校区域选举与城市选举。一九〇七年芬兰的宪法规定女子年满二十五岁并纳极少数目的赋税就有选举权，当时参与选举的女子数目约共有三十万。丹麦女子于一九〇八年得到参与城市的选举权，并于一九一五年起能参与各种选举。可是女子选举的大规模的推广还是在欧战以后。在欧战时期，各交战国的女子确是很出力的，凡政府各机关，工厂，兵工厂及其他种种机关都有女子服务，并且她们的成绩又是很好。所以就是从前那般极端反对女子参政的人也改变态度，承认她们是应当与男子享受同等的政权。英国于一九一八年首先给予女子的政权。俄罗斯苏维埃宪法也于那一年规定女子年满十八岁就有一切的选举权。美国第十九条宪法修改案于一九一九年成立，凡女子与男子同样的能参与中央与地方选举。在欧战以前在德国，主张女子参政的人是很少的，可是一九一九年的新宪法也规定年满二十岁的女子能参与国会选举；一九二〇年的普鲁士宪法使女子能参与邦选举。捷克，波兰，奥国，爱尔兰自由国罗马尼埃的新宪法都有女子参政权的规定。比利时的修正宪法规定一种过渡办法，凡阵亡兵士的寡妇，或被仇敌杀死的人民的寡妇，或因政治目的被仇敌监禁的妇女都能有选举权；并且立法机关能以三分之二的同意票把选举权推广到普通妇女。照匈牙利一九二五年的选举法，凡自食其力的妇女，或年满三十岁并受过六年教育的妇女亦有选举权。选举权当然与被选举权有连带关系，凡采用女子选举的国家，女子也能被选充当国会议员及政府中其他的官吏。

所以现今欧洲尚未实行女子与男子平等参政的国家只有少数而已，就是荷兰，西班牙，布加利，南斯拉夫，葡萄牙，意大利，与法国。南美洲与亚洲各国都没有采用女子参政制度。在一九一二年，日本国会内有一部份人提出议案，主张凡充当家长的妇女应当有选举权，但未曾通过。法国下议院也曾提出过男女平等参政的议案，但上议院始终未曾将此项议案列入议事日程。

选举制度经过这一百多年的变化，可以算在多数国家已经达到了普通选举的目的。可是所谓普通选举也只有是相对的，并不是绝对的。就是极端主张普通选举的人也没有主张选举权应当绝对的普遍，也没有主张凡是人民不论其年岁几何或情形与性情如何，都应当一律有选举权。在事实上，就是最民治的国家也有种种规定，限制人民的选举权，大概也只有年岁成熟，道德与智识足够一种相当程度才能执行这选举职务。有一个法国学者曾经说过，所谓选民是人民中的精华。凡未成年的幼童，有神经病的，与呆徒都不能有选举权；并且剥夺公权的人民也大都不能参与选举。在巴西，寺院的僧侣也剥夺选举权的。凡犯过罪的，包括选举舞弊罪案，受国家慈善机关赡养的，破产的，流丐或没有确定居住地方的，充当政府机关几种职位特别是办理选举的，未曾正式在选民单上注册的各种人民也往往不能有选举权。苏维埃俄罗斯把选举权限于工人农民与兵士，并以明文规定，凡雇用工人的雇主，或其进款不是从本人的劳工方面得到的，如商人，经纪人，教士之类都不能参与选举。

第十一章　选举制度

（二）选举方法

上章所述只是选举权与选举资格而已。可是选举权的价值与选民的实权并不是各国相等的，同样的两个实行普通选举制度的国家也许这一国选民的实权与选举权的价值数倍于那一国的。这其中的种种特别状况是我们所不能不注意的。

第一，选民的实权，选举权的价值是与民选官吏的数目成一正比例的。在没有民选官吏的国家，就是实行普通选举制度也是完全没有意识的，选民既不能选举人民充当官吏，选民的实权是等于零而已。选举权同时又与孙中山先生其他的三个民权，就是创制权，复决权，罢免权，有连带的关系。假使一个国家同时实行那其他三个民权，选举权的价值就大了，选民的实权也就大了。在欧洲大陆各国，选民所能选举的官吏只是立法机关的议员，行政与司法官吏是很少民选的。比方举法国来做一个例罢。法国是最早实行成年男子的普通选举制度，但在法国，行政官吏自从总统至乡村的村长都不是民选的，法庭的法官不是民选的，选民只能选举国会议员，省议会及其他地方议会的议员，并且其他的三个民权也是向来没有的。所以在这样的状况之下，法国式的普通选举制度的范围是很狭小的。我们再举美国各邦来做一个例。在美国各邦，大多数的行政官吏是民选的，大部份的地方法官是民选的，选举时候各政党的候选人也是人民以选举手续提出的，人民又能以复决表决的手续决定一切的普通的立法，批准新宪法与宪法修改，解决其他一切公共政策与问题，并且各项官吏的任期是短的，因之选举的次数是很多的常有的，所以美国选民的地位较之欧洲各国要重要得多，并且在表面上看起来其实权也大得多。可是同时美国选民的责任也就重大得不得了，往往不是普通人民所负担得起，选民到了选举场也只有糊里糊涂的投了票就算尽了公民的职务，如想仔细考虑慎重其事的投票是事实上做不到的。因此，美国这几年来有一种叫做短选举票运动，其目的是要减少民选官吏数目，使选民以全副精力注重几个主要官吏的选择，与几种主要问题的解决。

第二，选民是否间接的或直接的执行选举职务，也与选民的地位及其势力很有关系的。从前欧洲各国推广选举权时候，往往同时采用一种间接的或双重的选举制度，其目的是要减少普通选民政治的势力。革命以前的普鲁士下议院是间接选出来的。法国的上议员，瑞典的上议员现在还是间接选举的。丹麦国会六十六个议员，其中有五十四个是间接由地方选举会举出的。现今最著名的间接选举制度是苏维埃俄罗斯所采用的方法。农民与工人举出乡村苏维埃，乡村苏维埃举出出席全俄会议代表，全俄会议举出那最主要的行政委员会，执行政权。从农民与工人到行政委员，中间至少须经过四重的间接选举，选民选择那最高政府机关的实权差不多是等于零而已。欧战后其他新国家的新宪法都有明文规定，凡国会议员的选举须采用直接选举的方法。

间接选举的观念确实违背现代民治主义的精神。民治政府的最大优点就是能够激动人民对于公共事务的兴趣，因之增加他们的政治智识。假使选民与被选者的，中间另有一个第三者插入，选民对于选举的兴趣当然要减少，因之他们的政治教育机会亦连带的减少。

第三，选举权的价值及效力又与投票的方法有关系的。投票的方法有两种：一种是公开的，又一种是秘密的。假使选民要自由执行其选举权，第一个要件就是保障选举票的秘密。可是从前最初的投票方法大都是公开的，就是选民在选举场上，以口号报告他所选的候选人姓名，然后由选举官记录下来。公开的投票方法在丹麦用到一九〇一年为止，在普鲁士一直用到一九二〇年。并且在现今的匈牙利与苏维埃俄罗斯，投票还是公开的。

政治学者早已看出公开投票方法的弊病，因为选民所选的人既为大家所知道，他们就难免不受那有钱或有势力的人所威逼，不得不服从，不能自由表示意志，所以在十八世纪与十九世纪时候，有许多国家早已改用一种无记名投票制度，这就是在选举时候，选民须把被选人的姓名写在一张票上，投入票筒之内。无记名投票制度通行后，各国又规定了许多详细法律，保守选举票的秘密。例如选举票须用白色纸张，并须合法定的大小，票的外面又不能有任何的记号。凡选举票不合于法律的规定，在计算票数时候，就须作为无效。

同时有一个英国自治殖民地，澳大利亚，更进一步，改用一种正式选举票制度，这就是由政府预备选举票，由政府官吏在选举场上发给各选民，每人一张，选举票不是一张空白票，凡已经正式决定的或正式提出的各候选人姓名都印在上边，选民得到了这张正式选举票，即走进一间密室，在候选人姓名旁边，画一记号，就算是他所举的，然后再将该票折叠起来，投入票筒内。这就叫做澳大利亚式无记名投票制度，是现今各国都采用的制度。

第四，人民是否有选举权是一件事，人民能否有便利的机会执行选举权又是一件事。假使人民在法律上是有选举权，但在事实上却没有机会可以到选举场上投他们的票，这选举权的价值差不多又是等于零而已。所以在欧战以前，德国社会民主党所最不满意的一件事就是德国的选举不是在星期日举行，工人与政府雇员都不能自由到场投票。在美国，投票也不是于星期日举行的，但美国有一种法律，凡选举日工人或其他人员离开工作场所，到选举场投票，厂主与雇主不得扣除他们的工资。德国却没有这样的法律，所以在事实上，工人就不能执行他们法律上的选举权。现今德国的新宪法已明确规定选举一定要在星期日举行，欧洲大陆各国的办法亦大都如此。

新近还有一种改革方法，亦能增加选举权的价值，这就是不出席投票办法。凡选民在选举日因事出外，能由邮政寄回选举票，其效果与到场投票相等。美国大多数各邦与英国均有这种法律，但欧洲大陆各国还没有实行。

末了，还有关于选举立法机关议员的方法有可以使我们注意的地方。在现今的政党政府，选举时候各选举区域的候选人大概都是政党提出来的，并且依照向来所通行的办法，各候选人如能得到多数票，就算是当选，所谓多数票又往往是只超过别人所得的票数，并不是总票数的多数。所以在这样状况之下，多数党的候选人可以当选，少数党的候选人永没有当选的机会。凡投少数党候选人的选举票等于废票，毫不能发生一些影响。假使一个选举区域有选民一万人，选举代表一人，又假使选民分做两党，五千另一人举甲党的候选人，四千九百九十九人举乙党的候选人，结果就是甲党候选人当选，乙党候选人落选。可是这样举出来的代表只能代表该区域中的五千另一人，其余四千九百九十九人非但在国会内没有代表，并且连他们所投的选举票都变为没有价值了。

不但如此而已，我们可以更进一步证明那多数选举方法能使少数选民举出多数代表，把持政权。假使一个国家共有五百个选举区域，每区举出代表一人，在二百六十个区域，甲党的候选人得到各该区域的多数票，所以当选，但其总票数也只有一百二十五万张；同时乙党所得的总票数也有七十五万张，只因他们在每区域内的票数均是少数，所以他们不能举出一人。但在其余的二百四十个区域内，乙党在各区域所得的票均是多数，统共有一百五十万张，甲党所得只二十五万张。甲党共得一百五十万张票，在国会内共占二百六十个议席；乙党共得二百二十五万张票，反而在国会内是一个少数党，只占了二百四十个议席。

因有这种种的不公平情形，现今的普通选举方法很受各方面的攻击，政治学者也曾经提出种种的新方法，想革除选举方面的不公平，使每一张选举票能有同等的价值，使少数党也能在国会内占到多少议席，或使各党在国会内的代表，须与各该党候选举时候所得的票数成一比例。这种新方法就叫做少数代表制度或比例代表制度。

少数代表制度与比例代表制度的种类很多，已经提议过的方法共有三百多种。就在欧战以前，欧洲已有许多国家采用了这种比例代表制度，特别是丹麦、挪威、瑞典、瑞士、比利时、爱尔兰、布加利、芬兰、塞维埃、葡萄牙、与美洲的古巴。在欧战期内，荷兰亦采用了这种制度。欧战以后的新宪法差不多没有不规定一切选举须依照比例代表制度的原则，可是宪法条文内却没有确定一种方法，一切详细办法须另以法律订定。旧国家中有意大利，法国、希腊、日本、美国许多城市政府已采用这种制度。这种种的比例代表制度都是非常复杂，并且又非有极完备政党的组织，实在很难实行。还有一层，凡采用比例代表制度，各选举区域必须各举三个或三个以上代表，才能使各党当选人员与各党所得的选举票成一比例。我们果举一二种比例代表制度的方法，说明这制度的复杂情形。其中有一种是叫做海尔投票法，是一个英国人名 Harl 提议，又是美国各城市所采用的方法。

照这海尔投票法，无论所选的代表名额是多少，每一选民只有一票投票权，但同时各选民可以在选举票上指定他的第一选，第二选，与第三选，其用意则是要使选民在选举票上指定某人是他最愿意选举的，但某人如果万不能当选，他也愿意另举他人，这就是选举票上所指定的第二选或第三选。这种制度的复杂情形完全在于计算票数的手续方面。第一步是把各该区域所投的总票数，以应举出的代表名额除之，除出来的数目，再加上一，就算是当选票数。凡候选人所得的第一选票超过了这当选票数，就正式宣告为当选。同时又把他所多余的第一选票算是该票上所指定的第二选候选人的票；等到第二选候选人的票已经凑足了当选票数，这种多余的票连同第二选候选人的票都算是该票上所指定的第三选候选人的票。例如一个选举区域，共有选民一万人，应举出代表六人。投票的结果共有一万张选举票，以六除一万，其商数是一千六百六十六有奇，再加上一，就得正数一千六百六十七。凡候选人的第一选票有了一千六百六十七票，就算当选。同时再把当选人所多余的票分配于该票上所指定的第二选或第三选的候选人。假使这样分配的结果，只有五个候选人的总票数超过一千六百六十七票，这五个就算当选。还有第六名代表的选择又须另用一种方法，就是把各候选人中得第一选票最少数的人除去，并把他的票算是该票上所指定的第二候选人的票，加入在他本人所得的第一选票数内，凑足了一千六百六十七票，也就算当选。

我们可以再举一种欧洲大陆各国普通采用的方法，是一个比国人民 D'Hondt 所提议的，所以这制度的名称也就跟了创议人的名字，叫做 D'Hondt System 。这种制度又可以做叫名簿投票法。各政党各提出一张候选人名单，选民可以选举任何政党的名单。或其中的一个候选人。假使选举时候共有三张名单，其所得的票数是八千张，七千五百张，与四千五百张。应当选出的代表是五个。计算票数的第一步是以一，二，三，三个数目除各名单所得的总票数，其结果如下：

	以一除之	以二除之	以三除之
第一张名单	八〇〇〇	四〇〇〇	三六六六
第二张名单	七五〇〇	三七五〇	二五〇〇
第三张公单	四五〇〇	二二五〇	一五〇〇

其中五个最高的数目就是：

八〇〇〇

七五〇〇

四五〇〇

四〇〇〇

三七五〇

最低的数目，三七五〇，就算是当选票数，作为分配各党应举出代表数目的根据。再以当选票数除各名单所得的票数，其结果如下：

三七五〇除八〇〇〇等于二又五〇〇

三七五〇除七五〇〇等于二

三七五〇除四五〇〇等于一又七五〇

第一张名单的票数等于两个当选票数，所以应当举出二个代表，第二张名单中也应当举出两个代表，第三张名单应当举出一个代表。

依照这种制度的办法，选民可以选举一张名单，或其中任何的一个候选人。假使第一张名单中只有甲乙丙三个候选人，其所得的八千票分配如下：

投整张名单的票	四〇〇〇
投甲的票	五〇〇
投乙的票	五〇〇
投丙的票	三〇〇〇

甲是名单上的第一名，所以他对于投整张名单的选举票有一种优先权。当选票数是三七五〇，甲个人所得的票只有五〇〇张，所以从整张名单所得票数中提三二五〇张加上，凑足了三七五〇张，甲就算当选。把多余的七五〇张票列入乙的名下，再加上他自己票，总共只有一二五〇张。但丙本人却有三〇〇〇张，超过乙的票数，所以丙就算当选。

这是何等复杂的制度，决不是普通选民所能容易明白的。可是在多数党制的国家，从前那种简单的方法实有种种不公平的地方，往往使各党所举出代表数目不能与其所得到选举的票数有任何关系。比例代表制度的目的就想救济这种弊病，至于将来究竟能否有什么成绩，这得要看欧洲各国试验的结果。

第十二章　选举制度

（三）选举手续与选举舞弊法律

选举权的用意本来是要使人民表示意志，选择代表执行政权，并决定政府的一切大政方针。可是在现今实行普通选举制度的国家，一个选民在选举这一日到了选举场上投他选举票的时候，他是否能够自由的对于政府事务表示他自己个人的意志？恐怕在任何那一个的民治国家都没有做到这一层。他在投票的时候，只是从选举票上已经列入的候选人之中选择几个较为适当的人物充当人民代表而已。他也许对于这许多候选人是都不满意的，也许是都不知道的。在这样状况之下，他的选举权差不多是完全没有什么价值可说，因为他是不能有任何的意志可以表示。候选人是怎样提出来的，怎样可以算是正式的，当然也是选举手续上的极重要问题。假使选民只能从别人所决定的候选人之中选择正式代表，自己没有权力决定谁能充当候选人，这样的选举权也只是有名无实而已。

所以从选举手续方面着想，每次选举可以分为两部份，第一步是候选人的选择，第二步才是选民正式投票选举。但在现今的政党政府，选择候选人的实权大都是在政党手里。我们把英美两国的情形说一说。

在美国，候选人选择的方法有两种，第一，由政党提出，第二，由人民提出。政党是在党员代表会议中议决候选人名单，人民以请愿的方式提出候选人。但在党员代表会议中，普通党员是没有势力的，他们是决不能影响到他们的代表的决议。在理论方面说，党员代表是直接或间接由党员选举出来的，是对于党员负责的，可是在事实上，党员就没有方法可以使他们的代表真确负责，并且美国的经验又能证明这种所谓党员代表会议是完全由几个党魁所把持的。并且在普通人民的眼光中看起来，这种党员代表会议的价值又非常低微，所以就是法律的力量可以取消其一切弊病，将来恐怕亦万难恢复人民的信任。所以在几十年之内，美国又实行一种新方法，叫做直接初选制度 Direct Primary System 。

直接初选制度的目的是要使每一个选民能够参与政党候选人的选择。凡希望充当初选候选人的人民可以预先征求法定数目的选民签名，以请愿的方法提出后，他的名字就能列入初选选举票上。在初选这一日，选民就依照选举法的一切手续，从初选候选人之中选定政党的正式候选人。直接初选制度有两种：第一种是限于政党党员，选民一定先要加入政党做了党员后，才能在初选日投这党的初选票；第二种是不限于政党党员，凡合格的选民都能投任何一党的初选票。直接初选制度也不是一种完善的方法，其中还不免有种种缺点，所以近来主张修改这种制度的提议也很多。有一种提议主张于直接初选之前，另开一个政党会议，议定党纲，提出候选人名单，并于初选时候，与人民请愿提出的初选候选人名单同时提交人民选择。

从表面上看起来，英国选择候选人的方法是要简单得多，既没有政党代表会议，又没有直接初选制度。依照法律规定，凡希望充当候选人的人民可以由十个注册选民签名，（其中一个是创议者，一个是附议者，八个是赞助者，）以请愿的方法提出，同时还得要交纳一百五十镑保证金。假使选举的结果，候选人得不到总票数中的八分之一的选举票，此项保证金就须充公。凡一切的候选请愿书一定要于选举新国会命令公布后的第八天之前，递交选举官。

可是在事实上，英国候选人的提出并没有像法律所规定的那样简单。政党的地方领袖，政党委员会，伦敦的政党总部都有很大的权力，有时候地方上没有适当的候选人，伦敦总部甚而至于可以指定一个候选人。在英国，代表地方的议员不一定是要本地居民，所以政党选择候选人的范围比美国更大。各党的候选人非但是由政党首领预先议决，并且又早在选举之前预先公布的。所以在选举时候，各选举区域的候选人数目只有二个或三个，现今有了三个大党，往往是三个。指定候选人权力可以算是完全在政党手里，除了政党所承认或同意的之外，其他独立的候选人是万难有当选的希望。

候选人选择妥定以后，还有投票手续方面的种种事情与惩办违法或舞弊举动的规定也是很重要的。关于这一类的选举法，恐怕要算美国最多。这是因为美国民选官吏数目，与选举次数，都是较多于别国，所以非有极详细的法律，就不容易防止各种舞弊事情。选举法的目的原是要使合格选民能在选举时候，自由投他们的票，不受旁人的运动或威吓，并使那般不配有选举权的人，不能混杂其间，冒充选民投票。所以关于这投票手续方面的规定，就变为非常重要。

第一个问题是选民注册问题。在无论那一国，只有那种有法定选举资格的人民才能参与选举，并且他们的名字还得列入选民册之内以后，方能投票。所以在选举之前，各选民还得要亲自到注册官处注册，并须报告他的籍贯，年龄，住所，职业等项，确实证明他有法定的选举资格。有时候他还须在名册上签字，以便防止选举时候有冒名顶替的弊病。在注册时候，各大政党大概都有代表在场监督一切事情。凡不合法的注册，均按照刑事法律，施以相当的处罚。在投票时候，凡未曾列入选民册以内的人民均不得投票。可是这种方法当然不是十分完善。选民未必是个个人能够热心政治，个个人能够亲自到场注册，所以往往选民册上遗漏的合格选民是很多。因此，现今有许多国家已经改变方法，把选民注册的事务作为政府的职务，由政府办理。英国一九一八年与一九二六年的人民代表法律就采用了这种原则。英国现今的选民对于注册事务可以完全不必顾问。各乡区与城市都有一个注册官，其职务是编查与修改各该区域的选民册。注册官于每年的七月派了许多调查员，一家一家的调查人民的选举资格。调查员根据于旧有的选民册，把新的选民加入，把已故的或离开人名除去。各调查员调查的结果由注册官编成选民新名册，公布于众，以便遗漏的人得以加入，错误的地方得以更正。凡关于法律上的问题还可以上诉到法庭。

到了选举这一日，选民的职务是到投票场投他的票。投票场或设立在学校房屋或其他公共建筑地方。选民走进了投票场，即以他的姓名与住址报告选举官；他的姓名若在选民册内，他就得到一张选举票，退入一间密室，在候选人姓名的旁边，画一记号，再把选举票折叠起来，交给选举官投入票柜。在投票场上，除了办理选举人员之外，闲杂人等不得在场停留。但有时候公民团体的代表可以在场监督。各投票场又有巡警维持秩序，法庭的法官随时可以开审，预备人民有告发选举舞弊或违法的举动。

选民投过他的票以后，他的职务可以算完了，可是选举方面却还有种种未了事务。选举票柜还须启开，选举票还须计算，选举结果还须公布并报告上级的选举官。选举官还须做一张清账，详列选举票的总数，废票的数目，与各候选人所得的票数。废票与候选人实票的总数，须与总票数相合，并且又不得超过注册选民的数目。凡选民所投的票，无论是废票，或正式票，均须保存起来，以备后来如有讼案发生，法庭判断时候，就可以提出作为正式的证据。

凡防止选举时候舞弊的法律，均叫做选举舞弊法律，其目的是要禁止一切不合法的金钱贿赂，或别种威吓事情，并且又规定各候选人选举时候的费用。现今各国最完备的最有效力的选举舞弊法律恐怕要算是英国于一八八三年所制定的法律。英国的选举舞弊法律分为三大部份：第一，规定什么是舞弊行为，法律上所列举的是贿赂，款待，威吓，冒名，假造选举结果报告，凡这种种都是道德方面的堕落行为，所以须受法律上极重的刑事处分；第二，规定什么是非法行为，如雇用人员运动选举，雇用车辆招待选民出席投票，或想在法律规定范围以外好几个选举区域内同时投票，这种种行为虽与道德无关，但从选举方面着想，也算不是好的行为，也应当禁止的；第三，限制各候选人，或别人为候选人所花的选举费用。各区域的情形不同，选举费用亦万难一律，乡间人民散居各处，所以费用亦当然较城市为高，并且各选举区域中人口又不等，所以也不能以区域为单位，限定选举时候的费用。英国政府就想到这一层，所以其法律是以人口数目为单位，规定一种差等的限制。在注册选民不到二千的城市区域，最高的选举费用数目不得超过三百五十金镑，选举增加每千人，费用也可以增加三十金镑。在注册选民不到二千的乡区，最高的选举费用不得超过六百五十金镑，选民增加每千人，费用也可以增加六十金镑。此外，候选人本身还可以花费一百金镑。

这种法律确是选举制度历史上一个大进步。在从前，选举费用完全是私人方面的私事，谁有钱花，谁肯花钱，是谁也不能干涉的。可是从十九世纪中期以后，人民就觉悟这类事务并不是个人的私事，却是与全体社会有关系的，所以政府是应当积极干涉的。

英国于一八八三年规定的选举费限度到了后来，人民还觉太多。一九一八年的人民代表法律又规定一种较低的限制，以后又经一九二八年的法律约略修改，现今英国法定的选举费用是照选民的数目计算的，在乡区，候选人为每一个选民所花的费用不得超过六便士，在城市，不得超过五便士。并且为统一各候选人的报告起见，各候选人又只能有一个代理人，代其花费一切费用，并于选举后三十五天之内，把收支详细情形报告选举官。

英国法律允准候选人一切费用的范围还是很广泛，并且法庭内许多选举诉讼案件又可以证明各候选人的选举费用是常常超过法定数目的。但在过去的五十年之内，英国这种选举舞弊法律确能限制候选人的费用，保障政治的清洁，并使中等阶级人民亦能竞争选举，与资产阶级对抗。

在美国，一切的选举费用是非常浩大。一九二一年美国国会曾经组织一个委员会，调查各个政党的总统选举运动费用。据其报告中所载，民治与共和两党的费用如下表：

	共和党（美金）	民治党（美金）
1896年	3 350 000	
1900年	3 000 000	
1904年	2 096 000	700 000
1908年	1 035 000	619 000
1912年	1 071 000	1 134 000
1916年	6 022 678	1 958 508
1920年	3 829 260	1 349 447

这样大宗款项的来源当然是各种大实业与大商业公司所捐助的。他们为了本身的利害关系，甚愿在选举之前捐助大宗款项，以便将来当权的政党能为他们的利益着想。美国选举时候，假使与各实业或财阀发生有关系的问题，如关税问题，泉币问题之类，政党要多少钱，他们就愿意出多少。据说在一八九六年时候，民治党主张规定金与银的比例为十六与一，银行界就大受恐慌，当时共和党中央执行委员会主席只拜会了纽约银行街的几个大财阀他就捐到了不少的数目。有人计算这一年的选举费用约有一千六百元美金之多。所以美国选举舞弊法律所最注意之点就是各大公司的捐款。

但在美国，选举舞弊法律有联邦政府的法律，又有各邦政府的法律，所以没有像英国那样的简单。我们先说联邦政府的法律。在一九〇七年，美国联邦政府的国会就已制定一种法律，禁止那种在联邦政府注册的公司捐助各政党的选举费用，凡在各邦政府注册的公司亦不能捐助联邦选举时候的一切费用。在一九一〇年与一九一一年，联邦国会又制定两种选举舞弊法律，规定下议院候选人的选举费用。除了他本人的一切费用之外，不能超过五千美金，上议院候选人的选举费用不能超过一万元美金。同时又禁止各候选人允许选民政府中的各种职位，或别种政治利益，作为帮助选举的交换条件，并且又须把一切选举费用的数目及性质正式公布。第四种选举舞弊法律是于一九一八年制定的，凡人民以有价值的物件与别人交换选举票，双方均须受相当的刑事处分。可是这种法律也只能禁止候选人本人花费金钱，但不能禁止候选人的朋友帮助花费种种的选举运动费。法律是否能够禁止得住候选人的朋友在暗中帮同舞弊还是一个问题。候选人及其朋友是否串通起来，局外人是当然不能证明的。

各邦政府也因为选举时候各候选人与各政党的委员会费钱太多，又因各大实业公司尽量捐助，所以就在二十世纪的初期注意到限制选举时候的费用。到了现在，各邦差不多都有了一种或数种的选举舞弊法律。我们可以约略把这种法律所根据的原则总结一下。

第一，各候选人的选举费用，依照其职位的性质，都限定一个确实的数目。他们又须将一切费用的实数详细报告确定的政府机关。

第二，各政党的委员会对于所经手的收入与支出一定要有极详细的记录，并须报告于法律所规定的政府机关。

第三，凡各公司绝对不准捐助各候选人或政党的各种委员会任何款项。

第四，各候选人与各委员会的各项费用都由法律详确规定。依照纽约的法律，选举费用包括有下列的几项：开会会场的租费及其他有关系的费用，一切宣传品的编辑费与印刷费，报纸上的广告费及办理广告人的薪水，办公地方及俱乐部的租费，办理选举事务人员的薪水，候选人个人的费用，旅费，选举场上办事人员的薪水，车马的租费。纽约的法律要算是最详细最完备的，在我们普通人的眼光中看起来，好像一切舞弊方法都防止周到了，但在那般有经验的政客眼光中看起来，恐怕还有很多的漏洞。

第十三章　人民的罢免权

孙中山先生的四个民权之中有两个是管理官吏的。他说："现在世界上所谓先进的民权国家，普遍的只实行选举权一个民权。专行这一个民权，在政治之中是不是够用呢？专行这一个民权，好比是初次的旧机器，只有把机器推到前进的力，没有拉回来的力。现在新式的方法除了选举权之外，第二个就是罢免权。人民有了这个权，便有拉回来的力。……人民有了这两个权，对于政府之中的一切官吏，一面可以放出去，又一面可以调回来，来去都可以从人民的自由，这好比是新式的机器，一推一拉，都可以由机器的自动。"（《民权主义》第六讲）

罢免权可以算是美国所创造的政治制度，并且除了美国之外，别国很少采用。所以我们就拿美国的制度说明这罢免权的性质与方法。依照美国的办法，实行罢免官吏的方法是由人民的特别投票大会表决的，罢免的动议是由法定数目的合格选民正式提出的。一切手续与方法都与创制权复决权相同，其目的与作用也为增加人民监督政府的大权，与创制权复决权相同。并且在美国，创制权复决权与罢免权又是在同一个时期提倡的，在同样的邦政府与城市政府中实行的。

美国初次实行人民的罢免权是在一九〇三年西方的一个城市，叫做鲁生极司（Los Angeles）。所以在最初时候，罢免权制度只发现于各种新式的城市规约，如自治的市规约，委员会式的或经理制的城市政府。到了一九〇八年西方俄勒冈（Oregon）邦就把罢免权制度规定在宪法修改案之内，凡邦政府的民选官吏及邦内各乡区各城市政府的民选官吏都能由人民正式罢免。从此以后，美国西部很有几邦模仿俄勒冈的办法，把罢免权制度规定在宪法条文之内，现在采用这种制度的邦总共有十一个。可是各邦所规定人民罢免权的范围是很不一致，有几个邦只限于民选的官吏；有几个邦把任命的官吏也包括在内；有几个邦把司法官除外，不能由人民罢免；有一个邦把罢免权的范围扩充到法庭的判断，人民能投票表决取消某种判断；更还有一邦人民能罢免联邦政府的国会代表。

所以美国各邦现行的十多种罢免权法律也是很不一致的。我们只能把实行这罢免权方法的大概情形约略说一说。凡在罢免权范围以内的各项官吏，在接事以后的一定时期之内，人民是不能创议罢免的。这个时期大概是从接事后起到第六个月为止，但也有短至三个月，或长至一年的。关于立法机关的议员，大概是从被选时期起至第一次会议后的第五天为止。过了这个时期以后，人民就可以提出罢免请愿书，惟必须确实声明罢免的理由。假使罢免请愿书能够得到法定选民数目正式签字，大概是从百分之十到百分之三十五，就能发生效力可以提交政府中的主管机关，由其审查。

等到罢免请愿书已经提交主管机关以后，人民所请求的罢免官吏可以在五天之内提出辞呈。假使他不愿意就此辞职，假使罢免请愿书又经主管机关审查合格的，那末，在二十天到九十天之内，一定要召集一个罢免投票大会。这类的投票大会也是一种选举，所以在投票之前，候选人也依照普通的手续提出。照最初的办法，人民所请求罢免的官吏也是作为候选人之一，他的名字与其他正式提出的候选人都印在选举票上，人民在罢免投票时候只从这许多人中选择一人，谁得到最多票数，谁就能继续做满这任期。可是这种办法现在已经改变了。现今美国各处的罢免投票大都是分做两部份：第一个先决问题是某人应否罢免，第二个问题才是选择继任人物。这两个问题却是在同一张票上同一个时候解决的，罢免投票时候的选举下列的两种式样。

第一种

假使你赞成罢免 　　某甲 即在“是”字对面的方圈内划一记号；假使不赞成，记号划在“否”字对面的方圈内。 □ 是 □ 否
某甲继任者们的候选人 □ 某乙 □ 某丙 □ 某丁

第二种

某甲是否应当罢免 □ 是 □ 否
某甲继任者的候选人 □ 某乙 □ 某丙 □ 某丁

投票结果计算票数时候，先算第一部份的答案。假使多数答案都不赞成，这次罢免投票就算失败，人们请求罢免的官吏还是继续任事。假使多数答案是赞成的，那末，然后再计算各候选人的票，凡得票最多的候选人就能补那被罢免的官吏的缺，到满任时候为止。各邦法律又往往规定，凡没有答复第一个先决问题的票都算废票，所以这类的票就是举定了某候选人也不能计算在内。

至于人民请求罢免的官吏的名字在选举票上发现的次数，现今美国各处有两种办法，如上列的两种选举票样式。假使他不在法定期内辞职，他的名字自然要印在选举票上的第一部份，由人民解决第一个先决问题。依照几个邦的办法，他的名字就不再发现于选举票上的第二部份，如上列的第一种式样。他一定要得到过半数不赞成罢免的票数才能维持他的职位。假使他得不到这种过半数票数，他的继任者就能以多数票当选。但在另外几个邦，人民请求罢免的官吏的名字既发现于选举票上的第一部份，又发现于第二部份候选人的人名中，如上列的第二种样式。可是这种办法往往可以使罢免投票的结果自相冲突，关于罢免的先决问题也许过半数票数赞同的，但关于继任者问题，人们请求罢免的官吏又得到多数票数，因之当选。

假使罢免投票失败以后，人民对于同一个官吏大概不能在同一个任期以内提出第二次罢免请愿。有几邦有一种规定，凡请求第二次罢免某官吏的人民一定先要交出第一次罢免投票的费用。

依照美国的经验，人民并没有乱用这项罢免大权，在这三十年之内，全国举行罢免投票的次数是很少，罢免重要官吏的次数更少，只有两个城市的市长，与一邦的邦长曾经被人民投票表决罢免的。大多数的罢免投票还是对于地方上的官吏，因为这般官吏与人民的关系较为深切，所以容易与人民发生冲突。但总计全国可以被人民罢免的官吏数目是非常之多，曾经举行过这几次罢免投票只能算是偶尔发现的。如同全国数千万或数万万人民之中，每年只有几个人是被雷殛死的一样。所以那般反对罢免制度的人往往说及罢免权对于官吏方面的效力，也只有如天雷对于一般普通人民方面所发生那种宗教的效力一样。

讲到罢免权的效果，却是很不容易估计的。实行了罢免权制度，官吏方面也许有所顾虑，不敢过分的作恶；但实行了罢免权制度，官吏方面同时也许愿意太周到了，对于他们应做的事也往往不敢做了。美国人常说，收税的官吏因为不敢得罪人民，往往不敢收足人民的赋税。从理想方面说，人民当然可以利用罢免权的武器抵抗那般属于政党的官吏，但同时政党也能利用罢免权的武器抵抗人民的忠实官吏。

大概实行罢免权以后，美国所得到的最大利益就是在延长官吏的任期。假使官吏的任期是很短的，这罢免权是没有多大用处。比方一个官吏的任期只有两年，一定要过了六个月人民才能提出罢免请愿书，还得要过两个或三个月，才正式举行罢免投票，这个官吏所余的任期实在没有许久时候了。但在积极方面，罢免权可以使人民对于增加官吏任期与职权的种种运动不至于发生怀疑。人民有了罢免权以后，官吏的任期尽可以加长，职权也可以增加。大概这几十年以来美国种种增加任期与集中职权的新制度，如短选举票，委员会制与经理式的城市政府，如果同时没有这种罢免权制度，恐怕也未必能推广得像十几年前的那样快。所以各种政治制度都是有连带关系的，一种制度往往能影响到其他的政治制度，美国各城市最近能采用一种权力集中的政府组织，其中一个原因就是因为有这罢免权的保障。

罢免法官与罢免行政或立法官吏是不同的。罢免法官的制度很受一般法理学家的攻击；因为法庭解释法律与执行职务时候是万不能受到任何方面的影响，所谓司法独立不单是对于政府其他机关的独立，就是对于人民也应当独立的。这种批评在美国已经发生了影响，因为采用罢免制度的十一个邦中，已有四个邦的法律特别把法官除外，凡各级司法官吏都不能由人民请愿罢免的。就在其他九邦，罢免法官也只发现了极少次数，并且又是对于那种低级警察法庭的法官发生的。

与罢免法官有连系关系的还有一种由人民直接取消法庭的判决案的主张。这种主张是于一九一二年进步党首领罗斯福提出的，并且又列入在这一党的党纲之内。西部有一个邦（Colorado）就于下一年（一九一三年）把这种主张采入在宪法修改案之内。依照其条文，凡最高法庭以下的法庭不能宣告法律为不合于宪法条文；假使最高法庭把立法机关通过的法律宣告为无效，其判决在六十天之内不能发生效力。在这时期之内，人民能提出请愿要求把法庭的判决交付人民复决。假使请愿书得到了百分之五的选民签字，特别投票大会一定要在九十天之内举行；假使投票的结果多数赞成立法机关的原案，法庭的判决就不能发生效力。可是这种制度并没有别邦仿效，并且法庭的判决也没有被人民取消过。

第十四章 人民直接立法制度

(一)瑞士与美国

人民直接立法权就包含孙中山先生所提议的创制权与复决权。中山先生说:“人民要有什么权,才可以管理法律呢?如果大家看到了一种法律,以为是很有利于人民的,便要有一种权,自己决定出来,交到政府去执行。关于这种权,叫做创制权。若是大家看到了从前的旧法律,以为是很不利于人民的,便要有一种权,自己去修改,修改好了之后,便要政府执行修改的新法律,废止从前的旧法律。关于这种权,叫做复决权。”(《民权主义》第六讲)

“政治学者往往把创制权与复决权相提并论,其实这两种民权并不是政治上分不开的双生子。创制权与复决权固然皆是以人民直接行使立法权为根据,固然往往同时存在,但在逻辑上彼此很容易辨别;在实际上又未尝不可以单独生存。用简单的话说:复决权是一种方法,依此方法,选民可以否决立法机关所通过的法律;创制权另是一种方法,依此方法,选民可以直接制定法律。所以有人把复决权比作甲胄,人民用那种甲胄可以抵御违背民意的法律,使之不能成立;创制权如同一把剑,人民用那把剑可以砍出一条道路，使他们自己的意见成为法律。就其效果而说，立法机关如同一匹战马；复决权是马口中所衔的勒铁，足以勒马，使之止步；创制权是马鞭，足以策马，使之速行。”（布鲁克《瑞士的政府与政治》，世界丛书译本，页一一九，一二〇）

这是创制权与复决权的原则。现今多数人民都以为这种民权是新近发生的，所以往往就称之为“民治制度的新方法”，但在事实上，这是一种错误的观念。创制权与复决权并不是新发生的，其历史差不多与民治主义本身同样的久长。大概最初的政府不是专制的，就是直接的，一切政策不是国王替人民决定，就是人民自己直接决定。罗马时代的历史家塔西佗（Tacitus）考察日耳曼民族的状况，就发现他们以部落的人民大会，解决一切重要问题。只因后来人口增加，社会问题与社会上的种种关系逐渐复杂，这种直接立法的方式也就逐渐消灭。代议制度发生，例如在英国，这类国会就算是代表人民意志，提议与制定法律。但在瑞士的各小邦之内，有一种所谓人民会议还是继续存在，所以这直接立法制度也是继续生存。在这种与外界隔绝的森林区域中，一种最古的民治制度能够经过好几百年的历史变迁保留到现在。

所以瑞士是创制权与复决权的发源地。瑞士各邦早已实行各种样式的创制权与复决权。从瑞士的发源地，创制权与复决权才推广到美国，推广到战后设立的各新国家。

在十九世纪的下半期，复决权已经变为瑞士多数邦政府立法手续中的一重要部份，虽则代议制度也同时存在。在一八七四年，瑞士又以宪法修改案，把复决权推广到联邦法律，凡三万选民能以正式请愿的手续，请求联邦立法机关把某种法律案交付人民投票表决后，才能发生效力。创制权也差不多于同时推广到各邦政府（日内瓦一邦除外）；并且联邦政府亦规定人民能以创制方式提出宪法修改案，但创制权却不能适用到联邦法律。可是这种区别在事实上是没有多大关系，因为人民虽不能以创制的方法提出他们所需要的法律，他们却能以创制宪法修改案的方式达到同样的目的。并且在事实上，这样的办法已经发现过好几次了。

各邦所规定人民使用创制权的手续约略如下。人民或人民团体可以拟定一种法律草案，假使不能得到邦政府立法机关的同意，提案者可以征求法定数目选民的签名，正式提出创制请愿书。邦政府的法定机关接到了这项请愿书及法律草案后，即须审查其一切内容是否依照法定的方式；假使是合法的，此项草案即印入选举票上，往往于下次投票时候，由人民公决。同时法律草案又须印刷出来，分散给人民，使他们能够预先明白草案的内容，预先决定投票的方准。

复决权的手续约略如下。凡各邦立法机关所通过的法律议案，除了那种有紧急性质或只是例行的之外，必须于公布后经过一定的时间，才能发生效力。有几邦的复决权是强制的，凡立法机关所通过的议案一定要交付人民投票表决，并且人民所没有承认的法律是不能发生效力的。但在其他各邦，只有法定数目选民请愿将某种议案交付人民表决，人民才有投票公决的机会，假使法律议案经立法机关正式通过并正式公布，假使在一定期限以内，人民并没有要来复决，此项法律就即自动的发生效力。可是人民如在此期限内提出了复决请愿，此项法律是否可以存在就须取决于投票时候的多数选民。联邦法律复决的动议可以三万选民正式提出，或由八个邦政府提出。凡提交人民复决的法律一定要于投票以前以法德意三国文字印刷出来，分散于各选民。创制与复决投票总是于星期日举行。

瑞士各邦人民实行立法方法的次数比较是很少。关于联邦政府立法，实行的次数更少。从一八七四到一九二四的五十年之内，人民以创制方式提出的宪法修改案只有十五种，其中只有三种是人民投票表决通过的。但瑞士的宪法修改案，无论其采用何种方法提出，非但须经多数人民表决，同时还得经多数邦政府赞同，所以与别国比较起来，是很不容易修改的。瑞士联邦实行复决权的次数比之创制权要多，在五十年之内，一共用过四十余次，其中将近一半数的法律是经人民否决的。经人民复决表决的联邦法律，其种类是很不一致，有关于政府政策的极重要的法律，如国有铁路问题，改组军队问题等类，也有无关紧要的议案，如旅行买卖人的注册问题，畜牧业的管理问题。瑞士法律出产的数量本来比别国少，所以各邦人民实行直接立法权的次数也不甚多。在沮立克邦（Zurich），瑞士最大最繁盛的一邦，从一八六六到一九〇八年的四十多年之内，人民只以创制动议提出了三种宪法修改案，二十八种的法律议案。实行复决权的次数也同样的少。在沮立克邦，法律的产量要算是瑞士各邦中最多的，但从一八六九年到一九一九年的五十年之内，立法机关也只通过了二百五十四种议案，并且沮立克是实行强制复决权的，所以一切议案都得交付人民表决，人民投票的结果差不多通过了过半数的议案。在那种没有强制复决权制度的各邦，人民很难得自动的提出请求复决的要求。瑞士人民确是一种实事求是很省俭的民族；他们是很反对那种提倡浪费国币，与官僚式的创制案与复决案，他们又反对那种空空洞洞不切事实的法律，就是那种空谈理想，以“公平”二字的抽象概念为根据的法律，例如“工作权利”的创制案，就是属于这类的。

在世界各民族中，瑞士人民恐怕要算最配执行这种直接立法权。他们的常识是很高，他们对于政治事务也非常注意，非常热心。凡下次投票时候人民应当表决的政治问题往往是在公共会议中与报纸上从各方面详细讨论，就在阿尔卑斯中最偏僻的区域，也时常听得到这类讨论的回声。无论何人都有方法可以造成一种的公意。那精明的谨慎的偏向于守旧的瑞士人民总是想了以后才投他们的一张票，农民的心机也许是迟钝的，很狭的，勤俭而又鄙啬的，不为一切抽象的理想或好听的口号标语所影响，但他们却是都有智识的并且能够在他们的智识范围以内，详细考虑各方面的辩论。普通一般人是很独立的很镇静的，决不容易屈服于一个政党领袖；他们的爱国热度又是很高的，能够不以自己个人私利为标准，赞成或反对各种创制的或复决的议案。这样的人民才配试用创制权与复决权。瑞士直接立法度的成绩就是瑞士人民够得上实行这类民权的证据。

人民直接立法制度就于十九世纪末期从瑞士推行到美国。创制权与复决权在瑞士可以算是本地的出产品，人民非但是懂得的，并且又很配执行这类的民权。我们却不能因瑞士试用有成效，就推定任何民族试用这种制度都能得到同样的效果。但在美国，创制权与复决权并不能算是完全没有历史上的根据。十八世纪时候美国各邦制宪者把拟定的邦宪法交付人民复决表决就已打破了那种纯粹的代议原则。在一七八〇年，马萨诸塞（Masschusetts）邦宪法就已经人民复决表决后才实行的。这就是复决权的一种。所以美国人常把关于宪法这类的复决权看作是美国本地的出产品，但同时也承认那种关于法律方面的创制权与复决权是瑞士运来的进口货。可是在最初时候，人民有复决宪法权力的观念并没有盛行，到了十八世纪末期，全美国只有三个邦的宪法是经人民批准的。从十九世纪初期起，各邦制宪者就逐渐有了一种一致的结论，都以为他们的工作是一定要交付人民表决后，才能发生效力。纽约于一八二一年就做了一个先锋，非但把那一年制定的宪法交付人民复决，并且在宪法条文之中又明确规定将来所有一切的修改案一定要得到人民同意后才能发生效力。到了十九世纪的中间，宪法复决权的根基差不多是已经稳固，以后大多数的邦宪法大概是都经人民复决过的。因有这一段的历史背境，南达科他邦（South Dakota）人民于一八九八年修改宪法，把创制权与复决权应用到全邦的立法方面，不能算是政治制度方面的一种激烈的改革。

在十九世纪初期，创制权与复决权非常盛行，到了一九一二年，四十八邦之中已有十六个邦采用了。这是因为当时人民对于各邦立法机关的种种状况均非常不满意，他们那时候有一句标语，叫做“救济民治制度的方法是加重民治的数量”，所以种种新的民治方法都于这个时期采用了。可是试验的结果实在不能达到当初人民的奢望，所以最初的那种热度也就冷下来了，从一九一二年后，采用直接立法制度的邦只有四个。

在现今的美国，联邦政府是没有采用立法制度；至于各邦所采用的方法，虽其原则是大致相同的，并与瑞士的制度又相类似，但其手续方面却有种种不相同之处。我们可以先把这种不同的情形约略叙述。

第一，美国各邦创制权与复决权的范围很有广狭的区别。在几邦，直接立法权的范围是很广泛的，无论是立法案或宪法修改案都有适用；在几邦，其范围是很狭的，只限于立法案一方面。也有把创制权与复决权分开，或者人民只能以请愿方式创议宪法修改案，召集复决投票会的权却在立法机关手里，或者人民不能创议宪法修改案，但一切修改案的成立一定要经人民复决表决的。末了，也有把创制权与复决权完全限于城市政府及其他的地方机关。

第二，提议创制动议的方法也许是很容易的也许是难的。提出动议的选民数目也许是百分之五，也许是百分之二十五。大概提出宪法修改案动议的选民数目总是较高于立法案的动议。要求立法机关把通过的议案交付人民复决也许是容易的，直接提出新议案交付人民表决也许是不容易的。

第三，人民直接提出了创制立法案或宪法修改案以后，立法机关也许可以干涉。在俄海俄邦（Ohio），百分之三的选民可以向立法机关创议一种立法案，假使立法机关把这创议通过了，这事就完了；假使立法机关不能通过，还得要另加百分之三的选民签字，才能把该议案交付人民表决。在密枢根邦（Michigan），立法机关打消了人民提议的宪法修改案以后，就可以阻止该案再交人民投票复决。在马萨诸塞邦（Masschusetts），人民创议的宪法修改案一定要经二个立法机关四分之一的同意票通过后，才能交付人民投票复决。在另外几邦，立法机关也能提出一种宪法修改案，与人民所创议的同时提交全体选民表决去取。

第四，人民在复决投票时候通过一种议案也许是很容易的，也许是很难的。法律也许规定以投票人的票数计算，反对票与赞成票那一种票多就算是人民对于该议案的表示。这是一种最容易的办法。法律也许规定有多数票数赞同，该案就能成立，但所谓多数票数也许是指定等于上次某种选举时候投票数目的百分之几。

所以这种所谓创制权与复决权的手续与方法都是很复杂的。我们万不能空空洞洞的提出这样的两个名词，就大声疾呼的提倡，我们所需要的是一种具体的方法，怎样可以树立民治的基础与势力，怎样可以一步一步的向民治这条路上走，走到最后整个的实行民权的目的。

美国各邦最完备的直接立法制度要算是俄勒冈邦（Oregon）于一九〇二年所规定的方法。凡百分之八的选民能正式请愿提出立法议案或宪法修改案。请愿书与法律或宪法草案须于选举日期四个月以前递交邦秘书长。邦秘书长是一定要交付人民复决的；假使投票时候有多数投票选民都投了同意票，该草表就正式成立。凡立法机关所通过的议案，如于九十天之内有百分之五的选民请求复决，是一定要交付复决的。俄勒冈制度另有一种最重要的方法，就是关于交付人民表决的议案，凡赞成与反对的两方面理由，连同草案，都须印成一本小册子，分送各选民。在表面上看起来，这种方法当然能使人民得到政治上的教育，有最大的机会去考察双方的理由，纯以本案所牵涉的事实及原则为基础，决定各本人自己的意思。但据研究俄勒冈制度的学者（Prof. Barnett）观察，这种优点也许纯粹是理想的，因为一百个选民之中恐怕难有一个人能够把这样的册子仔细研究仔细考虑。

所以凡是一种好的制度也得要有一种好的政治习惯帮助，才能发生良好的结果。好的政治制度本身当然也能养成好的政治习惯，可是在政治习惯未曾养成以前，无论怎样好的制度决不能在人民的心理方面生根的。并且社会方面的种种状况也与政治制度本身有很大的关系。上边已经述及创制权与复决权在瑞士的成绩是很好的。但在美国，只因一切的状况不同，所以效果也就不同了。瑞士选民的数目比较是很少，他的智识是很高的，并且创制权与复决权又是本地的出产品，差不多个个人都晓得怎样去应用。同时瑞士政府每年制定的法律，数量又少，并且其内容亦甚简单。在美国，选民数目非但是很多，并且又散处于一个极大的区域。政府每年制定的法律，数量又多，其内容又甚复杂。有人计算过美国联邦政府与各邦政府合计起来，每年差不多要制定一万四千种法律；纽约一邦在这十年之内，每年也差不多要制定五百五十种法律。在这样的状况之下，直接立法制度确是很不相宜的。

第十五章　人民直接立法制度

（二）欧洲其他各国

欧战以后所制的新宪法大都是根据于人民主权的原则，规定一种直接立法的方法，使人民能够执行他们最高的权力。普鲁士宪法草案在国会内提出的时候，那位提案的人（Berndt）曾经说过几句话，很可以代表欧战以后的政治观念，他说："我们深信人民是不应当于国会开会的四年期限之内与一切公共事务分离的；人民应当在此期限内对于各种重要问题能够自由表决，并于必要时又可以解散国会。"这就可以见得他们对于现行的代议制度很不信任，他们也很想利用人民直接的权力来补救代议制度的缺点。"英国人自以为是自由的人民，这是错的。他们只有在选举国会议员时候才是自由的；等到国会议员选定以后，他们又回复到他们无足轻重的奴隶地位。"这是法国卢梭于一百多年前说过的话，也就是现今欧洲大陆方面各新国家民治派领袖的观念。

欧战以前的几十年来代议制度的成绩确是很不高明。美国下议院的种种腐败，法国下议院的无能，德国下议院既不能抵抗德皇的专权，又不能领导人民，向民治这条路上走。因此，有许多人民早已深信那种民选的代议机关是与世袭的君主或贵族同样的不可靠，人民同样的不能把立法与政府大权整个的交托他们。并且同时瑞士与美国的经验又证明人民是能够直接执行政权的。所以各新国家的制宪者就把人民直接立法制度作为限制立法机关职权的一种方法。

在德国，因为历史上的关系，人民不信任代议制度的观念，比之其他各国更深。所以在德国及那种受德国思想影响的国家，创制权与复决权的范围亦最广。德国新宪法起草者（Preuss）把直接立法制度作为实行民主治义的要件，并且所有的各政党亦都承认此种民权为人民主权的根基。在波兰，南斯拉夫与捷克，因为受到法国的思想影响较大，所以没有采用创制权与复决权；可是就在这几国，主张采用直接立法制度的人民亦甚多，所以没有采用的原因并不是因为反对其原则，只因为其运用的方法似乎与向来没有受过自治训练的人民不十分适宜。

欧洲各新宪法中所采用的直接立法制度有与瑞士美国相同的，有完全不相同，是他们自己创造的。瑞士与美国把复决权分做两种：一种是强制的，就是凡各种法律，或法律修改案当然交付人民表决；又一种是人民于一定期限内可以请求交付复决。在欧洲的新国家，普通法律并不一定交付人民复决。但在厄司陀尼埃与腊忒维埃，宪法修改案是一定要交付人民复决的；在奥国，宪法的普通修改案是一定要由人民表决的，局部修改案由国会三分之一议员请求后才能交付复决。

要求复决普通法律的权并不在于一部份的选民，像瑞士与美国那样，却在于一种独立的机关，如总统或国会多少数目的议员。但在德国及其各邦，腊忒维埃，与厄司陀尼埃，人民却能提出创制的议案。一定数目的选民能提出一种新的法律或要求取消一种旧的法律。这是与中山先生所主张的相同。人民的提案是交到立法机关，假使是拒绝了或修改了，这问题就由人民总投票表决。人民虽不能要求立法机关把通过的议案交付复决，但等到法律制定并公布后，人民却能要求取消。人民的创制权是同时适用于普通法律与宪法修改案，但创议宪法修改案的法定人数大概是较多于创议普通立法案的法定人数。在奥国与立索尼埃，一部份人民能创议一种法律议案，并且国会是一定要讨论的，可是国会拒绝了或修改了，人民是不能要求复决的，国会的议决是不能推翻的。

这一种直接立法制度的目的是要使立法机关能与人民的意志一致，能够真确的表示人民的愿望，不至于通过大部份人民所反对的法律，或忽略人民所希望的种种的新改革。在厄司陀尼埃这种原则又贯彻到极点。假使总投票的结果，人民表示与国会相反的意志，也许拒绝国会所通过的议案，也许通过国会所反对的议案，那末，国会就须立即解放，另由人民举出新国会。厄司陀尼亚这种解散国会的方法是很特别的。但在普鲁士与德意志其他的邦，人民也有罢免国会全体议员的权。依照普鲁士的规定，五分之一的选民可以提出解散国会的要求，假使总投票的结果，多数选民赞成解散，国会就须解散。

以上所述是瑞士与美国所通行的创制与复决方法，是欧洲各新国家选择采用的。我们现在可以再进一步讨论这几种新宪法中所创造的新方法。

在德国，厄司陀尼埃，与腊忒维埃，下议院三分之一的议员能够使一种制定的法律延期二个月发生效力，在此时期之内，法定的选民数目就能要求交付复决。这种办法的目的是要防止国会中多数党的专权，少数党如能有三分之一以上的同意，就能把多数党已经议决的法律交付全国人民重行考虑。可是少数党这样的特权也是有限制的。在德国，假使上下两院正式宣言某种法律是紧急的，少数党就不能阻碍这种法律的发生效力。在腊忒维埃，假使国会三分之二的议员正式宣言某种法律为紧急，或由四分之三的议员重行通过，少数党也就没有阻碍的权力。只有在厄司陀尼亚，少数党这一种特权是没有限制的。但从事实方面着想，少数党有了这样的大权，很可以阻碍一切的进行，种种的流弊似乎是免不了的。所以当初提议这种办法时候，各国政党的右派，特别是德国，是极端反对的。德国右派政党提出一个理由很充足的实例，他们说：假使关于一个极难解决的问题，上下两院费了很多的时间与精力，想出了一个双方同意的调和办法，但下议院中捣乱的少数份子却能根据于此种权利，重覆把这问题提出。但这几年来这几国的少数党都没有乱用这种特权，这也可以证明他们人民智识的充足。

还有一种限制立法机关专权的方法是由总统召集人民复决投票；总统因为他的职位关系，一定可以很公平的执行其职权，并且一定要到了他以为国会完全不顾人民的意志时候才执行他的大权。腊忒维埃总统能延期公布一种法律，使人民有要求复决的机会，但总统这种职权也与少数党阻碍法律的实行有同样的限制。德国总统有绝对的权力，能够停止法律的效力，交付人民投票表决。当初德国规定这样的办法时候，很受各方面的攻击，左派的人都说这是一种反动行为，还有一般人以为总统已经有了解散国会的权，这样的办法就可以不必有了。但制宪者的意见总以为总统是应当有一种权力，能够把几种极重要的法律交付人民特别表示意见。

奥国的人民直接立法制度是很奇怪的。依照宪法条文，凡国会所通过的各种议案是可以交付人民复决的，只要国会是这样议决的，或多数议员是这样请求的。可是奥国宪法所规定的复决方法是不容易发生效力的。法定数目的选民可以创议一种法律议案，但宪法上却没有规定，这种议案如果被国会否决了，是一定要交付人民复决的。全国只有国会能够召集人民复决投票会，表决一切普通法律议案，但国会本身就有权力通过这类议案，所以人民复决投票会是一定不会召集的。

捷克宪法中也有一条关于复决权的条文。假使政府的议案被国会否决了，政府能召集人民总投票大会，解决这问题。这样条文的用意就是要增加政府的实力，使之能抵抗下议院。捷克政府也是一种内阁制式的，所以凡是政府议案被国会否决了，内阁是一定要辞职的；制宪者的用意是大概要使政府能够反抗国会的意志通过一种议案，同时又可以不必采用解散国会的极端政策。

人民直接立法制度还有一种极大的用处，就是两院制的国会如果对于一种议案不能同意时候，就可以由人民投票表决。这种办法英国自治殖民地澳大利亚早已采用了。德国最初的宪法草案也只规定了这一种的复决制度。依照德国宪法条文，假使上下两院对于一种议案不能同意，同时又没有调和的办法，总统就能采用两种办法，或者取消这议案，或者交付人民复决。下议院的地位当然较上议院重要，所以宪法上又规定：假使下议院已经以三分之二的多数票通过这议案，总统是一定要公布这法律或交人民复决。以人民的复决权解决国会两院的冲突自然是很正当的办法。欧洲其他各国如比利时与英国亦会讨论这种办法。但都没有实行。并且这一种的复决制度又有一个极大的优点，就是只有重要的或极有关系的问题才交付人民参加意见。

在瑞士与美国及那种采用直接立法制度的新宪法，凡关于一切的财政议案大都是不能适用这复决权。这是因为人民对于财政议案的观念，总是先要想到本身经济上的关系，决不能专从这议案方面着想的。凡是主张增设新税或加重旧税的预算案一定是很容易被人民否决的。厄司陀尼埃宪法规定，凡关于宣战，媾和，国防问题，国际条约，预算，公债，赋税都不在人民复决权的范围之内。但在德国，总统有权把预算案与赋税法律交付人民复决。

有几种新宪法，特别是厄司陀尼埃，没有规定复决投票时候，一定要有多少选民参与，才算有效。但德国宪法对于这一层，却有规定的。下议院的议决案可由多数合格选民参与的总投票大会表决取消。宪法修改案交付复决时候，至少要有半数的选民投票赞同方能成立。在立索尼埃，国会对于修改宪法的议决至少要有半数选民投票反对，才能推翻。

以上所述是欧洲各新宪法中所规定的直接立法制度的大概情形。这是何等复杂的制度。所以反对创制权与复决权的一个理由就是这种制度把立法手续弄得非常复杂，人民不能懂得法律上所规定的详细手续，没有方法可以执行这种所谓民权。讲到这几国的成绩，现在是很不容易说，一则因为他们实行的时间很短，只有将近十年左右，二则因为他们应用的次数也并不甚多。我们至多只能说这种新制度还没有发生任何的大害处而已。

在这许多新制度之中，要算德国的制度最复杂；当初确有人预料复决投票的次数一定是很多，其结果也许要阻碍立法机关执行职务。可是在事实上，德国统共只实行过一次重要的复决投票。在一九二六年，社会党员与共产党员为抵抗各邦王室的种种过分要求，以创制请愿的方式提出一种议案。主张把从前各王室的财产充公，收归国有，以之救济国内各贫穷阶级人民。该议案确已得到法定数目选民签名，由政府提交下议院讨论，但政府亦以为此种议案是违背正义的原则，主张由下议院否决。下议院当然否决，但同时还得要付人民复决表决。这个议案算是一种宪法修改案，所以如要违抗下议院的意志，由人民正式通过，一定要有全体选民的过半数投票赞同；反对方面的人就利用这种规定，运动人民不出席投票。其结果只有百分之四十以下的选民参与投票，这个议案就此打消。

德国同时还有种种重要问题，人民方面很主张以直接立法权来解决，其中最重要的问题是币制问题。德国自从恢复金马克本位以后，旧纸币的价值只作新本位的百分之一到百分之五。人民方面就组织了各种团体，主张以创制方式提出新议案，把旧纸币与金马克的比例改为百分之五十。在这时期，政府就采用厉害手段，禁止这类的复决，因为依照宪法的规定，只有总统才能把一切关于财政方面的议案提交人民复决。并且为免除争执起见，政府又正式提出一个议案，声明凡关于泉币问题的复决案是应当依照宪法的规定，由总统提出的。凡此种种都可以证明少数人民很可以利用创制权与复决权，提出各种各样的议案，扰乱政局，扰乱社会，假使政府没有决断，没有能力，其结果一定是不堪设想的。

我们已经说过直接立法制度最大的价值就是使人民对于几个重要问题表示一种确定的意志，但人民也得要纯以本案所牵涉的事理与原则为根据，不以政党的意见为他们自己的意见，决定他们所应当采取的态度。关于这一点不但欧洲各新国家没有做到，恐怕就是美国也没有做到。所以凡是关于国家的几种最重要问题，如德国那时候采用道威斯的赔款计划，与德国加入国际联盟等问题，都没有交付人民复决表决。现今国家的立法并不是一种简单职务，人民因为不信任立法机关的能力，所以才要参与。可是人民的能力也有限得很；立法机关因为不愿意或不能担负这种立法重任，所以也愿意放弃一部份的职权，可是人民也未必担负的起这样的责任。

第十六章　文官及文官考试制度

(一)英　国

政府的职务并不是几个行政首领，总统，主席，部长之类单独所能执行的。他们既不能收税，又不能算账，更不必说充当邮差及执行一切微细的事务了。这类的例行事务都是由一般永久的事务官执行的。凡在一个政府之中，行政长官的数目是很少，至多也不过数十人，但事务官的数目却非常之多，大概总要超过数十万人。比方在英国政府，行政长官的数目只有六十五人，事务官的数目约共有三十万人。美国全国各级政府，包括联邦政府，各邦政府，城市政府，乡村政府的事务官数目约共在二三百万人之间，每年的薪俸总计至少有三十五万美金。所有政府的事务大都是在这般人手里，国家的法律是由他们在国内各处地方执行的，人民每天与政府发生接触的地方也是处处要经过他们的手。并且他们对于各项事务又各有专门的智识，所以国会制定法律或决定政策时候，也得要他们供给各项确实的报告，才能有所依据。所以在表面上看起来，事务官在政府所居的地位自然没有行政长官的那样重要，可是在事务上，其重要是差不多相等的。我们先从英国的文官制度说明事务官的地位，然后再说英国的文官考试制度。

在英国，与那种采用政党政府的国家，行政长官是政治的官吏，所有的文官只是事务官，与政治没有关系的。所谓政治的官吏，或简单的就说政务官，就是他是一个政党的党员，并且又公开声明他是某一党的人，假使他是下议院议员，当初也是以党员的资格选举出来的；只因他的政党关系或在政党内的重要地位，所以才能充当行政长官；他是当权的政党中的重要人物，等到他所属的政党倒了，他也跟了退职。当他在职的时候，他的政策自然应当以国家全国利益为目的，但他却总是带上政党的色彩。

英国事务官的地位是与政务官完全不同的。他的特点就是完全脱离政治的关系。他怎样可以与政治无关自然有一段极长的历史。风俗习惯有很大的影响，文官考试委员会的规则也很有关系，此外，还有政府的种种命令与国会的种种法律明确规定事务官不得参与政治。官吏不能同时兼充议员也是法律规定的。国会议员是无论怎样脱不了政治的关系，一个人一定要加入政治运动才有当选的机会，被选以后还得要以政党所定的标准投他的票。所以自从十八世纪以后，英国就有种种法律禁止官吏兼充国会议员。直到现在，政府官吏中除了行政长官与几个有政治性质的官吏之外，谁也不能兼充议员。就是一个官吏希望运动当选为议员，他也得要先行辞去本职以后，才能入手运动。并且现今英国的事务官在选举时候除了安安静静投了他的选举票之外，什么事情都不能参加；他也不能加入政治讲演团，宣布他的政见，或写一篇与政党有关系的文章，他不能编辑或出版一种党报，他不能帮同候选人运动选举，他又不能充当政党中各委员会的委员。假使他犯了这种习惯或法律，他大概就要得到免职的处分。这是因为事务官的职务只是执行法律，并不是决定政策，他们对于任何政党当权，应当同样的忠心服务；他们的地位是永久的，他们的职务是做事，不管谁做他们的行政长官，他们应当同样的做事，假使他们能够公开的宣言赞成这一党或那一党的政策，他们对于各时期当权的政党决不能有同样的态度。

行政长官与事务官还有一个重要区别。这就是行政长官都不是专家，事务官都是或将要变成专家。假使我们把政治舞台当作戏台，我们可以说行政长官是一般玩票的票友，事务官都是内行，是这戏台的场面与班底子。行政长官都是政党的领袖，他们是因为政党的关系才得到他们的职位，他们在未做官以前，也许只是商人，律师，乡绅，政客，报馆记者，或大学教授，对于政府的事务，也许完全没有经验的。在既做官以后，他们又须注意于内阁，国会政党及其他的种种事务，差不多没有时间或能力可以注意到他们所管辖的各行政部部内的事务。并且近来各行政部事务又非常复杂，多少极专门的问题往往同时发生，往往又须同时解决。无论是行政部长或任何人都不能同时对于这许多问题都能明了。从部长个人一方面着想，他实在不必是一个专家，因为他的职务并不是执行部内各事务，只是帮同其他各行政首领决定一种普通政策，及督策部内各事务官把这已经决定的政策执行出来。并且从政府大局方面着想，行政长官不是专家，确有几个重大的优点。他的眼光应当是看得大，放得远，然后能从政府的全部份统盘筹划，把他所管辖的一部份事务限于适当的范围以内。他的地位是在国会与行政部之间的一个中间人，一方面要使行政部明了人民代表公意的趋向，又一方面要使国会明了行政方面的需要与问题。如果是一个军政部部长，他不能一心一意注意于军人的利益，专以扩充军人势力为目的。假使以军事专家充当军政部部长恐怕就有这种危险。行政首领是应当以领袖人物充当，不应当以专家充当的。这就是英国政府所采用的原则。

所以英国政府行政方面的人物分做两大部份：一方面是一般政治的，不永久的，非专家的行政首领，又一方面是一般专门的，永久的，没有政治关系的事务官。这两部份官吏间的互相关系往往因时因事因人而不同的。行政首领是在一个行政部中替内阁与国会说话的人，所以他的职务是监督与指导，有时候他也单独决定政策，使他的部员执行。但同时他又是个行政部的部长，其中一切的专门事务是他所不明了的，不懂得的，所以他对于属员的意见往往是依照的，并且有时候还要请教他的属员指导哩。英国那般事务官，特别是那种叫做事务次长或管部次长，参与决定各部的政策，甚而至于政府政策的权是很大的。可是行政首领总不能公开的承认他是依照属员的意志做的。无论在内阁，或在国会，行政首领须说明一切政策的理由，并且担负一切的责任。假使是做对了，这是他的功绩；做错了，又是他的过失。所以从责任方面着想，行政部长是代其所属事务官担负一切的责任。

英国文官制度的特点就是所有事务官与政治没有关系的，是专门的人物。他们的任期是永久的，并不因当权政党的更换而更动。他们是永远做他们的例行事务，内阁的更换政局的变动，与他们是毫不发生影响的。保守党当权，他们是这样做，劳工党当权，他们还是这样做。每次因内阁改组所更换的官吏只是几个领袖份子的行政首领，各部自管部次长以下一个也不更换的。并且各事务官自最高级至最低级都是依照一定的考试方法任用的，录用以后的升级进薪亦以其办事的成绩为标准，主管长官决不能循私舞弊，有任何不公平的行为。这就是孙中山先生所主张的考试权，是他的五权宪法中的一种。

但在现代政府这样大组织的机关中，选择，指导与监督一大群事务官是一种最复杂最困难的事务。英国也不是早就有文官考试制度的，也是经过长期的改革，一步一步才改到现在的制度。在从前，英国政府中各种官吏也大都是行政长官的亲戚故旧，由他们推荐的。十八世纪与十九世纪初期的英国政府完全是一种贵族式的政府，议员的职位是几个大家族所把持的，司法与地方政府职位是在地方上的财阀手里，中央政府的官吏也是那般贵族的亲戚故旧或私人，是由他们栽培起来的。

英国于一八三二年改革了下议院的选举，但没有改革文官的任用方法。正在这个时期，人民对于东印度公司的种种专利与种种把持逐渐有不满意的表示，首先受攻击的地方也就是公司的用人权。到了一八五三年，英国国会才取消了公司的用人权，并规定一种竞争的考试方法，凡以后印度方面所用人员必须经过这种考试及格以后方能任用。同时又组织一个委员会，拟定一种详细的具体计划，实行考试制度。英国人因之就想到这考试制度既能适用于印度，为什么英国政府不采用同样的制度呢？特别那时候英国的文官制度可以算坏到极点，实在不能不即行改革。为改革这文官制度，那时候英国政府也会组织一个委员会。委员会的报告极力主张采用考试制度，并且其所规定的原则也就是现今英国所采用的。简单的说起来，这几种原则，就是（一）凡政府所用人员必须经过一种竞争的考试，考试是由一个中央机关执行的，并且任何人民都能参与此种考试；（二）凡政府中专做例行事务的人须与那种般需用脑力的人员分开，录取这两种人员须用各别的考试方法；（三）凡关于第二种人员的考试方法须注重于被考人的普通智识及其将来发展的可能性。

英国政府却没有立即实行这种主张，还得要经过十多年时候才有一种完备的文官考试制度。在一八五九年，英国政府以命令设立一个考试委员会，委员三人，其职务是执行一切的考试。在一八五九年又制定一种法律，凡未曾经过考试委员会证明及格而录用的官吏没有享受退职金的权利。末了，在一八七〇年，英国政府又以命令规定以后凡所有的事务官一定要经过考试后才能录用。

在从前的时候，英国的事务官并没有分为确定的等级。但从一八七〇年以后官吏的数目增加，编制方面实在不得不分出几种确定的等级，那时候所定的是分为两大类：（一）高级的，他们的工作是帮同决定政策，修改一切的规则与章程，及执行政府的普通事务；（二）低级的，其工作是那种极简单的例行事务。以后又详细分别分为五种，就是第一级，第二级，助理员，孩童，与妇女。欧战发生时期政府正在计划改组，只因战事关系就不得不延期，欧战以后才于一九一八年与一九二二年实行两次的改革。英国现今的文官等级，约略分为五大类：（一）第一级的，叫做Administrative Class或由竞争的考试录用，或由下一级升任，无论男女都能充任；（二）第二级的，叫做Executive Class，其职务是关于材料会计或其他种种专门部份，其人员大都是由下级升任的；（三）第三级的，叫做Clerical Class，又分为（甲）高级的，与（乙）普通的；（四）第四级的，叫做Writing Assistant Class，大都是妇女充任的，其职务是抄写案卷，计算及其他种种简单事务；（五）打字生与速记员，亦都是妇女充任的。每一级人员各有各的薪俸等级及加薪进级的确定标准。

英国文官的分级是以政府全体的事务官分的，并不是各行政部的官吏各自各别分为等级的。凡投考谋官职的人并不是预先指定投考外交部，或卫生部或教育部的第一级事务官，他只参与政府第一级事务官的普通考试；假使考试的结果，他考了第一名，他就有一种优先权利能够选择进哪一部服务。其他录取人员只有等候那一部有空缺时候才能补入。所以英国的文官考试度有一个重大的特点，就是考试时候的题目与被考人将来执行的职务没有关系的。考试的目的并不是要确定被考者是否有几种专门智识，只是确定被考者的普通常识与普通学问。考试的性质与题目是与大学校的考试相等，并且其所考的题目也就是大学校的课程，如外国语言，历史，算学，科学，哲学，政治学等类。可是这种考试确是很难，并且竞争又很剧烈，所以差不多只有大学校的优级卒业生才有录取的希望。

英国对于文官考试制度的观念与美国人完全不相同。英国人总以为考试录取的人一定要有学问有能力，能够从最低级的地位一步一步的升到最高级的地位，做一个有用的公务人员，至于在考试时候他们是否能明了某种职位的特别性质与职务，那是无关紧要的。像他们这种受过高等教育的人一定可以在最短期间内明了他们工作的性质。英国人的根本观念就是要使人民把政府的职位看作一种职业。所以只有年幼的人，（至多不能过二十四岁），并且决定终身服务于国家的人，才肯费尽心力去预备这种考试。依照英国的办法，政府的事务是不能由那般在别种行业已经失败的中年人民去做的。

末了，我们还得说几句关于文官考试委员会的职务及其所采用的考试方法。依照一九二〇年的政府命令，英国文官考试委员会的职务有三种：（一）凡提出任命各种职位的人员，无论是永久的或暂时的，一定要经委员会批准其资格；（二）规定各机关任命人员的手续，及考试委员会发给文官合格证书的办法；（三）在伦敦公报公布所有任命的或提升的人员名单。根据于这种职权，英国文官考试委员会已经造成，并且每天执行，一种极复杂的考试制度及官吏递升的规则。虽则只是一个考试机关，但其工作却很繁重，在一九二九年，凡经考试委员会甄别的人员共有五万个，其中有四万三千人是经正式考试的，经委员会证明合格而任用的人有一万六千五百四十个。

文官考试委员会所采用的考试方法也不是一种，上面所述及的只是一种最普通的办法。第一，考试也许是笔试，其中却有一部份口试，或是面谈，被考者与考试官谈话，或是一种混合的办法，以笔试试验被考者的学问，并以口试试验其性情与人格。第二，考试也许是委员会所规定的普通考试，凡有相当资格的人都能参与，或是各行政部所需要的特别考试，只限于几个指定的被考人。第三考试也许是一种新进人员的考试，或是在职人员的进级考试。

所以在现今的英国，除了极少数的例外，所有的文官都得要经过考试才能录用。只有极高级的极重要的，或是极专门的，或是有机密性质的，如各部事务次长，司长之类可以不经考试从下级升任。但所谓事务次长是英国文官中最高的一级，至少要有二十来年的资格，并且对于好几部的事务都有过经验才能充任。同时还有最低级的最无关紧要的如听差茶房之类也可以不经考试。总而言之，英国的官吏是一种终身的职业，不是无业游民的生活，也不是无聊政客能混杂其间的。

第十七章　文官及文官考试制度

(二)美　国

英国可以算已经把文官的事务作为人民的一种终身职业。美国大概也多少受了英国方面的影响，于十九世纪下半期起入手改革文官制度，规定一种文官考试的方法。在现代的政府，行政方面的用人问题确是一个极重要而又极不易解决的问题。假使要正正当当的执行一个政府的职务，差不多关于各种各样职业行业，科学手艺的专门人才都得要完备。我们查一查无论那一种政府所雇用的人员，就可以看出各种行业的人都有。比方就拿一个市政府说罢，其所需要的各种人员有会计师，统计家，簿记员，工程师（包括机械，电气，与土木），建筑家，打样员，制图员，医生，化学师，制药员，爱克司光线专家，警察，侦探，指纹学家，心理学家，救火员，锅炉技师，铜匠，铁匠，与泥水匠等等。任何的行政首领，无论是总统，省长或市长，都没有方法可以选定这许多的专门技师与人员，就是他有自由选择的特权，他也没有能力为事择人，选定最合格的人员执行各项职务。

但在从前的美国，选择文官的方法并没有确定的标准，任命权是在中央，各邦城市与地方政府的行政首领。在欧战以前，美国中央政府的官吏，除了陆海军人员以外，大概有四十万以上，其中有极少数的，约四十个左右，是由总统单独任命的，还有少数人员，约一万以上，是由总统得到上议院同意后才任命的，其他的人员都由行政部长或其附属机关长官任命的。总统得到上议院同意后而任命的官吏包括各行政部部长及其助理员，四等以上的邮政局局长，各税局局长，中央政府在华盛顿以外各处附属机关的首领，行政部各司科的首领，及其他种种职位。依照宪法及法律的规定，大部份官吏的任命权都在各部部长手里。但除了一个极短的时期之外，总统却有无限制的罢免权。

在最初时候，各种职位都没有确定的时期，总统随时可以行使他的罢免权。但在一八二〇年，国会对于几种职位，规定其任期为四年，以后又推广到其他职位。并且这四年任期现在差不多又变为一种习惯，凡做满四年任期的官吏大概不自动的辞职，恐怕也就得要免职。所以总统在他的四年任期以内总有机会可以更换许多官吏。

美国第一任总统华盛顿初次组织政府时候，中央政府所有的官吏都归他任命，他的用人标准大约有三种：第一，所用的人一定要能做事；第二，他又注意到地理上的关系，把所有的重要职位依照各区域的重要与否，分配于各区域的主要人物；第三，凡关于中央政府派在各地方的官吏，他又顾虑到地方人民的意志，总得要使所任命的人员能够得到地方人民的赞同。那时候政党尚未成立，华盛顿第一任总统期内所任命的官吏都没有政治或政党的关系。可是在他的第二任总统期内，政党的势力已经团结起来，并且政治方面的冲突又使他非常不满意，所以他那时候已改变用人标准，并声明在他的执政期限以内，他决不任用那些“政治主张与政府政策相冲突的人员，因为假使这样办理，是等于政治上的自杀”。因此，当时所用的人都是他自己这一派的人，叫做“联邦派”（Federalists）。

到了一八〇〇年，茄富生（Jefferson）接任总统时，就发生了问题。茄富生所代表的一派是在主义与理论两方面，都有与联邦派极端相反的，所以共党派的名称就叫做“反联邦派”（Anti-Federalists）。并且这一派的人物又大都没有做过政府的官职。那时候非但因为党派的关系，要把政府中联邦派的人物驱逐出去，同时为“反联邦派”本党人员着想，他们也得要有一种相当的报酬。各方面压逼上来的政治势力是非常之大，茄富生总统也就不得不屈服，入手更换政府官吏。当时中央政府官吏共有四百三十三个职位，一共更换了一百零九个，约占总数的百分之二十二。这个数目并不算大，可是美国文官制度历史上任用私人的办法是茄富生开的先例。他往往很悲伤的说“死的人很少，辞职的人更没有”，就可见得他开了这种先例，自己良心也很觉得不安。

三十年以后，茄克孙（Jackson）接任总统，在他的任期以内，这种任用私人的办法，普通叫做“分赃制度”（Spoils System），就尽量的推广，从此以后，美国政府所有官职差不多都变为政党的战利品。茄克孙深信政府的官职是应当由人民轮流充当的，无论什么人都不能把持一种职位，所以在他的两任总统期内，他更换了二百五十二个官吏，约占那时候全体数目百分之四十。

“分赃制度”这名词是出源于一个上议员的一句话，他说：“从政客们的眼光中看起来，选举时候胜利的一党是应当连带的得到一切的脏品，”他所谓脏品就是政府官吏的职位。“分赃制度”所根据的原则有两种：第一是轮流做官的观念，第二是把官吏职位作为政党竞争时候的武器。自从民治观念，特别是茄克孙式的民治观念普遍以后，人民方面就极端赞成这种轮流做官的办法。他们都以为官吏的职务是很简单的，谁也能懂得的，时时的更换又可以使多数人民得到政治的教育与经验。政党领袖亦深信政府职位的分配是与本党的前途很有关系的，假使能够善为分配，其效果是非常之大。因有这种种关系，“分赃制度”就于十九世纪盛行于美国全部各级的政府。

可是美国的吏治就从此糟不可言。凡每次政局更变，旧党失势，新党当权的时候差不多所有的旧官吏都得更换，另由新党的人物充当。大概新派的人员并不是因为他们有相当的资格，只因为他们是民治党或共和党的党员，并在选举时候出过力的。往往很有经验的忠实的官吏无过免职，那般完全没有经验与资格的政客派充各种要职。有时候还甚而至于设立种种不需要的职位，位置党员。各项官吏的薪俸也不以其职务为标准，只以那在位的党员的地位定夺的。在职的党员又得要以大部份的时间帮助政党的种种选举运动，以大部份薪俸捐助政党党费，他们只在名义上，是服务于政府的官吏，但在事实上，是纯粹为政党工作的人员。总而言之，政党已经变为一个争夺政府官职的机关，政府的行政已经不以公共的利益为目的，任何政策都是注重于当权党的私利。

但美国人民究竟还是很有出息的民族。他们也许很大意，当初没有注意到那政党把持政府用人的大权，可是等到后来一切弊端太显著了，他们就不肯听其自然，不闻不问，他们却用了全副精力，入手鼓吹与运动改革。到了一八八三年，国会也就不得不依照人民的意志，制定一种法律，改革吏治，实行文官考试制度。从此以后，政府与人民又十分注意于这个问题，用尽种种方法把政治与吏治脱离关系，并切实改革中央与地方政府的文官制度。这种改革的目的一方面是要拒绝那般政客充当官职，又一方面是要设法招致一班合格的官吏。在这几十年之内，美国对于这个吏治问题差不多可以算已经确定了几种重要的原则，其中最重要的就是（一）只有那般决定政策的官吏，如行政长官，各部部长及其重要的属员才应当因政局的更动而更换，其他一切的官吏与雇员都得有一种永久性，只要不犯神经病，同时能够尽职，就得继续连任；（二）行政长官的任命权必须有一种限制，凡所任命或提升的人员一定要经过一个考试委员会考试合格后方能任命或提升；（三）凡各种职位一定要依照其职务的性质分为等级，每一个职位的职务，名称，与薪俸一定要确实规定，并在同级的机关又须要相同的；（四）政府又须明确规定执行各项职务人员的教育，经验，与才能的程度，并以此为各种考试的标准；（五）凡公务员的政治，宗教，与公民权利又须有明确规定，并有确实的保障。

联邦政府是美国最大的一个雇主，其所雇用人员约共有四十万以上，包括从最专门的技术家到最普通的粗工。从他们工作的区域着想，他们可以分做两大部份：一部份在华盛顿工作的，一部份是散处于各邦各属地，甚而至于世界各处。从他们任命的方法着想，他们也是分为两大部份：一部份是不必经过考试的方式而任命的，一部份是一定要经过考试合格后方能派充。假使从他们工作的性质着想，那就很不容易把他们分为等级，因为美国还没有规定一种科学的官吏分类标准。依照国会设立这种职位的法律，一共就有五百多种名称。依照一九二三年的官吏分类法律，一共有五大类：就是（一）职业与科学的，（二）"准职业的"（Subproessional），（三）事务的，行政的与财务的，（四）保管的，（五）工艺的。

美国政府是于一八八三年制定改革官制的文官考试法律，设立一个文官考试委员会，委员三人是由总统得上议院的同意而任命的。委员会的职务是帮同总统执行文官考试法律，并拟定规章，试验那般谋官职者的合格与否。美国的官职是分为两种：一种是分类的（Classified），一种是不分类的。凡属于分类的官职大概是要经过考试合格后方能任命。当初文官考试法律实行时候，在分类的官职范围以内的，只有一万四千种职位。以后又经历任总统屡次推广分类官职的范围，现在差不多已有五分之三的官职是一定要经过考试才能充任，可是在考试范围以外的，却还有一大部份的重要官职。在考试范围以外的官职又可以分为两部份：一部份是在分类的官职范围以内，但可以不必经过考试；又一部份既不在分类的官职范围以内，又不必经过考试，普通叫做政治的官职。所以美国的官制到了现在还没有一种一定的系统。

并且美国那种所谓政治官又不像英国那样，与其他一种所谓事务官有确定的区别。有时候政府的职位是因政治的关系而派新人接充的，有时候在职的旧人又因习惯的关系，能够继续充任，差不多有一种永久性质的职位。其结果往往使那高级的职位须受考试任用的限制，较低的职位反而不受考试任用的限制。在英国政治官与事务官的界限是分得很清楚的，只有行政部部长及几种最重要的官吏，如政务次长之类才算是政治官，是与政党同进退的，其他的官吏都算是事务官，就是最高级的如管部次长也是由考试出身，从下级升任的。所以在英国，很多的大学卒业生都愿意参与文官考试，因为政府职位也是一种很好的终身职业。但在美国，大学卒业生大都不愿意参与这种考试。这就可以见得美国的文官考试并没有多大的引诱力。可是英美两国的社会状况，确有不同之处，因此，政治方面也受到不同的影响。美国是一个新发展的国家，凡工商业方面的种种机会是很大很好，所以人民谋事的机会是很多，发展其才能的方法亦甚多，不必都从政治方面去谋生活了。

美国考试文官的方法也与英国大不相同。在美国，考试权也是集中在一个考试委员会，可是其所采用的考试方法是要试验那般谋官职的人是否有实际的能力，执行其所谋的事务。比方对于谋做邮差的人，就给与一种关于邮政方面的考试；对于谋充簿记员的人，就考试其簿记方面的智识，诸如此类的考试不知有多多少少。美国的文官考试并不像英国那种学校式的考试，都是很具体的，很切于实用的。从美国人的眼光看起来，一切的考试自然是应当这样办的。并且这种办法又是最合于民治主义的原则，任何年级的男女如有一艺之长，一技之能，都能参与政府的文官考试，谋到一个终身的吃饭地方。这是美国考试制度最主要的优点。英国的考试制度当然没有像美国的那样合于民治原则，但确实能够引诱一班有能力的，受过高深教育的年轻男女参与考试，录取以后再经过几年的训练变成一种有用的，很能干的，并且能负责的官吏。美国文官考试所录取的人员大都是很能够执行一切例行事务，但他们恐怕也只能终身做这类事务而已，讲到那种真能充当高级职位的人才在考试录取的人员中是很少发现的。

这是英美两国文官考试制度的主要不同之处。美国最初吏治改革运动的目的是要使政府的职位不为政党所利用。可是从一九一〇年起，这吏治改革运动又注意到一个新的范围较大的方向。美国自从文官考试制度实行后，从前那种分赃式的弊端虽已革除，但同时其他种种的弊端却尚未着手改革，比方像（一）同样的工作往往不能得到同样的薪俸；（二）各机关中还有种种无用的或挂名的职位；（三）立法机关往往为党派的关系增加各个人的薪俸；（四）从低级到高级职位很难有升级的机会。这种种问题现在已经中央与各地方政府的注意，并已组织了特别委员会，专任研究改革的方法。

从二十世纪起，各学者讨论这吏治问题又往往是从两方面入手，一方面固然是革除那种分赃式的办法，又一方面却是注重于种种建设的用人政策。同时各种大的实业公司也注意到这用人问题，并聘请了专家，替他们选择雇员。这个所谓“人”的问题忽然在“科学的管理”问题中占了极重要的地位。工会的发生，政府公务员的组织工会，工业民治主义的讨论又提出了一种新问题，就是公务员组织工会的权及参与决定他们自己雇用条件的权。

这种运动确是很重要的，与将来的政府与私人事业都有很大的关系。现在关于这种运动的著作已经有了很多。各种新的试验也时常发现，并且所谓“人”的问题的各方面也已经政府，资本家，与劳工代表的仔细研究。将来怎样的决定自然与社会的发展及政府行政的效率有很大的关系。所以我们如果要明白现代政府，我们不能不注意到所谓“用人行政”方面的一切经验与智识。

第十八章　现代政府的组织

政府事务也是与人类其他一切事务一样，是由人执行的；并且也只是决定什么是应当做的，什么是不应当做的，及执行一切已经决定的事务。人类团体行为的根本性质大都是相同的，我们很可以用同样的语言来表示。所谓团体生活与团体行为的根本职务也只就是决定与执行两种而已。但政府却是范围最广泛的情形最复杂的人类社会，所以我们就用种种的专门名词来表示其根本职务及执行这项职务的各机关。比方凡关于决定什么是应当做的，什么是不应当做的各项职务，就叫做立法；执行立法职务的机关叫做立法机关，国会，或议会等名称。凡执行那立法所议决的一切法律，规章或政策的职务叫做行政；各项行政机关叫做行政院，行政委员会，行政部，内阁，法庭等名称。

在从前一人或少数人专政的时代，所有立法与行政职权都在一个或少数的专政者手里。在一人专政的制度之下，皇帝同时是立法者，行政首领与司法官。他也许委托他的属员执行大部份的职务；只要最后的权力是在他一人手里，立法与行政机关就没有分立的可能。在少数人专政的制度之下，一切情形也是相同的，最后的大权是在几个少数人手里，他们是包办一切立法行政与司法事务。所以无论在一人或少数人专权的政府，政权是不分的，执行各项职务的机关也是不分的。

可是政府从专制的变为立宪的，其第一步就是从分权方面入手。分权的结果又使政府的组织大受影响，根本改组。从历史上着想，第一步是把立法的权力分开，使人群团体或各个人都有参与的权。可是凡有参与立法权的团体或人民也得要有一种方法能够联合起来，成为一种有机体的组织，才能执行他们的职务，因此，就有所谓立法机关的发生。立法机关的权力与国王的权力成一反比例，凡立法机关的权力进一步，国王的权力就得退一步，英国国会发达的历史就可以证明这一层。

分权制度成立以后，各别的行政机关也就有设立的必要。从前行政与立法权同在一个人或一群少数人手里，行政机关自然可以不必分立。但现在政府职权，特别是立法权，是分散于各人民各团体与各阶级，这班执行立法权的人民当然不能同时执行行政权。因为行政事务的性质是与立法事务根本不相同的，行政方面的需要是继续不断的工作，一致的手续，与敏捷的方法，这都是立法机关所不能做的。所以分权的结果既使立法机关成立，同时又使行政机关成立。

为议决一切法律，使全国所有人民服从，立法机关一定要有一种确定的组织与议事的手续。在极小的区域范围以内，如从前希腊时代的城市国家，瑞士的小邦，美国从前的新英格兰城市，凡有参与权的人民都能出席一个大议会，直接执行立法职权。这就是人民直接制度，上边一章已经说明了。人民直接立法制度所以不能适用于现代国家，上边也已说明。现今国家都把立法职权委托于那班有参与政权人民的代表执行。人民代表的机关叫做国会或议会种种名称。于一定的时期，在一定的地点，并以人民代表的资格替国家制定一切需要的法律。凡以间接方法执行立法职权的政府都叫代表的（Representative）政府。

现今所有的政府都是带有代表性质的政府。大多数的政府差不多都有一个或一个以上的代议性质的立法机关，执行立法职权。这许多立法机关也许有无限制的立法大权，也许其权力是受宪法或国王的特权所限制。有时候，立法机关也许代表全国所有的人民，人民团体与人民阶级；有时候，也许只代表少数人民，其他大部份人民都没有参政权的。代表的政府不一定都是民治的政府。苏维埃式的俄罗斯政府也是一种代表式的政府，但不是民治的。一九一八年以前德奥两国的政府也是这样的。

行政机关总是一种间接的或代表式的。就是在区域范围最小的人民数目最少的国家，人民也不能直接执行那无数的例行的行政事务。并且行政机关行政人员与政府其他机关的关系方面还有种种极复杂的问题。大概的说起来，只有各机关都能像立法机关那样对于人民负责的政府才能算是完备的代表式的政府。假使立法机关是严格的采用代议制，但行政机关或对于国王负责，或是一种官僚式的独立机关，或有永久的任期，对于立法机关是独立的，不受任何直接的或间接的限制，这样的政府就不能算是完备的代表政府。现今各国已经采用了各种各样的方法，其目的是要使行政机关与立法机关同样的有一种代表性质，或使行使官吏直接由人民举出，或间接由民选的官吏任命，或使全部的行政组织对于立法机关负完全的责任。

上边已经说过政府的事务可以分为两大类：一方面是决定政策，叫做立法，又一方面是执行政策，叫做行政。但在代表式的政府中，包括在第一类的事务不单是决定政策，同时还有选择与监察官吏的职务。有几个政治学者把这一类的职务叫做“政治”的，同时把“行政”这名词专限于那种纯粹的事务方面。

虽则现代政府的组织并没有根据于“政治”与“行政”的区别，但政治学者都一致主张这两种职务是应当分开的，应当由各别的机关执行的。学者们都以为政治性质的机关是不应当执行行政的职务或担负行政方面的责任，同时行政性质的机关或官吏也不应当参加立法的职务，或负立法方面的责任。“政治”的机关本来是不配执行行政事务；行政机关的效率亦势必至于因混杂政治与行政而减少。社会的意志当然是以政治的方法决定的与表示的，所以行政机关也不能完全与政治脱离关系，致使不顾人民意志，不忠实的执行那政治机关所议决的政策。可是政治机关监督行政方面的权力也只是一种普通的监督权，不能干涉行政上的详细事务，或直接执行行政事务。

行政职务又可以分为两大种类。第一种是解释法律与把法律条文应用到各案件方面，这是叫做司法行政。依照一部份学者的主张，司法行政是与立法及行政完全不同的，应当独立成为一种特别的政府职务；但多数学者的意见都以为司法职务根本上就有行政的性质，所以是应当属于行政的范围。第二种的行政职务是关于执行政策时候的无数工作，包括收税，拨款，购料，用人等类，有时候就叫做普通行政。普通行政也许包括几种各别的行政，如财政行政，卫生行政，教育行政，与军事行政等类。

所以现代政府的组织大都有立法行政与司法三种机关。这都是出源于十八世纪时候英国政治哲学家洛克与法国孟德斯鸠的三权分立学说。但现今欧美学者又觉得这三种分立学说似乎不甚适合于现代政治状况，所以主张把政府职务分为政治与行政两部份，并把司法附属于行政范围之内。孙中山先生也觉得这三种分权学说不能包括政府一切的职权，所以主张从三权扩充到五权，除了立法行政与司法之外，再加上考试与监察两权。这又是从行政权里分出的两权了。

现在还有一般人，以为世界各国的政府组织都是依照确定的主义，一定的计划，创造出来的，如同各工厂中制造机器一样。这种观念当然是大错而错。可是现今有许多国家的制宪者还是往往没有意识的抄袭别国宪法的条文，不晓得抄袭来的宪法若不能在本国人民的政治习惯中生根，是决不能久长的。

在现今的世界上，凡能适合于人民政治生活的政府组织总是经过长期的历史逐渐变化出来的。比方美国的宪法虽则是于一七八七年由制宪会议制定的，但每一个懂得美国宪法的学者都晓得宪法中所规定的政治制度的来源是在一二百年以前的英国与殖民地时代的历史。美国政府是这样的，其他各国的政治制度的来源也都能追溯到好几百年以前的历史。

讲到各国政治发展的特别情形，我们却不能找出一个特别的原因。我们不能说英国内阁制政府的发生是因为一个特别原因，美国总统制政府的发生又因为其他的一个特别原因。依照历史家与政治学者的意见，各国政府组织的变化都是受了几个根本的原动力的影响。究竟那几种可以算是根本的原动力，怎样又能在不同的状况之下，发生不同的结果，他们的意见却很不一致。我们只能把其中最重要的几种约略举出。

影响于政府组织最重要的一种原动力是人民的政治历史背景。人民的政治心理与政治习惯都很受他们最初政治经验的影响，并且种种特点在最初时期造成后又大都遗传到他们民族以后的政治生活。比方盎格鲁撒克逊人民有了好几百年部落政府的经验，法兰西人民是在罗马政府之下过了好几百年的生活，所以这两种民族对于封建时代以后的专制政体就有不相同的表示：英国人的政治经验是一种比较的自由生活，他们早就受不了国王的专权行为，所以早就设法限制国王的权力，扩充代表人民的国会的职权；法国人是被罗马政府压迫惯的，所以他们很能忍受十六与十七世纪的开明专制之下的生活。又比方北美洲的英国殖民地人民与南美洲的西班牙殖民地人的政治背景是完全不相同的，所以现今南北美洲的政府组织虽在表面上是相同的，但在实际上是完全不相同的。

人民社会与经济生活的性质也与政治制度的发展大有关系。政府职权的分立，与政府各机关的设立，往往是为应付各种社会与经济团体的需要，因此，一国的政府组织一定是依照其经济社会组织的不同而各异的。比方英国早就变为一个极复杂的工商业国家，所以其政府的组织一定是与那农业国的俄德法不同的。英国的社会逐渐复杂，各种有利害关系的团体都有参与政治的权利，其政府的组织定必有一种改革，但同时在那社会组织较为简单的国家就无须有这种改革了。

地理方面的状况也是影响于政治组织的一种主要原因。在一个团结的岛国，像英国，其代议式政府的发展一定不能像一个极大的大陆国如俄罗斯那样的情形。法国与德国没有像英美那样有地理方面的天然保障，其政治组织当然也不能像英美那样的趋向于地方分权，德法人民为防御外侮起见，很能容纳中央集权式的制度。

有一般学者往往以为有几种人民是有天赋的政治才能，所以能够发明各种政治制度。依照他们的观念，人民是否有天赋的政治才能就是决定各民族政治制度发展的主要原因。现今多数学者大概都不承认这样的观念，但他们却又承认各民族的政治自觉心确是各不相同的，可是其原因并不是天赋的关系，只因为他们社会与经济的组织是各不相同的。

现今各国政府组织的不同大概是都能以上述各种原因说明的，可是我们却不能指定某种原因是发生某种制度的主动力，我们只能笼统的说这许多原因各种各样的结合就发生现今各种各样的政府组织。

第十九章　英国式的内阁制

内阁制政府的特点就是立法机关的地位是至尊无上，超过其他所有的机关；并且立法与行政大权又集中在一个内阁，由其负责执行。内阁阁员往往是立法机关的议员，并且又是其中多数党的领袖，但无论是否议员，他们总是能够出席，发表意见，及参与一切的讨论；同时立法机关对于他们随时可以提出质问。在这样的政府制度之下，内阁阁员的主要职务可以分为三种：（一）是行政长官，每一个阁员大概充当一个行政部的部长；（二）是立法机关中的一个指导委员会，负责提出与通过一切重要的议案；（三）是决定政策的机关，凡一切对内与对外的政策都是由其决定的。

在内阁制的政府，国王或总统只是名义上的行政首领，内阁才是事实上的行政首领；事实上的行政首领是对于立法机关或其一院负直接的与法律方面的责任，并对于人民负间接的与最后的责任，同时那名以上的行政首领却处于一种不负责的地位。依照法律上的一种假定，名义上的行政首领是在政治方面不能做错的，假使有什么错误的行为或命令，那一定是他的大臣（就是内阁阁员）的过失，所以他们就应当代负一切的责任。但权利与义务是不能分开的，内阁阁员既有代替国王担负责任的义务，他们也应当有代替国王执行职权的权利。

因此，国王的实权就到了内阁阁员手里，内阁变为事实上的行政首领。内阁全体阁员就是“政府”。一切重要议案都是他们提出的，并且又设法使之通过，在立法机关内，他们可以申辩一切政策的用意。打消反对派的攻击，其他议员提出质问时候，他们又必须详细答覆，使各方面能明了或谅解他们的主张及其实施的方法。出了立法机关，他们又是行政长官，实行他们自己所决定的一切政策。立法与行政职权是不分的，都是他们包办的。只要他们的政策及其实施方法能够得到立法机关多数议员的赞同与信任，他们就能继续在职，继续执行政权。可是立法机关对于他们如有不信任的表示，或正式通过不信任议决案，或拒绝通过他们提出的重要议案，他们只有两种办法，或全体辞职，或解散立法机关使人民重行选定新代表。这第二种办法是等于以人民总投票的方法解决内阁与立法机关两方面的冲突。假使选举的结果是内阁方面得胜，就是多数的新代表都是表同情于他们的政策，他们还是继续执行政权，否则选举结果确定后，他们就得立即辞职。

所以在内阁制的政府，内阁是最重要的机关，一手掌握立法大权，又一手掌管行政事务，政府一切的职权都集中在这一个机关。但内阁全体阁员却对于立法机关共同负责的，得到了立法机关的信任，他们自然是大权在手，可以为所欲为；失了立法机关的信任，他们就得辞职，或诉诸于人民，使人民公决。人民在投票选举新议员时候，不单是决定新代表的人选问题，同时还得要解决政策的去取，表决他们赞同那一方面的政策。立法机关是政府中地位最高的一个机关，内阁须对其负责，并且内阁阁员又没有确定的任期，立法机关随时能以不信任表决的方法，免他们的职，但最后的大权还是在于人民手里，人民又能于选举时候更换立法机关的议员。

这就是所谓英国式的内阁制的大概情形，但这种制度并不是依照什么预定的计划，在什么时期实行的。英国内阁制的组织既没有法律上的根据，又没有确定的范围，却是经过好几百年历史的变迁，逐渐变出来的。内阁制既是英国的出产品，并且又在英国，发展的最完备，成绩亦最优美，我们可以先把英国的内阁详细说明，然再在叙述欧洲大陆方面的种种变化。

在英国，行政方面执行政权的机关有两种：一种是行政长官的总体，叫做政府，英文为Ministry，直译为“各部”。一种是内阁（Cabinet），可名为“枢府”，是政府中的政府。行政长官的总体包括所有对于国会负责的行政官吏，他们都是国会议员兼充的，所以也只有得到了国会的信任，才能维持其地位。行政长官的职位都有政治的性质，这就是与其他的事务官的区别的地方。简单的说起来，行政长官就是那般决定政策与执行政权的大官。但有几个行政长官并没有决定政策的权，又有几个没有执行政权的职务。所以行政长官与事务官的界限并不是根据于逻辑的，是完全依照习惯或甚而至于偶然决定的。并且行政长官的额数又没有确定的数目，随时可以或增或减。

行政长官可以大致分四种或五种。第一，几个重要行政部事实上的或名义上的部长，如外交部，海军部，卫生部，教育部等类。第二，几个不管部的大臣，如枢密院院长等类。第三，财务次长，各部至少有一个。第四，国会内政党的督察员，共有四个，其职务是督察党员准期出席投票。末了，还有王室方面的几个大臣，也算有政治性质的行政长官。所以英国行政长官的数目已经是很多，现在（一九二九年）共有六十六个。他们都有政治的性质，与内阁同进退的。

但行政长官的总体又与内阁有区别的。所有的内阁阁员都是行政长官，但所有的行政长官不一定都是内阁阁员，内阁只包括一部份的行政长官。那一个行政长官是应当入阁，那一个是不应当入阁的，都是由国务总理决定的；但有几个行政长官，或因其职位的重要，或因历史上的关系，是一定要入阁的。内阁阁员的数目，也与行政长官一样，是没有定额的。十八世纪的内阁只有七个到九个阁员，十九世纪的上半期已经增加到十三或十四个。在欧战以前的二十年之内，差不多有了二十左右。因欧战的发生，英国的内阁制曾经经过一次的改造。欧战期内第一次的新内阁共有阁员二十三个，是英国历史上最大的一个内阁。可是这样大的一个内阁决不能应付战争时期的一切紧急事务。所以到一九一六年冬天鲁意乔治（Lloyd George）当权时候，他就改组内阁，设立一个叫做军机内阁，共有阁员五人，其中除了财政部长之外，其余四人都没有行政方面的职务，能以全副精神注意到战争方面的事务。到了一九一七年，各自治殖民地的国务总理及印度的代表又加入内阁会议，开过两次特别会议，叫做“帝国军机内阁”会议（Imperial War Cabinet）。

英国的内阁政府完全是根据于习惯的，所以欧战时期的改革也完全以非正式的，法律范围以外的方法实行的。既没有国会的法律，又没有行政方面的命令，宣布这种改革。南非洲的代表General Smuts从一九一七年的夏天到一九一八年的年底也是军机内阁中的一个阁员，他既不是英国的行政长官，又不是国会议员。可是这种办法并没有违背任何的法律。内阁阁员须由国会议员兼充，也只是英国的一种习惯而已。这一点就可以证明英国政治制度的易于改变，内阁制的组织是根据于历史上的情形逐渐变化出来的，将来也能依照一切情形的变化逐渐于无形之中，不经法律方面的手续，更变其性质。欧战结束以后，英国的内阁又回复到战前的状况，阁员的数目又增加到二十个左右。

英国的内阁改组时候，新内阁究竟是怎样成立的？凡在政局更动时候，不单是全体阁员，就是全体的行政长官亦都得辞职。内阁的更换就是所有政治性质的行政官吏全体的更换。组织新内阁的第一步是国务总理的选择。英国的国务总理是全国势力最大，地位最重要的一个职位，在英国政府之中只有国务总理可以仝美国总统的地位相比。可是在从前内阁制初发现的时候，阁员之中并没有一个首领，每次内阁会议时候，国王是出席充当主席，差不多就是内阁阁员的首领。但在十八世纪初期，国王停止出席内阁会议，并且又不大参与政府事务，内阁阁员就好像没有首领似的，其结果阁员之中就有一人自然而然的变为他们的领袖。在最初时候，也只是一个主席的地位，以后却逐渐扩充他的势力，变为国务总理。

内阁阁员及全体行政长官的任命权，在法律上，是在国王手里。凡旧的国务总理辞呈递进以后，国王就召集一个有组阁能力的政党首领，请其预备一张行政长官的名单，这就是等于说，他是已经任命为国务总理了。在从前，国王确有选择的权力。凡指定组织新内阁的人物一定要一个政党首领，并且还要能够得到国会多数议员的信任。但这样的人物同时也许有两个，三个，或好几个，国王就能在这类人物之中选择一人充当国务总理。可是自从两党制成立，及政党组织完备以后，每一党一定有全体党员所公认的一个领袖，所以凡是旧党失势新党当权时候，国王只能把组织新内阁的职任委托于新当权的政党的首领，就是国王对于他无论怎样的不满意，也没有其他办法。现在劳工党势力扩大，英国共有三个大党，选择新国务总理似乎好像没有从前那样简单。已经有过两次（一九二三年与一九二九年）没有一个政党占到国会中多数议席，在那样状况之下，国王似乎可以从两个政党首领之中，选择一人充当国务总理。可是就在这样的特别状况之下，国王也不能独断独行，他也得依照各方面的意志，委托那已经决定的人物组织新内阁。二十世纪的英国国王决不敢独断独行，凭他自己一人的意志，选择一个国务总理，这样的办法势必至于危及他的王位，他也许就从此根本推翻了他自己的地位了。

在事实上，究竟谁选定这国务总理？这个问题可以分做两层答覆。第一，国会的下议院或全国选民于选举时候举出来当权的政党；第二，政党一定预备好一个首领，随时可以上台，他并不是由全国党员所举定的，却是国会下议院本党议员所推定的。国务总理的职位就是当权的政党首领充任的。内阁制的政府本来就是一种政党政府，是多数党当权的政府。所以多数党的首领就是政府的行政首领，其他的领袖亦就充当政府中一切的重要职位。国务总理选定以后，组织内阁的第二步就是由国务总理选定全体行政长官的名单，呈请国王任命。至于那几个行政长官是应当入阁也是国务总理决定的。

内阁是英国政府中最重要的机关，执行行政与立法两方面的重大职权。在一百多年前，其行政方面的职权较为重要，但从一八三二年国会选举法改革以后，内阁在立法方面的职权亦非常重要，我们很可以说现今英国立法大权是由内阁得到国会的同意执行的。有人说，英国内阁是国会推举出来执行政权的委员会。但所谓委员会当然不是普通那种委员会，国会并没有任命内阁，也没有把议案交付内阁审查，一切重要议案却反而都由内阁提出来的。可是内阁阁员都是国会议员，并且又是国会所承认的极重要份子，其职权是极大的，不过又是因国会方面的关系发生的。内阁制的特点是多数党当权，在这多数党之内，无论是关于政党事务，或国家事务，执行实权的机关就是这内阁。所以英国的政府组织好像几个圈轮；在大圈轮之内又有小圈轮；最大的一个圈轮是国会内多数党议员，较小的圈轮是全体的行政长官，包含多数党中的重要人物，最小的一个圈轮是内阁阁员，就是多数党的几个领袖。

内阁制是英国对于政治制度方面一种极重大的贡献。这样一种集权的机关同时能够免去专权的行为，完全是因为对于国会负责的关系，所以内阁制又往往叫做责任内阁制。内阁的责任有两种：一种是法律方面的，又一种是政治方面的。所以法律方面的责任就是：国王的一切命令至少要有一个行政长官副署，假使这项命令是非法的，行政长官副署以后，就得代负一切法律上的责任。这是英国不成文宪法上一种根本选择。其他一种政治方面的责任是对于下议院发生的。就是每一个行政长官的一切公共行为，无论他是否阁员，是一定要对于下议院负一切的责任；并且全体行政长官——在事实上是内阁——非但须共同担负关于公共政策及行为方面的责任，就是关于各个人以阁员或行政长官的地位所发表的意见及所做的事务，也得要共同负责的。所谓“负责”并不是一句空话，无论什么时候下议院能够迫逼一个或全体行政长官辞职的。这当然不是法律上的问题。一个行政长官或内阁很可以对于国会的反对，不闻不问，继续执行其职务，这样的办法并没有违背任何的法律，或任何成文的或不成文的宪法条文。法庭是绝对不能干涉的。可是内阁负责的原则，就是内阁只有得到国会的信任，才能维持其地位，已经有了二百多年的习惯，英国没有一个内阁或行政长官胆敢违背这种根深蒂固的习惯。

在内阁之中，国务总理的地位是最重要的。他对于其他的阁员都有相当的势力，他是他们的领袖，也是对外的代表。内阁内部的事务也采用委员会式的分工合作办法，其中至少有两个比较的永久委员会，一个是关于内务的，又一个是关于财政的。内阁本来是在法律范围以外产生的一个机关，所以其办事的手续也都是非正式的。开会往往没有一定的地点与时期，也没有议事日程，也没有法定人数的规定。并且一切会议又是很秘密的，议决的事务也大都不公布的。在欧战以前，内阁开会时候是没有记录的。但在军机内阁时期，一切事务是非常复杂，阁员只有五六人，并且又有不能常到会的，所以就不得不另设秘书处，执行记录及其他文书方面的一切事务。以后内阁制恢复原状，这秘书处就变了政府中的一种永久机关。

第二十章　欧洲大陆式的内阁制

内阁制的政府是英国历史上的出产品，成立以后，即散布到欧洲大陆各国。法国的革命时代是各种各样政治制度的试验时期，但这种种试验都有偏向于内阁式制度的趋势。自从拿破仑第三失败，第三次共和国于一八七一年成立以后，法国政府就即采用一种内阁式的制度。到了十九世纪末期，同样的政治变化曾经发现于意大利，西班牙，葡萄牙，荷兰，比利时，瑞典与挪威。所以在一九一四年欧战发生时期，除了德国，奥国，俄罗斯，土耳其，瑞士与巴尔干半岛各国，欧洲其他诸国均已采用一种内阁式的政府。俄罗斯革命与德奥失败的结果使东欧与西欧发现许多新国家，制定许多新宪法；可是欧洲自从一九一七年以后所制定的宪法，除了俄罗斯，匈牙利与土耳其之外，都规定一种内阁式或类似内阁式的制度。所以在那采用内阁制政府的名单上，我们又得要加上德国，波兰，芬兰，厄斯陀尼亚，腊特维埃，立索尼埃，奥国，南斯拉夫与捷克。

在欧洲大陆方面的内阁制政府中，比利时的制度要算与英国的内阁制最相像的。但在比利时，国王的权力是较英王的权力大些。比利时的宪法明确规定国王的命令没有行政长官副署，代负责任，是不能发生效力的。但国王对于行政长官的权力也要较英王大得多。国会内也有各党议员所承认的领袖，所以国王任命行政长官的权也很有限制，在事实上，他是不能自由选择任命。除了陆军部长之外，所有的行政长也都是从国会议员，往往是下议院议员中选择任命的，陆军部长往往是军事长官充当的。所有行政长官无论是否国会议员，都能出席于两院，并能随时发言。

法国第一次采用内阁式制度是复辟后所颁布的一八〇四年宪法，但当时所抄袭的英国式制度，也并没有整个的抄袭。宪法上正式声明国王是不负责的，并又声明行政长官是对于国会下院负责，但同时复辟以后的国王在政府中所占的重要地位，及其执行的大权均与内阁制政府的实施相冲突的。直到一八三〇年革命以后，政府大权从国王转移到国会下议院，下议院才有实力监督行政长官，内阁制的政府才有实现的可能。法国历史家说：那时候的国王只在位，不管事。以后又得经过一八八四年的革命，拿破仑第三的复辟及其失败，直到第三次共和成立后，现今的内阁制政府才算实现。可是就从最初的时期起，法国的所谓内阁制是与英国的内阁制不相同的。第一，英国是两党制的政党政府，法国是多数党制的政党政府。因为政党的复杂，没有一党能在法国下议院占居多数席位，每次的内阁只是由好几个党或好几派联合起来组织的。这样的内阁当然是很不稳固的，差不多天天在风雨飘摇之中，其寿命也一定是很短的。从一八七三年至一九二九年的五十六年之内，法国差不多已经有了将近八十个内阁，每一个内阁平均的寿命只有八个月。从一九一七年到一九二九年的十二年时期内，法国内阁改组的次数差不多要将近二十次，每次内阁的任期最短的只有一二天，最长的也只有两年多而已。并且在法国，新内阁的产生是一件极困难的事，往往要经过各政党领袖好几次的磋商，才能得到一种相当的调和办法。选定一个国务总理固然是很困难了，但由国务总理选定其他的阁员（行政长官）却更加困难。

此外，法国内阁制度其他的情形也与英国的内阁不同的。法国人民的性情似乎与内阁制很不相宜的。在英国，国会有了监督行政最后的大权，自愿受内阁的指导。英国国会议员都肯服从领袖，他们选定了领袖以后，就即受其指挥，凡领袖所提议的，他们大都是赞同的。但在法国，人民是好像没有这种服从的天性，所以国会与内阁的地位就差不多是倒转来了，内阁非但不能领导国会，并且关于立法与行政方面的极细微事物也得处处要受国会的干预；虽则宪法上明确规定内阁只负一切普通政策的责任，但法国内阁往往因极细微的问题被国会推翻。法国又有一种特别情形，国会议员对于内阁员随时可以提出各种质问，阁员又需立即答覆，往往关于极无关紧要的事物内阁阁员须对于国会详细解释，并且又往往因解释不当而被逼辞职。这种情形在英国是绝不会发生的。

在法国，除了海陆军两部部长之外，其他行政部长往往都是国会两院的议员充任的，海陆军部长大概是从海陆军长官中选择的。行政长官能随时出席两院，并有发言权，但同时又能随时被议员质问。自从欧战发生，以后法国内阁中也常有不管部的阁员：同时还往往有执行一部份行政事务的次长。

法国内阁是否对于国会两院同时负责？这是研究法国宪法法学者时常讨论的一个问题，依照一派学者的主张，根据于英国与比利时的习惯，又根据于法国从一八一四年到一八四八年君主立宪法时代的办法，内阁是只对于下议院负责的。并且上院是不能解散的，总统得到了上院的同意是可以解散下院的。所以从这方面着想，假使上院还有推翻内阁的权，其地位似乎是太优胜了。可是宪法上却有明文规定，内阁是对于国会负责的，并不是对于国会的一院负责的。法国的上议院不像英国的上议院，或法国君主立宪时代的上议院，却是民选的；并且在事实上，这几十年内已经有好几个内阁因上议院的反对而推翻的。法国内阁一方面须对于国会两院负责，又一方面没有那连带解散国会权，所以其地位是更加不稳固，一切情形又更加困难。法国总统解散下议院，必须预先得到上议院的同意；但上议院的同意是不容易得到的，所以下议院也就难于解散。并且法国总统解散下议院的权在事实上可以算已经废止了。在一八七七年，总统曾经解散过一次下议院，可是那时候的下议院确是代表大多数选民的意见，总统实行他的解散权虽没有违背宪法条文，却违背了宪法的精神。因此，法国人民就把总统解散下议院的权看得很害怕的，以为这种权是不合于共和制度的精神。这一点确是与英国内阁制不大相同的地方。在英国，下议院的解散是一种极平常的事，并且人民又把这解散国会权看做责任内阁制的一种特点。

在意大利，内阁制度的一切情形与法国很像。国会内的党派也很多，每一派也都得要在内阁中占一个地位。组织内阁的困难情形也与法国相同，往往费了很多周折成立的内阁因为一个小小问题就即推翻。国会对于内阁人选问题的权没有像英国或法国国会那样大，国王差不多有很大的选举权，并且宪法上又规定，国王有权免阁员的职。阁员是负责的，但宪法上却没有说明究竟是对于国会或国会的那一院负责。所以在事实上，内阁往往对于国会与国王同时负责。海陆军部长往往是海陆军长官充任的，其他的阁员大都是下议院议员兼充的。他们都能出席于国会两院，并有发言权。

自从莫索里尼（Mussolini）掌权以后，内阁对于国会负责在事实上就即废止。欧战后的几年，意大利有过好几个短期的没有能力的内阁，完全不能对付那时候的种种特别情形，内阁制的政府差不多就从此取消。依照一九二三年的法律，凡选举出最多数国会下议院的政党就算占据该院三分之二的议席。所以法西党（Fascisti）虽不能举出过半数的议员，也能把持下议院的职权。以后又通过一种法律，规定内阁阁员是对于国王负责，不是对于国会负责的，因此，莫索里尼可以完全不顾国会的意志，把意大利的内阁制变为一种狄克推多制。

欧战后设立的新国家虽也采用内阁制的原则，但同时又加入了种种新方法。捷克与波兰均以法国式的制度为模范，他们的总统是由国会选举的，但捷克总统的职权却是很大。德国有一个民选的总统，同时又有一个对于国会负责的内阁。德国各邦与厄司陀尼埃的新制度都是很特别的。他们废除了行政首领的制度，采用那瑞士式合议制的行政组织，但也有一个重要的区别，就是行政长官是对于国会负责的，行政和立法两方面的冲突是由人民直接判决的。

在欧战以前的德国，内阁制的组织永没有试用过。国务总理是最主要的行政长官，其他各部长都是他的属员，不是他的同僚。他们都是对于德皇负责的行政长官，国会下议院的反对表决不能使他们辞职。在历史上，下议院有好多次曾经以多数票表决反对政府的政策，并且社会民治党议员特别要求国务总理辞职。可是国务总理往往答覆说：这样的表决只表示他与下议院两方面意见的不同，他没有辞职的必要；他是对于德皇负责的，只要德皇对于他有信任，他是绝不肯辞职的。因此，下议院是完全没有监督政府的实权。

欧战以后社会民主党当权，这内阁制的政府也就在德国实行了。一九一九年的新宪法非但规定中央政府须采用责任内阁制，就是各邦政府也要采用同样的制度。国务总理及其他的行政长官一定要得到下议院的信任，假使下议院正式议决不信任的表示，他们就得要辞职。总统的一切命令一定要有国务院总理或其他行政长官责负副署。

但在德国这样的国家，一个有实权的行政首领是不能少的。这不但是因为德国人民有服从权力的习惯，并且在革命的过渡时代，非得有一个强有力的行政机关，实在很难维持社会的秩序，所以德国总统的权力是很大，尤以在立法一方面为更甚。德国总统没有直接的否决权，但他能把国会各种已经通过的议案，在未公布之前，交人民复决投票，表决去取。上下两院如因意见不合而发生冲突，总统也能召集人民投票大会，表决他们两方面的争点。总统又有解散下议院的权。这是很重要的；因为总统一方面能把国会议决的法律交人民复决，在又一方面，又有解散下议院的权，他就有方法阻止内阁像法国那样的时常更动，并且他在责任内阁制度方面的地位也势必至于非常重要。

德国的内阁制另有一个特点，就是国务总理与其他行政长官的地位是有区别的。国务总理是由总统任命的；由国务总理的提议，总统任命或罢免其他行政长官。国务总理有权决定政府的普通政策，并负责副署关于普通政策的总统命令。其他的行政长官是负责决定其所管之行政部的政策，并又负责副署关于各该部政策的总统命令。所以国务院总理与其他行政长官所负的责任是划分清楚的，可是其结果却打破内阁阁员共同负责的原则。这是德国式内阁制度的特点，将来的成绩何如，确是很有研究价值的一个问题。德国也是一个多数党制的国家，所以组织内阁也不是容易的。在事实上，所有的内阁也大都是联合各大党的领袖组织的，下议院中几个重要的共和党派往往是依照其势力的大小，均分内阁中阁员的职位。

一九二〇年的奥国新宪法也设立一种类似德国的内阁制政府。总统的命令须有国务总理或其他行政长官负责副署。总统除了犯法之外，对于国会是不负责的，但内阁全体或各行政长官均是对于国会下院负责的，假使下院有不信任议决的表示，他们就须自动的辞职。奥国的内阁制也有一个特点，就是内阁阁员不是行政首领任命的，却是由国会下院选举的。奥国的内阁也往往是各党派联合组织的。

波兰总统的地位与法国总统很相像。他既没有否决权，又没有提出议案权，又不能把他所反对的议案交回国会覆议。内阁是对于国会下议院负责的，但解散国会下院的权却有种种限制。下议院可以由本院三分之二多数同意票表决自行解散；又可以由总统得到上议院五分之四的议员同意解散，但上议院也须同时解散。这样的解散下院当然是很不容易做到的。依照波兰的情形，国会对于内阁也许有法国国会的那样大权。

在捷克，政府的大权是在行政方面。总统的权力是超过于无论那一个新国家的总统。他能否决国会所通过的议案，解散国会，提出议案交国会讨论，任命与罢免阁员，及其他的官吏，召集内阁阁议，出席与充当阁会的主席；此外，还有特赦权，充当陆军大元帅的权。但同时宪法上又明确规定内阁是对于国会下院负责的，不能得到下院的信任，就得辞职。可是总统的种种大权尽可以保障内阁的地位，使之不受国会的侵犯。

厄司陀尼埃的政府制度是最简单的。立法权是在于一个一院制的国会，行政权是在于一个合议制的行政委员会，行政与立法两方面的冲突是由人民以创制与复决投票方法解决的。行政委员是国会举出的，但也不必一定从国会议员中选择出来。国会以外的人也有被选为行政委员的资格。行政委员是对于国会负责的；国会通过不信任议案，行政委员须立即辞职。国会的任期是三年，在未满期以前，只有人民投票表决方能解散。凡人民否决了国会所通过的法律，或表决了国会所不能通过的法律，国会就须立即解散，并须于七十五天内举行新国会选举大会。

德国各邦的制度大都与普鲁士的制度相像。照普鲁士宪法所规定，行政权是在一个瑞士式合议制的行政委员会。行政委员会是对于国会负责的，但同时又有解散国会的权力。解散国会的方式有三种：（一）由国会自行解散，（二）由行政委员会长（国务总理），国会下院与上院议长所组成的委员会投票表决，（三）先由人民以创制方式提出，或由上院提出，再由人民以复决方法表决。行政委员长得到了上院或下院议长的同意，就能以解散国会的武器挟制国会。这种方式确实可以巩固内阁（行政委员会）的地位。

欧洲的新国家又注意到那立法机关监督行政的问题。国会议员有质问内阁阁员的权力，国会又设立种种审查委员会，监督行政方面的一切事务，使行政长官负责。责任内阁制，国会议员的提出质问，审查委员会的设立，均是各国所通行的监督行政方法。在欧美各旧国家，这种方法大都是在国会开会期内实行的。但各新国家就在国会闭会期内，还有监督行政的方法。捷克国会有一个永久委员会，三分之二的委员是下议员，三分之一是上议员，其职务是于国会闭会期内执行监督行政的职权。德国普鲁士也有同样的永久委员会。所以这几国的行政机关没有一刻时间离得了人民代表的监督。

以上所举都是内阁制方面新近发生的新变化。将来是否可以因这种新变化而另外发生新的政治制度，此刻当然不能说定。但各种政治制度本来没有死版版的确定形式，随时可以因新的状况而更改其原来形式。英国式的内阁制曾经过几百年历史多少次数的变更才变到现在的形式，并且就在现今的英国，这内阁制度也曾屡次的改变，战时内阁是一个例，内阁秘书处的设立又是一个例。现今各种政治也许还得要经过人民几次的试验，几次的估计，而从新改造。这种趋势在欧战以后所制定的新宪法中很可以表现出来，差不多每一种新宪法都有几个特点。这或者因为人民的好奇心，故意要试验别处所未曾试过的新方法，或者因为他们的社会状况确有采用新方法的必要，但各处人民都愿意这样的试验确是一种好现象。他们初次试验的结果也许未必十分能满意，将来也许能从经验里得到良好的结果。

第二十一章　美国式的总统制

美国式的总统制是一种分权式的政府。美国虽是现代第一个国家实行这分权式的政府组织，但美国制度所根据的观念却是政治哲学史上的一种旧观念。所谓政权分立的观念就是上古时代希腊政治哲学家如亚里士多德等也曾屡次提及，但于古代政府组织方面未曾发生过事实上的影响。在欧洲中世纪时候，政权分立的观念差不多等于无形消灭，可是到了英国清教徒革命时代，却又逐渐恢复，变为实际政治方面的一个重大争点。十八与十九世纪是政权分立观念最盛行的时期。英国政治哲学家洛克，与法国孟德斯鸠极力主张政府职权应当分为立法行政与司法三种。并且政府的组织亦应当有三个机关，分别执行这三项职权；他们的学说差不多就是美国与法国革命时期各领袖人物的政治信条。

美国在殖民地时代所受的政治经验确实可以使他们深信那集权式的政治制度是人民自由权的最大障碍；那时候殖民地政府的总督兼有行政立法与司法大权，时时刻刻与殖民地议会发生种种的冲突，殖民地时代的历史也差不多就是总督与议会的冲突史。美国人受了历史上的教训，就把洛克与孟德斯鸠的三权分立学说奉为天经地义的真理。都以为立法行政与司法大权，或其一大部份集中在一个机关以后，自由政府就万没有存在的余地。一七八七年联邦制宪会议的目的不但是保持这一种自由的政府，同时还得要计划一种政府组织，使社会上各种阶级能够保持一种平衡的势力。制宪会议的人物都是亲眼目睹殖民地议会与总督的种种冲突，他们又明白革命时期与革命以后人民代表机关的种种不稳固情形与没有能力，解决他们问题的唯一办法就是采用他们日常所崇拜的三权分立学说。并且当时各邦宪法已经采用了这种学说的一部份，所以把其原则作为新宪法的根基更是轻而易举的事了。美国新宪法是一七八九年实行的，是分权制政府组织最重要的一个实例。“总统制”这名称是要表示其行政机关的独立地位，把这一个特点与别种政府制度，特别是内阁制，相对照；可是在事实上，这个名称却不甚确切，行政机关并不是一种最主要的机关，其地位也只与政府中其他机关相等，只因现在已经用惯了，并且又是一个很方便的名称，我们不妨仍旧用“总统制”。这种美国式的总统制却完全限于南北美洲，除了美洲之外，其他各处的国家没有一国采用这制度。

分权学说是总统制学理方面的根据，依照孟德斯鸠的《法意》，政府的职权是分为三种，就是立法、行政与司法。假使两种或两种以上职权集合在一个人或一群官吏手里，那末，人民的自由权就保持不了；因为一个人或一群人同时能够制定，执行与解释法律，无论怎样总不能阻止他或他们不武断的任心所欲的利用职权压迫人民。可是假使把这三种职权分开了，由各别的机关执行各项职权，那末，没有一个人或一群人能够侵犯人民的权利；因为这三种机关决不能一致的联合起来，做出种种侵犯人民权利的行为。并且也没有一个社会阶级或一群人能够同时把持这三种职权，利用政府的机关，压迫其他阶级人民或人群。因此，孟德斯鸠的结论就是：一个政府一定要有三种各别的地位相等的机关，立法行政与司法机关；立法机关执行立法权，行政机关行政权，司法机关司法权；没有一个人或一群人可以有一种以上的职权。

三权分立学说的缺点早已经过许多学者指出。现今多数政治学者都承认政府的职权只有两种，就是政治与行政。政治是关于决定政策的一切职权，行政是关于执行政策的一切职权。并且严格的分权制在事实上又是做不到的；因为政府的职权是整个的，我们不能把其分为几部份，使之各自独立，假使是这样，各部份，必至于不能向一个共同目的同力进行，政府的事务亦势必至于停顿。美国的制宪者很明了这种事实上困难，所以他们也并没有澈底的采用分权制，他们所做到的只把政府职权分配于三个机关，其分配的标准却并不绝对的以职权的性质为根据，每一机关能够执行其所最能做得好的事务。务使各尽其能，同时又不至于占到特殊的地位，把其他的机关压下去。他们所采用的方法是一种钳制与平衡的制度。

三个绝对独立的与地位绝对平等的政府机关一定要各走各的路，不能向同一个方向进行，并且每一个机关恐怕还得要利用其特权谋其自身的特别利益，不顾其他机关的利益。为防止这种弊病起见，在美国式的政府制度中，每一个机关在执行其职务时候是要受其他机关方面几种确定的限制。比方立法机关是受行政方面否决权的限制，与法庭方面宣告法律为无效特权的限制；行政机关的任命权是要得立法机关的同意，并且法庭还有限制行政机关的种种权力，如宣告行政命令为不合于宪法等类；司法机关的组织是由立法机关以法律规定的，法官是由行政机关得到立法机关的同意而任命的。这样的例是很多，我们亦不必再举。可是其结果就使政府中每一个机关有权监督其他两个机关，同时对于其自身范围以内的职务又须受其他机关的监督。各机关互相监督，互相钳制，其用意是要使政府的三个机关势均力敌，有一种平衡的趋势。三个机关是各自独立的，同时又互相依赖的；平等的同时又有互相关联的；各有专职的同时又能互相干涉的。所以这种美国式的政府制度是一种最复杂的最不容易了解的制度。

美国的总统，四年一任。在此任期内，除了刑事上可受国会弹劾外，他对于立法机关是不负政治上的责任的。国家的元首，总统，不单是名义上的行政首领，同时还是事实上的行政首领，他是执行那宪法与法律上所规定的一切职权。他也往往把一切职权委托他的行政长官执行，但他们却并不因之就替他对于立法机关负责。从法律上说，他们的行为只是他的行为；他们是由他从本党党员中选择任命的。但他们并不是立法机关的议员。并且在美国，立法机关议员是不能同时兼充行政官吏的。美国行政长官的总体也往往叫做内阁，但其性质是与内阁制政府的内阁根本不相同的。他们是不能在立法机关中提出他们所主张的议案；并且在美国，他们又永不出席于立法机关，发表意见。这种所谓内阁只是总统个人的内阁，并不是执行政权的内阁。他们只对于总统负责，总统随时可以免他们的职。总统与行政长官对于立法机关负几种刑事方面的责任，立法机关可以提出弹劾免他们的职。立法机关的不信任表决对于他们是不能发生法律上的效力。

依照美国宪法上的规定，选举总统的方法是间接的，由各邦立法机关确定选择总统选举人的方法，再由总统选举人举定总统。可是在事实上，因政党的发生，选举总统的宪法条文已于无形之中修改了，选举总统的方法已经从间接的变成直接的了。凡在选举总统之前，各政党先开一个全国代表大会，指定各党的总统候选人，与总统选举人。在选举这一日，人民在法律上只选定总统选举人，但在事实上却从各党所推定的总统候选人之中选定下任的正式总统。因为总统选举人已经没有选定总统的实权，他们只能举定本党全国代表大会所推定的总统候选人，美国选举总统的方法是因政党的发生而于无形之中更变宪法上的规定，现在是完全依照一种不成文的条文。

美国总统的权选举期，均与立法机关没有关系的。他的职权又是宪法上所规定的。他可以把他所赞成的议案劝告立法机关；又能否决立法机关已经通过他所不赞成的议案。但他或他的阁员却不能正式提出议案或出席立法机关表示对于各种议案的主张；他又不能解散立法机关的任何一院，使人民重行选举。他对于他的阁员有自由选择的大权，不必限于立法机关中任何一院的多数党领袖。他又不像那内阁制政府的行政首领，只有选择国务总理的权。美国总统选定所有的阁员，他们都是他的属员。

所以美国总统的地位在宪法上是与其他机关相等的，但在事实上其职权是较之任何政府制度的行政首领都大；并且有时候还能强使其他机关赞成其意见，但有时候也得要全完服从其他机关的意志。比方威尔逊总统在巴黎和会时候，确有宪法上的绝大权力，能与德奥各国订立和平条约，并与各协约国订立国际联盟条约；可是到了批准这类条约时候，威尔逊却就不得不服从上议院的意志。威尔逊在巴黎时候确有极大的权力，绝对不受立法机关的节制，但回到华盛顿以后，他却绝对的受上议院的节制。这是美国总统与内阁制政府国务总理的不同地方。

在总统制政府，立法机关在宪法上的地位却很不容易说明。除了宪法上的要制以外，立法机关似乎是应当有一切立法的职权。又因分权的原则是规定在宪法条文之内，所以除了宪法上明确的特许之外，立法机关是不能执行一切带有行政或司法性质的职权。在表面上看起来，立法行政与司法职权的界限好像是很容易分开的，可是在具体的事实方面，却有种种的政府职务不能归入于这一类或那一类的政府职权中。立法行政与司法三种并没有什么确定的界限，政府的三个机关往往因职权的界限不分明，时常发生种种的冲突。比方美国的立法机关是有权设立审查委员会，传集各方面的证人，讯问他们的证据，可是这样的职权差不多就是立法与司法之间的一种特殊职权了。假使立法机关所审查的事实是牵涉一种政治性质，或是一种很有争执的问题，那末，立法机关的职权究竟能够执行到什么程度是谁都不能预定的。

不但如此而已，立法机关既不能执行那种属于其他政府机关的职权，并且同时又不能把立法职权委托于那种没有立法性质的政府机关。但有时候为执行几种特别的职务，立法机关实不能不设立一种或几种独立的委员会或机关，使之订定并执行一切规则，可是立法机关之设这种委员会或机关的职权又是宪法上一个很有争执的问题。

依照那“钳制与平衡”的原则，立法机关是有权钳制行政与司法机关。但立法机关的这种职权究竟能够执行到什么程度？这又是宪法上的一个困难问题。比方美国大理院法官的数目是由国会以法律规定的，并且法官出缺时候，国会这理论上可以减除这种名额，因而逐渐取消大理院所有法官名额。这样的情形当然不会发生的，但国会对于司法组织方面究竟有多大的职权是谁都不知道的。又如美国国会能够随意改组各行政部的组织，随意决定其职权，使之对于总统完全独立，对于国会负责；但在事实上，差不多没有人明白国会对于行政组织与手续有多大的管理权。

总而言之，总统制政府的立法机关是有种种的限制，与内阁制政府中至尊无上的立法机关是完全相反的。在英国式的内阁制政府，立法机关是否有权做这样或那样，决不会产生宪法上的问题，但在美国式的总统制，立法机关是一定要在很狭的轨道范围以内，执行其有限制的职权；假如出了这个范围，其行为就不能算是合法的。立法机关对其所决定的政策，没有直接的执行权，所以往往把一切法律规定得很详细周密，使行政与司法两方面在执行时候差不多有种自由伸缩的余地。可是这种办法却没有增加立法机关管理行政与司法的职权，不过对于行政与司法执行职务的效率反而减少很多。

行政方面亦因职权界限的不易分明，时常与立法司法方面发生宪法上的权限问题。各行政部与其他行政机关的组织是立法方面规定的。美国立法机关为限制行政方面的职权起见，往往把各行政官吏及机关的职务规定得非常详细，其结果就产生一种极刚性的毫没有伸缩余地的行政组织，既不容易更改，又不能应对一切状况，种种的问题与种种的争执都因之而发生。

在总统制的政府，司法机关是政府中一个各别的与独立的机关。司法职务是与行政立法职务分开的，是由一个与行政立法没有关系的机关执行的。凡行政或立法方面有职务的人同时不能兼充司法官吏。法庭不能执行行政或立法职权，但司法职务也不能由行政或立法机关执行。法庭的职务是解释法律，及把法律应用到各案件方面；司法机关既是政府中的独立机关，立法与行政两方面都不能影响于司法的判决。这就是说，凡法庭的判决是最后的判决；法庭说定了某种法律有什么样的意义，这法律就得有某种意义，任何机关都得承认。所以凡关于职权方面的争执，法庭就是一个公正人；法律不单解决立法与行政机关间的争执，同时还解决司法与其他机关间的争执。

关于宪法的解释，法庭有最大的权。假使法庭审判一件法律案件，同时又牵涉到私人权利问题，假使法庭以为此种法律违背宪法条文，那末，法庭就能宣告此法律为无效，拒绝执行。可是除了法庭之外，没有办法可以对于私人执行法律，同时法庭又是独立的机关，所以关于宪法的问题，政府其他机关亦就不得不承认法庭的判决。所以法庭至尊无上的地位是美国式政府组织的一个特点。

当时美国制宪者规定这种“钳制与平衡”制度的一个目的就是要防止政党政府的发生，他们深信在这样复杂的政府组织，决没有一个政党能够同时把持政府中的三个大机关。这一百多年的美国历史虽然证明了他们的理想不能完全实现，但无论如何，在美国式政府制度之下，政党把持政权是较在内阁制政府要困难得多。假定一个政党想把持美国式的政府，一定要同时在立法行政，甚而至于司法机关，占据重要地位。政府的三个机关各自独立的，选择人员的方法又是各别的，大理院的法官任期是终身的，国会上院议员任期六年，并且每次只改选三分之一，所以一个政党就是在立法机关占据了大多数席位，也很难把持政府的三大部份。所以政党的活动一定要在政府范围以外，另行设立一种永久的政党组织。所谓党争，并不像在内阁制政府，不是集中于立法机关的，却是须分头顾到行政立法的两方面。有时候，总统属于一党，而立法机关内的多数却属于另一党。即使行政首领与多数议员都是同党的，他们也往往免不了种种争斗，因为政党的政策还得要决定，行政与立法究竟那一方面能说最后的一句话，还得要看他们争斗的结果才能定夺。假使行政首领是属于这一政党的，多数议员又是属于那一党的，那末，各党只能阻碍其他一党执行政权，自己决没有当权的能力。在这样状况之下，欧洲那种所谓政党政府就没有存在的可能了。

第二十二章　瑞士式的委员制

瑞士制政府的特点是一个合议制的行政组织，及立法与行政机关间的特别关系。瑞士的行政机关叫做行政委员会Fedreal Council，是一八四八年宪法设立的。

在瑞士的各级政府中，没有一个等于美国总统，邦长，市长，或英国国王，国务总理地位的行政首领。行政职权是由一个委员会执行的。联邦行政委员会共有委员七人，由联邦立法机关两院选举出来的，其任期是三年。行政委员会不是内阁，不能指挥立法机关，立法机关也不能罢免行政委员，所以与英国内阁及其余模仿英国式的各国内阁不同。行政委员会又不是离立法机关而独立的，所以与美国及其余实行总统制共和国的行政机关又不相同。行政委员会与总统制内阁制的根本不同之点就是各行政委员的职位并没有政党的性质。各行政委员也许都是政党的党员，都带政党的色彩，但被选以后，他们就立于政党之外，不为政党出力，也不决定政党的政策。

依照宪法规定，凡瑞士公民有被选为立法机关议员的资格，就能合格充当行政委员，但每邦只能有一个人当选为行政委员。依照习惯，各委员又得分配于各邦，有几个邦是一定要有一个公民充当行政委员的。同时法律又规定一种限制："凡人民有血统或婚姻的关系，如嫡派的亲族，有连襟关系的人，与及因纳为螟蛉而发生关系的人，均不得同时充当行政委员。……无论什么人从婚姻方面发生出这种种关系，须除去行政委员的职位。”

行政部共有七部，就是外交，内务，司法与警务，陆军，财政与关税，工业与农务，邮政与铁路；所以七个行政委员每人各长一部。各委员对其所管各部事务首先负责，但遇重要事项，七个委员开行政会议，共同讨论。一切议决亦由行政委员会全体负责。行政委员的任期虽则只是三年，但宪法上并没有明文禁止他们连任。并且在事实上，凡各委员自愿继续连任，总是继续被举的。这差不多是瑞士人民所公认的一种政治习惯，从一八四八年起直到现在，因政治关系而辞职的行政委员一共只有两人。所以有人说，瑞士民治主义的特点是注重于政治方面的稳固，保留其公务人员的地位，就是到了他们年老力衰时候，还是继续留住他们。行政委员都是政治经验极富足的人物，做了十年以上的行政委员是常有的。在历史上，还有做过三十二年，二十七年与二十五年的委员。并且他们在未充行政委员以前，又大概均在立法机关的上院或下院服务过十多年的期限；在未举为立法委员以前，又差不多都做过他们本邦议会中的议员，或在本邦的行政或司法方面做过事的。

瑞士的立法机关每年从这七个行政委员中选定一人做总统，一人做副总统，一年满任，不得连任。在事实上，总统的职位是由七位委员轮流充当的。可是瑞士总统的实权只与其他行政委员相等，并没有政治，或行政方面的特别职务。他是全国第一个公民，在举行一切典礼时候是全国国民的代表，但在行政委员会里边只是一个临时主席而已。瑞士总统决不能算是全国的行政首领，总统的一切命令不是以总统的个人名义，却是以行政委员会全体的名义公布的。他的地位是与英国国务总理完全不同；他既不是政党的首领，又不是立法机关方面的领袖；他固然不能罢免其他行政委员的职位，亦不能解散立法机关，就是关于行政方面，他也没有全权。他的地位更不能像那有大权的美国总统，甚而至于那有虚名无实权的法国总统地位，他也比不上。可是他与其他行政委员都能得到全国人民的信任，他们的职务是很繁重的，但报酬却又很薄弱的。

立法机关当然是瑞士政府中一个重要机关。瑞士宪法并没有像美国那样严格的采用三权分立制度。但瑞士政府却像美国政府，是一个联邦制的政府。瑞士的联邦性质很可以在立法机关的组织方面看出来。瑞士宪法很像从前德国的联邦宪法一样，把极大的立法权委托于联邦（中央）政府，但执行这种种法律的权却留交各邦政府。行政委员会的主要职务就是监督各邦政府，使他们认真执行各邦政府的一切法律。这件事本来不是容易办理的，但瑞士的方法却甚完善。因为行政委员会是全国人民所信仰的机关，其自身又掌握兵权，更有种种税款由联邦政府征收转付各邦；假使那一邦不认真执行联邦法律，行政委员会就可以扣留该邦所应得的税款，或派军队分驻在该邦。对于那般省俭的瑞士人民，这两种方法的效力确是很大的。

瑞士联邦立法机关的组织是两院制的，下院代表全国人民，是依照各处人口的数目，平均分配代表；上院代表各邦，不论区域的大小，或人口的多寡，每邦各有代表两人。这是与美国联邦立法机关的组织相同的。瑞士立法机关的职权并不像英国国会那样没有限制的，其立法权非但与各邦立法机关划分的，并且同时又须受人民直接立法权的节制。

瑞士政治制度的特点很多，在这立法机关一方面很有可以使我们注意的地方。第一，瑞士的立法机关要算是全世界各国国会中最能认真办事的一个。各议员都能安静办事，既没有政治上的野心，又不做营私舞弊的行为。每年开会两次，每次会期约三星期到五星期。辩论的次数甚少，演说更少。雄辩艺术为一般议员所不知的；因此，议场内是很寂静的，听不见什么赞成或反对的呼声。凡发言者所说的话，决没有人从中打断，平常也不会有人鼓掌称赞。

第二，凡在选举时候，人民仍照常安静，决不会像别国选举时候那样，发生什么骚扰的行动。凡愿意连任的议员大概总是可以继续当选，这是因为各政党的势力不常摇动，瑞士人民又不好变动，对于他们所信任的人物，往往信任到底。瑞士要算是各民治国家中政治上最少变动的国家。

第三，在立法机关以内，政党的势力也没有像别国那样大。这是因为在行政范围以内，两院不能罢免行政委员；在立法范围以内，两院又无最后的表决权，因为实行人民直接立法制度，这种职权是属于全体人民的。两院里面各政党的组织很松，各政党虽都有一个首领，但他的势力是很薄弱。每当议员只要在主要的原则上，须有一致的主张，并对于重要的议案须有一致的行动外，对于那较小的议案，都可以任意投票。宪法上又以明文规定议员不受本邦或本选举区域的指挥与限制，所以除非他公然反对本党的主张，或有其他不正当的行为，他的同党议员与他本选举区域的选民决不至于对他表示任何的反对。

末了，最重要的一点这是关于立法与行政机关间的特别关系。宪法上虽规定行政委员会须以全体名义发表一切命令，但因各行政委员又可以自由发表个人各别的意见，他们所谓共同负责却很有问题的。行政委员会执行行政事务时候须受立法机关的节制，并且其一切决议又能被推翻或更变；可是立法机关这种举动并不像在那种内阁制的政府，算是一种不信任的表示，行政委员决不因他们的提议不为立法机关赞同，就想辞职。瑞士的行政委员确是执行立法机关或人民意志的公务人员，他们是够的上称为人民委员这名称，比之苏维埃俄罗斯政府中那种所谓人民委员更配。他们在两院中既没有议席，更不能投票；但他们却能出席于两院，在讨论议案时候可以表示意见；并且两院议院又都能质问他们关于所管行政部门的事务。他们出席于两院的权与发言权使他们对于立法方面有很大的势力。在法律上，行政委员会是立法机关的仆人；但在事实上，行政委员会的权力确是超过法国的内阁，差不多要等于英国的内阁。行政委员会一方面可以指导立法机关，又一方面须遵从立法机关；既是指挥者，又是被指挥者。这是瑞士行政与立法机关间的特别关系。

普莱斯在他的《现代民治政体》中讨论瑞士式的委员制，举出这种制度的三个大优点。

第一，行政委员会不但能左右立法机关而不减少其对于人民所负的责任，并且因为是在政党以外，所以遇必要时，又能以调和的精神，疏解各党的意见，使之言归于好。

第二，行政委员会制度能使那般有行政才能的人，长久在职，无论各委员对于各党政策有任何的个人意见，他们的职位决不因之而发生问题。在英国，法国与美国的政府制度，全国最能干的行政人才，也许因为其所隶属的政党不能当权，就没有执行政权的机会。但瑞士却没有这种状况。就普通情形说起来，凡反对立法机关所主张采选的主要原则，施行政事的人，对于立法机关所通过的法律既不表同情，对于执行该种法律当然不肯尽力，这类的人物当然不能使之执行政权。假使某行政委员与立法机关方面的意见虽则不同，可是不同之点并不关于根本原则，也不关于该委员所管辖的某部部务，那末，又何必因该委员对于自己责任范围以外的事的意见不合，就使他去职，致使国家失去一个忠仆呢？这种办法如同请一个医生看病，因医生所信奉的宗教与自己不同，就改请别的医生一样。

第三，因有这样行政委员会，所以政府所采用的政策，能够继续不变，造成种种的成例。可是政策继续不变，成例时代相传，亦容易发生种种弊端；因为行政方面只晓得墨守成规，既不足以应付新需要，又不能采用新方法。但瑞士却又能免去此种危险，因为瑞士行政委员是与人民接近的，并且又常与立法机关互相接触的；同时行政委员的连任在实际上又有别种优点，可以免去新部长到任更变部务的种种扰乱状况。

这是瑞士式委员会的优点。行政长官的职位是永久的，但同时，不致于阻碍行政方面的进步。这是一种和议制的组织，但同时又保存那单一制的优点。可是别国能否采用同样的制度得到同样的结果，还是一个不能确定的问题。

瑞士行政委员会，除了行政与立法方面的职务之外，还有司法的职务，特别是关于行政法方面的职务。瑞士有一种行政法制度，但没有行政法庭；所有关于行政法方面的诉讼案件都是由行政委员会判决的；从行政委员会还能上诉到立法机关两院的联席会议。

瑞士的司法制度是非常简单，联邦政府只有一个联邦法庭。瑞士法庭的性质是与美国联邦的大理院大不相同，不是与立法机关立于同等的地位。假使各邦法律与联邦宪法或法律有冲突的能力，瑞士法庭可以取消各邦法律，但法庭却不能宣告联邦法律为无效。瑞士宪法上有明文规定法庭须执行那立法机关所通过的一切法律。所以瑞士法庭不能像美国法庭那样有一种至尊无上的特权。

讲到瑞士政府政治的普通状况，我们还得约略说几句。瑞士人民的民族，言语，宗教与经济利益都是不相同的。民族方面有德国人，法国人与意大利人，瑞士有德法意三种语言，并没有什么统一的国语。宗教方面有天主教与耶稣教。从经济利益方面着想，人民又可以分为农民与无产阶级。并且各处人民间从历史上遗传下来的恶感又差不多到现在还没有完全消灭。所以从表面上看起来，瑞士应该是一个政争最激烈政党最多的国家。但事实上却并不是这样的。瑞士政党的数目较之其邻近无论那一国，或德，或法，或意，都少，一共只有四个重要的政党，即教士党，农民党，独立民主党与社会民主党。立法机关下院差不多有百分之九十的议员是隶属于这四党的。瑞士政党又大都不以民族，言语，或宗教的界限划分的，所以政党间的冲突也是很和平的。政党的势力当然也时有更动的，可是更变的状况并不像欧洲其他各国那样的突然而来。瑞士人民并不十分热心于政党的竞争。大概他们的爱国热度极高，很可以使他们的视线注意到全国的公共利益，不像别国人民那样只知效忠于本党。人民是很关心于国家事务的，每次投票时候出席投票的人数总是很多的，但他们对于那党得势那党失败是差不多不大注意的。所以瑞士的政治状况总是很安静的很和平的。造成政治方面这种好现象的原因上边已约略提及，总结起来约有下列数端：（一）瑞士差不多没有那般专靠政治为职业的人民，所以就没有激烈政党冲突的主动人物；（二）直接立法制度能使人民推翻立法机关所议决的案件，同时却不免议员的职位；（三）行政委员不是由人民直接选举的；（四）立法机关开会的时期甚短；（五）各选举区域的范围甚小，各选民大概能够识认各候选人，知道他们是何等人物。

第二十三章　俄罗斯式的苏维埃制

从普通人民的眼光中看起来，俄罗斯式的苏维埃政府只是共产主义与无产阶级专政的标记，所以对于苏维埃制度也就往往发生种种错误的见解。可是在事实上，苏维埃与共产主义是绝对不能混作一事的，共产主义是关于经济分配方面的一种学说，苏维埃是一种政治制度，无论在共产主义，或在资本主义的国家，都能实现的。

“苏维埃”这名词是一个俄国字的译音，其意义是议会或委员会，并且在俄罗斯的政治名词中也不是新近制造出来的。那种革命式的苏维埃是初次发现于一九〇五年的俄罗斯革命，那时候的苏维埃，就是指导各城市中那般罢工工人的执行委员会。以后革命失败，苏维埃也即消减，直到一九一七年革命时候又重行发现于俄罗斯各处。

俄罗斯第一次的革命是于一九一七年三月在彼得堡发动的。当初革命发生时候的情形也与其他各国革命的情形大致相同。彼得堡那般饥饿市民聚集在街上，要求政府给与粮食，政府却派地方上的驻军解散市民，但驻军非但违抗政府命令，反而加入市民的革命团体，与他们取一致的行动。当时国会下院的主要份子就组织一个委员会，想收拾这种扰乱的局面，他们委派了几个行政长官，组织一个临时政府，并拟预备一种新宪法。俄皇也就在这时期强迫退位。

临时政府成立这一日，工人代表也就组织彼得堡工人代表的苏维埃，一二天以后，又加入兵士份子，变为彼得堡工人代表与兵士代表的苏维埃。临时政府与苏维埃各有各目的，所以两方面所发布的命令往往很有冲突的地方。为防止这类的冲突，临时政府与苏维埃于五月间联合起来，组织了一个联合式的内阁。但这两方面的同力合作也不能救济那时候军事方面与经济方面的纷乱状况。

到了秋天，一切情形更糟了。社会民主党中最激烈的一派，叫做布尔塞维克，扩充了他们的势力，并极力主张这次革命的目的不但在于政治方面，同时还得要从经济方面着手进行。当时城市工人已经占据了各工厂。乡民者也驱逐了地主，把土地占为己有。所以布尔塞维克党的主张更是迎合群众的心理。“布尔塞维克”这名词原来是一个俄国字的译音，其意义是多数党，可是那时候的布尔塞维克党并不是一个多数党，只因他们的主张是很简单很确定，是一般工人与兵士都能明了的，所以能够得势。无产阶级专政是他们的目的。并且他们又有强有力的首领，其他的政党大都没有能干的首领。到了夏末秋初时候，布尔塞维克首领已经把持了彼得堡，莫斯科及其他城市的苏维埃，以后再得到了军队的帮助，他们就在十一月推翻临时政府，执行政权。

第二次的俄罗斯革命算已成功。各处苏维埃代表的会议任命一个人民委员会，以列宁为主席。新政府立即着手于经济方面的种种改组，例如取消私有财产制度，把铁路，银行工厂，矿产，与土地收为国有，凡资产与中等阶级人民所有的产业都一律充公，归无产阶级人民享用。俄皇及其家属也被杀害；很多的贵族，地主，官吏，与智识阶级人民或杀死，或监禁或驱逐出国。各处的工业都由苏维埃派出的委员经管。差不多在几个月之内，俄罗斯已经变为一个共产主义的国家。

一九一八年的夏天，苏维埃会议，亦叫全俄会议 All-Russia Congess 通过了布尔塞维克领袖所预备的宪法。这种宪法既不是由人民举出的制宪会议制定的，也没有提交人民正式承认过，可是加上了以后的修改案，还是现在俄罗斯社会主义苏维埃共和国的宪法。同时俄罗斯其他区域都已宣布独立，各自设立各的苏维埃共和国。可是以后他们又都合并起来，于一九二二年互相订立一种联邦条约，并设立一个苏维埃社会主义共和国的联邦（Union of Soviet Socialist Republic）其联邦宪法是于一九二三年批准的。

一九一八年的宪法所设立的政治制度是一种极复杂的制度；以后于一九二二年的订立联邦条约时候，即以这种制度为联邦政府组织根据，同时俄罗斯各邦也还仍旧采用。我们先说联邦政府的组织。

苏维埃社会主义共和国联邦的最高机关是联邦苏维埃会议，其中的代表有由城市苏维埃举出的，有由各省苏维埃举出的。城市苏维埃按照二万五千工人举出代表一人，省苏维埃按照每十二万五千乡民举出代表艺人。联邦苏维埃会议每年开常会一次，并举定联邦中央执行委员会于闭会时期执行一切立法大权。联邦中央执行委员会每三个月开会一次，开会二星期。该委员会人数甚多，约有四百余委员，分为两院，下院叫做联邦苏维埃（Soviet of the umior）上院叫做民族苏维埃（Soviet of Nationaltus）。两院有联合主席团，共二十一人，执行一切例行事务。

行政权是在联邦人民委员会手里，委员十五人，由联邦中央执行委员会举定的。十五个委员中有一个称为主席，四个副主席；除了主席之外，各委员都是一个行政部的部长，如外交，陆海军，国外商务，交通，劳工，与财政。他们是对于中央执行委员会，同时又对于联邦会议负责的。人民委员会的一切命令与规则是在联邦中各邦发生效力，各邦一定要立即执行的。

联邦宪法把范围很大的职权交托联邦政府，包括条约与外交，宣战与媾和，外债，国内商务，铁路，邮电，种种特许权的契约，军备，统一的币制，赋税与权量度。联邦又能规定关于民法，刑法，司法手续，劳工立法与学校的普通原则，使各邦遵守。各邦法律如与一九二二年联邦条约相冲突，联邦政府有否决权。

这是苏维埃社会主义共和国联邦的政府组织，也就是一九一八年为俄罗斯本部所订定政府组织，同时又是其他苏维埃共和国所模仿的制度。联邦条约的成立并没有取消各邦的宪法。各苏维埃共和国各有各的苏维埃政府组织，并且又是大致相同的。苏维埃制度是一种极复杂的制度，这是因为其所根据的原则不是区域代表，是职业代表，大凡依照职业代表原则所组织的政府总是不能简单的。现今社会职业的状况本来是很复杂的，以这种复杂的职业为政府组织的单位，这种政府当然也脱不了复杂的状况。可是苏维埃制度或其他的职业代议制度都与共产主义没有必然关系的。一个资本主义的国家，也尽可以设立这一种苏维埃式的政府组织。

俄罗斯苏维埃制度是一种苏维埃的阶级制度。其最小的单位城市里各工厂的工人，与农村里的农民。每一个工厂的工人与每一个农村里的农民各组织一个苏维埃，举出代表出席于高级的苏维埃。各农村苏维埃举出代表组织一个地方苏维埃，地方苏维埃举出代表出席于全省苏维埃，每一万个居民有代表一人；一县之中所有的地方苏维埃又举出代表组织一个县苏维埃；在一个大区域的各县苏维埃又举出代表组织一个区域苏维埃。城市苏维埃的代表是出席于这种高级的苏维埃，就是区域苏维埃，每五千选民有代表一人；省苏维埃，每二千选民有代表一人，同时又直接举出代表出席全俄苏维埃会议，每二万五千选民有代表一人。在全俄苏维埃，农村苏维埃是没有直接的代表。只有间接由省苏维埃举出来的代表，每十二万五千居民有代表一人。所以从这种分配代表的方法看起来，城市的劳工是一种有特权的阶级，城市代表与农村代表数目比较起来差不多是五与一的比例。依照宪法的规定，城市代表是根据于选民数目分配的，农村代表是根据于全体居民的数目分配的，这种办法只使城市与农村代表权相差的数目不至十分显露而已。城市劳工的政治权力又因在全俄苏维埃会议中有双重的代表，所以又大大的增加，城市苏维埃有直接举出来的代表，又有间接由省苏维埃举出来的代表。

全俄苏维埃会议与联邦苏维埃会议的组织虽是相同的，但这两种会议是不能混杂的。全俄苏维埃会议是俄罗斯本部最高的立法机关。

宪法上并没有规定其会员的数目，假各城市在莫斯科开两次会议，除了已经委托联邦政府的职权之外，有其他一切的立法大权。俄罗斯中央执行委员会也是由全俄苏维埃会议举出来的，只因全俄会议的人数太多，中央执行委员会差不多是一种永久机关，就在全俄会议开会时期，亦继续执行职务；并且在事实上，全俄会议的立法权都是中央执行委员会执行的。可是中央执行委员会也是一个很大的机关，共有委员三百八十六人，所以大部份的工作又不得不委托其主席团办理。

行政方面的职务也像在联邦政府一样，是由一个人民委员会执行的，共有委员十二人，每人各长一个行政部。人民委员会是中央执行委员会选择任命的，对于执行委员会负责的，同时还得要把所办理的事务报告全俄会议。

这种苏维埃式的政府确有可以使我们注意的几个特点。第一点就是上边已经提及以职业来做代议制度的单位，打破那种以地方做单位的制度。除了最高一级全俄苏维埃之外，其余的苏维埃都以职业为分配代表的单位。比方在城市里，所有的劳工或有职业的人都有各种组织，有以工业为单位的，有以工厂为单位的。这许多劳工组织均依照其会员的数目，举出若干代表出席一个劳工会议。这劳工会议就是城市苏维埃，也就是市政府，这样的组织与现今各处所通行的市议会有两个重大的区别：第一，选举权只限于生产的人民，那些从财产所有权得到进款的人民完全被排斥；第二，所有的代表是代表各种职业的，并不是代表城内各区域的。

农村苏维埃的组织也是这样的。虽则农民的职业是没有区别的，但农村，地方，与县苏维埃全是农民的组织。就在省苏维埃，农村与城市苏维埃代表混合的地方，各项职业的界限也划分得很清楚的。省苏维埃的组织分做农民，劳工，兵士与哥萨克几部份。只有全俄苏维埃会议的组织是以地方为单位与别国的议会相类似。

第二点是这种制度把人民与执政者两方面隔离的太远。把苏维埃制度与欧美各国通行的制度一比较，我们就可以看出直接与间接的区别。比方在美国，政府有四个大柱：总统，上议员，下议员，法官。

总统与上下议员都是人民直接举出的，与人民只隔离一层，只有法官是任命的，与人民隔离两层。但在俄国，农民举出农村苏维埃，农村苏维埃举出地方苏维埃，地方苏维埃代表出席省苏维埃，省苏维埃代表出席全俄与联邦苏维埃。再由全俄与联邦苏维埃举出各的中央执行委员会，由中央执行委员会推举出主席团与行政方面的人民委员。从农民到人民委员的距离差不多有六七层，执政人员对于人民负责只是一句空话而已。

所以苏维埃制度对于当权这一党有极大的利益，当权党很可以利用这种制度永久维持他们的地位。现今俄国当权的党只有一个布尔塞维克，所有的人民委员都是他们的党员，他们又把持所有各处各级的苏维埃，会议，或委员会。他们绝对不容反对党的存在，凡有反对共产主义的人就算是反革命，以法律处置。所有一切的问题都由共产党单独解决，只算是政党范围以内的问题，不算是全国的政治问题。利用这苏维埃式制度把持全国各区域政府各机关的权力是布尔塞维克维持其地位的主要原因。

俄罗斯所以采用这种苏维埃制度当然也有多少历史上的背境。在六七十年前，俄罗斯社会思想正在发生时候，人民对于西洋式的民治主义就已很显明的反对了。一方面有守旧的主张大斯拉夫主义的人，天天自己庆贺自己，以为俄罗斯人民并不是“政治”的人民，并不同西方各腐化民族一样。又一方面有一班革命的青年也同样的害怕西洋式的民治主义，所以要求召集农村代表大会议，把土地分给农民。他们很不愿意有宪法会议或西欧式的国会，恐吓资产阶级利用这种制度，增加他们自己的权利。

以后有一个时期，革命的思想家对于这种观念却完全打破，他们也赞成西欧式的民治主义，并且要求根据于议会制度来改良政府，同时又与中等阶级人民合作，与俄皇奋斗。可是从一九〇五到〇六年的革命失败以后，反对民治主义的趋向又复活起来了。这是有两种原因：第一，这两年的经验把中等阶级人民的本来面目露出来了，他们是很容易与专制君主私自调和，有他们在政府之中，决不能有什么好结果。第二，在西欧方面，也有许多激烈派的思想家，如工团主义派等，极不满意于现代的民治主义。俄国的激烈派受了他们的影响，更看出那民治制度是很容易被君主与贵族利用，拿来做愚民的工具；并且俄国多数人民又很明白普通一般人民决没有程度来利用种种民治制度的。

再从历史上着想，俄国农民对于他们的土地向来有一种小组织的自治，只有农民能够干涉农村以内的事务，其余居住在附近地方的人民，如地主，商人，或别种职业的人，一概不能预闻农民的事务。农村就是农民的小世界，在这小世界之中，农民所得的政治制度，自然是经济与社会地位相同的人民须有一种自治的组织，不能被外边人民干预。现今的苏维埃也只是一种小组织的自治。现今的农村苏维埃等于从前的农村。所以从这方面看起来苏维埃制度确是俄国大部份人民——农民——所懂得的，并且又适于他们历史上的习惯。

在革命的初期，一般劳工只把苏维埃当做一种牵制临时政府的组织。临时政府发布命令，苏维埃决定这种命令是否可以实行。就是革命发生了六个月以后，那时候最有势力的苏维埃还是情愿等候宪法会议采用什么样政体。宪法会议也是由各区域人民选举出来的，如西欧各民治国的选举一样。只因当时反对民治主义的布尔塞维克领袖极力鼓吹，他们的主张又颇合于俄国的情形，所以彼得堡与莫斯科的苏维埃及以后全俄苏维埃会议，均反对民治主义，大声疾呼的宣传："所有权力，均归苏维埃。"在一九一八年正月，这延期了许久的宪法会议开会不多时，就被布尔塞维克党强迫解散。苏维埃制度与布尔塞维克主义同时得胜了！

总而言之，俄罗斯大部份人民向来没有像西欧人民那样趋向于民治主义，并且他们的情形又是适合于这种小组织的苏维埃制度。俄罗斯的政治经验与习惯可以算是很空洞的，布尔塞维克党就把"苏维埃"这个字填上去。所以现在有了这俄罗斯式的苏维埃制度。

第二十四章　联邦政府

现今各国政府所管辖的区域大都是很广大的，所以很难从一个地方——首都——发号施令，执行一切的职务。从实际上着想，凡是区域广大的政府一定要分出好几个政治区域，各有一种政治组织，执行本地方上种种的政治职务。一个国家的政府分为中央与地方两种是普遍的通例；可是中央与地方政府分配职权的方法却是不一致的，因其分权方法的不同，现在就有两种性质不同的政府组织，一种叫做单一制的政府，又一种叫做联邦制的政府。

单一制与联邦制的区别是从中央与地方政府关系的不同发生的。假使地方政府是由中央政府设立的，其职权也是中央政府给与的，这样的政府就是单一制的政府。在这一种政府制度之下，中央政府是最高的机关；地方政府只是附属的机关；无论地方自治权的范围是怎样广大，都是中央政府委托办理的，随时可以推广或缩小范围；并且地方政府的本身也没有宪法上的保障，随时可以由中央政府取消或另行改组。英国，欧洲大陆多数的政府，亚洲各国的政府都属于这一类。在英国，各地方与城市政府的自治权范围是很大的，但都是英国国会所委托的，并且地方政府执行法定的职务还往往要受中央政府机关的监督。在欧洲大陆，法国是单一制政府的一个最显著的例。法国是分为省，省以下有县，有州，有城市，各区域都有一个办理地方事务的政府，可是其自治权却很有限制的；地方政府的职权是根据于国会的法律得来的，地方政府机关只是中央政府的代理人，就是执行那种关于地方行政的事务也得要受中央政府严格的监督。

假使地方政府是与中央政府立于平等的地位，都是由宪法设立的，并且由宪法确定两方面职权的范围，这种政府制度就是联邦制的政府。在联邦制的政府，地方政府不是中央政府设立的，其职权的范围也不是中央政府规定的；地方政府执行其宪法范围以内职权时候，中央政府既不能侵犯，又不能干涉，如同地方政府不能干涉或侵犯中央政府执行其宪法范围以内职权一样。所谓联邦政府是包括中央与地方两种政府。这是一种双重的政府，是一个分权式的地方自治政府，与那种单一制的集权政府完全相反的。现代联邦政府最显著的实例有美国（一九八九年），瑞士（一八四八年），坎拿大（一八六七年），德意志（一八七一年），澳大利亚（一九〇〇年），南非洲（一九一〇年），德意志共和国（一九一九年）。

联邦政府是由各地方政府合并成立的，所以往往地方政府成立在先，中央政府成立在后。在未组织联邦以前，这许多地方往往也是独立的区域，只因其土地区域是接连的，又因其历史，人种，与共同经验的关系，人民就有一种共同民族的观念，或共同民族的生活，例如瑞士联邦未成立以前的各邦，美国未独立以前的十三个殖民地，与从前德意志的各邦。联邦政府也可以由一个单一政府中的各区域划分出来，重行改组成立的。例如革命时期的俄罗斯，各区域各自宣布独立，各组织各的苏维埃共和国，但到了一九二二年，他们又联合起来，订立一种联邦条约，组织一个苏维埃共和国联邦政府。

为维持联邦的组织起见，政治方面的所谓向心力与离心力一定要有一种均衡的趋势。一方面要有一种强有力的合并志愿，又一方面还得要有一种强有力的抵抗统一的势力。没有强有力的合并志愿，联邦组织是不能成立的，没有抵抗统一的势力，其结果一定是一种单一制的组织。所以在联邦组织成立时候，人民愿望永久联合的意志一定要同时兼有两种绝对不相同的态度：一方面愿意弃绝一切偏见与私利，顾全大局，与其他同样的团体合并起来，又一方面对于他自己的团体还得要一心一意的维持其地位与权力。所以有一个学者说：联邦政府只是一种政治组织，其目的是要维持民族统一，权力统一，与各分子国的邦权同时存在。

分权问题是联邦政府组织的重大问题。依照普通原则，凡与全国有关系的，并且又须全国一致办理的职务都划归中央政府，凡与各区域人民直接有关系的职务都归地方政府办理。简单一句话，就是中央政府办理全国的事务，地方政府办理各地方的事务。可是什么事务是应当全国一致办理的，什么事务是应当留交地方政府各自办理，不是一个简单的问题，并且人民的意见又往往因时因事而不同；所以在各种的联邦制度中，所谓普通事务与地方事务的界限是各不相同的。在多数的联邦政府，所谓普通事务大概是包括外交与国际关系，宣战与媾和，邦与邦的商务，国外商务，币制，商标与版权，凡这类事务大都是归中央政府管理的。关于国际方面的事务，联邦政府中地方政府也与单一制的地方政府一样。大都是没有参与的权，可是有时候，他们却能阻碍中央政府的外交政策，使之不能实现。但在瑞士与德国，各邦政府却能与邻近的外国，在一定的限制以内，订立条约。

在欧洲新近设立的联邦制度，中央与地方政府分权的原则就与美国的观念不同。有许多事务，在欧洲的新联邦，看做是与全国有关系的，所以应当有统一的管理方法，但在美国，同样的事务是归地方政府管理的。比方关于民事，刑事，商务，诉讼手续，婚姻与离婚，在美国是各邦各自制定法律，但在德国，全国有统一的法律。其他如救济贫穷，报纸，聚会，公共卫生，劳工，银行，保险，戏馆，电影等类在美国也归各邦各自管理，但在德国，中央政府有立法权；假使中央立法机关未曾制定法律，各邦政府才能制定法律管理。还有其他事务如公安，教育，宗教，土地所有权与使用权，与死人的处置等类在美国也在各邦的职权范围以内，但在德国，如有统一管理的必要，中央政府能制定法律，或规定几种根本原则，使各邦遵守。

在美国，政府全部的权力是分为六种：（一）中央政府执行的职权，（二）地方政府所保留的职权，（三）中央与地方政府共同执行的职权，（四）中央政府不能执行的职权，（五）地方政府不能执行的职权，与（六）中央与地方政府不能执行的职权。美国中央政府的职权是列举的，就是只能执行列举在宪法条文之内，或包括在列举条文之内的一切职权；地方政府的职权是概括的，就是能够执行一切没有委托中央政府，或禁止地方执行的职权。中央政府职权是积极规定的，地方政府的职权是消极规定的。假使中央政府要执行一项职权，一定要预先确实证明这项职权是列举或包含在宪法那一条条文之内；假使地方政府要执行一项职权，就不必确实证明这项职权是在其职权范围之内，只要反对者方面不能证明这项职权是已划归中央政府或禁止地方政府执行，就没有问题了。

这是美国联邦政府的分权办法。同时另有一种方法，是坎拿大采用的。在坎拿大，地方政府的职权是列举的，中央政府的职权是列举的，又是概括的。宪法第九十一条列举了二十九项事务，划归中央政府立法职权范围之内，可是这种列举并不是限制其职权，只要使其权力更加确定，中央政府还能对于其他未曾规划地方政府的一切事务执行概括的立法权。宪法第九十二条列举地方政府的职权，共十五项，并且其性质大都是关于地方行政方面的。

分权问题解决以后，联邦政府制度还有一个重大问题，就是中央与地方政府因权限方面所发生的冲突，究竟应当采用什么方法解决。宪法上所规定中央与地方的分权只是一个大纲，双方面权限上的种种冲突差不多是免不了的，所以联邦制度一定要有一个机关，对于宪法条文的解释能够说最后的一句话，或者另行采用一种方法，使中央政府能够维持其特殊的地位。当时美国宪法并没有规定确实的解决办法，到了南北战争之后，才确定那中央政府的最高法院，是判决宪法上权限冲突的最高机关。坎拿大制度对于这个问题的解决办法是没有疑问的，因为中央政府有权否决地方政府违背宪法的法律。在瑞士，中央政府也能推地方政府法律。德国宪法明确规定中央法律是高出于地方法律，假使对于中央法律与地方法律是否相合有了疑问的时候，这个问题就由中央政府的最高法院解决。

此外，中央对于地方政府究竟有多少督察权，中央法律在地方上是怎样执行的，或由中央官吏，或由地方官吏执行，也是联邦制度中的重大问题。在美国，中央政府有宪法上的职务，督察各地方所设立的政府都是共和制的；因此，假使各地方所设立的政府制度不合于这种原则，中央政府就有权力禁止。德国新宪法也有同样的条文（第十七条），各地方的政府一定要是一种共和制的，就是人民代表是依照比例代表制度原则，由男女人民普选的，同等的，直接的，与秘密的投票制度选举出来的，同时还得要有一个内阁。奥国的新宪法也有这样的条文（第九十五条）。在坎拿大，中央政府能否决地方立法机关的法律，所以其监察权是很大的；南美洲联邦共和国（Venezuela）的中央政府也能否决地方议会的法律。德国中央政府还能以强制执行方法，强迫各邦执行其宪法上的职务，这是德国联邦制与美国联邦制的一种重要区别。在美国，中央政府没有这样的权，并且在事实上，也没有这样试行的。但美国政府却能以武力保护美国的公产，执行联邦宪法，法律与条约的条文，并执行联邦法庭的判决。假使地方政府的执政者干涉或阻碍联邦政府执行职务，中央政府当然能以武力对付。但这种办法却与德国中央政府的强制执行权不同的。从前美国总统林肯就是根据这种原则，于一八六一年派军队侵入南方各邦。

中央法律在各地方上的执行方法有两种：一种是美国式，一种是欧洲大陆式。在美国，中央政府在各地方上有中央的官吏与机关，执行一切法律，征收一切赋税，及其他一切本分以内的事务。在德国与瑞士，中央政府的法律大都是由地方政府执行的。德国宪法第十四条规定联邦政府的法律除特别规定外，应当由各邦政府机关执行的。所以除了那几种中央政府有全权办理的事务，如外交，国防，币制，关税，邮政等类之外，德国中央政府在地方上并没有中央官吏，只依靠地方官吏执行其他一切的中央法律。瑞士也同样的把大部份中央法律的执行权交托各地方政府，就是有几种中央的税款也由地方政府代为征收的。

这两种方法当然各有各的利弊。地方政府执行中央法律可以减少行政机关；但地方政府的责任却因之加重，假使他们对于中央法律的态度是反对的，是毫不关心的，法律的效力，也得减少。为保障中央法律依照规则在各地方执行，欧洲大陆各联邦政府都能强制地方政府执行法律。在德国，中央政府各行政部能够训令地方政府怎样执行中央法律，并能派委员到各地方监察法律的执行。瑞士中央政府亦有监督各地方执行中央法律的权。

在多数的联邦制，中央政府总有多少干涉地方事务的特权，特别是为维持地方治安起见。在美国，假使地方上发生扰乱治安的事务，假使地方上的立法机关或行政长官请求中央政府干涉，中央政府就能以武力干涉。假使地方上的扰乱行动阻碍中央政府的行政，或法院执行法律的程序，或各邦间的商务，中央政府就可不必等候地方政府的请求，即以武力解决，一八九四年美国总统曾以联邦军队解决支加哥城市的大罢工。瑞士中央政府也有同样的权，并且从一八四八年以后，中央政府曾以兵力解决了十一次的内乱。依照德国宪法规定，假使地方治安有扰乱的危险，中央政府总统有全权办理，遇必要时，能以兵力干涉；总统同时还能宣布戒严，暂时停止人民宪法上全部或一部份的自由权。

末了，联邦制度还有一个重大问题，就是中央与地方政府职权分配以后，怎样可以使之能够适合于社会上种种更变的状况。在许多的联邦政府，特别是美国，中央与地方的职权是一百多年前分配的，如果没有一种根本的更改，现在确是很难适用了。在一百年或五十年以前，因为社会状况的简单，有许多事务好像只与地方上有关系的，所以往往划归在地方职务范围以内，但在现今复杂的社会状况之下，这种事务就与全国各处发生了关系，所以又不得不由中央政府执行，才能有全国一致的办法。怎样才可以使联邦制的分权方法适合于现今社会的需要及其状况？中央与地方职权的分配当然要经过宪法的修改才能更改的。可是各国修改宪法的手续又往往是很困难的。美国宪法虽已加上了十九条修改案，但关于职权的分配却没有多大的更改。可是在这几十年之内，美国中央政府的职权确已增加不少，同时各地方政府的职权已缩小不少；这种更改不是经过正式修改宪法达到的，却是于无形之中由法庭解释宪法时候，把其中各字句的意义逐渐推广，或因时势的需要，另外加上一种新意义，其目的务使中央政府有足够的权力，能够应付社会上的状况。

并且自从美国联邦政府成立以来，联邦制的趋势总是偏向中央政府权力的增加。在美国，中央集权的趋势是显明的；在其他的联邦政府，宪法上所规定中央政府的权力，总是较美国要大得多。并且在南非洲联邦政府，德国与奥国联邦政府，中央政府的权力差不多在事实上已与单一制的政府没有什么多大的区别，所以这几个政府的联邦性质已经薄弱得不堪了。

第二十五章　地方政府

在单一制的政府，全国的土地一定要分为好几个区域，并在每一个区域中，设立一种政府机关；在联邦制的政府，各邦政府是与中央政府立于同等地位，也是宪法设立的，但各邦的区域还得要分为较小的区域。这种区域政府都笼统的叫做地方政府。大多数的国家均采用一种三级制的地方政府，把全国的土地划做几个较大的区域，叫做省；再把省区分为几个较小的区域，叫做州或道或府；再从这种区域中划出那种极小的区域，如县之类。

法国全国分为十六个大区域叫做Departments，等于我国的省；第二级的地方区域，叫做Arrondissments，等于我国从前的道区，在欧战以前，共有三百六十二个；第三级的地方区域叫做Communes，等于我国的县区，约共有三万六千个。普鲁士是德国联邦中的一邦，其下级的地方区域有省Provinces，有政府区域Government Districts，有市区Germart City Circles，有县区Communes。美国联邦中的各邦区域分做Counites与Towns或Townships。中国前清时代最高的地方区域是省，其次是道，再其次是府，应州县是最下级，共四级。民国三年始改四级制的地方区域为省道县三级制，取消前清时代的府州应，一律改为县，现在又把道也取消了，一共只有省与县两级。除了这类的地方区域之外，各国还往往有特别的行政区域，其职务是为执行种种特别的行政事务，如卫生行政，教育行政之类，并且其范围又往往与地方政府的范围不一致的。

各国地方区域划分的方法，与及各地方政府的权限，大半是根据于各国历史上的习惯而定的。各国中央政府往往不能只为行政上的便利起见，任意决定各该国地方政府的性质。各国必须依照其历史与习惯采用一种较为适宜的制度。执政者既没有确定的标准可以采择，又没有理想的模范可模仿。因此，世界各国的地方制度差不多各有各的特点，没有两国有同样的制度。

讲到设立地方政府的理由，大约可以概括的分为三种。第一，中央政府的职务繁重，在事实上不能兼顾到各地方的事务；设立地方政府的主要目的就想使之分任政府的一部份职务。第二，各地方各有各的特别需要；设立地方政府的第二个目的就想使各地方各有一个政府机关，专任执行各该地方的特别事务，增加行政方面的效率。第三，为达到地方自治目的起见，各地方人民须有参与本地方政府事务的权利；设立各级地方政府的第三个目的就想使地方人民有参与地方政治事务的机会，使各地方能够实行自治。我们先把这三个目的约略说一说。

凡一个机关的职务太繁重了，就不得不设立附属机关，分担一部份职务；一个机关的职务愈繁难，设立附属机关的需要愈免不了。这差不多是一种公例，政府机关的情形也是这样的。近来各国政府的职务增加又增加，扩充又扩充，所以就不得不采用分工的方法，设立种种的附属机关，分掌各项职务。各国立法机关不得不把一部份职务委托于各种委员会；凡关于技术方面的各项问题，又不得不征求各项专家的意见。因为立法或行政方面的便利必须设立特别机关时候，中央政府有两种办法：或将全国土地划分为几种特别行政区域，或利用那种已经设立的地方政府机关。假使采用这第二种方法，中央政府可以把办理这项事务的全权委托于地方政府机关，或另外设置机关或官吏办理。但一国的行政制度总是愈简单愈妙，各项新机关或官吏非到了万不得已时候，不宜多设。可是有时候，亦因特别原因，不得不设立新机关；或者因为历史上或政治上的特别理由；或者因为技术上的原因，那种地方官吏没有技术上智识或能力，不能执行那种专门职务；或者因为中央政府不愿意增加地方权力，所以另行设立新机关。因有这种种原因，各国地方制度均是非常复杂。

这是设立地方政府的第一种理由，第二种理由是要设立一种机关，执行各地方的特别职务，并使各地方人民能够表示他们的特别需要，及其满足的方法。各地方政府大概对于那种纯粹地方性质的事务有自由执行的特权，因之一方面可以满足其特别需要，又一方面不致使中央减少那种与全国有关系的事务的普通职权。可是所谓纯粹的地方事务与全国有关系的普通事务并没有一种确定不变的界限，所以又很难分开。这两种事务的界限各国不同，并且就在一国之内，亦往往随时变更。例如在美国各邦之中，这几年来的情形已与从前大不相同了；在从前的时候，凡关于教育，道路，卫生等事均算是纯粹地方上的事务，现在却已脱离了地方政府权力的范围，由各邦政府管理了。

中央政府又往往利用地方政府机关，执行中央法律，所以各国的地方政府就有一种双重的地位：一方面是纯粹的地方政府机关，有多少的自治权利；又一方面是中央政府的行政机关，执行中央的法令。地方政府这种双重地位的区域是很重要的。中央政府对于那般执行中央职务的官吏当然应该有一种直接监督的权，对于那般执行地方职务的官吏，尽可以不必严厉的监督。近来多数人民因为不明白这一种根本区别，往往对于地方自治这问题，不免有种错误的见解。各地方代替中央执行职务时，确有受中央直接监督的需要；只有各地方政府执行纯粹的地方事务时，方能说得上“地方自治”这个名词。

就是关于那种所谓纯粹的地方事务，中央政府也得要规定几种标准，使各地方政府遵守。各地方政府如能遵守中央所定的标准，才能在一定的范围之内，有自治权利。假使中央所规定的标准确是为地方人民着想，使他们能够有一种公平的，良好的，与效率极高的地方政府，我们也万不能把这限制看做违反地方自治原则。我们觉得中央对于地方政府应当有几种最低限制的规定，例如一切地方税须为地方事务而征收，须由本地方全体居民公平担负，各地方的公债额不得超过一定的限度之类。

这就要讨论到上述的第三种理由，地方政府的设立是为被治者的利益起见，使他们能有参与本地方政治事务的机会。可是地方政府的设立并不能自动的就实现地方自治。只有地方官吏，无论是民选的，或是中央任命的，绝对受地方人民的监督，并且他们所实行的政策，也要得到人民的同意，负责执行；那末，地方自治才能算实现。这是很重要的一点，因为地方上的民选官吏往往在事实上是受中央政府严格的节制，中央所任命的地方官吏有时候反而能依照地方人民的意志执行其政策。

地方自治机关也许是一种完备的制度，包括立法行政与司法机关，也许是一种不完备的制度，只有行政与司法，没有立法机关。比方在美国，各邦可以算全地方自治的第一种大区域，其自治机关，确是很完备的，包括民选的立法行政与司法机关；但在各邦以下的区域，除了城市以外，其自治机关只有民选的执行地方事务的行政人员。并且就是那种有立法机关的地方区域，其立法的职权也是有限制的，只能制定条例，不能制定法律。

所以在美国各邦，地方政府的职权是由各邦政府规定的，限制的；并且又差不多只限于地方上的行政事务。地方政府不能制定法律，规定人民与财产方面的权利。地方政府当然也能公布警察与行政命令，影响于人民与财产权利的执行，但不能以立法手续决定这种权利的性质。关于私法的全部职权是在邦政府的立法权范围以内的。

现在的所谓地方自治观念是出源于英国，可是就在英国，直到一八八八年，各州人民不能选择那执行地方事务的官吏。各州政府的主要官吏是一种法官，叫做 Justice of peace，是由国王任命的。但这类法官都是不支薪的，是本地方的居民，所以对于地方事务是很关心的。一八八八年的地方政府法律设立民选的州议会，执行从前法官的大部份职务；一八九四年法律又设立各小城市与乡区议会。这类议会的职务大都是行政的，不是立法的，是由各委员会执行的。并且英国地方政府自从实行民选原则以后，中央的监督权也增加得很大。

英国中央政府不但直接以普通法律监督地方行政，并且还间接以津贴辅助费的方法节制地方事务。中央政府每年指定几种特别事务，并规定几种特别条件，辅助各地方行政经费。这种办法不但使中央政府以财政的余力帮助地方政府，并且还能使地方政府依照一定的手续办理几种确定的事务。同时中央政府并不采用什么强制执行的方法，地方机关的自治权不至于因之受到干涉。在美国，各邦政府对于区域以内的地方政府也有采用这种办法的；中央政府也往往补加各邦政府的药路费用，但各邦政府也得要花数目相等的或更多的费用。

在法国，全国最主要的行政区域是省 Departments，省一下是州 Arrondissments ，州一下是区 Ccnmunes。各省的行政长官是省长（Prefect），省长及其属员都是中央政府任命。同时还有一个民选的省议会，但其职权的范围是很狭小的，并且其议决案还能被中央否决。各州的行政长官是州长（Sub-Prefect），他是省长的属员；各州还有一个职权很小的民选的州议会。区才是法国的地方自治区域，但法国的所谓区是一种很特别的性质极不一致的区域，不到一百个居民的乡村算是区，包括满几十人口的大城区域也算是区。每区各有一个民选议会，对于几种列举的地方事务有提案权，可是其提案一定要得到省长或其他高级行政长官的同意才能发生效力，行政长官是一个区长（Mayor），由议会从其会员之中选举出来的。省长或由内务部长能停止区长的职务，法国总统又可以免他的职。区长的职务往往是各处不同的，要看郡的大小及其重要与否定夺的。大概的说起来，他任命大多数的，地方官吏，公布法律及命令，监督财政，办理地方警务，执行一切与公共卫生，公安有关系的事务，保护地方的财产与利益，并在法律上与礼仪上代表地方。意大利、西班牙、比利时、与荷兰的地方政府制度是与法国制度大致相同的。

普鲁士的省是邦政府的行政区域，同时也是地方自治机关；并且这两种各别的职务又很显明的表示于组织方面。为执行与全邦有关系的普通事务，邦政府任命一个行政长官，叫做Oberprasident，同时还有一个议会，其中会员，一半是任命的，一半是民选的。为执行纯粹的地方事务，各省有一个省议会，其议员是下级的地方议会选举出来的，同时另有一个地方行政首领，叫做（Landeshanptmann），由省议会往往从其会员中选举出来的。省议会的职务范围是很大的，但其议决案须得邦政府的同意，并且还能被邦政府解散。省以下的地方区域是县，叫做Circle，其政府机关也是双重的，一种官吏执行与全邦有关系的普通事务，又一种官吏执行那种纯粹地方事务。

所以英美与欧洲大陆各国地方政府制度是绝对不同的。在法国，省长是中央政府的代表，他对于省议会议决案有同意权，或转呈中央政府请示办理；他不但决定一切法律问题，并且还得要决定对于执行政策的方法，可是他对于方法的态度完全是中央行政部的态度，因为他要维持他的地位，实不能不遵从中央的意志。法国区长的地位更要不稳固，假使他不依照中央意志执行职务，省长可以停止他一个月职务，内务部长可以停止他三个月职务，法国总统可以免他的职。但在英国，假使民选的地方议会与中央行政部发生冲突，或超过法定的职权范围，或违背中央意志，中央政府除了交付法庭解决以外，差不多没有其他的办法。美国的地方制度也与英国相同。

英美与欧洲大陆地方制度的不同可以拿历史上的事实来说明。英美的地方政府区域大都原来是独立的政治区域，中央政府只有逐渐扩充其权力，推广到各地方。地方人民虽则也很愿意有一个强有力的中央政府，执行一切与全国有关系的事务，他们却始终把地方自治看做他们应得的权利，并不是中央政府特许他们有的。但在法国与欧洲大陆其他各国，当初中央政府推广其势力时候，并且没有顾虑到地方区域的自治权，其结果就把从前的地方政府机关都推翻了。以后中央政府职务增加，一个集权的政府不能管理所有的事务，新的地方行政区域不得不武断的任意设立。地方政府既经是这样设立的，其地位当然不能与英国那种地方政府相同。

美国各邦的地方政府区域也大都是各邦政府设立的。但美国各邦设立地方政府时候，美国政治哲学中差不多有一种确定的原则，凡纯粹的地方事务须由本地方人民执行，并依照他们决定的方法办理，其结果就把英国地方政府的原则与精神应用到美国各邦。